2021
全国企业创新调查年鉴

国家统计局社会科技和文化产业统计司 编

中国统计出版社
China Statistics Press

全国企业创新调查年鉴. 2021 / 国家统计局社会科技和文化产业统计司编. -- 北京 : 中国统计出版社，2021.12
ISBN 978-7-5037-9711-8

Ⅰ. ①全… Ⅱ. ①国… Ⅲ. ①企业创新－中国－2021－年鉴 Ⅳ. ①F279.23-54

中国版本图书馆 CIP 数据核字(2021)第 231223 号

全国企业创新调查年鉴—2021

作　　者/国家统计局社会科技和文化产业统计司
责任编辑/李　冲
执行编辑/罗秋实　汪　泱　张　怡
封面设计/李　静
出版发行/中国统计出版社有限公司
通信地址/北京市丰台区西三环南路甲 6 号　邮政编码/100073
发行电话/邮购（010）63376909　书店（010）68783171
网　　址/http://www.zgtjcbs.com/
印　　刷/河北鑫兆源印刷有限公司
经　　销/新华书店
开　　本/880mm×1230mm　1/16
字　　数/600 千字
印　　张/22
版　　别/2021 年 12 月第 1 版
版　　次/2021 年 12 月第 1 次印刷
定　　价/380.00 元

《全国企业创新调查年鉴—2021》
编 辑 人 员

总 编 辑： 万东华

副总编辑： 关晓静

编辑人员： 李 胤 张启龙 罗秋实 林 梅 夏 爽

焦智康 汪 泱 魏 臻 陈律涛 杨小琼

责任编辑： 李 冲

执行编辑： 罗秋实 汪 泱 张 怡

编 者 说 明

《全国企业创新调查年鉴》是国家统计局社会科技和文化产业统计司编辑的反映我国企业创新活动年度调查结果的统计资料书。

为全面了解我国企业创新进展状况，更好地服务创新驱动发展战略，国家统计局在 2014 年全国企业创新调查的基础上，从 2016 年起对全国企业创新情况进行年度调查。调查范围涉及工业，建筑业，批发和零售业，交通运输、仓储和邮政业，信息传输、软件和信息技术服务业，租赁和商务服务业，科学研究和技术服务业，水利、环境和公共设施管理业等创新活动相对密集的行业。调查的主要内容包括企业开展各类创新活动的基本情况，企业创新投入及产出、产学研合作创新、创新信息来源、创新阻碍因素、知识产权及相关情况等，以及企业家对创新的认识、创新激励措施实施、创新政策落实效果、创新战略目标制定等情况。

本书收录了我国企业创新调查最新年度（2020 年）的主要统计数据，是较为全面反映我国当前企业创新活动开展情况的统计资料书。全书共分为十二个部分：第一部分为企业创新主要指标情况，第二至第十部分按各行业规模（限额）以上企业创新调查主要指标和主要分组进行了汇总分列，第十一部分为规模以下企业创新调查的主要指标和主要分组情况，第十二部分为国际比较情况。最后附有调查简要技术说明和主要统计指标解释。

本书有关符号说明：各表中的“空格”表示该项统计指标数据不足本表最小单位数、数据不详或无该项数据；“#”表示其中的主要项；“*”或“①”表示本表下有注解。

本书全国数据均不包含香港特别行政区、澳门特别行政区和台湾省。本书未对因调查方法不同等原因产生的与其它调查的数据差异进行技术处理，也未对因四舍五入产生的误差做配平处理。

目 录

一、企业创新主要指标(2020 年)

二、规模(限额)以上企业创新活动总体情况(2020 年)

三、规模(限额)以上企业产品和工艺创新情况(2020 年)

四、规模（限额）以上企业新产品或新工艺情况（2020 年）

五、规模（限额）以上企业产品或工艺创新活动类型及创新费用情况（2020 年）

六、规模（限额）以上企业产品或工艺创新信息来源及创新合作情况（2020 年）

七、规模（限额）以上企业产品或工艺创新阻碍因素及知识产权相关情况（2020 年）

八、规模（限额）以上企业组织和营销创新情况（2020 年）

九、规模（限额）以上企业企业家对创新的认识及创新战略目标情况（2020 年）

十、规模（限额）以上企业创新政策效果情况（2020 年）

十一、规模以下企业创新及相关情况（2020 年）

十二、国际比较

附录

一、企业创新主要指标
（2020 年）

1—1 规模(限额)以上企业创新基本情况

指 标	单位	合计	1.工业	2.建筑业	3.服务业	#高技术产业
一、企业基本情况						
企业数*①	个	876023	399258	58534	418231	40151
二、创新活动总体情况						
在规模(限额)以上企业中,						
开展创新活动的企业数	个	379409	238085	17260	124064	32761
#实现创新企业	个	359904	223781	16743	119380	31233
#同时实现四种创新企业*②	个	74297	56722	2014	15561	9848
#既实现产品或工艺创新，也实现组织或营销创新的企业	个	170545	124656	6097	39792	20694
#实现产品或工艺创新，未实现组织或营销创新的企业	个	76944	62799	2148	11997	7951
#实现组织或营销创新，未实现产品或工艺创新的企业	个	112415	36326	8498	67591	2588
开展创新活动企业占比	%	43.3	59.6	29.5	29.7	81.6
#实现创新企业占比	%	41.1	56.0	28.6	28.5	77.8
#同时实现四种创新企业占比	%	8.5	14.2	3.4	3.7	24.5
#既实现产品或工艺创新，也实现组织或营销创新的企业占比	%	19.5	31.2	10.4	9.5	51.5
#实现产品或工艺创新，未实现组织或营销创新的企业占比	%	8.8	15.7	3.7	2.9	19.8
#实现组织或营销创新，未实现产品或工艺创新的企业占比	%	12.8	9.1	14.5	16.2	6.4
三、产品和工艺创新情况						
(一)产品和工艺创新分布情况						
在规模(限额)以上企业中,						
开展产品或工艺创新活动企业数	个	278548	208073	9315	61160	31079
#实现产品或工艺创新企业	个	247489	187455	8245	51789	28645
#实现产品创新企业	个	181299	141030	4342	35927	23235
#实现工艺创新企业	个	205084	157286	7768	40030	23767
未开展产品或工艺创新活动企业数	个	597475	191185	49219	357071	9072
开展产品或工艺创新活动企业占比	%	31.8	52.1	15.9	14.6	77.4
#实现产品或工艺创新企业占比	%	28.3	47.0	14.1	12.4	71.3
#实现产品创新企业占比	%	20.7	35.3	7.4	8.6	57.9
#实现工艺创新企业占比	%	23.4	39.4	13.3	9.6	59.2
#1.同时实现产品和工艺创新企业占比	%	15.9	27.8	6.6	5.8	45.7
2.仅实现产品创新企业占比	%	4.8	7.6	0.8	2.8	12.1
3.仅实现工艺创新企业占比	%	7.6	11.6	6.7	3.8	13.5
4.仅有正在进行或中止的产品或工艺创新活动企业占比	%	3.5	5.2	1.8	2.2	6.1
(二)产品创新开发情况						
在实现产品创新企业中,以下列形式进行开发的企业占比						
本企业独立开发	%	87.8	92.6	67.9	71.4	92.5
本企业与集团内企业合作开发	%	6.2	4.6	13.7	11.5	6.6
本企业与境内其他企业合作开发	%	7.9	5.8	16.7	14.9	8.6
本企业与境内研究机构合作开发	%	1.4	1.2	2.9	2.0	1.7
本企业与境内高等学校合作开发	%	8.5	8.6	16.2	7.1	9.7
本企业与境外企业或机构合作开发	%	1.6	1.5	1.2	2.1	2.2
在其他单位开发的基础上调整或改进	%	4.5	3.2	15.9	8.1	3.4
其他企业或机构开发	%	3.3	1.5	12.3	9.2	1.7
其他	%	4.9	3.2	13.7	10.7	2.9
(三)工艺创新开发情况						
在实现工艺创新企业中,以下列形式进行开发的企业占比						
本企业独立开发	%	80.2	87.0	61.5	57.0	87.5

注：①企业数指实际参与全国企业创新调查的企业数，以下各表同。
②四种创新指产品创新、工艺创新、组织创新、营销创新，其中产品创新和工艺创新合称为技术创新。

1-1 续表 1

指 标	单位	合计	1.工业	2.建筑业	3.服务业	#高技术产业
本企业与集团内企业合作开发	%	6.8	5.4	11.0	11.3	7.4
本企业与境内其他企业合作开发	%	9.2	7.6	14.1	14.6	10.7
本企业与境内研究机构合作开发	%	1.4	1.2	2.2	1.6	1.7
本企业与境内高等学校合作开发	%	7.9	8.2	14.6	5.6	9.5
本企业与境外企业或机构合作开发	%	1.3	1.2	0.9	1.7	1.9
在其他单位开发的基础上调整或改进	%	6.9	5.2	16.7	11.5	5.5
其他企业或机构开发	%	7.4	4.2	16.0	18.6	4.4
其他	%	7.1	5.2	14.7	13.2	4.7
(四)新产品情况						
在实现产品创新企业中有市场新产品的企业占比	%	59.4	59.2	66.8	59.2	64.7
新产品销售收入	亿元	390032.5	238073.7	59484.1	92474.7	68549.1
新产品销售收入占营业收入的比重	%	16.9	22.0	27.2	9.1	39.4
1.仅市场新的产品	%	6.8	7.3	9.4	2.8	12.6
2.仅本企业新的产品	%	10.1	12.1	17.8	6.3	17.3
四、产品或工艺创新活动类型及创新费用情况						
(一)产品或工艺创新活动类型						
在开展产品或工艺创新活动企业中，有下列活动形式的企业占比						
内部研发	%	62.6	70.5	46.2	38.4	76.0
外部研发	%	8.7	7.9	11.5	11.0	14.8
获得机器设备和软件	%	46.8	62.6	32.4	22.2	66.2
从外部获取相关技术	%	1.2	1.6	11.2	9.0	2.4
相关培训	%	36.1	34.8	47.5	38.8	44.3
市场推介	%	17.1	16.2	21.8	19.5	22.3
相关设计	%	17.1	18.9	6.4	12.5	26.1
其他创新活动	%	22.9	22.4	28.1	23.8	31.1
(二)企业创新费用支出情况*						
创新费用支出合计	亿元	31649.8	24671.5	1702.9	5275.6	7414.5
1.内部研发经费支出	亿元	18325.9	15271.3	681.5	2373.2	4649.1
所占比重	%	57.9	61.9	40.0	45.0	62.7
2.外部研发经费支出	亿元	1516.7	1008.5	19.6	488.6	563.2
所占比重	%	4.8	4.1	1.2	9.3	7.6
3.获得机器设备和软件经费支出	亿元	10824.3	7475.0	1000.8	2348.5	1769.6
所占比重	%	34.2	30.3	58.8	44.5	23.9
4.从外部获取相关技术经费支出	亿元	982.9	916.7	1.0	65.3	432.6
所占比重	%	3.1	3.7	0.1	1.2	5.8
五、组织和营销创新情况						
在规模(限额)以上企业中，						
实现组织或营销创新企业数	个	282960	160982	14595	107383	23282
#实现组织创新企业	个	223824	127313	13706	82805	18797
#实现营销创新企业	个	208682	125298	6128	77256	18331
实现组织或营销创新企业占比	%	32.3	40.3	24.9	25.7	58.0
#实现组织创新企业占比	%	25.6	31.9	23.4	19.8	46.8
#实现营销创新企业占比	%	23.8	31.4	10.5	18.5	45.7
#同时实现组织和营销创新企业占比	%	17.1	23.0	9.0	12.6	34.5
#仅实现组织创新企业占比	%	8.5	8.9	14.5	7.2	12.3
#仅实现营销创新企业占比	%	6.8	8.4	1.5	5.9	11.2

注：创新费用及分项指标数据不包括资质等级二级建筑业企业、批发和零售业企业。以下各表同。

1-1 续表 2

指 标	单位	1.东部地区	2.中部地区	3.西部地区	4.东北地区
一、企业基本情况					
企业数	个	529885	178463	133240	34435
二、创新活动总体情况					
在规模(限额)以上企业中,					
开展创新活动的企业数	个	240832	77979	49822	10776
#实现创新企业	个	228348	73118	48186	10252
#同时实现四种创新企业	个	46916	16906	8878	1597
#既实现产品或工艺创新，也实现组织或营销创新的企业	个	109620	35232	21560	4133
#实现产品或工艺创新，未实现组织或营销创新的企业	个	54888	13677	6710	1669
#实现组织或营销创新，未实现产品或工艺创新的企业	个	63840	24209	19916	4450
开展创新活动企业占比	%	45.5	43.7	37.4	31.3
#实现创新企业占比	%	43.1	41.0	36.2	29.8
#同时实现四种创新企业占比	%	8.9	9.5	6.7	4.6
#既实现产品或工艺创新，也实现组织或营销创新的企业占比	%	20.7	19.7	16.2	12.0
#实现产品或工艺创新，未实现组织或营销创新的企业占比	%	10.4	7.7	5.0	4.8
#实现组织或营销创新，未实现产品或工艺创新的企业占比	%	12.0	13.6	14.9	12.9
三、产品和工艺创新情况					
(一)产品和工艺创新分布情况					
在规模(限额)以上企业中,					
开展产品或工艺创新活动企业数	个	184207	56368	31269	6704
#实现产品或工艺创新企业	个	164508	48909	28270	5802
#实现产品创新企业	个	123158	35146	19030	3965
#实现工艺创新企业	个	133945	42111	24156	4872
未开展产品或工艺创新活动企业数	个	345678	122095	101971	27731
开展产品或工艺创新活动企业占比	%	34.8	31.6	23.5	19.5
#实现产品或工艺创新企业占比	%	31.0	27.4	21.2	16.8
#实现产品创新企业占比	%	23.2	19.7	14.3	11.5
#实现工艺创新企业占比	%	25.3	23.6	18.1	14.1
#1.同时实现产品和工艺创新企业占比	%	17.5	15.9	11.2	8.8
2.仅实现产品创新企业占比	%	5.8	3.8	3.1	2.7
3.仅实现工艺创新企业占比	%	7.8	7.7	6.9	5.3
4.仅有正在进行或中止的产品或工艺创新活动企业占比	%	3.7	4.2	2.3	2.6
(二)产品创新开发情况					
在实现产品创新企业中,以下列形式进行开发的企业占比					
本企业独立开发	%	89.4	86.4	80.8	85.4
本企业与集团内企业合作开发	%	5.8	6.2	8.6	8.2
本企业与境内其他企业合作开发	%	7.7	7.1	10.5	8.9
本企业与境内研究机构合作开发	%	1.2	1.6	2.6	2.4
本企业与境内高等学校合作开发	%	7.6	10.7	10.0	10.5
本企业与境外企业或机构合作开发	%	1.9	0.8	1.2	2.1
在其他单位开发的基础上调整或改进	%	4.3	4.4	6.2	4.0
其他企业或机构开发	%	2.9	3.6	5.2	3.4
其他	%	4.4	5.6	7.3	5.6
(三)工艺创新开发情况					
在实现工艺创新企业中,以下列形式进行开发的企业占比					
本企业独立开发	%	82.1	79.7	70.6	76.9

1-1 续表 3

指　　标	单位	1.东部地区	2.中部地区	3.西部地区	4.东北地区
本企业与集团内企业合作开发	%	6.3	6.7	9.1	8.6
本企业与境内其他企业合作开发	%	9.0	8.3	11.7	10.0
本企业与境内研究机构合作开发	%	1.1	1.6	2.3	2.0
本企业与境内高等学校合作开发	%	7.0	9.9	9.3	9.4
本企业与境外企业或机构合作开发	%	1.5	0.8	1.0	1.5
在其他单位开发的基础上调整或改进	%	6.7	6.6	8.6	6.3
其他企业或机构开发	%	7.0	7.0	10.2	8.3
其他	%	6.4	7.8	9.8	7.8
(四)新产品情况					
在实现产品创新企业中有市场新产品的企业占比	%	59.8	58.4	57.9	62.5
新产品销售收入	亿元	269274.0	69758.5	41546.7	9453.3
新产品销售收入占营业收入的比重	%	18.1	18.6	11.8	10.2
1.仅市场新的产品	%	7.4	7.1	4.5	4.9
2.仅本企业新的产品	%	10.7	11.5	7.2	5.3
四、产品或工艺创新活动类型及创新费用情况					
(一)产品或工艺创新活动类型					
在开展产品或工艺创新活动企业中，有下列活动形式的企业占比					
内部研发	%	64.0	64.2	54.5	50.1
外部研发	%	8.3	8.8	10.4	9.6
获得机器设备和软件	%	47.1	51.4	37.4	41.9
从外部获取相关技术	%	1.1	1.2	1.2	1.4
相关培训	%	35.7	34.5	40.4	38.6
市场推介	%	16.9	15.8	20.3	17.9
相关设计	%	17.8	14.8	17.7	15.1
其他创新活动	%	23.7	19.4	23.9	25.7
(二)企业创新费用支出情况					
创新费用支出合计	亿元	21464.3	5546.2	3641.9	997.4
1.内部研发经费支出	亿元	12263.0	3528.4	2003.2	531.4
所占比重	%	57.1	63.6	55.0	53.3
2.外部研发经费支出	亿元	1165.4	160.9	143.0	47.3
所占比重	%	5.4	2.9	3.9	4.7
3.获得机器设备和软件经费支出	亿元	7237.5	1804.7	1434.3	347.8
所占比重	%	33.7	32.5	39.4	34.9
4.从外部获取相关技术经费支出	亿元	798.4	52.2	61.4	70.9
所占比重	%	3.7	0.9	1.7	7.1
五、组织和营销创新情况					
在规模(限额)以上企业中，					
实现组织或营销创新企业数	个	173460	59441	41476	8583
#实现组织创新企业	个	135231	48178	33837	6578
#实现营销创新企业	个	127268	46115	29276	6023
实现组织或营销创新企业占比	%	32.7	33.3	31.1	24.9
#实现组织创新企业占比	%	25.5	27.0	25.4	19.1
#实现营销创新企业占比	%	24.0	25.8	22.0	17.5
#同时实现组织和营销创新企业占比	%	16.8	19.5	16.2	11.7
#仅实现组织创新企业占比	%	8.7	7.5	9.2	7.4
#仅实现营销创新企业占比	%	7.2	6.3	5.7	5.8

1-2　规模(限额)以上企业创新相关情况

指　　标	单位	合计	#工业	1.东部地区	2.中部地区	3.西部地区	4.东北地区
一、产品或工艺创新信息来源情况							
在开展产品或工艺创新活动企业中,							
下列信息对创新影响较大的企业占比							
企业内部信息	%	43.3	43.9	43.6	42.7	42.6	42.2
企业集团内部信息	%	11.9	10.0	11.2	11.2	16.3	17.6
来自高等学校的信息	%	7.5	7.6	6.8	9.3	7.9	9.6
来自研究机构的信息	%	9.8	10.5	9.2	11.2	10.5	11.5
来自政府部门的信息	%	16.0	13.4	14.9	16.8	20.9	18.6
来自行业协会的信息	%	18.8	18.1	18.5	19.6	19.3	16.2
来自供应商的信息	%	21.0	22.5	20.9	20.7	22.4	18.5
来自客户的信息	%	46.4	48.1	49.0	39.9	44.0	43.1
来自竞争对手或同行业企业的信息	%	23.1	23.0	24.3	19.1	23.8	20.9
来自市场咨询机构的信息	%	7.4	6.6	7.7	6.2	7.6	6.4
来自展会的信息	%	14.4	16.6	16.2	11.0	10.6	12.1
来自文献、期刊的信息	%	3.4	3.1	3.3	3.2	4.0	4.4
来自互联网的信息	%	13.2	10.9	13.2	12.4	15.0	13.7
其他	%	6.0	5.3	5.4	6.6	8.3	6.7
二、产品或工艺创新合作情况							
(一)产品或工艺创新合作开展情况							
开展创新合作的企业数	个	187696	138582	121229	38807	23231	4429
创新合作企业占全部企业的比重	%	21.4	34.7	22.9	21.7	17.4	12.9
在创新合作企业中,与下列伙伴开展合作的企业占比							
集团内其他企业	%	28.5	25.5	27.9	27.8	32.0	33.6
高等学校	%	28.0	28.8	26.4	31.1	29.9	36.4
研究机构	%	15.6	16.1	14.2	17.6	18.5	20.2
政府部门	%	10.1	8.0	8.9	11.3	14.6	10.7
行业协会	%	19.2	18.1	18.6	21.6	19.1	14.4
供应商	%	38.7	40.8	39.7	36.2	38.8	32.7
客户	%	44.3	45.8	46.7	39.9	40.7	37.3
竞争对手或同行业企业	%	15.4	14.4	15.9	14.1	16.0	11.7
市场咨询机构	%	13.2	12.2	14.2	11.1	12.1	10.3
风险投资机构	%	0.7	0.5	0.7	0.7	0.8	0.5
其他合作对象	%	15.9	14.0	15.7	15.9	17.5	14.3
(二)产品或工艺创新合作伙伴							
在创新合作企业中,下列合作伙伴对企业创新							
有较大价值的企业占比							
集团内其他企业	%	24.0	21.6	23.5	23.4	26.9	28.4
高等学校	%	23.3	24.4	21.9	26.1	24.6	31.3
研究机构	%	12.7	13.5	11.5	14.4	14.9	17.4
政府部门	%	8.2	6.3	7.1	9.2	12.1	8.8
行业协会	%	15.2	14.5	14.8	17.4	14.8	11.2
供应商	%	33.4	35.4	34.5	31.3	32.8	27.8
客户	%	41.2	42.8	43.7	36.5	36.9	34.7

1-2 续表

指　　标	单位	合计	#工业	1.东部地区	2.中部地区	3.西部地区	4.东北地区
竞争对手或同行业企业	%	12.9	12.1	13.4	11.6	13.1	9.8
市场咨询机构	%	10.4	9.7	11.4	8.5	9.2	8.1
风险投资机构	%	0.3	0.2	0.4	0.3	0.3	0.2
其他合作对象	%	12.0	10.6	11.9	11.9	13.3	11.1
(三)产学研合作形式							
开展产学研合作的企业数	个	64483	49536	39073	14833	8628	1949
在创新合作企业中产学研合作企业占比	%	34.4	35.7	32.2	38.2	37.1	44.0
在产学研合作企业中,以下列为主要合作形式的企业占比							
共同完成科研项目	%	68.2	67.6	68.9	66.1	68.8	68.5
在企业建立研发机构	%	25.1	24.7	24.9	26.5	24.0	23.5
在高校或研究机构中设立研发机构	%	9.7	8.7	9.8	10.2	8.9	10.0
聘用高校或研究机构人员到企业兼职	%	30.0	29.6	28.7	32.9	31.8	23.9
其他形式	%	28.6	27.7	27.7	29.2	31.7	28.8
三、产品或工艺创新阻碍因素情况							
在规模(限额)以上企业中，下列各项是创新主要阻碍因素的企业占比							
缺乏内部资金	%	10.5	11.5	9.9	11.5	11.5	9.8
缺乏风险投资	%	7.0	7.7	6.5	8.6	6.8	5.8
缺乏银行贷款	%	9.9	11.9	8.4	12.3	12.4	10.3
创新成本过高	%	20.5	27.6	21.3	20.6	18.5	14.4
缺乏人才或人才流失	%	28.8	37.7	29.4	29.1	28.0	21.4
缺乏技术信息	%	17.2	23.7	17.5	17.5	16.8	12.8
缺乏市场信息	%	10.2	11.1	10.1	10.0	11.0	9.2
难以找到创新合作伙伴	%	6.6	7.1	6.6	6.6	6.7	5.5
市场已被占领	%	3.0	2.7	3.0	2.8	3.3	2.7
不能确定市场需求	%	12.4	15.2	13.0	11.5	12.0	9.1
创新成果易被低成本模仿	%	5.5	8.2	6.4	4.8	3.9	3.0
没有创新的必要	%	17.1	12.6	16.1	16.8	20.7	18.8
四、知识产权及相关情况							
(一)采取知识产权保护或相关措施情况							
采取了知识产权保护或相关措施的企业数	个	462317	265613	286326	97837	62915	15239
采取了知识产权保护或相关措施的企业占全部企业的比重	%	52.8	66.5	54.0	54.8	47.2	44.3
在规模(限额)以上企业中，采取下列知识产权保护或相关措施的企业占比							
申请了发明专利	%	7.7	14.2	8.6	7.7	4.9	4.5
申请了实用新型或外观设计专利	%	10.5	20.3	12.1	9.9	6.1	6.4
申请了注册商标	%	10.4	14.6	11.2	10.1	8.9	7.3
进行了版权登记	%	3.1	3.0	3.7	2.5	2.3	1.9
形成了国家或行业技术标准	%	5.6	7.7	5.6	5.5	5.8	6.1
对技术秘密进行内部保护	%	12.3	18.6	13.2	11.7	10.4	10.0
应用了难以复制的复杂技术	%	2.6	3.6	2.6	2.8	2.2	2.0
发挥了时间上的先发优势	%	20.7	18.9	19.9	23.3	21.0	18.4
(二)专利情况							
年末拥有有效发明专利数	件	1829140	1447950	1360778	260453	158433	49476

1—3 规模(限额)以上企业企业家对创新的认识及相关情况

指 标	单位	合计	#工业	1.东部地区	2.中部地区	3.西部地区	4.东北地区
一、企业家对创新的总体认识							
在企业家中,认为创新对企业的生存和发展							
起了重要作用的人员占比	%	33.8	40.7	34.8	32.3	32.9	30.6
起了一定作用的人员占比	%	54.4	50.6	54.3	55.1	53.7	54.6
不起作用的人员占比	%	11.8	8.8	10.9	12.6	13.4	14.9
二、创新成功影响因素情况							
在开展创新活动企业中,认为下列各项因素							
对创新成功影响程度为“高”的企业家占比							
有创新精神的企业家	%	75.9	78.8	76.6	77.0	71.8	72.3
充足的经费支持	%	70.0	72.9	70.9	70.7	65.6	65.1
高素质的人才	%	76.7	78.5	77.3	77.6	73.0	74.1
员工对企业的认同感	%	77.7	78.0	77.6	78.4	77.2	75.9
企业内部的激励措施	%	74.5	75.1	74.3	76.0	73.9	71.8
有效的技术战略或计划	%	71.8	73.2	72.5	71.7	69.4	69.0
畅通的信息渠道	%	71.8	72.0	71.9	72.9	70.4	68.4
可信赖的创新合作伙伴	%	65.2	65.5	65.5	66.3	62.7	60.9
优惠政策的扶持	%	68.2	69.4	67.6	70.7	67.4	65.4
三、创新激励措施及效果情况							
在开展创新活动企业中,认为下列措施对激励创新							
效果明显的企业家占比							
股权或期权	%	16.8	16.5	17.0	19.2	13.4	13.4
增加工资或奖金	%	69.9	72.8	69.8	73.3	66.1	64.6
汽车住房等物质奖励	%	17.5	18.2	17.3	21.2	13.7	14.4
岗位调整或升职机会	%	60.6	61.8	60.4	63.2	58.2	57.5
培训或深造机会	%	47.3	48.4	46.0	51.3	47.7	45.0
四、政策对创新的影响情况							
在开展创新活动企业中,认为下列政策效果明显的企业家占比							
企业研发费用加计扣除税收优惠政策	%	52.6	62.7	53.8	56.0	42.5	49.5
高新技术企业所得税减免政策	%	45.7	53.8	46.4	50.3	35.9	45.1
企业研发活动专用仪器设备加速折旧政策	%	36.1	43.7	34.6	44.6	30.3	34.9
技术转让、技术开发收入免征增值税和技术转让减免所得税优惠政策	%	28.9	32.5	27.4	36.6	24.9	27.8
科技创新进口税收政策	%	23.6	27.5	22.6	30.2	19.0	21.5
鼓励企业吸引和培养人才的相关政策	%	42.5	46.8	41.0	50.2	38.4	39.7
金融支持相关政策	%	41.7	46.7	39.4	51.5	38.6	36.5
创造和保护知识产权的相关政策	%	46.0	53.4	45.8	51.9	39.3	41.8
优先发展产业的支持政策	%	41.3	47.3	39.0	50.8	38.1	38.0
促进科技成果转化相关政策	%	40.8	48.0	39.6	48.6	34.9	38.1
关于推进大众创业万众创新的各项政策	%	37.4	42.6	35.4	47.1	33.0	33.7
五、未来创新战略目标制定情况							
制定创新战略目标的企业数	个	456793	247197	281134	93577	66406	15676
制定创新战略目标企业占规模(限额)以上企业的比重	%	53.4	63.3	54.2	54.1	51.1	46.7
在制定创新战略目标企业中,制定下列目标的企业占比							
保持本领域的国际领先地位	%	4.2	4.7	4.8	3.1	3.0	5.2
赶超同行业国际领先企业	%	5.3	6.4	5.9	4.5	4.3	5.4
赶超同行业国内领先企业	%	20.9	21.5	21.4	20.5	19.3	20.4
增加创新投入，提升企业竞争力	%	50.3	52.7	49.8	51.9	51.7	43.8
保持现有的技术水平和生产经营状况	%	18.9	14.6	17.7	19.7	21.2	24.7
其他目标	%	0.4	0.2	0.4	0.3	0.5	0.5

注：本调查中的企业家是指企业副总经理或相应级别以上高层管理人员。

二、规模（限额）以上企业创新活动总体情况（2020 年）

2-1 规模(限额)以上企业

项　　目	企业数(个)	开展创新活动企业数(个)	#实现创新企业	#同时实现四种创新企业	#既实现产品或工艺创新，也实现组织或营销创新的企业
总　计	**876023**	**379409**	**359904**	**74297**	**170545**
#国有及国有控股	66332	30582	29000	4705	13512
一、按规模分					
大型企业	22213	16323	15690	4699	9867
中型企业	141316	70324	67656	14491	33252
小型企业	572112	264294	249485	52248	119725
微型企业	140382	28468	27073	2859	7701
二、按登记注册类型分					
内资企业	812379	346491	329012	68249	155298
国有企业	10758	3887	3678	465	1445
集体企业	3729	797	761	87	228
股份合作企业	1711	615	580	109	235
联营企业	333	126	115	24	55
#国有联营企业	121	49	43	11	17
有限责任公司	150523	68106	64685	12688	31344
#国有独资公司	14647	6309	6000	840	2599
股份有限公司	16422	11366	10871	3555	6922
私营企业	628651	261519	248251	51309	115040
其他企业	252	75	71	12	29
港、澳、台商投资企业	29242	15133	14242	3009	7247
合资经营企业	7086	4392	4167	1022	2313
合作经营企业	445	179	163	26	76
港、澳、台商独资经营企业	20677	9849	9230	1739	4403
港、澳、台商投资股份有限公司	725	539	516	186	363
其他港、澳、台投资企业	309	174	166	36	92
外商投资企业	34402	17785	16650	3039	8000
中外合资经营企业	9467	5897	5565	1303	3102
中外合作经营企业	426	196	187	26	75
外资企业	23492	11079	10314	1570	4476
外商投资股份有限公司	627	406	392	106	252
其他外商投资企业	390	207	192	34	95
三、按行业分					
采矿业	10660	3188	2905	177	985
制造业	373407	229747	216169	56397	122219
电力、热力、燃气及水生产和供应业	15191	5150	4707	148	1452
建筑业	58534	17260	16743	2014	6097
批发和零售业	278322	70721	70019	7091	17956
交通运输、仓储和邮政业	40786	8293	8052	648	2145
信息传输、软件和信息技术服务业	24584	18419	16548	4351	10055

注：1.按规模分小型企业和微型企业仅包括规模(限额)以上小型企业和微型企业。以下各表同。
2.国有及国有控股企业指企业登记注册类型为“国有企业”、“国有联营企业”、“国有独资公司”或企业控股情况为“国有控股企业”的企业，以下各表同。

创新活动总体情况

		在全部企业中占比(%)					
#实现产品或工艺创新，未实现组织或营销创新的企业	#实现组织或营销创新，未实现产品或工艺创新的企业	开展创新活动企业	实现创新企业	同时实现四种创新企业	既实现产品或工艺创新，也实现组织或营销创新的企业	实现产品或工艺创新，未实现组织或营销创新的企业	实现组织或营销创新，未实现产品或工艺创新的企业
76944	**112415**	**43.3**	**41.1**	**8.5**	**19.5**	**8.8**	**12.8**
5730	9758	46.1	43.7	7.1	20.4	8.6	14.7
3231	2592	73.5	70.6	21.2	44.4	14.5	11.7
12397	22007	49.8	47.9	10.3	23.5	8.8	15.6
57877	71883	46.2	43.6	9.1	20.9	10.1	12.6
3439	15933	20.3	19.3	2.0	5.5	2.5	11.4
67454	106260	42.7	40.5	8.4	19.1	8.3	13.1
658	1575	36.1	34.2	4.3	13.4	6.1	14.6
109	424	21.4	20.4	2.3	6.1	2.9	11.4
172	173	35.9	33.9	6.4	13.7	10.1	10.1
15	45	37.8	34.5	7.2	16.5	4.5	13.5
10	16	40.5	35.5	9.1	14.1	8.3	13.2
11974	21367	45.2	43.0	8.4	20.8	8.0	14.2
1088	2313	43.1	41.0	5.7	17.7	7.4	15.8
2120	1829	69.2	66.2	21.6	42.2	12.9	11.1
52396	80815	41.6	39.5	8.2	18.3	8.3	12.9
10	32	29.8	28.2	4.8	11.5	4.0	12.7
4177	2818	51.8	48.7	10.3	24.8	14.3	9.6
1223	631	62.0	58.8	14.4	32.6	17.3	8.9
51	36	40.2	36.6	5.8	17.1	11.5	8.1
2753	2074	47.6	44.6	8.4	21.3	13.3	10.0
110	43	74.3	71.2	25.7	50.1	15.2	5.9
40	34	56.3	53.7	11.7	29.8	12.9	11.0
5313	3337	51.7	48.4	8.8	23.3	15.4	9.7
1638	825	62.3	58.8	13.8	32.8	17.3	8.7
57	55	46.0	43.9	6.1	17.6	13.4	12.9
3485	2353	47.2	43.9	6.7	19.1	14.8	10.0
89	51	64.8	62.5	16.9	40.2	14.2	8.1
44	53	53.1	49.2	8.7	24.4	11.3	13.6
816	1104	29.9	27.3	1.7	9.2	7.7	10.4
60711	33239	61.5	57.9	15.1	32.7	16.3	8.9
1272	1983	33.9	31.0	1.0	9.6	8.4	13.1
2148	8498	29.5	28.6	3.4	10.4	3.7	14.5
3412	48651	25.4	25.2	2.5	6.5	1.2	17.5
838	5069	20.3	19.7	1.6	5.3	2.1	12.4
3510	2983	74.9	67.3	17.7	40.9	14.3	12.1

2-1　续表

项　　目	企业数（个）	开展创新活动企业数（个）	#实现创新企业	#同时实现四种创新企业	#既实现产品或工艺创新，也实现组织或营销创新的企业
租赁和商务服务业	44128	11389	10899	1065	2993
科学研究和技术服务业	24725	13305	12034	2200	6021
水利、环境和公共设施管理业	5686	1937	1828	206	622
四、按地区分					
东部地区	529885	240832	228348	46916	109620
中部地区	178463	77979	73118	16906	35232
西部地区	133240	49822	48186	8878	21560
东北地区	34435	10776	10252	1597	4133
北　京	28869	12368	10711	1368	4316
天　津	17398	5923	5592	886	2277
河　北	24968	9875	9522	1774	4324
山　西	13000	4201	4034	557	1599
内蒙古	7115	2032	1986	172	671
辽　宁	19048	6021	5670	916	2346
吉　林	6950	2130	2053	318	822
黑龙江	8437	2625	2529	363	965
上　海	38681	14259	13449	2174	5893
江　苏	100772	49274	47299	8927	21565
浙　江	86939	44716	42255	10003	22121
安　徽	32848	16701	15626	4174	8039
福　建	43995	17897	17394	3359	7433
江　西	25193	10662	10536	3007	5663
山　东	62584	27419	26533	5767	12644
河　南	41872	15494	15114	3153	6591
湖　北	31218	14047	13214	3092	6405
湖　南	34332	16874	14594	2923	6935
广　东	123337	58335	54864	12553	28789
广　西	15004	4750	4526	721	1884
海　南	2342	766	729	105	258
重　庆	17185	7354	6986	1799	3680
四　川	33181	13747	13287	2564	6034
贵　州	10620	4182	4100	799	1881
云　南	10823	4281	4188	803	1985
西　藏	716	271	257	35	87
陕　西	19123	7229	7027	1229	3060
甘　肃	5383	1960	1903	289	809
青　海	1544	519	517	78	236
宁　夏	2488	1051	1046	184	518
新　疆	10058	2446	2363	205	715

		在全部企业中占比(%)					
#实现产品或工艺创新，未实现组织或营销创新的企业	#实现组织或营销创新，未实现产品或工艺创新的企业	开展创新活动企业	实现创新企业	同时实现四种创新企业	既实现产品或工艺创新，也实现组织或营销创新的企业	实现产品或工艺创新，未实现组织或营销创新的企业	实现组织或营销创新，未实现产品或工艺创新的企业
970	6936	25.8	24.7	2.4	6.8	2.2	15.7
2987	3026	53.8	48.7	8.9	24.4	12.1	12.2
280	926	34.1	32.1	3.6	10.9	4.9	16.3
54888	63840	45.5	43.1	8.9	20.7	10.4	12.0
13677	24209	43.7	41.0	9.5	19.7	7.7	13.6
6710	19916	37.4	36.2	6.7	16.2	5.0	14.9
1669	4450	31.3	29.8	4.6	12.0	4.8	12.9
2343	4052	42.8	37.1	4.7	15.0	8.1	14.0
1078	2237	34.0	32.1	5.1	13.1	6.2	12.9
2030	3168	39.6	38.1	7.1	17.3	8.1	12.7
768	1667	32.3	31.0	4.3	12.3	5.9	12.8
298	1017	28.6	27.9	2.4	9.4	4.2	14.3
1039	2285	31.6	29.8	4.8	12.3	5.5	12.0
317	914	30.6	29.5	4.6	11.8	4.6	13.2
313	1251	31.1	30.0	4.3	11.4	3.7	14.8
2842	4714	36.9	34.8	5.6	15.2	7.3	12.2
13390	12344	48.9	46.9	8.9	21.4	13.3	12.2
12451	7683	51.4	48.6	11.5	25.4	14.3	8.8
2709	4878	50.8	47.6	12.7	24.5	8.2	14.9
3700	6261	40.7	39.5	7.6	16.9	8.4	14.2
2222	2651	42.3	41.8	11.9	22.5	8.8	10.5
5765	8124	43.8	42.4	9.2	20.2	9.2	13.0
2081	6442	37.0	36.1	7.5	15.7	5.0	15.4
2711	4098	45.0	42.3	9.9	20.5	8.7	13.1
3186	4473	49.1	42.5	8.5	20.2	9.3	13.0
11224	14851	47.3	44.5	10.2	23.3	9.1	12.0
550	2092	31.7	30.2	4.8	12.6	3.7	13.9
65	406	32.7	31.1	4.5	11.0	2.8	17.3
1148	2158	42.8	40.7	10.5	21.4	6.7	12.6
1986	5267	41.4	40.0	7.7	18.2	6.0	15.9
607	1612	39.4	38.6	7.5	17.7	5.7	15.2
542	1661	39.6	38.7	7.4	18.3	5.0	15.3
12	158	37.8	35.9	4.9	12.2	1.7	22.1
809	3158	37.8	36.7	6.4	16.0	4.2	16.5
229	865	36.4	35.4	5.4	15.0	4.3	16.1
67	214	33.6	33.5	5.1	15.3	4.3	13.9
233	295	42.2	42.0	7.4	20.8	9.4	11.9
229	1419	24.3	23.5	2.0	7.1	2.3	14.1

2-2 规模以上工业企业

项目	企业数（个）	开展创新活动企业数（个）	#实现创新企业	#同时实现四种创新企业	#既实现产品或工艺创新，也实现组织或营销创新的企业
总　计	**399258**	**238085**	**223781**	**56722**	**124656**
#国有及国有控股	22299	13222	12493	2652	7118
一、按规模分					
大型企业	8013	7109	6913	2721	4950
中型企业	38966	30067	28882	9067	18473
小型企业	312791	189867	177899	43602	97341
微型企业	39488	11042	10087	1332	3892
二、按登记注册类型分					
内资企业	356337	212162	199421	51592	111881
国有企业	2444	1122	1038	201	556
集体企业	999	312	289	48	117
股份合作企业	761	427	399	86	185
联营企业	99	52	47	11	23
#国有联营企业	37	21	18	3	5
有限责任公司	57154	34752	32852	8454	19296
#国有独资公司	4162	2312	2171	389	1162
股份有限公司	8465	7108	6880	2695	4915
私营企业	286341	168349	157880	40087	86770
其他企业	74	40	36	10	19
港、澳、台商投资企业	19682	11901	11210	2537	6057
合资经营企业	5316	3693	3505	920	2033
合作经营企业	283	138	127	20	64
港、澳、台商独资经营企业	13421	7522	7051	1408	3592
港、澳、台商投资股份有限公司	507	442	426	163	311
其他港、澳、台投资企业	155	106	101	26	57
外商投资企业	23239	14022	13150	2593	6718
中外合资经营企业	7207	4931	4670	1142	2698
中外合作经营企业	312	165	158	24	69
外资企业	15153	8500	7914	1312	3684
外商投资股份有限公司	384	305	296	89	205
其他外商投资企业	183	121	112	26	62
三、按行业分					
采矿业	**10660**	**3188**	**2905**	**177**	**985**
煤炭开采和洗选业	4329	1217	1138	34	333
石油和天然气开采业	128	74	71	6	35
黑色金属矿采选业	1292	340	302	15	110
有色金属矿采选业	1204	449	414	16	174

创新活动总体情况

		在全部企业中占比(%)					
#实现产品或工艺创新，未实现组织或营销创新的企业	#实现组织或营销创新，未实现产品或工艺创新的企业	开展创新活动企业	实现创新企业	同时实现四种创新企业	既实现产品或工艺创新，也实现组织或营销创新的企业	实现产品或工艺创新，未实现组织或营销创新的企业	实现组织或营销创新，未实现产品或工艺创新的企业
62799	**36326**	**59.6**	**56.0**	**14.2**	**31.2**	**15.7**	**9.1**
3145	2230	59.3	56.0	11.9	31.9	14.1	10.0
1630	333	88.7	86.3	34.0	61.8	20.3	4.2
7840	2569	77.2	74.1	23.3	47.4	20.1	6.6
50862	29696	60.7	56.9	13.9	31.1	16.3	9.5
2467	3728	28.0	25.5	3.4	9.9	6.2	9.4
54324	33216	59.5	56.0	14.5	31.4	15.2	9.3
247	235	45.9	42.5	8.2	22.8	10.1	9.6
69	103	31.2	28.9	4.8	11.7	6.9	10.3
156	58	56.1	52.4	11.3	24.3	20.5	7.6
10	14	52.5	47.5	11.1	23.2	10.1	14.1
5	8	56.8	48.6	8.1	13.5	13.5	21.6
7947	5609	60.8	57.5	14.8	33.8	13.9	9.8
522	487	55.6	52.2	9.3	27.9	12.5	11.7
1472	493	84.0	81.3	31.8	58.1	17.4	5.8
44414	26696	58.8	55.1	14.0	30.3	15.5	9.3
9	8	54.1	48.6	13.5	25.7	12.2	10.8
3764	1389	60.5	57.0	12.9	30.8	19.1	7.1
1125	347	69.5	65.9	17.3	38.2	21.2	6.5
45	18	48.8	44.9	7.1	22.6	15.9	6.4
2463	996	56.0	52.5	10.5	26.8	18.4	7.4
97	18	87.2	84.0	32.2	61.3	19.1	3.6
34	10	68.4	65.2	16.8	36.8	21.9	6.5
4711	1721	60.3	56.6	11.2	28.9	20.3	7.4
1481	491	68.4	64.8	15.8	37.4	20.5	6.8
55	34	52.9	50.6	7.7	22.1	17.6	10.9
3069	1161	56.1	52.2	8.7	24.3	20.3	7.7
74	17	79.4	77.1	23.2	53.4	19.3	4.4
32	18	66.1	61.2	14.2	33.9	17.5	9.8
816	**1104**	**29.9**	**27.3**	**1.7**	**9.2**	**7.7**	**10.4**
346	459	28.1	26.3	0.8	7.7	8.0	10.6
24	12	57.8	55.5	4.7	27.3	18.8	9.4
110	82	26.3	23.4	1.2	8.5	8.5	6.3
129	111	37.3	34.4	1.3	14.5	10.7	9.2

2-2 续表 1

项　目	企业数（个）	开展创新活动企业数（个）	#实现创新企业	#同时实现四种创新企业	#既实现产品或工艺创新，也实现组织或营销创新的企业
非金属矿采选业	3427	1004	882	96	285
开采专业及辅助性活动	275	102	96	10	46
其他采矿业	5	2	2		2
制造业	**373407**	**229747**	**216169**	**56397**	**122219**
农副食品加工业	21835	11360	10713	2357	5435
食品制造业	8256	5256	4993	1540	3119
酒、饮料和精制茶制造业	5526	3327	3119	762	1733
烟草制品业	105	81	75	15	47
纺织业	18508	9789	9004	1989	4144
纺织服装、服饰业	12707	5029	4680	830	1979
皮革、毛皮、羽毛及其制品和制鞋业	7942	3933	3610	736	1552
木材加工和木、竹、藤、棕、草制品业	9887	3797	3521	615	1400
家具制造业	6531	3725	3525	909	1914
造纸和纸制品业	6660	3489	3243	779	1718
印刷和记录媒介复制业	5878	3324	3095	723	1662
文教、工美、体育和娱乐用品制造业	8935	5046	4762	1188	2559
石油、煤炭及其他燃料加工业	2116	1091	1010	180	527
化学原料和化学制品制造业	22002	14744	13867	3544	8001
医药制造业	8164	6635	6225	1784	4005
化学纤维制造业	1938	1267	1196	290	565
橡胶和塑料制品业	20783	12535	11682	2996	6395
非金属矿物制品业	39671	18458	17013	3391	8114
黑色金属冶炼和压延加工业	5309	2561	2388	498	1159
有色金属冶炼和压延加工业	7647	4468	4194	1007	2210
金属制品业	26879	15893	14906	3464	7940
通用设备制造业	26414	19273	18312	5290	11180
专用设备制造业	21094	16289	15573	4799	9996
汽车制造业	16012	11187	10560	2831	6208
铁路、船舶、航空航天和其他运输设备制造业	5038	3526	3334	856	1928
电气机械和器材制造业	26944	20096	19138	6031	12198
计算机、通信和其他电子设备制造业	20847	16615	15865	5052	10442
仪器仪表制造业	5287	4546	4372	1473	2976
其他制造业	1792	1110	1029	291	591
废弃资源综合利用业	2160	1010	902	137	399
金属制品、机械和设备修理业	540	287	263	40	123
电力、热力、燃气及水生产和供应业	**15191**	**5150**	**4707**	**148**	**1452**
电力、热力生产和供应业	9822	3329	3026	82	930
燃气生产和供应业	2622	913	862	36	234
水的生产和供应业	2747	908	819	30	288

		在全部企业中占比(%)					
#实现产品或工艺创新，未实现组织或营销创新的企业	#实现组织或营销创新，未实现产品或工艺创新的企业	开展创新活动企业	实现创新企　业	同时实现四种创新企　业	既实现产品或工艺创新，也实现组织或营销创新的企业	实现产品或工艺创新，未实现组织或营销创新的企业	实现组织或营销创新，未实现产品或工艺创新的企业
195	402	29.3	25.7	2.8	8.3	5.7	11.7
12	38	37.1	34.9	3.6	16.7	4.4	13.8
		40.0	40.0		40.0		
60711	**33239**	**61.5**	**57.9**	**15.1**	**32.7**	**16.3**	**8.9**
2034	3244	52.0	49.1	10.8	24.9	9.3	14.9
823	1051	63.7	60.5	18.7	37.8	10.0	12.7
483	903	60.2	56.4	13.8	31.4	8.7	16.3
23	5	77.1	71.4	14.3	44.8	21.9	4.8
3215	1645	52.9	48.6	10.7	22.4	17.4	8.9
1478	1223	39.6	36.8	6.5	15.6	11.6	9.6
1318	740	49.5	45.5	9.3	19.5	16.6	9.3
1042	1079	38.4	35.6	6.2	14.2	10.5	10.9
873	738	57.0	54.0	13.9	29.3	13.4	11.3
884	641	52.4	48.7	11.7	25.8	13.3	9.6
871	562	56.6	52.7	12.3	28.3	14.8	9.6
1279	924	56.5	53.3	13.3	28.6	14.3	10.3
270	213	51.6	47.7	8.5	24.9	12.8	10.1
4000	1866	67.0	63.0	16.1	36.4	18.2	8.5
1472	748	81.3	76.2	21.9	49.1	18.0	9.2
454	177	65.4	61.7	15.0	29.2	23.4	9.1
3505	1782	60.3	56.2	14.4	30.8	16.9	8.6
4665	4234	46.5	42.9	8.5	20.5	11.8	10.7
775	454	48.2	45.0	9.4	21.8	14.6	8.6
1413	571	58.4	54.8	13.2	28.9	18.5	7.5
4592	2374	59.1	55.5	12.9	29.5	17.1	8.8
5499	1633	73.0	69.3	20.0	42.3	20.8	6.2
4232	1345	77.2	73.8	22.8	47.4	20.1	6.4
3329	1023	69.9	66.0	17.7	38.8	20.8	6.4
1010	396	70.0	66.2	17.0	38.3	20.0	7.9
5155	1785	74.6	71.0	22.4	45.3	19.1	6.6
4211	1212	79.7	76.1	24.2	50.1	20.2	5.8
1136	260	86.0	82.7	27.9	56.3	21.5	4.9
281	157	61.9	57.4	16.2	33.0	15.7	8.8
301	202	46.8	41.8	6.3	18.5	13.9	9.4
88	52	53.1	48.7	7.4	22.8	16.3	9.6
1272	**1983**	**33.9**	**31.0**	**1.0**	**9.6**	**8.4**	**13.1**
886	1210	33.9	30.8	0.8	9.5	9.0	12.3
141	487	34.8	32.9	1.4	8.9	5.4	18.6
245	286	33.1	29.8	1.1	10.5	8.9	10.4

2-2 续表 2

项目	企业数（个）	开展创新活动企业数（个）	#实现创新企业	#同时实现四种创新企业	#既实现产品或工艺创新，也实现组织或营销创新的企业
四、按地区分					
东部地区	236714	152116	143801	36015	80548
中部地区	92016	52485	48068	13357	26683
西部地区	55900	26927	25758	6099	14303
东北地区	14628	6557	6154	1251	3122
北　京	3028	2163	1960	362	1058
天　津	5118	2881	2716	630	1498
河　北	14231	6886	6616	1456	3418
山　西	5477	2343	2204	360	1046
内蒙古	2986	1064	1035	108	451
辽　宁	7749	3765	3498	748	1833
吉　林	3042	1247	1185	229	584
黑龙江	3837	1545	1471	274	705
上　海	8803	5164	4897	1075	2774
江　苏	50142	35071	33385	7364	17326
浙　江	47953	34627	32479	8693	18578
安　徽	18440	11741	10782	3562	6474
福　建	18845	10139	9735	2302	5095
江　西	14363	7794	7696	2562	4614
山　东	29626	17862	17134	4534	9608
河　南	19796	9202	8897	2226	4517
湖　北	15701	9176	8432	2406	4690
湖　南	18239	12229	10057	2241	5342
广　东	58475	37093	34671	9559	21087
广　西	7091	2474	2301	461	1186
海　南	493	230	208	40	106
重　庆	6935	4419	4142	1365	2686
四　川	15279	7889	7546	1854	4112
贵　州	4482	2337	2281	543	1289
云　南	4401	2242	2180	525	1286
西　藏	167	73	67	10	28
陕　西	7191	3492	3372	773	1850
甘　肃	1944	944	895	175	483
青　海	579	228	227	40	128
宁　夏	1241	697	693	145	400
新　疆	3604	1068	1019	100	404

		在全部企业中占比(%)					
#实现产品或工艺创新，未实现组织或营销创新的企业	#实现组织或营销创新，未实现产品或工艺创新的企业	开展创新活动企业	实现创新企　业	同时实现四种创新企　业	既实现产品或工艺创新，也实现组织或营销创新的企业	实现产品或工艺创新，未实现组织或营销创新的企业	实现组织或营销创新，未实现产品或工艺创新的企业
44783	18470	64.3	60.7	15.2	34.0	18.9	7.8
11526	9859	57.0	52.2	14.5	29.0	12.5	10.7
5173	6282	48.2	46.1	10.9	25.6	9.3	11.2
1317	1715	44.8	42.1	8.6	21.3	9.0	11.7
690	212	71.4	64.7	12.0	34.9	22.8	7.0
743	475	56.3	53.1	12.3	29.3	14.5	9.3
1709	1489	48.4	46.5	10.2	24.0	12.0	10.5
615	543	42.8	40.2	6.6	19.1	11.2	9.9
224	360	35.6	34.7	3.6	15.1	7.5	12.1
829	836	48.6	45.1	9.7	23.7	10.7	10.8
253	348	41.0	39.0	7.5	19.2	8.3	11.4
235	531	40.3	38.3	7.1	18.4	6.1	13.8
1429	694	58.7	55.6	12.2	31.5	16.2	7.9
11749	4310	69.9	66.6	14.7	34.6	23.4	8.6
11333	2568	72.2	67.7	18.1	38.7	23.6	5.4
2328	1980	63.7	58.5	19.3	35.1	12.6	10.7
3022	1618	53.8	51.7	12.2	27.0	16.0	8.6
1968	1114	54.3	53.6	17.8	32.1	13.7	7.8
4949	2577	60.3	57.8	15.3	32.4	16.7	8.7
1593	2787	46.5	44.9	11.2	22.8	8.0	14.1
2246	1496	58.4	53.7	15.3	29.9	14.3	9.5
2776	1939	67.0	55.1	12.3	29.3	15.2	10.6
9130	4454	63.4	59.3	16.3	36.1	15.6	7.6
414	701	34.9	32.5	6.5	16.7	5.8	9.9
29	73	46.7	42.2	8.1	21.5	5.9	14.8
976	480	63.7	59.7	19.7	38.7	14.1	6.9
1502	1932	51.6	49.4	12.1	26.9	9.8	12.6
498	494	52.1	50.9	12.1	28.8	11.1	11.0
411	483	50.9	49.5	11.9	29.2	9.3	11.0
2	37	43.7	40.1	6.0	16.8	1.2	22.2
588	934	48.6	46.9	10.8	25.7	8.2	13.0
166	246	48.6	46.0	9.0	24.8	8.5	12.7
43	56	39.4	39.2	6.9	22.1	7.4	9.7
200	93	56.2	55.8	11.7	32.2	16.1	7.5
149	466	29.6	28.3	2.8	11.2	4.1	12.9

2−3 资质等级以上建筑业

项目	企业数（个）	开展创新活动企业数（个）	#实现创新企业	#同时实现四种创新企业	#既实现产品或工艺创新，也实现组织或营销创新的企业
总计	**58534**	**17260**	**16743**	**2014**	**6097**
#国有及国有控股	5228	2651	2544	412	1303
一、按规模分					
大型企业	2900	2331	2260	549	1513
中型企业	21566	7392	7119	802	2668
小型企业	25625	6069	5926	549	1574
微型企业	8443	1468	1438	114	342
二、按登记注册类型分					
内资企业	58209	17162	16646	1993	6046
国有企业	1159	397	384	41	132
集体企业	862	151	147	15	45
股份合作企业	141	30	29	5	11
联营企业	23	10	9	2	7
#国有联营企业	6	3	3	1	2
有限责任公司	11854	4443	4271	628	1948
#国有独资公司	1257	691	659	123	348
股份有限公司	943	458	440	85	238
私营企业	43215	11669	11362	1217	3665
其他企业	12	4	4		
港、澳、台商投资企业	195	55	55	13	32
#合资经营企业	117	34	34	10	21
合作经营企业	9	4	4		2
港、澳、台商独资经营企业	63	13	13	2	6
港、澳、台商投资股份有限公司	5	3	3	1	2
外商投资企业	130	43	42	8	19
#中外合资经营企业	69	21	20	2	10
中外合作经营企业	6				
外资企业	50	20	20	4	7
外商投资股份有限公司	3	1	1	1	1
三、按行业分					
房屋建筑业	25917	7300	7116	842	2557
土木工程建筑业	12420	4296	4166	510	1680
建筑安装业	6948	2136	2030	258	767
建筑装饰、装修和其他建筑业	13249	3528	3431	404	1093

企业创新活动总体情况

		在全部企业中占比(%)					
#实现产品或工艺创新，未实现组织或营销创新的企业	#实现组织或营销创新，未实现产品或工艺创新的企业	开展创新活动企业	实现创新企业	同时实现四种创新企业	既实现产品或工艺创新，也实现组织或营销创新的企业	实现产品或工艺创新，未实现组织或营销创新的企业	实现组织或营销创新，未实现产品或工艺创新的企业
2148	**8498**	**29.5**	**28.6**	**3.4**	**10.4**	**3.7**	**14.5**
523	718	50.7	48.7	7.9	24.9	10.0	13.7
510	237	80.4	77.9	18.9	52.2	17.6	8.2
1025	3426	34.3	33.0	3.7	12.4	4.8	15.9
519	3833	23.7	23.1	2.1	6.1	2.0	15.0
94	1002	17.4	17.0	1.4	4.1	1.1	11.9
2134	8466	29.5	28.6	3.4	10.4	3.7	14.5
54	198	34.3	33.1	3.5	11.4	4.7	17.1
15	87	17.5	17.1	1.7	5.2	1.7	10.1
3	15	21.3	20.6	3.5	7.8	2.1	10.6
1	1	43.5	39.1	8.7	30.4	4.3	4.3
1		50.0	50.0	16.7	33.3	16.7	
718	1605	37.5	36.0	5.3	16.4	6.1	13.5
150	161	55.0	52.4	9.8	27.7	11.9	12.8
82	120	48.6	46.7	9.0	25.2	8.7	12.7
1261	6436	27.0	26.3	2.8	8.5	2.9	14.9
	4	33.3	33.3				33.3
6	17	28.2	28.2	6.7	16.4	3.1	8.7
4	9	29.1	29.1	8.5	17.9	3.4	7.7
	2	44.4	44.4		22.2		22.2
1	6	20.6	20.6	3.2	9.5	1.6	9.5
1		60.0	60.0	20.0	40.0	20.0	
8	15	33.1	32.3	6.2	14.6	6.2	11.5
5	5	30.4	29.0	2.9	14.5	7.2	7.2
3	10	40.0	40.0	8.0	14.0	6.0	20.0
		33.3	33.3	33.3	33.3		
823	3736	28.2	27.5	3.2	9.9	3.2	14.4
653	1833	34.6	33.5	4.1	13.5	5.3	14.8
318	945	30.7	29.2	3.7	11.0	4.6	13.6
354	1984	26.6	25.9	3.0	8.3	2.7	15.0

2–3 续表

项　目	企业数(个)	开展创新活动企业数(个)	#实现创新企业	#同时实现四种创新企业	#既实现产品或工艺创新，也实现组织或营销创新的企业
四、按地区分					
东部地区	27066	8600	8277	1041	3178
中部地区	13047	3984	3905	539	1494
西部地区	13668	3757	3672	372	1199
东北地区	4753	919	889	62	226
北　京	1991	613	554	53	224
天　津	1117	376	353	37	133
河　北	1575	455	447	52	185
山　西	1426	405	393	45	143
内蒙古	559	127	125	8	33
辽　宁	2329	469	451	38	125
吉　林	923	182	180	12	38
黑龙江	1501	268	258	12	63
上　海	1575	424	408	63	169
江　苏	5393	1722	1682	150	510
浙　江	4119	1226	1180	159	516
安　徽	2130	704	686	84	228
福　建	2706	841	829	100	303
江　西	1483	438	432	63	198
山　东	4569	1447	1410	229	566
河　南	3923	1145	1135	161	411
湖　北	2538	686	673	96	262
湖　南	1547	606	586	90	252
广　东	3903	1460	1381	192	559
广　西	812	255	249	32	91
海　南	118	36	33	6	13
重　庆	1453	345	328	35	112
四　川	3883	1097	1079	109	344
贵　州	941	295	290	27	92
云　南	1286	329	322	37	127
西　藏	183	52	49	4	12
陕　西	2388	708	688	69	230
甘　肃	754	200	198	22	70
青　海	228	55	54	3	12
宁　夏	385	102	101	8	30
新　疆	796	192	189	18	46

		在全部企业中占比(%)					
#实现产品或工艺创新，未实现组织或营销创新的企业	#实现组织或营销创新，未实现产品或工艺创新的企业	开展创新活动企业	实现创新企业	同时实现四种创新企业	既实现产品或工艺创新，也实现组织或营销创新的企业	实现产品或工艺创新，未实现组织或营销创新的企业	实现组织或营销创新，未实现产品或工艺创新的企业
1227	3872	31.8	30.6	3.8	11.7	4.5	14.3
518	1893	30.5	29.9	4.1	11.5	4.0	14.5
321	2152	27.5	26.9	2.7	8.8	2.3	15.7
82	581	19.3	18.7	1.3	4.8	1.7	12.2
125	205	30.8	27.8	2.7	11.3	6.3	10.3
61	159	33.7	31.6	3.3	11.9	5.5	14.2
56	206	28.9	28.4	3.3	11.7	3.6	13.1
61	189	28.4	27.6	3.2	10.0	4.3	13.3
10	82	22.7	22.4	1.4	5.9	1.8	14.7
46	280	20.1	19.4	1.6	5.4	2.0	12.0
10	132	19.7	19.5	1.3	4.1	1.1	14.3
26	169	17.9	17.2	0.8	4.2	1.7	11.3
77	162	26.9	25.9	4.0	10.7	4.9	10.3
231	941	31.9	31.2	2.8	9.5	4.3	17.4
201	463	29.8	28.6	3.9	12.5	4.9	11.2
78	380	33.1	32.2	3.9	10.7	3.7	17.8
107	419	31.1	30.6	3.7	11.2	4.0	15.5
59	175	29.5	29.1	4.2	13.4	4.0	11.8
145	699	31.7	30.9	5.0	12.4	3.2	15.3
129	595	29.2	28.9	4.1	10.5	3.3	15.2
89	322	27.0	26.5	3.8	10.3	3.5	12.7
102	232	39.2	37.9	5.8	16.3	6.6	15.0
221	601	37.4	35.4	4.9	14.3	5.7	15.4
29	129	31.4	30.7	3.9	11.2	3.6	15.9
3	17	30.5	28.0	5.1	11.0	2.5	14.4
29	187	23.7	22.6	2.4	7.7	2.0	12.9
95	640	28.3	27.8	2.8	8.9	2.4	16.5
23	175	31.4	30.8	2.9	9.8	2.4	18.6
33	162	25.6	25.0	2.9	9.9	2.6	12.6
3	34	28.4	26.8	2.2	6.6	1.6	18.6
52	406	29.6	28.8	2.9	9.6	2.2	17.0
10	118	26.5	26.3	2.9	9.3	1.3	15.7
8	34	24.1	23.7	1.3	5.3	3.5	14.9
11	60	26.5	26.2	2.1	7.8	2.9	15.6
18	125	24.1	23.7	2.3	5.8	2.3	15.7

2-4 规模(限额)以上服务业

项　　目	企业数(个)	开展创新活动企业数(个)	#实现创新企　业	#同时实现四种创新企　业	#既实现产品或工艺创新，也实现组织或营销创新的企业
总　计	**418231**	**124064**	**119380**	**15561**	**39792**
#国有及国有控股	38805	14709	13963	1641	5091
一、按规模分					
大型企业	11300	6883	6517	1429	3404
中型企业	80784	32865	31655	4622	12111
小型企业	233696	68358	65660	8097	20810
微型企业	92451	15958	15548	1413	3467
二、按登记注册类型分					
内资企业	397833	117167	112945	14664	37371
国有企业	7155	2368	2256	223	757
集体企业	1868	334	325	24	66
股份合作企业	809	158	152	18	39
联营企业	211	64	59	11	25
#国有联营企业	78	25	22	7	10
有限责任公司	81515	28911	27562	3606	10100
#国有独资公司	9228	3306	3170	328	1089
股份有限公司	7014	3800	3551	775	1769
私营企业	299095	81501	79009	10005	24605
其他企业	166	31	31	2	10
港、澳、台商投资企业	9365	3177	2977	459	1158
合资经营企业	1653	665	628	92	259
合作经营企业	153	37	32	6	10
港、澳、台商独资经营企业	7193	2314	2166	329	805
港、澳、台商投资股份有限公司	213	94	87	22	50
其他港、澳、台投资企业	153	67	64	10	34
外商投资企业	11033	3720	3458	438	1263
中外合资经营企业	2191	945	875	159	394
中外合作经营企业	108	31	29	2	6
外资企业	8289	2559	2380	254	785
外商投资股份有限公司	240	100	95	16	46
其他外商投资企业	205	85	79	7	32
三、按行业分					
批发和零售业	**278322**	**70721**	**70019**	**7091**	**17956**
批发业	170480	39319	38774	3764	10053
零售业	107842	31402	31245	3327	7903
交通运输、仓储和邮政业	**40786**	**8293**	**8052**	**648**	**2145**
铁路运输业	351	95	88	7	28
道路运输业	23064	4429	4330	357	1117
水上运输业	2476	525	504	33	139
航空运输业	433	169	162	11	59
管道运输业	104	37	33	2	9
多式联运和运输代理业	7578	1443	1390	96	364
装卸搬运和仓储业	4949	1102	1062	82	288
邮政业	1831	493	483	60	141
信息传输、软件和信息技术服务业	**24584**	**18419**	**16548**	**4351**	**10055**
电信、广播电视和卫星传输服务	2935	1508	1403	275	638
互联网和相关服务	4254	2931	2618	687	1550
软件和信息技术服务业	17395	13980	12527	3389	7867

企业创新活动总体情况

		在全部企业中占比(%)					
#实现产品或工艺创新，未实现组织或营销创新的企业	#实现组织或营销创新，未实现产品或工艺创新的企业	开展创新活动企业	实现创新企　业	同时实现四种创新企　业	既实现产品或工艺创新，也实现组织或营销创新的企业	实现产品或工艺创新，未实现组织或营销创新的企业	实现组织或营销创新，未实现产品或工艺创新的企业
11997	**67591**	**29.7**	**28.5**	**3.7**	**9.5**	**2.9**	**16.2**
2062	6810	37.9	36.0	4.2	13.1	5.3	17.5
1091	2022	60.9	57.7	12.6	30.1	9.7	17.9
3532	16012	40.7	39.2	5.7	15.0	4.4	19.8
6496	38354	29.3	28.1	3.5	8.9	2.8	16.4
878	11203	17.3	16.8	1.5	3.8	1.0	12.1
10996	64578	29.5	28.4	3.7	9.4	2.8	16.2
357	1142	33.1	31.5	3.1	10.6	5.0	16.0
25	234	17.9	17.4	1.3	3.5	1.3	12.5
13	100	19.5	18.8	2.2	4.8	1.6	12.4
4	30	30.3	28.0	5.2	11.8	1.9	14.2
4	8	32.1	28.2	9.0	12.8	5.1	10.3
3309	14153	35.5	33.8	4.4	12.4	4.1	17.4
416	1665	35.8	34.4	3.6	11.8	4.5	18.0
566	1216	54.2	50.6	11.0	25.2	8.1	17.3
6721	47683	27.2	26.4	3.3	8.2	2.2	15.9
1	20	18.7	18.7	1.2	6.0	0.6	12.0
407	1412	33.9	31.8	4.9	12.4	4.3	15.1
94	275	40.2	38.0	5.6	15.7	5.7	16.6
6	16	24.2	20.9	3.9	6.5	3.9	10.5
289	1072	32.2	30.1	4.6	11.2	4.0	14.9
12	25	44.1	40.8	10.3	23.5	5.6	11.7
6	24	43.8	41.8	6.5	22.2	3.9	15.7
594	1601	33.7	31.3	4.0	11.4	5.4	14.5
152	329	43.1	39.9	7.3	18.0	6.9	15.0
2	21	28.7	26.9	1.9	5.6	1.9	19.4
413	1182	30.9	28.7	3.1	9.5	5.0	14.3
15	34	41.7	39.6	6.7	19.2	6.3	14.2
12	35	41.5	38.5	3.4	15.6	5.9	17.1
3412	**48651**	**25.4**	**25.2**	**2.5**	**6.5**	**1.2**	**17.5**
2327	26394	23.1	22.7	2.2	5.9	1.4	15.5
1085	22257	29.1	29.0	3.1	7.3	1.0	20.6
838	**5069**	**20.3**	**19.7**	**1.6**	**5.3**	**2.1**	**12.4**
15	45	27.1	25.1	2.0	8.0	4.3	12.8
400	2813	19.2	18.8	1.5	4.8	1.7	12.2
65	300	21.2	20.4	1.3	5.6	2.6	12.1
22	81	39.0	37.4	2.5	13.6	5.1	18.7
10	14	35.6	31.7	1.9	8.7	9.6	13.5
140	886	19.0	18.3	1.3	4.8	1.8	11.7
152	622	22.3	21.5	1.7	5.8	3.1	12.6
34	308	26.9	26.4	3.3	7.7	1.9	16.8
3510	**2983**	**74.9**	**67.3**	**17.7**	**40.9**	**14.3**	**12.1**
200	565	51.4	47.8	9.4	21.7	6.8	19.3
500	568	68.9	61.5	16.2	36.4	11.8	13.4
2810	1850	80.4	72.0	19.5	45.2	16.2	10.6

2-4 续表

项目	企业数(个)	开展创新活动企业数(个)	#实现创新企业	#同时实现四种创新企业	#既实现产品或工艺创新，也实现组织或营销创新的企业
租赁和商务服务业	**44128**	**11389**	**10899**	**1065**	**2993**
租赁业	2775	649	608	77	173
商务服务业	41353	10740	10291	988	2820
科学研究和技术服务业	**24725**	**13305**	**12034**	**2200**	**6021**
研究和试验发展	2271	1796	1599	424	976
专业技术服务业	18584	9241	8454	1358	4049
科技推广和应用服务业	3870	2268	1981	418	996
水利、环境和公共设施管理业	**5686**	**1937**	**1828**	**206**	**622**
水利管理业	150	46	44	4	15
生态保护和环境治理业	1088	546	492	71	223
公共设施管理业	4079	1239	1190	122	358
土地管理业	369	106	102	9	26
四、按地区分					
东部地区	266105	80116	76270	9860	25894
中部地区	73400	21510	21145	3010	7055
西部地区	63672	19138	18756	2407	6058
东北地区	15054	3300	3209	284	785
北　京	23850	9592	8197	953	3034
天　津	11163	2666	2523	219	646
河　北	9162	2534	2459	266	721
山　西	6097	1453	1437	152	410
内蒙古	3570	841	826	56	187
辽　宁	8970	1787	1721	130	388
吉　林	2985	701	688	77	200
黑龙江	3099	812	800	77	197
上　海	28303	8671	8144	1036	2950
江　苏	45237	12481	12232	1413	3729
浙　江	34867	8863	8596	1151	3027
安　徽	12278	4256	4158	528	1337
福　建	22444	6917	6830	957	2035
江　西	9347	2430	2408	382	851
山　东	28389	8110	7989	1004	2470
河　南	18153	5147	5082	766	1663
湖　北	12979	4185	4109	590	1453
湖　南	14546	4039	3951	592	1341
广　东	60959	19782	18812	2802	7143
广　西	7101	2021	1976	228	607
海　南	1731	500	488	59	139
重　庆	8797	2590	2516	399	882
四　川	14019	4761	4662	601	1578
贵　州	5197	1550	1529	229	500
云　南	5136	1710	1686	241	572
西　藏	366	146	141	21	47
陕　西	9544	3029	2967	387	980
甘　肃	2685	816	810	92	256
青　海	737	236	236	35	96
宁　夏	862	252	252	31	88
新　疆	5658	1186	1155	87	265

		在全部企业中占比(%)					
#实现产品或工艺创新，未实现组织或营销创新的企业	#实现组织或营销创新，未实现产品或工艺创新的企业	开展创新活动企业	实现创新企　业	同时实现四种创新企　业	既实现产品或工艺创新，也实现组织或营销创新的企业	实现产品或工艺创新，未实现组织或营销创新的企业	实现组织或营销创新，未实现产品或工艺创新的企业
970	**6936**	**25.8**	**24.7**	**2.4**	**6.8**	**2.2**	**15.7**
64	371	23.4	21.9	2.8	6.2	2.3	13.4
906	6565	26.0	24.9	2.4	6.8	2.2	15.9
2987	**3026**	**53.8**	**48.7**	**8.9**	**24.4**	**12.1**	**12.2**
380	243	79.1	70.4	18.7	43.0	16.7	10.7
2165	2240	49.7	45.5	7.3	21.8	11.7	12.1
442	543	58.6	51.2	10.8	25.7	11.4	14.0
280	**926**	**34.1**	**32.1**	**3.6**	**10.9**	**4.9**	**16.3**
12	17	30.7	29.3	2.7	10.0	8.0	11.3
139	130	50.2	45.2	6.5	20.5	12.8	11.9
127	705	30.4	29.2	3.0	8.8	3.1	17.3
2	74	28.7	27.6	2.4	7.0	0.5	20.1
8878	41498	30.1	28.7	3.7	9.7	3.3	15.6
1633	12457	29.3	28.8	4.1	9.6	2.2	17.0
1216	11482	30.1	29.5	3.8	9.5	1.9	18.0
270	2154	21.9	21.3	1.9	5.2	1.8	14.3
1528	3635	40.2	34.4	4.0	12.7	6.4	15.2
274	1603	23.9	22.6	2.0	5.8	2.5	14.4
265	1473	27.7	26.8	2.9	7.9	2.9	16.1
92	935	23.8	23.6	2.5	6.7	1.5	15.3
64	575	23.6	23.1	1.6	5.2	1.8	16.1
164	1169	19.9	19.2	1.4	4.3	1.8	13.0
54	434	23.5	23.0	2.6	6.7	1.8	14.5
52	551	26.2	25.8	2.5	6.4	1.7	17.8
1336	3858	30.6	28.8	3.7	10.4	4.7	13.6
1410	7093	27.6	27.0	3.1	8.2	3.1	15.7
917	4652	25.4	24.7	3.3	8.7	2.6	13.3
303	2518	34.7	33.9	4.3	10.9	2.5	20.5
571	4224	30.8	30.4	4.3	9.1	2.5	18.8
195	1362	26.0	25.8	4.1	9.1	2.1	14.6
671	4848	28.6	28.1	3.5	8.7	2.4	17.1
359	3060	28.4	28.0	4.2	9.2	2.0	16.9
376	2280	32.2	31.7	4.5	11.2	2.9	17.6
308	2302	27.8	27.2	4.1	9.2	2.1	15.8
1873	9796	32.5	30.9	4.6	11.7	3.1	16.1
107	1262	28.5	27.8	3.2	8.5	1.5	17.8
33	316	28.9	28.2	3.4	8.0	1.9	18.3
143	1491	29.4	28.6	4.5	10.0	1.6	16.9
389	2695	34.0	33.3	4.3	11.3	2.8	19.2
86	943	29.8	29.4	4.4	9.6	1.7	18.1
98	1016	33.3	32.8	4.7	11.1	1.9	19.8
7	87	39.9	38.5	5.7	12.8	1.9	23.8
169	1818	31.7	31.1	4.1	10.3	1.8	19.0
53	501	30.4	30.2	3.4	9.5	2.0	18.7
16	124	32.0	32.0	4.7	13.0	2.2	16.8
22	142	29.2	29.2	3.6	10.2	2.6	16.5
62	828	21.0	20.4	1.5	4.7	1.1	14.6

2–5 规模以上高技术产业

项目	企业数(个)	开展创新活动企业数(个)	#实现创新企业	#同时实现四种创新企业	#既实现产品或工艺创新，也实现组织或营销创新的企业
总计	**40151**	**32761**	**31233**	**9848**	**20694**
#国有及国有控股	1893	1733	1648	500	1157
一、按规模分					
大型企业	1910	1779	1727	699	1259
中型企业	6092	5451	5281	1862	3704
小型企业	29611	24448	23232	7052	15157
微型企业	2538	1083	993	235	574
二、按登记注册类型分					
内资企业	33338	27872	26626	8805	18073
国有企业	180	159	143	37	92
集体企业	39	19	18	5	11
股份合作企业	49	41	41	14	25
联营企业	10	8	7	4	5
#国有联营企业	3	3	2	1	1
有限责任公司	6872	5922	5654	1865	3920
#国有独资公司	263	223	213	57	142
股份有限公司	1881	1805	1760	741	1330
私营企业	24297	19910	18995	6137	12685
其他企业	10	8	8	2	5
港、澳、台商投资企业	2981	2208	2085	510	1253
合资经营企业	712	617	591	181	405
合作经营企业	18	11	10	2	6
港、澳、台商独资经营企业	2105	1447	1356	282	748
港、澳、台商投资股份有限公司	120	112	108	38	78
其他港、澳、台投资企业	26	21	20	7	16
外商投资企业	3832	2681	2522	533	1368
中外合资经营企业	954	797	752	216	484
中外合作经营企业	17	12	9	1	5
外资企业	2746	1773	1666	293	818
外商投资股份有限公司	80	69	66	16	44
其他外商投资企业	35	30	29	7	17
三、按行业(高技术制造业)分					
医药制造业	**8164**	**6635**	**6225**	**1784**	**4005**
#化学药品制造	2471	2141	2003	498	1248
中成药生产	1540	1294	1222	355	846
生物药品制品制造	909	824	761	238	506

(制造业)创新活动总体情况

		在全部企业中占比(%)					
#实现产品或工艺创新，未实现组织或营销创新的企业	#实现组织或营销创新，未实现产品或工艺创新的企业	开展创新活动企业	实现创新企业	同时实现四种创新企业	既实现产品或工艺创新，也实现组织或营销创新的企业	实现产品或工艺创新，未实现组织或营销创新的企业	实现组织或营销创新，未实现产品或工艺创新的企业
7951	**2588**	**81.6**	**77.8**	**24.5**	**51.5**	**19.8**	**6.4**
405	86	91.5	87.1	26.4	61.1	21.4	4.5
424	44	93.1	90.4	36.6	65.9	22.2	2.3
1306	271	89.5	86.7	30.6	60.8	21.4	4.4
5998	2077	82.6	78.5	23.8	51.2	20.3	7.0
223	196	42.7	39.1	9.3	22.6	8.8	7.7
6374	2179	83.6	79.9	26.4	54.2	19.1	6.5
39	12	88.3	79.4	20.6	51.1	21.7	6.7
3	4	48.7	46.2	12.8	28.2	7.7	10.3
9	7	83.7	83.7	28.6	51.0	18.4	14.3
1	1	80.0	70.0	40.0	50.0	10.0	10.0
	1	100.0	66.7	33.3	33.3		33.3
1314	420	86.2	82.3	27.1	57.0	19.1	6.1
61	10	84.8	81.0	21.7	54.0	23.2	3.8
368	62	96.0	93.6	39.4	70.7	19.6	3.3
4637	1673	81.9	78.2	25.3	52.2	19.1	6.9
3		80.0	80.0	20.0	50.0	30.0	
655	177	74.1	69.9	17.1	42.0	22.0	5.9
155	31	86.7	83.0	25.4	56.9	21.8	4.4
4		61.1	55.6	11.1	33.3	22.2	
465	143	68.7	64.4	13.4	35.5	22.1	6.8
28	2	93.3	90.0	31.7	65.0	23.3	1.7
3	1	80.8	76.9	26.9	61.5	11.5	3.8
922	232	70.0	65.8	13.9	35.7	24.1	6.1
225	43	83.5	78.8	22.6	50.7	23.6	4.5
2	2	70.6	52.9	5.9	29.4	11.8	11.8
667	181	64.6	60.7	10.7	29.8	24.3	6.6
19	3	86.3	82.5	20.0	55.0	23.8	3.8
9	3	85.7	82.9	20.0	48.6	25.7	8.6
1472	**748**	**81.3**	**76.2**	**21.9**	**49.1**	**18.0**	**9.2**
602	153	86.6	81.1	20.2	50.5	24.4	6.2
209	167	84.0	79.4	23.1	54.9	13.6	10.8
194	61	90.6	83.7	26.2	55.7	21.3	6.7

2–5 续表 1

项　　目	企业数（个）	开展创新活动企业数（个）	#实现创新企业	#同时实现四种创新企业	#既实现产品或工艺创新，也实现组织或营销创新的企业
电子及通信设备制造业	**21387**	**17104**	**16327**	**5171**	**10726**
#电子工业专用设备制造	1292	1063	1021	318	703
光纤、光缆制造及锂离子电池制造	1560	1286	1231	429	856
锂离子电池制造	1232	1018	971	347	690
通信设备制造、雷达及配套设备制造	2217	1846	1762	561	1218
#通信系统设备制造	1036	891	849	272	595
通信终端设备制造	1090	867	828	262	561
雷达及配套设备制造	91	88	85	27	62
广播电视设备制造	603	480	460	167	303
非专业视听设备制造	1143	865	816	279	582
电子器件制造	4756	3936	3777	1278	2532
#电子真空器件制造	489	375	348	110	207
半导体分立器件制造	423	348	337	118	221
集成电路制造	854	746	713	242	475
光电子器件制造	860	731	707	245	480
电子元件及电子专用设备制造	7343	5584	5304	1450	3200
#电阻电容电感元件制造	1202	899	842	224	480
电子专用材料制造	1376	1109	1064	290	642
电子电路制造	1539	1211	1154	311	709
智能消费设备制造	1051	908	873	331	634
其他电子设备制造	1422	1136	1083	358	698
计算机及办公设备制造业	**2525**	**2008**	**1932**	**680**	**1372**
#计算机整机制造	290	250	241	92	171
计算机零部件制造	874	638	607	177	402
计算机外围设备制造	688	565	544	193	396
办公设备制造	282	206	199	77	142
医疗仪器设备及仪器仪表制造业	**7255**	**6323**	**6095**	**2045**	**4173**
#医疗仪器设备及器械制造	2370	2047	1978	648	1358
#医疗诊断、监护及治疗设备制造	710	640	616	200	436
医疗、外科及兽医用器械制造	618	528	515	175	354
通用仪器仪表制造	3235	2842	2738	937	1852
专用仪器仪表制造	996	888	855	279	613
信息化学品制造业	**179**	**140**	**133**	**50**	**87**

		在全部企业中占比(%)					
#实现产品或工艺创新，未实现组织或营销创新的企业	#实现组织或营销创新，未实现产品或工艺创新的企业	开展创新活动企业	实现创新企业	同时实现四种创新企业	既实现产品或工艺创新，也实现组织或营销创新的企业	实现产品或工艺创新，未实现组织或营销创新的企业	实现组织或营销创新，未实现产品或工艺创新的企业
4347	**1254**	**80.0**	**76.3**	**24.2**	**50.2**	**20.3**	**5.9**
243	75	82.3	79.0	24.6	54.4	18.8	5.8
286	89	82.4	78.9	27.5	54.9	18.3	5.7
206	75	82.6	78.8	28.2	56.0	16.7	6.1
417	127	83.3	79.5	25.3	54.9	18.8	5.7
209	45	86.0	82.0	26.3	57.4	20.2	4.3
188	79	79.5	76.0	24.0	51.5	17.2	7.2
20	3	96.7	93.4	29.7	68.1	22.0	3.3
116	41	79.6	76.3	27.7	50.2	19.2	6.8
159	75	75.7	71.4	24.4	50.9	13.9	6.6
1000	245	82.8	79.4	26.9	53.2	21.0	5.2
104	37	76.7	71.2	22.5	42.3	21.3	7.6
96	20	82.3	79.7	27.9	52.2	22.7	4.7
205	33	87.4	83.5	28.3	55.6	24.0	3.9
189	38	85.0	82.2	28.5	55.8	22.0	4.4
1688	416	76.0	72.2	19.7	43.6	23.0	5.7
285	77	74.8	70.1	18.6	39.9	23.7	6.4
345	77	80.6	77.3	21.1	46.7	25.1	5.6
352	93	78.7	75.0	20.2	46.1	22.9	6.0
160	79	86.4	83.1	31.5	60.3	15.2	7.5
278	107	79.9	76.2	25.2	49.1	19.6	7.5
432	**128**	**79.5**	**76.5**	**26.9**	**54.3**	**17.1**	**5.1**
53	17	86.2	83.1	31.7	59.0	18.3	5.9
164	41	73.0	69.5	20.3	46.0	18.8	4.7
108	40	82.1	79.1	28.1	57.6	15.7	5.8
45	12	73.1	70.6	27.3	50.4	16.0	4.3
1504	**418**	**87.2**	**84.0**	**28.2**	**57.5**	**20.7**	**5.8**
435	185	86.4	83.5	27.3	57.3	18.4	7.8
130	50	90.1	86.8	28.2	61.4	18.3	7.0
117	44	85.4	83.3	28.3	57.3	18.9	7.1
718	168	87.9	84.6	29.0	57.2	22.2	5.2
203	39	89.2	85.8	28.0	61.5	20.4	3.9
40	**6**	**78.2**	**74.3**	**27.9**	**48.6**	**22.3**	**3.4**

2-5 续表 2

项　　目	企业数（个）	开展创新活动企业数（个）	#实现创新企业	#同时实现四种创新企业	#既实现产品或工艺创新，也实现组织或营销创新的企业
四、按地区分					
东部地区	26627	22122	21200	6573	14019
中部地区	7866	6288	5910	2065	3954
西部地区	4640	3560	3384	1013	2260
东北地区	1018	791	739	197	461
北　京	884	798	722	138	402
天　津	548	424	407	101	255
河　北	743	559	545	154	359
山　西	206	176	165	44	114
内蒙古	105	84	82	14	47
辽　宁	506	407	382	98	238
吉　林	321	227	214	59	123
黑龙江	191	157	143	40	100
上　海	1194	917	849	185	517
江　苏	5959	5022	4847	1258	2907
浙　江	3622	3176	3066	1094	2119
安　徽	1693	1429	1353	519	965
福　建	1227	989	963	308	635
江　西	1789	1357	1343	518	931
山　东	1718	1389	1348	496	941
河　南	1193	822	803	294	536
湖　北	1336	1119	1051	359	712
湖　南	1649	1385	1195	331	696
广　东	10670	8792	8407	2828	5853
广　西	444	252	223	61	138
海　南	62	56	46	11	31
重　庆	814	641	610	216	414
四　川	1574	1264	1204	361	786
贵　州	398	300	295	83	204
云　南	277	214	204	59	139
西　藏	11	9	7		1
陕　西	747	594	568	175	404
甘　肃	115	90	84	22	50
青　海	37	30	29	6	21
宁　夏	46	43	43	12	35
新　疆	72	39	35	4	21

		在全部企业中占比(%)					
#实现产品或工艺创新，未实现组织或营销创新的企业	#实现组织或营销创新，未实现产品或工艺创新的企业	开展创新活动企业	实现创新企业	同时实现四种创新企业	既实现产品或工艺创新，也实现组织或营销创新的企业	实现产品或工艺创新，未实现组织或营销创新的企业	实现组织或营销创新，未实现产品或工艺创新的企业
5695	1486	83.1	79.6	24.7	52.7	21.4	5.6
1356	600	79.9	75.1	26.3	50.3	17.2	7.6
725	399	76.7	72.9	21.8	48.7	15.6	8.6
175	103	77.7	72.6	19.4	45.3	17.2	10.1
260	60	90.3	81.7	15.6	45.5	29.4	6.8
118	34	77.4	74.3	18.4	46.5	21.5	6.2
140	46	75.2	73.4	20.7	48.3	18.8	6.2
35	16	85.4	80.1	21.4	55.3	17.0	7.8
28	7	80.0	78.1	13.3	44.8	26.7	6.7
92	52	80.4	75.5	19.4	47.0	18.2	10.3
56	35	70.7	66.7	18.4	38.3	17.4	10.9
27	16	82.2	74.9	20.9	52.4	14.1	8.4
267	65	76.8	71.1	15.5	43.3	22.4	5.4
1630	310	84.3	81.3	21.1	48.8	27.4	5.2
798	149	87.7	84.6	30.2	58.5	22.0	4.1
267	121	84.4	79.9	30.7	57.0	15.8	7.1
264	64	80.6	78.5	25.1	51.8	21.5	5.2
317	95	75.9	75.1	29.0	52.0	17.7	5.3
310	97	80.9	78.5	28.9	54.8	18.0	5.6
133	134	68.9	67.3	24.6	44.9	11.1	11.2
249	90	83.8	78.7	26.9	53.3	18.6	6.7
355	144	84.0	72.5	20.1	42.2	21.5	8.7
1904	650	82.4	78.8	26.5	54.9	17.8	6.1
38	47	56.8	50.2	13.7	31.1	8.6	10.6
4	11	90.3	74.2	17.7	50.0	6.5	17.7
156	40	78.7	74.9	26.5	50.9	19.2	4.9
262	156	80.3	76.5	22.9	49.9	16.6	9.9
65	26	75.4	74.1	20.9	51.3	16.3	6.5
30	35	77.3	73.6	21.3	50.2	10.8	12.6
1	5	81.8	63.6		9.1	9.1	45.5
109	55	79.5	76.0	23.4	54.1	14.6	7.4
14	20	78.3	73.0	19.1	43.5	12.2	17.4
8		81.1	78.4	16.2	56.8	21.6	
7	1	93.5	93.5	26.1	76.1	15.2	2.2
7	7	54.2	48.6	5.6	29.2	9.7	9.7

三、规模（限额）以上企业产品和工艺创新情况（2020年）

3-1 规模(限额)以上企业

项　　目	开展产品或工艺创新活动企业数（个）	#实现产品或工艺创新企业	#实现产品创新企业	#实现工艺创新企业	未开展产品或工艺创新活动企业数（个）
总　计	**278548**	**247489**	**181299**	**205084**	**597475**
#国有及国有控股	21869	19242	12094	16429	44463
一、按规模分					
大型企业	14132	13098	9851	11603	8081
中型企业	50427	45649	33655	38293	90889
小型企业	200573	177602	130951	145972	371539
微型企业	13416	11140	6842	9216	126966
二、按登记注册类型分					
内资企业	250836	222752	162697	185006	561543
国有企业	2436	2103	1245	1779	8322
集体企业	392	337	207	285	3337
股份合作企业	458	407	326	326	1253
联营企业	83	70	45	61	250
#国有联营企业	35	27	20	23	86
有限责任公司	49183	43318	29983	36492	101340
#国有独资公司	4240	3687	2218	3174	10407
股份有限公司	9890	9042	7339	7536	6532
私营企业	188350	167436	123527	138495	440301
其他企业	44	39	25	32	208
港、澳、台商投资企业	12783	11424	8666	9409	16459
合资经营企业	3877	3536	2686	2984	3209
合作经营企业	151	127	87	112	294
港、澳、台商独资经营企业	8104	7156	5392	5810	12573
港、澳、台商投资股份有限公司	506	473	414	394	219
其他港、澳、台投资企业	145	132	87	109	164
外商投资企业	14929	13313	9936	10669	19473
中外合资经营企业	5222	4740	3662	3899	4245
中外合作经营企业	146	132	85	112	280
外资企业	9036	7961	5799	6291	14456
外商投资股份有限公司	365	341	288	269	262
其他外商投资企业	160	139	102	98	230
三、按行业分					
采矿业	2212	1801	523	1715	8448
制造业	202509	182930	139968	152972	170898
电力、热力、燃气及水生产和供应业	3352	2724	539	2599	11839
建筑业	9315	8245	4342	7768	49219
批发和零售业	23671	21368	13569	17144	254651
交通运输、仓储和邮政业	3435	2983	1460	2573	37351
信息传输、软件和信息技术服务业	16804	13565	11306	9571	7780

产品和工艺创新分布情况

在全部企业中占比(%)							
开展产品或工艺创新活动企业	#实现产品或工艺创新企业	#实现产品创新企业	#实现工艺创新企业	1.同时实现产品和工艺创新企业	2.仅实现产品创新企业	3.仅实现工艺创新企业	4.仅有正在进行或中止的产品或工艺创新活动企业
31.8	**28.3**	**20.7**	**23.4**	**15.9**	**4.8**	**7.6**	**3.5**
33.0	29.0	18.2	24.8	14.0	4.2	10.8	4.0
63.6	59.0	44.3	52.2	37.6	6.7	14.6	4.7
35.7	32.3	23.8	27.1	18.6	5.2	8.5	3.4
35.1	31.0	22.9	25.5	17.4	5.5	8.2	4.0
9.6	7.9	4.9	6.6	3.5	1.4	3.1	1.6
30.9	27.4	20.0	22.8	15.4	4.6	7.4	3.5
22.6	19.5	11.6	16.5	8.6	3.0	8.0	3.1
10.5	9.0	5.6	7.6	4.2	1.4	3.5	1.5
26.8	23.8	19.1	19.1	14.3	4.7	4.7	3.0
24.9	21.0	13.5	18.3	10.8	2.7	7.5	3.9
28.9	22.3	16.5	19.0	13.2	3.3	5.8	6.6
32.7	28.8	19.9	24.2	15.4	4.5	8.9	3.9
28.9	25.2	15.1	21.7	11.6	3.5	10.0	3.8
60.2	55.1	44.7	45.9	35.5	9.2	10.4	5.2
30.0	26.6	19.7	22.0	15.0	4.6	7.0	3.3
17.5	15.5	9.9	12.7	7.1	2.8	5.6	2.0
43.7	39.1	29.6	32.2	22.7	6.9	9.4	4.6
54.7	49.9	37.9	42.1	30.1	7.8	12.0	4.8
33.9	28.5	19.6	25.2	16.2	3.4	9.0	5.4
39.2	34.6	26.1	28.1	19.6	6.5	8.5	4.6
69.8	65.2	57.1	54.3	46.2	10.9	8.1	4.6
46.9	42.7	28.2	35.3	20.7	7.4	14.6	4.2
43.4	38.7	28.9	31.0	21.2	7.7	9.8	4.7
55.2	50.1	38.7	41.2	29.8	8.9	11.4	5.1
34.3	31.0	20.0	26.3	15.3	4.7	11.0	3.3
38.5	33.9	24.7	26.8	17.6	7.1	9.2	4.6
58.2	54.4	45.9	42.9	34.5	11.5	8.5	3.8
41.0	35.6	26.2	25.1	15.6	10.5	9.5	5.4
20.8	16.9	4.9	16.1	4.1	0.8	12.0	3.9
54.2	49.0	37.5	41.0	29.5	8.0	11.5	5.2
22.1	17.9	3.5	17.1	2.7	0.8	14.4	4.1
15.9	14.1	7.4	13.3	6.6	0.8	6.7	1.8
8.5	7.7	4.9	6.2	3.4	1.5	2.8	0.8
8.4	7.3	3.6	6.3	2.6	1.0	3.7	1.1
68.4	55.2	46.0	38.9	29.7	16.2	9.2	13.2

3-1 续表

项 目	开展产品或工艺创新活动企业数(个)	#实现产品或工艺创新企业	#实现产品创新企业	#实现工艺创新企业	未开展产品或工艺创新活动企业数(个)
租赁和商务服务业	4961	3963	2644	2966	39167
科学研究和技术服务业	11188	9008	6406	7021	13537
水利、环境和公共设施管理业	1101	902	542	755	4585
四、按地区分					
东部地区	184207	164508	123158	133945	345678
中部地区	56368	48909	35146	42111	122095
西部地区	31269	28270	19030	24156	101971
东北地区	6704	5802	3965	4872	27731
北 京	9303	6659	4829	4822	19566
天 津	3977	3355	2373	2780	13421
河 北	6946	6354	4206	5395	18022
山 西	2640	2367	1312	2055	10360
内蒙古	1069	969	444	850	6046
辽 宁	3974	3385	2339	2886	15074
吉 林	1278	1139	794	920	5672
黑龙江	1452	1278	832	1066	6985
上 海	10131	8735	6274	6814	28550
江 苏	38104	34955	25687	28605	62668
浙 江	37848	34572	28033	27503	49091
安 徽	12367	10748	8367	9239	20481
福 建	11965	11133	7942	9158	32030
江 西	8149	7885	6465	6837	17044
山 东	19815	18409	12343	15915	42769
河 南	9374	8672	6074	7480	32498
湖 北	10351	9116	6802	7675	20867
湖 南	13487	10121	6126	8825	20845
广 东	45718	40013	31266	32679	77619
广 西	2806	2434	1579	2093	12198
海 南	400	323	205	274	1942
重 庆	5395	4828	3886	4069	11790
四 川	8887	8020	5573	6803	24294
贵 州	2638	2488	1612	2186	7982
云 南	2724	2527	1641	2174	8099
西 藏	127	99	60	82	589
陕 西	4289	3869	2544	3308	14834
甘 肃	1148	1038	600	879	4235
青 海	315	303	174	255	1229
宁 夏	770	751	426	658	1718
新 疆	1101	944	491	799	8957

在全部企业中占比(%)							
开展产品或工艺创新活动企业	#实现产品或工艺创新企业			1.同时实现产品和工艺创新企业	2.仅实现产品创新企业	3.仅实现工艺创新企业	4.仅有正在进行或中止的产品或工艺创新活动企业
		#实现产品创新企业	#实现工艺创新企业				
11.2	9.0	6.0	6.7	3.7	2.3	3.0	2.3
45.3	36.4	25.9	28.4	17.9	8.0	10.5	8.8
19.4	15.9	9.5	13.3	6.9	2.6	6.3	3.5
34.8	31.0	23.2	25.3	17.5	5.8	7.8	3.7
31.6	27.4	19.7	23.6	15.9	3.8	7.7	4.2
23.5	21.2	14.3	18.1	11.2	3.1	6.9	2.3
19.5	16.8	11.5	14.1	8.8	2.7	5.3	2.6
32.2	23.1	16.7	16.7	10.4	6.4	6.3	9.2
22.9	19.3	13.6	16.0	10.3	3.3	5.6	3.6
27.8	25.4	16.8	21.6	13.0	3.8	8.6	2.4
20.3	18.2	10.1	15.8	7.7	2.4	8.1	2.1
15.0	13.6	6.2	11.9	4.6	1.7	7.4	1.4
20.9	17.8	12.3	15.2	9.7	2.6	5.5	3.1
18.4	16.4	11.4	13.2	8.3	3.2	5.0	2.0
17.2	15.1	9.9	12.6	7.3	2.5	5.3	2.1
26.2	22.6	16.2	17.6	11.3	5.0	6.4	3.6
37.8	34.7	25.5	28.4	19.2	6.3	9.2	3.1
43.5	39.8	32.2	31.6	24.1	8.1	7.5	3.8
37.6	32.7	25.5	28.1	20.9	4.6	7.2	4.9
27.2	25.3	18.1	20.8	13.6	4.5	7.3	1.9
32.3	31.3	25.7	27.1	21.5	4.2	5.6	1.0
31.7	29.4	19.7	25.4	15.7	4.0	9.7	2.2
22.4	20.7	14.5	17.9	11.7	2.8	6.2	1.7
33.2	29.2	21.8	24.6	17.2	4.6	7.4	4.0
39.3	29.5	17.8	25.7	14.1	3.8	11.6	9.8
37.1	32.4	25.4	26.5	19.4	5.9	7.1	4.6
18.7	16.2	10.5	14.0	8.3	2.3	5.7	2.5
17.1	13.8	8.8	11.7	6.7	2.1	5.0	3.3
31.4	28.1	22.6	23.7	18.2	4.4	5.5	3.3
26.8	24.2	16.8	20.5	13.1	3.7	7.4	2.6
24.8	23.4	15.2	20.6	12.3	2.8	8.2	1.4
25.2	23.3	15.2	20.1	11.9	3.3	8.2	1.8
17.7	13.8	8.4	11.5	6.0	2.4	5.4	3.9
22.4	20.2	13.3	17.3	10.4	2.9	6.9	2.2
21.3	19.3	11.1	16.3	8.2	3.0	8.1	2.0
20.4	19.6	11.3	16.5	8.2	3.1	8.4	0.8
30.9	30.2	17.1	26.4	13.4	3.7	13.1	0.8
10.9	9.4	4.9	7.9	3.4	1.4	4.5	1.6

3-2 规模以上工业企业

项　目	开展产品或工艺创新活动企业数（个）	#实现产品或工艺创新企业	#实现产品创新企业	#实现工艺创新企业	未开展产品或工艺创新活动企业数（个）
总　计	**208073**	**187455**	**141030**	**157286**	**191185**
#国有及国有控股	11360	10263	6597	8978	10939
一、按规模分					
大型企业	6861	6580	5408	5985	1152
中型企业	28080	26313	20992	22739	10886
小型企业	165401	148203	110831	123180	147390
微型企业	7731	6359	3799	5382	31757
二、按登记注册类型分					
内资企业	184644	166205	124856	139846	171693
国有企业	917	803	494	707	1527
集体企业	216	186	113	162	783
股份合作企业	381	341	282	270	380
联营企业	40	33	21	29	59
#国有联营企业	15	10	7	9	22
有限责任公司	30193	27243	19614	23466	26961
#国有独资公司	1908	1684	1020	1474	2254
股份有限公司	6760	6387	5356	5469	1705
私营企业	146105	131184	98955	109721	140236
其他企业	32	28	21	22	42
港、澳、台商投资企业	10809	9821	7545	8165	8873
合资经营企业	3431	3158	2440	2678	1885
合作经营企业	125	109	75	95	158
港、澳、台商独资经营企业	6723	6055	4597	4976	6698
港、澳、台商投资股份有限公司	430	408	368	340	77
其他港、澳、台投资企业	100	91	65	76	55
外商投资企业	12620	11429	8629	9275	10619
中外合资经营企业	4532	4179	3273	3455	2675
中外合作经营企业	134	124	80	106	178
外资企业	7555	6753	4961	5417	7598
外商投资股份有限公司	293	279	244	223	91
其他外商投资企业	106	94	71	74	77
三、按行业分					
采矿业	**2212**	**1801**	**523**	**1715**	**8448**
#煤炭开采和洗选业	785	679	120	652	3544
石油和天然气开采业	67	59	12	58	61
黑色金属矿采选业	269	220	48	216	1023
有色金属矿采选业	354	303	88	292	850

产品和工艺创新分布情况

在全部企业中占比(%)							
开展产品或工艺创新活动企业	#实现产品或工艺创新企业			1.同时实现产品和工艺创新企业	2.仅实现产品创新企业	3.仅实现工艺创新企业	4.仅有正在进行或中止的产品或工艺创新活动企业
		#实现产品创新企业	#实现工艺创新企业				
52.1	**47.0**	**35.3**	**39.4**	**27.8**	**7.6**	**11.6**	**5.2**
50.9	46.0	29.6	40.3	23.8	5.8	16.4	4.9
85.6	82.1	67.5	74.7	60.1	7.4	14.6	3.5
72.1	67.5	53.9	58.4	44.7	9.2	13.7	4.5
52.9	47.4	35.4	39.4	27.4	8.0	11.9	5.5
19.6	16.1	9.6	13.6	7.1	2.5	6.5	3.5
51.8	46.6	35.0	39.2	27.6	7.4	11.6	5.2
37.5	32.9	20.2	28.9	16.3	3.9	12.6	4.7
21.6	18.6	11.3	16.2	8.9	2.4	7.3	3.0
50.1	44.8	37.1	35.5	27.7	9.3	7.8	5.3
40.4	33.3	21.2	29.3	17.2	4.0	12.1	7.1
40.5	27.0	18.9	24.3	16.2	2.7	8.1	13.5
52.8	47.7	34.3	41.1	27.7	6.6	13.3	5.2
45.8	40.5	24.5	35.4	19.5	5.0	16.0	5.4
79.9	75.5	63.3	64.6	52.4	10.8	12.2	4.4
51.0	45.8	34.6	38.3	27.1	7.5	11.3	5.2
43.2	37.8	28.4	29.7	20.3	8.1	9.5	5.4
54.9	49.9	38.3	41.5	29.9	8.4	11.6	5.0
64.5	59.4	45.9	50.4	36.9	9.0	13.5	5.1
44.2	38.5	26.5	33.6	21.6	4.9	12.0	5.7
50.1	45.1	34.3	37.1	26.2	8.0	10.9	5.0
84.8	80.5	72.6	67.1	59.2	13.4	7.9	4.3
64.5	58.7	41.9	49.0	32.3	9.7	16.8	5.8
54.3	49.2	37.1	39.9	27.9	9.3	12.0	5.1
62.9	58.0	45.4	47.9	35.4	10.0	12.6	4.9
42.9	39.7	25.6	34.0	19.9	5.8	14.1	3.2
49.9	44.6	32.7	35.7	23.9	8.8	11.8	5.3
76.3	72.7	63.5	58.1	49.0	14.6	9.1	3.6
57.9	51.4	38.8	40.4	27.9	10.9	12.6	6.6
20.8	**16.9**	**4.9**	**16.1**	**4.1**	**0.8**	**12.0**	**3.9**
18.1	15.7	2.8	15.1	2.1	0.6	12.9	2.4
52.3	46.1	9.4	45.3	8.6	0.8	36.7	6.3
20.8	17.0	3.7	16.7	3.4	0.3	13.3	3.8
29.4	25.2	7.3	24.3	6.4	0.9	17.9	4.2

3-2 续表 1

项　目	开展产品或工艺创新活动企业数(个)	#实现产品或工艺创新企业	#实现产品创新企业	#实现工艺创新企业	未开展产品或工艺创新活动企业数(个)
非金属矿采选业	666	480	231	442	2761
开采专业及辅助性活动	69	58	23	53	206
制造业	**202509**	**182930**	**139968**	**152972**	**170898**
农副食品加工业	8560	7469	5090	6319	13275
食品制造业	4391	3942	3084	3197	3865
酒、饮料和精制茶制造业	2561	2216	1589	1797	2965
烟草制品业	78	70	51	57	27
纺织业	8349	7359	5576	6133	10159
纺织服装、服饰业	3928	3457	2491	2692	8779
皮革、毛皮、羽毛及其制品和制鞋业	3293	2870	2325	2115	4649
木材加工和木、竹、藤、棕、草制品业	2832	2442	1512	2140	7055
家具制造业	3079	2787	2104	2270	3452
造纸和纸制品业	2939	2602	1847	2259	3721
印刷和记录媒介复制业	2854	2533	1770	2234	3024
文教、工美、体育和娱乐用品制造业	4245	3838	3061	3024	4690
石油、煤炭及其他燃料加工业	907	797	432	714	1209
化学原料和化学制品制造业	13315	12001	8789	10102	8687
医药制造业	6167	5477	3852	4691	1997
化学纤维制造业	1119	1019	791	855	819
橡胶和塑料制品业	11078	9900	7680	8330	9705
非金属矿物制品业	14784	12779	8327	11254	24887
黑色金属冶炼和压延加工业	2167	1934	1283	1736	3142
有色金属冶炼和压延加工业	3995	3623	2568	3178	3652
金属制品业	13915	12532	9084	10779	12964
通用设备制造业	18008	16679	13497	13764	8406
专用设备制造业	15321	14228	11509	11658	5773
汽车制造业	10381	9537	7747	8080	5631
铁路、船舶、航空航天和其他运输设备制造业	3235	2938	2348	2410	1803
电气机械和器材制造业	18768	17353	14527	14276	8176
计算机、通信和其他电子设备制造业	15781	14653	12277	12160	5066
仪器仪表制造业	4378	4112	3555	3212	909
其他制造业	994	872	706	725	798
废弃资源综合利用业	840	700	390	618	1320
金属制品、机械和设备修理业	247	211	106	193	293
电力、热力、燃气及水生产和供应业	**3352**	**2724**	**539**	**2599**	**11839**
电力、热力生产和供应业	2233	1816	310	1745	7589
燃气生产和供应业	465	375	99	352	2157
水的生产和供应业	654	533	130	502	2093

在全部企业中占比(%)							
开展产品或工艺创新活动企业	#实现产品或工艺创新企业	#实现产品创新企业	#实现工艺创新企业	1.同时实现产品和工艺创新企业	2.仅实现产品创新企业	3.仅实现工艺创新企业	4.仅有正在进行或中止的产品或工艺创新活动企业
19.4	14.0	6.7	12.9	5.6	1.1	7.3	5.4
25.1	21.1	8.4	19.3	6.5	1.8	12.7	4.0
54.2	**49.0**	**37.5**	**41.0**	**29.5**	**8.0**	**11.5**	**5.2**
39.2	34.2	23.3	28.9	18.0	5.3	10.9	5.0
53.2	47.7	37.4	38.7	28.3	9.0	10.4	5.4
46.3	40.1	28.8	32.5	21.2	7.6	11.3	6.2
74.3	66.7	48.6	54.3	36.2	12.4	18.1	7.6
45.1	39.8	30.1	33.1	23.5	6.6	9.6	5.3
30.9	27.2	19.6	21.2	13.6	6.0	7.6	3.7
41.5	36.1	29.3	26.6	19.8	9.5	6.9	5.3
28.6	24.7	15.3	21.6	12.2	3.1	9.4	3.9
47.1	42.7	32.2	34.8	24.3	7.9	10.5	4.5
44.1	39.1	27.7	33.9	22.6	5.2	11.3	5.1
48.6	43.1	30.1	38.0	25.0	5.1	13.0	5.5
47.5	43.0	34.3	33.8	25.1	9.1	8.7	4.6
42.9	37.7	20.4	33.7	16.5	3.9	17.3	5.2
60.5	54.5	39.9	45.9	31.3	8.6	14.6	6.0
75.5	67.1	47.2	57.5	37.6	9.6	19.9	8.5
57.7	52.6	40.8	44.1	32.4	8.5	11.8	5.2
53.3	47.6	37.0	40.1	29.4	7.6	10.7	5.7
37.3	32.2	21.0	28.4	17.1	3.8	11.2	5.1
40.8	36.4	24.2	32.7	20.4	3.7	12.3	4.4
52.2	47.4	33.6	41.6	27.8	5.8	13.8	4.9
51.8	46.6	33.8	40.1	27.3	6.5	12.8	5.1
68.2	63.1	51.1	52.1	40.1	11.0	12.0	5.0
72.6	67.5	54.6	55.3	42.4	12.2	12.9	5.2
64.8	59.6	48.4	50.5	39.3	9.1	11.2	5.3
64.2	58.3	46.6	47.8	36.1	10.5	11.7	5.9
69.7	64.4	53.9	53.0	42.5	11.4	10.5	5.3
75.7	70.3	58.9	58.3	46.9	12.0	11.4	5.4
82.8	77.8	67.2	60.8	50.2	17.0	10.5	5.0
55.5	48.7	39.4	40.5	31.2	8.2	9.3	6.8
38.9	32.4	18.1	28.6	14.3	3.8	14.4	6.5
45.7	39.1	19.6	35.7	16.3	3.3	19.4	6.7
22.1	**17.9**	**3.5**	**17.1**	**2.7**	**0.8**	**14.4**	**4.1**
22.7	18.5	3.2	17.8	2.4	0.7	15.3	4.2
17.7	14.3	3.8	13.4	2.9	0.9	10.5	3.4
23.8	19.4	4.7	18.3	3.6	1.1	14.7	4.4

3-2 续表 2

项　目	开展产品或工艺创新活动企业数（个）	#实现产品或工艺创新企业	#实现产品创新企业	#实现工艺创新企业	未开展产品或工艺创新活动企业数（个）
四、按地区分					
东部地区	137026	125331	96473	103284	99688
中部地区	44623	38209	28089	33281	47393
西部地区	21341	19476	13373	16942	34559
东北地区	5083	4439	3095	3779	9545
北　京	2051	1748	1389	1221	977
天　津	2539	2241	1666	1892	2579
河　北	5539	5127	3450	4392	8692
山　西	1874	1661	887	1467	3603
内蒙古	730	675	284	612	2256
辽　宁	3081	2662	1882	2311	4668
吉　林	936	837	582	686	2106
黑龙江	1066	940	631	782	2771
上　海	4632	4203	3104	3499	4171
江　苏	31504	29075	21889	23962	18638
浙　江	32585	29911	24930	23808	15368
安　徽	10154	8802	7113	7664	8286
福　建	8685	8117	5788	6800	10160
江　西	6766	6582	5587	5763	7597
山　东	15561	14557	9856	12728	14065
河　南	6602	6110	4361	5331	13194
湖　北	7981	6936	5341	5878	7720
湖　南	11246	8118	4800	7178	6993
广　东	33754	30217	24321	24864	24721
广　西	1855	1600	1069	1386	5236
海　南	176	135	80	118	317
重　庆	4035	3662	3087	3108	2900
四　川	6182	5614	4011	4847	9097
贵　州	1879	1787	1153	1587	2603
云　南	1815	1697	1088	1494	2586
西　藏	43	30	17	26	124
陕　西	2649	2438	1619	2152	4542
甘　肃	730	649	362	566	1214
青　海	174	171	93	148	405
宁　夏	612	600	336	536	629
新　疆	637	553	254	480	2967

在全部企业中占比(%)							
开展产品或工艺创新活动企业	#实现产品或工艺创新企业			1.同时实现产品和工艺创新企业	2.仅实现产品创新企业	3.仅实现工艺创新企业	4.仅有正在进行或中止的产品或工艺创新活动企业
		#实现产品创新企业	#实现工艺创新企业				
57.9	52.9	40.8	43.6	31.4	9.3	12.2	4.9
48.5	41.5	30.5	36.2	25.2	5.4	11.0	7.0
38.2	34.8	23.9	30.3	19.4	4.5	10.9	3.3
34.7	30.3	21.2	25.8	16.6	4.5	9.2	4.4
67.7	57.7	45.9	40.3	28.5	17.4	11.9	10.0
49.6	43.8	32.6	37.0	25.7	6.8	11.2	5.8
38.9	36.0	24.2	30.9	19.1	5.2	11.8	2.9
34.2	30.3	16.2	26.8	12.7	3.5	14.1	3.9
24.4	22.6	9.5	20.5	7.4	2.1	13.1	1.8
39.8	34.4	24.3	29.8	19.8	4.5	10.1	5.4
30.8	27.5	19.1	22.6	14.2	5.0	8.4	3.3
27.8	24.5	16.4	20.4	12.3	4.1	8.1	3.3
52.6	47.7	35.3	39.7	27.3	8.0	12.5	4.9
62.8	58.0	43.7	47.8	33.5	10.2	14.3	4.8
68.0	62.4	52.0	49.6	39.3	12.7	10.4	5.6
55.1	47.7	38.6	41.6	32.4	6.2	9.2	7.3
46.1	43.1	30.7	36.1	23.7	7.0	12.4	3.0
47.1	45.8	38.9	40.1	33.2	5.7	6.9	1.3
52.5	49.1	33.3	43.0	27.1	6.2	15.9	3.4
33.4	30.9	22.0	26.9	18.1	3.9	8.8	2.5
50.8	44.2	34.0	37.4	27.3	6.7	10.2	6.7
61.7	44.5	26.3	39.4	21.2	5.2	18.2	17.2
57.7	51.7	41.6	42.5	32.4	9.2	10.1	6.0
26.2	22.6	15.1	19.5	12.1	3.0	7.5	3.6
35.7	27.4	16.2	23.9	12.8	3.4	11.2	8.3
58.2	52.8	44.5	44.8	36.5	8.0	8.3	5.4
40.5	36.7	26.3	31.7	21.2	5.0	10.5	3.7
41.9	39.9	25.7	35.4	21.3	4.5	14.1	2.1
41.2	38.6	24.7	33.9	20.1	4.6	13.8	2.7
25.7	18.0	10.2	15.6	7.8	2.4	7.8	7.8
36.8	33.9	22.5	29.9	18.5	4.0	11.4	2.9
37.6	33.4	18.6	29.1	14.4	4.3	14.8	4.2
30.1	29.5	16.1	25.6	12.1	4.0	13.5	0.5
49.3	48.3	27.1	43.2	21.9	5.2	21.3	1.0
17.7	15.3	7.0	13.3	5.0	2.0	8.3	2.3

3–3 资质等级以上建筑业企业

项 目	开展产品或工艺创新活动企业数(个)	#实现产品或工艺创新企业	#实现产品创新企业	#实现工艺创新企业	未开展产品或工艺创新活动企业数(个)
总 计	**9315**	**8245**	**4342**	**7768**	**49219**
#国有及国有控股	2015	1826	981	1778	3213
一、按规模分					
大型企业	2144	2023	1177	1999	756
中型企业	4216	3693	1812	3465	17350
小型企业	2444	2093	1134	1903	23181
微型企业	511	436	219	401	7932
二、按登记注册类型分					
内资企业	9248	8180	4302	7707	48961
国有企业	210	186	88	180	949
集体企业	66	60	33	55	796
股份合作企业	16	14	10	13	125
联营企业	9	8	3	8	14
#国有联营企业	3	3	2	3	3
有限责任公司	2966	2666	1407	2564	8888
#国有独资公司	552	498	273	491	705
股份有限公司	347	320	190	306	596
私营企业	5634	4926	2571	4581	37581
其他企业					12
港、澳、台商投资企业	38	38	27	35	157
#合资经营企业	25	25	17	24	92
港、澳、台商独资经营企业	7	7	6	5	56
港、澳、台商投资股份有限公司	3	3	2	3	2
外商投资企业	29	27	13	26	101
#中外合资经营企业	17	15	6	15	52
外资企业	10	10	5	9	40
三、按行业分					
房屋建筑业	3761	3380	1761	3222	22156
土木工程建筑业	2616	2333	1193	2223	9804
建筑安装业	1275	1085	611	963	5673
建筑装饰、装修和其他建筑业	1663	1447	777	1360	11586

产品和工艺创新分布情况

在全部企业中占比(%)							
开展产品或工艺创新活动企业	#实现产品或工艺创新企业	#实现产品创新企业	#实现工艺创新企业	1.同时实现产品和工艺创新企业	2.仅实现产品创新企业	3.仅实现工艺创新企业	4.仅有正在进行或中止的产品或工艺创新活动企业
15.9	**14.1**	**7.4**	**13.3**	**6.6**	**0.8**	**6.7**	**1.8**
38.5	34.9	18.8	34.0	17.8	0.9	16.2	3.6
73.9	69.8	40.6	68.9	39.8	0.8	29.2	4.2
19.5	17.1	8.4	16.1	7.3	1.1	8.7	2.4
9.5	8.2	4.4	7.4	3.7	0.7	3.7	1.4
6.1	5.2	2.6	4.7	2.2	0.4	2.6	0.9
15.9	14.1	7.4	13.2	6.6	0.8	6.7	1.8
18.1	16.0	7.6	15.5	7.1	0.5	8.5	2.1
7.7	7.0	3.8	6.4	3.2	0.6	3.1	0.7
11.3	9.9	7.1	9.2	6.4	0.7	2.8	1.4
39.1	34.8	13.0	34.8	13.0		21.7	4.3
50.0	50.0	33.3	50.0	33.3		16.7	
25.0	22.5	11.9	21.6	11.0	0.9	10.6	2.5
43.9	39.6	21.7	39.1	21.2	0.6	17.9	4.3
36.8	33.9	20.1	32.5	18.7	1.5	13.8	2.9
13.0	11.4	5.9	10.6	5.2	0.8	5.4	1.6
19.5	19.5	13.8	17.9	12.3	1.5	5.6	
21.4	21.4	14.5	20.5	13.7	0.9	6.8	
11.1	11.1	9.5	7.9	6.3	3.2	1.6	
60.0	60.0	40.0	60.0	40.0		20.0	
22.3	20.8	10.0	20.0	9.2	0.8	10.8	1.5
24.6	21.7	8.7	21.7	8.7		13.0	2.9
20.0	20.0	10.0	18.0	8.0	2.0	10.0	
14.5	13.0	6.8	12.4	6.2	0.6	6.2	1.5
21.1	18.8	9.6	17.9	8.7	0.9	9.2	2.3
18.4	15.6	8.8	13.9	7.0	1.8	6.8	2.7
12.6	10.9	5.9	10.3	5.2	0.7	5.1	1.6

3-3 续表

项目	开展产品或工艺创新活动企业数(个)	#实现产品或工艺创新企业	#实现产品创新企业	#实现工艺创新企业	未开展产品或工艺创新活动企业数(个)
四、按地区分					
东部地区	4996	4405	2333	4167	22070
中部地区	2215	2012	1071	1898	10832
西部地区	1730	1520	793	1424	11938
东北地区	374	308	145	279	4379
北　京	430	349	170	334	1561
天　津	235	194	111	179	882
河　北	257	241	114	232	1318
山　西	226	204	111	190	1200
内蒙古	48	43	23	40	511
辽　宁	209	171	88	151	2120
吉　林	57	48	25	46	866
黑龙江	108	89	32	82	1393
上　海	276	246	136	229	1299
江　苏	839	741	364	690	4554
浙　江	786	717	367	681	3333
安　徽	355	306	158	292	1775
福　建	451	410	214	388	2255
江　西	275	257	129	244	1208
山　东	783	711	402	678	3786
河　南	582	540	301	511	3341
湖　北	381	351	188	331	2157
湖　南	396	354	184	330	1151
广　东	920	780	444	740	2983
广　西	135	120	59	115	677
海　南	19	16	11	16	99
重　庆	173	141	73	134	1280
四　川	493	439	222	416	3390
贵　州	126	115	58	111	815
云　南	175	160	89	147	1111
西　藏	20	15	8	12	163
陕　西	328	282	151	261	2060
甘　肃	86	80	41	72	668
青　海	26	20	9	20	202
宁　夏	47	41	22	37	338
新　疆	73	64	38	59	723

在全部企业中占比(%)							
开展产品或工艺创新活动企业	#实现产品或工艺创新企业			1.同时实现产品和工艺创新企业	2.仅实现产品创新企业	3.仅实现工艺创新企业	4.仅有正在进行或中止的产品或工艺创新活动企业
		#实现产品创新企业	#实现工艺创新企业				
18.5	16.3	8.6	15.4	7.7	0.9	7.7	2.2
17.0	15.4	8.2	14.5	7.3	0.9	7.2	1.6
12.7	11.1	5.8	10.4	5.1	0.7	5.3	1.5
7.9	6.5	3.1	5.9	2.4	0.6	3.4	1.4
21.6	17.5	8.5	16.8	7.8	0.8	9.0	4.1
21.0	17.4	9.9	16.0	8.6	1.3	7.4	3.7
16.3	15.3	7.2	14.7	6.7	0.6	8.1	1.0
15.8	14.3	7.8	13.3	6.8	1.0	6.5	1.5
8.6	7.7	4.1	7.2	3.6	0.5	3.6	0.9
9.0	7.3	3.8	6.5	2.9	0.9	3.6	1.6
6.2	5.2	2.7	5.0	2.5	0.2	2.5	1.0
7.2	5.9	2.1	5.5	1.7	0.5	3.8	1.3
17.5	15.6	8.6	14.5	7.6	1.1	7.0	1.9
15.6	13.7	6.7	12.8	5.8	0.9	7.0	1.8
19.1	17.4	8.9	16.5	8.0	0.9	8.5	1.7
16.7	14.4	7.4	13.7	6.8	0.7	6.9	2.3
16.7	15.2	7.9	14.3	7.1	0.8	7.2	1.5
18.5	17.3	8.7	16.5	7.8	0.9	8.6	1.2
17.1	15.6	8.8	14.8	8.1	0.7	6.8	1.6
14.8	13.8	7.7	13.0	6.9	0.7	6.1	1.1
15.0	13.8	7.4	13.0	6.6	0.8	6.4	1.2
25.6	22.9	11.9	21.3	10.3	1.6	11.0	2.7
23.6	20.0	11.4	19.0	10.4	1.0	8.6	3.6
16.6	14.8	7.3	14.2	6.7	0.6	7.5	1.8
16.1	13.6	9.3	13.6	9.3		4.2	2.5
11.9	9.7	5.0	9.2	4.5	0.5	4.7	2.2
12.7	11.3	5.7	10.7	5.1	0.6	5.6	1.4
13.4	12.2	6.2	11.8	5.7	0.4	6.1	1.2
13.6	12.4	6.9	11.4	5.9	1.0	5.5	1.2
10.9	8.2	4.4	6.6	2.7	1.6	3.8	2.7
13.7	11.8	6.3	10.9	5.4	0.9	5.5	1.9
11.4	10.6	5.4	9.5	4.4	1.1	5.2	0.8
11.4	8.8	3.9	8.8	3.9		4.8	2.6
12.2	10.6	5.7	9.6	4.7	1.0	4.9	1.6
9.2	8.0	4.8	7.4	4.1	0.6	3.3	1.1

3-4 规模(限额)以上服务业企业

项　目	开展产品或工艺创新活动企业数(个)	#实现产品或工艺创新企业	#实现产品创新企业	#实现工艺创新企业	未开展产品或工艺创新活动企业数(个)
总　计	**61160**	**51789**	**35927**	**40030**	**357071**
#国有及国有控股	8494	7153	4516	5673	30311
一、按规模分					
大型企业	5127	4495	3266	3619	6173
中型企业	18131	15643	10851	12089	62653
小型企业	32728	27306	18986	20889	200968
微型企业	5174	4345	2824	3433	87277
二、按登记注册类型分					
内资企业	56944	48367	33539	37453	340889
国有企业	1309	1114	663	892	5846
集体企业	110	91	61	68	1758
股份合作企业	61	52	34	43	748
联营企业	34	29	21	24	177
#国有联营企业	17	14	11	11	61
有限责任公司	16024	13409	8962	10462	65491
#国有独资公司	1780	1505	925	1209	7448
股份有限公司	2783	2335	1793	1761	4231
私营企业	36611	31326	22001	24193	262484
其他企业	12	11	4	10	154
港、澳、台商投资企业	1936	1565	1094	1209	7429
合资经营企业	421	353	229	282	1232
合作经营企业	24	16	11	15	129
港、澳、台商独资经营企业	1374	1094	789	829	5819
港、澳、台商投资股份有限公司	73	62	44	51	140
其他港、澳、台投资企业	44	40	21	32	109
外商投资企业	2280	1857	1294	1368	8753
中外合资经营企业	673	546	383	429	1518
中外合作经营企业	12	8	5	6	96
外资企业	1471	1198	833	865	6818
外商投资股份有限公司	71	61	43	45	169
其他外商投资企业	53	44	30	23	152
三、按行业分					
批发和零售业	**23671**	**21368**	**13569**	**17144**	**254651**
批发业	13951	12380	7630	9951	156529
零售业	9720	8988	5939	7193	98122
交通运输、仓储和邮政业	**3435**	**2983**	**1460**	**2573**	**37351**
铁路运输业	54	43	16	41	297
道路运输业	1706	1517	810	1287	21358
水上运输业	238	204	75	190	2238
航空运输业	98	81	38	68	335
管道运输业	24	19	7	16	80
多式联运和运输代理业	602	504	243	427	6976
装卸搬运和仓储业	515	440	180	388	4434
邮政业	198	175	91	156	1633
信息传输、软件和信息技术服务业	**16804**	**13565**	**11306**	**9571**	**7780**
电信、广播电视和卫星传输服务	1034	838	628	623	1901
互联网和相关服务	2583	2050	1693	1390	1671
软件和信息技术服务业	13187	10677	8985	7558	4208

产品和工艺创新分布情况

在全部企业中占比(%)							
开展产品或工艺创新活动企业	#实现产品或工艺创新企业	#实现产品创新企业	#实现工艺创新企业	1.同时实现产品和工艺创新企业	2.仅实现产品创新企业	3.仅实现工艺创新企业	4.仅有正在进行或中止的产品或工艺创新活动企业
14.6	**12.4**	**8.6**	**9.6**	**5.8**	**2.8**	**3.8**	**2.2**
21.9	18.4	11.6	14.6	7.8	3.8	6.8	3.5
45.4	39.8	28.9	32.0	21.2	7.8	10.9	5.6
22.4	19.4	13.4	15.0	9.0	4.4	5.9	3.1
14.0	11.7	8.1	8.9	5.4	2.7	3.6	2.3
5.6	4.7	3.1	3.7	2.1	1.0	1.6	0.9
14.3	12.2	8.4	9.4	5.7	2.7	3.7	2.2
18.3	15.6	9.3	12.5	6.2	3.1	6.3	2.7
5.9	4.9	3.3	3.6	2.0	1.2	1.6	1.0
7.5	6.4	4.2	5.3	3.1	1.1	2.2	1.1
16.1	13.7	10.0	11.4	7.6	2.4	3.8	2.4
21.8	17.9	14.1	14.1	10.3	3.8	3.8	3.8
19.7	16.5	11.0	12.8	7.4	3.6	5.5	3.2
19.3	16.3	10.0	13.1	6.8	3.2	6.3	3.0
39.7	33.3	25.6	25.1	17.4	8.2	7.7	6.4
12.2	10.5	7.4	8.1	5.0	2.4	3.1	1.8
7.2	6.6	2.4	6.0	1.8	0.6	4.2	0.6
20.7	16.7	11.7	12.9	7.9	3.8	5.0	4.0
25.5	21.4	13.9	17.1	9.6	4.3	7.5	4.1
15.7	10.5	7.2	9.8	6.5	0.7	3.3	5.2
19.1	15.2	11.0	11.5	7.3	3.7	4.2	3.9
34.3	29.1	20.7	23.9	15.5	5.2	8.5	5.2
28.8	26.1	13.7	20.9	8.5	5.2	12.4	2.6
20.7	16.8	11.7	12.4	7.3	4.4	5.1	3.8
30.7	24.9	17.5	19.6	12.1	5.3	7.4	5.8
11.1	7.4	4.6	5.6	2.8	1.9	2.8	3.7
17.7	14.5	10.0	10.4	6.0	4.0	4.4	3.3
29.6	25.4	17.9	18.8	11.3	6.7	7.5	4.2
25.9	21.5	14.6	11.2	4.4	10.2	6.8	4.4
8.5	**7.7**	**4.9**	**6.2**	**3.4**	**1.5**	**2.8**	**0.8**
8.2	7.3	4.5	5.8	3.1	1.4	2.8	0.9
9.0	8.3	5.5	6.7	3.8	1.7	2.8	0.7
8.4	**7.3**	**3.6**	**6.3**	**2.6**	**1.0**	**3.7**	**1.1**
15.4	12.3	4.6	11.7	4.0	0.6	7.7	3.1
7.4	6.6	3.5	5.6	2.5	1.0	3.1	0.8
9.6	8.2	3.0	7.7	2.5	0.6	5.2	1.4
22.6	18.7	8.8	15.7	5.8	3.0	9.9	3.9
23.1	18.3	6.7	15.4	3.8	2.9	11.5	4.8
7.9	6.7	3.2	5.6	2.2	1.0	3.4	1.3
10.4	8.9	3.6	7.8	2.6	1.1	5.3	1.5
10.8	9.6	5.0	8.5	3.9	1.0	4.6	1.3
68.4	**55.2**	**46.0**	**38.9**	**29.7**	**16.2**	**9.2**	**13.2**
35.2	28.6	21.4	21.2	14.1	7.3	7.2	6.7
60.7	48.2	39.8	32.7	24.3	15.5	8.4	12.5
75.8	61.4	51.7	43.4	33.7	17.9	9.7	14.4

3-4 续表

项目	开展产品或工艺创新活动企业数(个)	#实现产品或工艺创新企业	#实现产品创新企业	#实现工艺创新企业	未开展产品或工艺创新活动企业数(个)
租赁和商务服务业	**4961**	**3963**	**2644**	**2966**	**39167**
租赁业	303	237	155	195	2472
商务服务业	4658	3726	2489	2771	36695
科学研究和技术服务业	**11188**	**9008**	**6406**	**7021**	**13537**
研究和试验发展	1706	1356	1007	1079	565
专业技术服务业	7562	6214	4342	4829	11022
科技推广和应用服务业	1920	1438	1057	1113	1950
水利、环境和公共设施管理业	**1101**	**902**	**542**	**755**	**4585**
水利管理业	31	27	17	20	119
生态保护和环境治理业	449	362	217	318	639
公共设施管理业	585	485	294	392	3494
土地管理业	36	28	14	25	333
四、按地区分					
东部地区	42185	34772	24352	26494	223920
中部地区	9530	8688	5986	6932	63870
西部地区	8198	7274	4864	5790	55474
东北地区	1247	1055	725	814	13807
北　京	6822	4562	3270	3267	17028
天　津	1203	920	596	709	9960
河　北	1150	986	642	771	8012
山　西	540	502	314	398	5557
内蒙古	291	251	137	198	3279
辽　宁	684	552	369	424	8286
吉　林	285	254	187	188	2700
黑龙江	278	249	169	202	2821
上　海	5223	4286	3034	3086	23080
江　苏	5761	5139	3434	3953	39476
浙　江	4477	3944	2736	3014	30390
安　徽	1858	1640	1096	1283	10420
福　建	2829	2606	1940	1970	19615
江　西	1108	1046	749	830	8239
山　东	3471	3141	2085	2509	24918
河　南	2190	2022	1412	1638	15963
湖　北	1989	1829	1273	1466	10990
湖　南	1845	1649	1142	1317	12701
广　东	11044	9016	6501	7075	49915
广　西	816	714	451	592	6285
海　南	205	172	114	140	1526
重　庆	1187	1025	726	827	7610
四　川	2212	1967	1340	1540	11807
贵　州	633	586	401	488	4564
云　南	734	670	464	533	4402
西　藏	64	54	35	44	302
陕　西	1312	1149	774	895	8232
甘　肃	332	309	197	241	2353
青　海	115	112	72	87	622
宁　夏	111	110	68	85	751
新　疆	391	327	199	260	5267

在全部企业中占比(%)							
开展产品或工艺创新活动企业	#实现产品或工艺创新企业	#实现产品创新企业	#实现工艺创新企业	1.同时实现产品和工艺创新企业	2.仅实现产品创新企业	3.仅实现工艺创新企业	4.仅有正在进行或中止的产品或工艺创新活动企业
11.2	**9.0**	**6.0**	**6.7**	**3.7**	**2.3**	**3.0**	**2.3**
10.9	8.5	5.6	7.0	4.1	1.5	3.0	2.4
11.3	9.0	6.0	6.7	3.7	2.3	3.0	2.3
45.3	**36.4**	**25.9**	**28.4**	**17.9**	**8.0**	**10.5**	**8.8**
75.1	59.7	44.3	47.5	32.1	12.2	15.4	15.4
40.7	33.4	23.4	26.0	15.9	7.5	10.1	7.3
49.6	37.2	27.3	28.8	18.9	8.4	9.8	12.5
19.4	**15.9**	**9.5**	**13.3**	**6.9**	**2.6**	**6.3**	**3.5**
20.7	18.0	11.3	13.3	6.7	4.7	6.7	2.7
41.3	33.3	19.9	29.2	15.9	4.0	13.3	8.0
14.3	11.9	7.2	9.6	4.9	2.3	4.7	2.5
9.8	7.6	3.8	6.8	3.0	0.8	3.8	2.2
15.9	13.1	9.2	10.0	6.0	3.1	3.9	2.8
13.0	11.8	8.2	9.4	5.8	2.4	3.7	1.1
12.9	11.4	7.6	9.1	5.3	2.3	3.8	1.5
8.3	7.0	4.8	5.4	3.2	1.6	2.2	1.3
28.6	19.1	13.7	13.7	8.3	5.4	5.4	9.5
10.8	8.2	5.3	6.4	3.4	1.9	2.9	2.5
12.6	10.8	7.0	8.4	4.7	2.3	3.8	1.8
8.9	8.2	5.2	6.5	3.4	1.7	3.1	0.6
8.2	7.0	3.8	5.5	2.4	1.5	3.2	1.1
7.6	6.2	4.1	4.7	2.7	1.4	2.0	1.5
9.5	8.5	6.3	6.3	4.1	2.2	2.2	1.0
9.0	8.0	5.5	6.5	3.9	1.5	2.6	0.9
18.5	15.1	10.7	10.9	6.5	4.2	4.4	3.3
12.7	11.4	7.6	8.7	5.0	2.6	3.8	1.4
12.8	11.3	7.8	8.6	5.2	2.7	3.5	1.5
15.1	13.4	8.9	10.5	6.0	2.9	4.4	1.8
12.6	11.6	8.6	8.8	5.8	2.8	3.0	1.0
11.9	11.2	8.0	8.9	5.7	2.3	3.2	0.7
12.2	11.1	7.3	8.8	5.1	2.2	3.7	1.2
12.1	11.1	7.8	9.0	5.7	2.1	3.4	0.9
15.3	14.1	9.8	11.3	7.0	2.8	4.3	1.2
12.7	11.3	7.9	9.1	5.6	2.3	3.5	1.3
18.1	14.8	10.7	11.6	7.5	3.2	4.1	3.3
11.5	10.1	6.4	8.3	4.6	1.7	3.7	1.4
11.8	9.9	6.6	8.1	4.7	1.8	3.4	1.9
13.5	11.7	8.3	9.4	6.0	2.3	3.4	1.8
15.8	14.0	9.6	11.0	6.5	3.0	4.5	1.7
12.2	11.3	7.7	9.4	5.8	1.9	3.6	0.9
14.3	13.0	9.0	10.4	6.4	2.7	4.0	1.2
17.5	14.8	9.6	12.0	6.8	2.7	5.2	2.7
13.7	12.0	8.1	9.4	5.4	2.7	3.9	1.7
12.4	11.5	7.3	9.0	4.8	2.5	4.2	0.9
15.6	15.2	9.8	11.8	6.4	3.4	5.4	0.4
12.9	12.8	7.9	9.9	5.0	2.9	4.9	0.1
6.9	5.8	3.5	4.6	2.3	1.2	2.3	1.1

3-5 规模以上高技术产业(制造业)

项　目	开展产品或工艺创新活动企业数(个)	#实现产品或工艺创新企业	#实现产品创新企业	#实现工艺创新企业	未开展产品或工艺创新活动企业数(个)
总　计	**31079**	**28645**	**23235**	**23767**	**9072**
#国有及国有控股	1685	1562	1295	1278	208
一、按规模分					
大型企业	1746	1683	1479	1539	164
中型企业	5304	5010	4272	4321	788
小型企业	23095	21155	16901	17262	6516
微型企业	934	797	583	645	1604
二、按登记注册类型分					
内资企业	26477	24447	19938	20293	6861
国有企业	150	131	106	110	30
集体企业	15	14	11	12	24
股份合作企业	35	34	30	25	14
联营企业	8	6	4	6	2
#国有联营企业	3	1	1	1	
有限责任公司	5684	5234	4247	4370	1188
#国有独资公司	217	203	164	168	46
股份有限公司	1785	1698	1475	1413	96
私营企业	18792	17322	14058	14352	5505
其他企业	8	8	7	5	2
港、澳、台商投资企业	2088	1908	1518	1597	893
合资经营企业	602	560	446	484	110
合作经营企业	11	10	9	8	7
港、澳、台商独资经营企业	1343	1213	959	997	762
港、澳、台商投资股份有限公司	112	106	88	91	8
其他港、澳、台投资企业	20	19	16	17	6
外商投资企业	2514	2290	1779	1877	1318
中外合资经营企业	770	709	578	588	184
中外合作经营企业	11	7	4	6	6
外资企业	1637	1485	1122	1214	1109
外商投资股份有限公司	68	63	55	50	12
其他外商投资企业	28	26	20	19	7

产品和工艺创新分布情况

在全部企业中占比(%)							
开展产品或工艺创新活动企业	#实现产品或工艺创新企业	#实现产品创新企业	#实现工艺创新企业	1.同时实现产品和工艺创新企业	2.仅实现产品创新企业	3.仅实现工艺创新企业	4.仅有正在进行或中止的产品或工艺创新活动企业
77.4	**71.3**	**57.9**	**59.2**	**45.7**	**12.1**	**13.5**	**6.1**
89.0	82.5	68.4	67.5	53.4	15.0	14.1	6.5
91.4	88.1	77.4	80.6	69.9	7.5	10.7	3.3
87.1	82.2	70.1	70.9	58.8	11.3	12.1	4.8
78.0	71.4	57.1	58.3	43.9	13.1	14.4	6.6
36.8	31.4	23.0	25.4	17.0	6.0	8.4	5.4
79.4	73.3	59.8	60.9	47.3	12.5	13.5	6.1
83.3	72.8	58.9	61.1	47.2	11.7	13.9	10.6
38.5	35.9	28.2	30.8	23.1	5.1	7.7	2.6
71.4	69.4	61.2	51.0	42.9	18.4	8.2	2.0
80.0	60.0	40.0	60.0	40.0		20.0	20.0
100.0	33.3	33.3	33.3	33.3			66.7
82.7	76.2	61.8	63.6	49.2	12.6	14.4	6.5
82.5	77.2	62.4	63.9	49.0	13.3	14.8	5.3
94.9	90.3	78.4	75.1	63.3	15.2	11.9	4.6
77.3	71.3	57.9	59.1	45.6	12.2	13.4	6.1
80.0	80.0	70.0	50.0	40.0	30.0	10.0	
70.0	64.0	50.9	53.6	40.5	10.4	13.1	6.0
84.6	78.7	62.6	68.0	52.0	10.7	16.0	5.9
61.1	55.6	50.0	44.4	38.9	11.1	5.6	5.6
63.8	57.6	45.6	47.4	35.3	10.3	12.1	6.2
93.3	88.3	73.3	75.8	60.8	12.5	15.0	5.0
76.9	73.1	61.5	65.4	53.8	7.7	11.5	3.8
65.6	59.8	46.4	49.0	35.6	10.8	13.3	5.8
80.7	74.3	60.6	61.6	47.9	12.7	13.7	6.4
64.7	41.2	23.5	35.3	17.6	5.9	17.6	23.5
59.6	54.1	40.9	44.2	31.0	9.9	13.2	5.5
85.0	78.8	68.8	62.5	52.5	16.3	10.0	6.3
80.0	74.3	57.1	54.3	37.1	20.0	17.1	5.7

3-5 续表 1

项目	开展产品或工艺创新活动企业数（个）	#实现产品或工艺创新企业	#实现产品创新企业	#实现工艺创新企业	未开展产品或工艺创新活动企业数（个）
三、按高技术行业(制造业)分					
医药制造业	**6167**	**5477**	**3852**	**4691**	**1997**
#化学药品制造	2074	1850	1276	1611	397
中成药生产	1209	1055	671	915	331
生物药品制品制造	802	700	507	577	107
电子及通信设备制造业	**16249**	**15073**	**12575**	**12607**	**5138**
#电子工业专用设备制造	1015	946	781	778	277
光纤、光缆制造及锂离子电池制造	1229	1142	933	1009	331
锂离子电池制造	970	896	736	794	262
通信设备制造、雷达及配套设备制造	1764	1635	1386	1301	453
#通信系统设备制造	866	804	680	621	170
通信终端设备制造	811	749	632	615	279
雷达及配套设备制造	87	82	74	65	4
广播电视设备制造	449	419	368	338	154
非专业视听设备制造	810	741	662	569	333
电子器件制造	3773	3532	2999	2970	983
#电子真空器件制造	348	311	261	269	141
半导体分立器件制造	334	317	262	280	89
集成电路制造	732	680	586	543	122
光电子器件制造	706	669	588	583	154
电子元件及电子专用设备制造	5283	4888	3927	4220	2060
#电阻电容电感元件制造	847	765	608	652	355
电子专用材料制造	1050	987	790	857	326
电子电路制造	1138	1061	835	951	401
智能消费设备制造	859	794	700	635	192
其他电子设备制造	1067	976	819	787	355
计算机及办公设备制造业	**1924**	**1804**	**1533**	**1460**	**601**
#计算机整机制造	237	224	202	185	53
计算机零部件制造	606	566	461	464	268
计算机外围设备制造	541	504	421	411	147
办公设备制造	200	187	160	156	82
医疗仪器设备及仪器仪表制造业	**6073**	**5677**	**4809**	**4471**	**1182**
#医疗仪器设备及器械制造	1944	1793	1443	1435	426
#医疗诊断、监护及治疗设备制造	622	566	453	435	88
医疗、外科及兽医用器械制造	503	471	393	386	115
通用仪器仪表制造	2733	2570	2226	2008	502
专用仪器仪表制造	870	816	705	625	126
信息化学品制造业	**134**	**127**	**101**	**113**	**45**

在全部企业中占比(%)							
开展产品或工艺创新活动企业	#实现产品或工艺创新企业			1.同时实现产品和工艺创新企业	2.仅实现产品创新企业	3.仅实现工艺创新企业	4.仅有正在进行或中止的产品或工艺创新活动企业
		#实现产品创新企业	#实现工艺创新企业				
75.5	**67.1**	**47.2**	**57.5**	**37.6**	**9.6**	**19.9**	**8.5**
83.9	74.9	51.6	65.2	42.0	9.7	23.2	9.1
78.5	68.5	43.6	59.4	34.5	9.1	24.9	10.0
88.2	77.0	55.8	63.5	42.2	13.5	21.2	11.2
76.0	**70.5**	**58.8**	**58.9**	**47.3**	**11.5**	**11.7**	**5.5**
78.6	73.2	60.4	60.2	47.4	13.0	12.8	5.3
78.8	73.2	59.8	64.7	51.3	8.5	13.4	5.6
78.7	72.7	59.7	64.4	51.5	8.3	13.0	6.0
79.6	73.7	62.5	58.7	47.5	15.1	11.2	5.8
83.6	77.6	65.6	59.9	48.0	17.7	12.0	6.0
74.4	68.7	58.0	56.4	45.7	12.3	10.7	5.7
95.6	90.1	81.3	71.4	62.6	18.7	8.8	5.5
74.5	69.5	61.0	56.1	47.6	13.4	8.5	5.0
70.9	64.8	57.9	49.8	42.9	15.0	6.9	6.0
79.3	74.3	63.1	62.4	51.2	11.8	11.2	5.1
71.2	63.6	53.4	55.0	44.8	8.6	10.2	7.6
79.0	74.9	61.9	66.2	53.2	8.7	13.0	4.0
85.7	79.6	68.6	63.6	52.6	16.0	11.0	6.1
82.1	77.8	68.4	67.8	58.4	10.0	9.4	4.3
71.9	66.6	53.5	57.5	44.4	9.1	13.1	5.4
70.5	63.6	50.6	54.2	41.2	9.4	13.1	6.8
76.3	71.7	57.4	62.3	48.0	9.4	14.3	4.6
73.9	68.9	54.3	61.8	47.1	7.1	14.7	5.0
81.7	75.5	66.6	60.4	51.5	15.1	8.9	6.2
75.0	68.6	57.6	55.3	44.3	13.3	11.0	6.4
76.2	**71.4**	**60.7**	**57.8**	**47.1**	**13.6**	**10.7**	**4.8**
81.7	77.2	69.7	63.8	56.2	13.4	7.6	4.5
69.3	64.8	52.7	53.1	41.1	11.7	12.0	4.6
78.6	73.3	61.2	59.7	47.7	13.5	12.1	5.4
70.9	66.3	56.7	55.3	45.7	11.0	9.6	4.6
83.7	**78.2**	**66.3**	**61.6**	**49.7**	**16.6**	**12.0**	**5.5**
82.0	75.7	60.9	60.5	45.8	15.1	14.8	6.4
87.6	79.7	63.8	61.3	45.4	18.5	15.9	7.9
81.4	76.2	63.6	62.5	49.8	13.8	12.6	5.2
84.5	79.4	68.8	62.1	51.4	17.4	10.6	5.0
87.3	81.9	70.8	62.8	51.6	19.2	11.1	5.4
74.9	**71.0**	**56.4**	**63.1**	**48.6**	**7.8**	**14.5**	**3.9**

3–5 续表 2

项目	开展产品或工艺创新活动企业数(个)	#实现产品或工艺创新企业	#实现产品创新企业	#实现工艺创新企业	未开展产品或工艺创新活动企业数(个)
四、按地区分					
东部地区	21163	19714	16327	16069	5464
中部地区	5913	5310	4193	4614	1953
西部地区	3270	2985	2274	2566	1370
东北地区	733	636	441	518	285
北　京	786	662	544	422	98
天　津	406	373	307	296	142
河　北	518	499	368	408	225
山　西	164	149	109	120	42
内蒙古	79	75	41	67	26
辽　宁	382	330	240	259	124
吉　林	203	179	114	151	118
黑龙江	148	127	87	108	43
上　海	877	784	563	648	317
江　苏	4789	4537	3595	3715	1170
浙　江	3074	2917	2603	2381	548
安　徽	1352	1232	1007	1074	341
福　建	936	899	735	740	291
江　西	1271	1248	1067	1105	518
山　东	1312	1251	958	1079	406
河　南	704	669	539	579	489
湖　北	1074	961	750	826	262
湖　南	1348	1051	721	910	301
广　东	8410	7757	6633	6352	2260
广　西	216	176	120	161	228
海　南	55	35	21	28	7
重　庆	614	570	498	491	200
四　川	1141	1048	820	892	433
贵　州	280	269	200	235	118
云　南	193	169	120	138	84
西　藏	7	2		2	4
陕　西	559	513	378	441	188
甘　肃	75	64	40	54	40
青　海	30	29	15	23	7
宁　夏	42	42	28	38	4
新　疆	34	28	14	24	38

在全部企业中占比(%)							
开展产品或工艺创新活动企业	#实现产品或工艺创新企业	#实现产品创新企业	#实现工艺创新企业	1.同时实现产品和工艺创新企业	2.仅实现产品创新企业	3.仅实现工艺创新企业	4.仅有正在进行或中止的产品或工艺创新活动企业
79.5	74.0	61.3	60.3	47.6	13.7	12.7	5.4
75.2	67.5	53.3	58.7	44.5	8.8	14.2	7.7
70.5	64.3	49.0	55.3	40.0	9.0	15.3	6.1
72.0	62.5	43.3	50.9	31.7	11.6	19.2	9.5
88.9	74.9	61.5	47.7	34.4	27.1	13.3	14.0
74.1	68.1	56.0	54.0	42.0	14.1	12.0	6.0
69.7	67.2	49.5	54.9	37.3	12.2	17.6	2.6
79.6	72.3	52.9	58.3	38.8	14.1	19.4	7.3
75.2	71.4	39.0	63.8	31.4	7.6	32.4	3.8
75.5	65.2	47.4	51.2	33.4	14.0	17.8	10.3
63.2	55.8	35.5	47.0	26.8	8.7	20.2	7.5
77.5	66.5	45.6	56.5	35.6	9.9	20.9	11.0
73.5	65.7	47.2	54.3	35.8	11.4	18.5	7.8
80.4	76.1	60.3	62.3	46.5	13.8	15.8	4.2
84.9	80.5	71.9	65.7	57.1	14.8	8.7	4.3
79.9	72.8	59.5	63.4	50.1	9.3	13.3	7.1
76.3	73.3	59.9	60.3	46.9	13.0	13.4	3.0
71.0	69.8	59.6	61.8	51.6	8.0	10.1	1.3
76.4	72.8	55.8	62.8	45.8	10.0	17.1	3.6
59.0	56.1	45.2	48.5	37.6	7.5	10.9	2.9
80.4	71.9	56.1	61.8	46.0	10.1	15.8	8.5
81.7	63.7	43.7	55.2	35.2	8.6	20.0	18.0
78.8	72.7	62.2	59.5	49.0	13.2	10.5	6.1
48.6	39.6	27.0	36.3	23.6	3.4	12.6	9.0
88.7	56.5	33.9	45.2	22.6	11.3	22.6	32.3
75.4	70.0	61.2	60.3	51.5	9.7	8.8	5.4
72.5	66.6	52.1	56.7	42.2	9.9	14.5	5.9
70.4	67.6	50.3	59.0	41.7	8.5	17.3	2.8
69.7	61.0	43.3	49.8	32.1	11.2	17.7	8.7
63.6	18.2		18.2			18.2	45.5
74.8	68.7	50.6	59.0	41.0	9.6	18.1	6.2
65.2	55.7	34.8	47.0	26.1	8.7	20.9	9.6
81.1	78.4	40.5	62.2	24.3	16.2	37.8	2.7
91.3	91.3	60.9	82.6	52.2	8.7	30.4	
47.2	38.9	19.4	33.3	13.9	5.6	19.4	8.3

3–6 规模(限额)以上

项 目	实现产品创新企业数(个)	本企业独立开发	本企业与集团内企业合作开发
总 计	**181299**	**87.8**	**6.2**
#国有及国有控股	12094	79.4	22.0
一、按规模分			
大型企业	9851	85.7	22.5
中型企业	33655	84.6	10.4
小型企业	130951	89.5	3.8
微型企业	6842	73.4	6.9
二、按登记注册类型分			
内资企业	162697	88.0	5.7
国有企业	1245	75.7	20.9
集体企业	207	68.1	8.2
股份合作企业	326	88.0	1.8
联营企业	45	80.0	22.2
#国有联营企业	20	75.0	15.0
有限责任公司	29983	84.5	13.2
#国有独资公司	2218	78.5	25.5
股份有限公司	7339	90.9	11.1
私营企业	123527	88.9	3.4
其他企业	25	96.0	20.0
港、澳、台商投资企业	8666	89.5	8.4
合资经营企业	2686	91.7	8.4
合作经营企业	87	92.0	12.6
港、澳、台商独资经营企业	5392	88.4	8.3
港、澳、台商投资股份有限公司	414	90.6	8.0
其他港、澳、台投资企业	87	85.1	10.3
外商投资企业	9936	82.6	12.0
中外合资经营企业	3662	86.2	12.2
中外合作经营企业	85	88.2	7.1
外资企业	5799	80.0	12.0
外商投资股份有限公司	288	89.2	11.1
其他外商投资企业	102	78.4	10.8
三、按行业分			
采矿业	523	86.6	8.4
制造业	139968	92.7	4.6
电力、热力、燃气及水生产和供应业	539	78.9	8.3
建筑业	4342	67.9	13.7
批发和零售业	13569	53.0	11.9
交通运输、仓储和邮政业	1460	50.1	15.1
信息传输、软件和信息技术服务业	11306	89.1	11.1

企业产品创新开发情况

在实现产品创新企业中，以下列形式进行开发的企业占比(%)						
本企业与境内其他企业合作开发	本企业与境内研究机构合作开发	本企业与境内高等学校合作开发	本企业与境外企业或机构合作开发	在其他单位开发的基础上调整或改进	其他企业或机构开发	其他
7.9	**1.4**	**8.5**	**1.6**	**4.5**	**3.3**	**4.9**
21.3	4.6	17.8	2.2	6.1	4.6	4.5
19.1	4.7	19.8	5.1	5.8	3.2	3.6
11.0	1.9	10.5	2.5	5.3	4.3	5.0
6.3	1.1	7.3	1.1	4.1	2.8	4.7
8.0	1.2	4.5	1.3	6.8	8.1	12.0
7.9	1.5	8.7	0.9	4.6	3.4	5.1
20.9	4.9	17.3	1.6	7.0	6.2	7.6
7.7	1.4	3.9	0.5	8.2	14.0	14.5
2.1	1.2	6.4	0.6	4.6	2.5	7.4
13.3	2.2	8.9	6.7	13.3	8.9	8.9
15.0		5.0			5.0	10.0
12.8	2.3	11.5	1.3	5.0	3.9	4.8
24.6	5.3	20.4	2.2	7.3	5.1	4.6
14.0	3.7	18.0	2.0	3.5	2.1	3.2
6.2	1.1	7.4	0.8	4.5	3.3	5.2
12.0		20.0	4.0	4.0	4.0	4.0
7.2	0.9	7.4	4.4	3.8	2.4	3.7
7.9	1.4	10.1	3.2	3.4	1.6	3.3
12.6	3.4	13.8	4.6	6.9	3.4	3.4
6.4	0.6	5.1	5.1	4.0	2.7	3.9
11.6	0.7	17.9	3.1	2.4	1.7	2.2
11.5	1.1	6.9	5.7	1.1	4.6	8.0
8.3	0.8	6.6	9.8	4.1	3.0	4.1
9.1	1.1	9.6	7.0	3.8	2.3	2.9
7.1		8.2	4.7	1.2	7.1	4.7
7.7	0.7	4.2	11.9	4.4	3.4	4.9
8.7	1.7	15.6	6.6	2.4	1.7	3.8
14.7		3.9	3.9	3.9	5.9	3.9
11.1	2.5	13.4	1.0	4.2	3.4	5.5
5.8	1.2	8.6	1.5	3.2	1.5	3.2
9.5	2.4	8.5	0.6	3.9	3.7	6.3
16.7	2.9	16.2	1.2	15.9	12.3	13.7
13.4	1.8	4.5	2.8	12.0	16.0	18.6
18.9	2.2	4.6	1.0	10.8	14.6	14.9
15.5	1.4	6.7	1.4	4.6	3.8	3.7

3-6 续表

项目	实现产品创新企业数(个)	本企业独立开发	本企业与集团内企业合作开发
租赁和商务服务业	2644	67.9	10.9
科学研究和技术服务业	6406	85.4	10.8
水利、环境和公共设施管理业	542	70.5	10.7
四、按地区分			
东部地区	123158	89.4	5.8
中部地区	35146	86.4	6.2
西部地区	19030	80.8	8.6
东北地区	3965	85.4	8.2
北　京	4829	86.1	11.7
天　津	2373	84.9	10.6
河　北	4206	88.1	4.6
山　西	1312	80.6	8.2
内蒙古	444	76.1	12.6
辽　宁	2339	88.6	8.8
吉　林	794	80.9	7.1
黑龙江	832	80.9	7.6
上　海	6274	85.0	11.4
江　苏	25687	88.5	5.4
浙　江	28033	92.4	3.3
安　徽	8367	87.4	6.4
福　建	7942	86.7	6.0
江　西	6465	89.3	5.0
山　东	12343	87.2	6.2
河　南	6074	84.9	5.7
湖　北	6802	84.4	6.9
湖　南	6126	86.7	6.2
广　东	31266	90.9	5.6
广　西	1579	78.0	10.3
海　南	205	63.4	20.5
重　庆	3886	85.5	8.0
四　川	5573	83.2	7.2
贵　州	1612	78.9	8.4
云　南	1641	80.9	9.6
西　藏	60	48.3	16.7
陕　西	2544	77.7	8.2
甘　肃	600	70.7	9.3
青　海	174	75.9	13.2
宁　夏	426	81.7	10.6
新　疆	491	67.2	13.4

在实现产品创新企业中，以下列形式进行开发的企业占比(%)						
本企业与境内其他企业合作开发	本企业与境内研究机构合作开发	本企业与境内高等学校合作开发	本企业与境外企业或机构合作开发	在其他单位开发的基础上调整或改进	其他企业或机构开发	其他
16.1	1.7	4.6	2.2	8.5	8.5	10.9
16.4	3.2	14.3	2.1	5.6	3.6	5.4
9.4	3.1	12.5	0.7	7.6	9.2	11.8
7.7	1.2	7.6	1.9	4.3	2.9	4.4
7.1	1.6	10.7	0.8	4.4	3.6	5.6
10.5	2.6	10.0	1.2	6.2	5.2	7.3
8.9	2.4	10.5	2.1	4.0	3.4	5.6
14.9	2.8	7.8	2.4	4.5	3.5	2.1
11.2	1.4	8.2	2.8	4.4	3.3	3.9
7.1	1.3	7.3	0.9	4.4	3.4	4.9
11.1	2.6	12.4	0.9	6.6	6.0	6.9
7.0	2.5	11.5	1.4	7.4	5.2	9.0
8.9	2.1	10.7	2.4	3.6	2.6	4.3
9.2	3.3	11.2	3.0	5.3	3.9	7.7
8.4	2.2	9.4	0.5	4.0	5.2	7.5
13.2	1.4	8.0	5.2	4.9	3.8	4.0
6.9	1.2	10.1	2.2	3.8	2.6	4.2
5.0	0.7	5.9	1.0	3.5	2.0	3.4
7.6	1.7	16.1	0.8	4.3	3.1	5.7
7.5	1.3	6.7	1.4	4.5	4.4	6.7
4.6	1.1	6.0	0.5	3.0	2.8	5.8
7.5	1.9	10.5	1.2	4.3	3.7	5.3
6.3	1.2	8.4	0.8	5.2	4.6	4.5
7.9	1.6	11.3	0.9	4.7	3.6	5.9
7.7	2.2	9.4	0.8	4.5	3.5	5.8
8.5	0.8	6.0	2.1	5.1	3.0	4.8
11.3	2.4	9.6	0.8	8.3	6.7	10.8
15.1	1.0	6.3	2.4	5.9	8.8	12.7
10.0	1.9	6.6	1.5	5.0	3.5	6.0
9.9	2.5	10.9	1.1	5.5	4.2	6.1
11.2	3.0	9.1	1.0	6.3	6.4	9.1
11.2	3.2	10.3	1.1	6.9	5.4	7.4
20.0		1.7	6.7	21.7	28.3	10.0
11.0	2.6	12.4	1.1	6.2	6.3	6.5
9.8	4.0	12.3	1.7	9.0	6.7	12.2
10.9	5.2	10.9	0.6	3.4	6.9	12.1
10.8	2.3	14.3	0.9	5.6	3.5	4.5
13.2	3.9	10.8	1.0	8.8	10.2	12.2

3–7 规模以上工业企业

项　目	实现产品创新企业数（个）	本企业独立开发	本企业与集团内企业合作开发
总　计	**141030**	**92.6**	**4.6**
#国有及国有控股	6597	87.4	19.2
一、按规模分			
大型企业	5408	90.2	20.5
中型企业	20992	91.8	8.7
小型企业	110831	92.9	3.1
微型企业	3799	90.3	3.5
二、按登记注册类型分			
内资企业	124856	93.2	4.1
国有企业	494	87.2	22.1
集体企业	113	89.4	4.4
股份合作企业	282	91.8	1.8
联营企业	21	90.5	14.3
国有联营企业	7	100.0	
有限责任公司	19614	90.9	10.3
#国有独资公司	1020	89.3	21.4
股份有限公司	5356	94.4	9.2
私营企业	98955	93.6	2.4
其他企业	21	95.2	19.0
港、澳、台商投资企业	7545	91.7	6.8
合资经营企业	2440	92.6	8.0
合作经营企业	75	94.7	9.3
港、澳、台商独资经营企业	4597	91.1	6.2
港、澳、台商投资股份有限公司	368	93.2	6.5
其他港、澳、台投资企业	65	86.2	10.8
外商投资企业	8629	84.9	10.6
中外合资经营企业	3273	86.7	11.4
中外合作经营企业	80	91.3	7.5
外资企业	4961	83.1	10.2
外商投资股份有限公司	244	92.6	9.4
其他外商投资企业	71	88.7	9.9
三、按行业分			
采矿业	**523**	**86.6**	**8.4**
#煤炭开采和洗选业	120	78.3	12.5
石油和天然气开采业	12	100.0	33.3
黑色金属矿采选业	48	77.1	8.3
有色金属矿采选业	88	90.9	8.0
非金属矿采选业	231	89.6	2.6
开采专业及辅助性活动	23	100.0	34.8

产品创新开发情况

在实现产品创新企业中，以下列形式进行开发的企业占比(%)						
本企业与境内其他企业合作开发	本企业与境内研究机构合作开发	本企业与境内高等学校合作开发	本企业与境外企业或机构合作开发	在其他单位开发的基础上调整或改进	其他企业或机构开发	其他
5.8	**1.2**	**8.6**	**1.5**	**3.2**	**1.5**	**3.2**
16.6	4.6	18.2	2.6	4.0	1.9	2.2
14.9	5.0	20.2	6.5	4.5	1.9	2.6
8.3	1.9	11.7	2.7	3.3	1.4	2.4
4.9	0.9	7.6	1.0	3.1	1.5	3.3
5.3	0.7	5.6	1.1	3.0	2.3	4.7
5.7	1.3	8.8	0.8	3.2	1.5	3.2
16.8	5.3	19.6	1.8	4.5	3.0	2.8
8.9	0.9	5.3		6.2	5.3	2.7
1.4	1.4	7.1	0.7	3.5	0.7	5.0
4.8		4.8	4.8	4.8	4.8	
9.3	1.9	11.3	1.2	3.5	1.7	2.9
19.9	5.0	21.8	2.4	4.8	1.3	1.8
11.6	4.1	19.9	2.0	2.5	1.3	2.5
4.7	1.0	7.7	0.7	3.1	1.4	3.3
4.8		19.0	4.8		4.8	4.8
6.1	0.9	7.7	3.9	3.5	1.8	3.1
7.1	1.3	10.2	3.2	3.1	1.2	2.8
8.0	2.7	9.3	2.7	6.7	2.7	2.7
5.1	0.6	5.4	4.3	3.7	2.1	3.3
10.3	0.8	19.0	3.0	2.4	1.4	1.4
10.8	1.5	7.7	6.2	1.5	3.1	6.2
6.9	0.8	6.8	9.2	3.7	2.4	3.7
8.1	1.2	9.8	7.2	3.5	2.0	2.9
6.3		7.5	2.5		5.0	5.0
6.0	0.6	4.3	10.7	4.0	2.7	4.3
9.0	2.0	18.0	6.6	2.5	0.4	3.3
5.6		4.2	5.6	1.4	4.2	2.8
11.1	**2.5**	**13.4**	**1.0**	**4.2**	**3.4**	**5.5**
16.7	3.3	17.5	0.8	7.5	6.7	7.5
33.3	8.3	25.0	8.3	8.3	8.3	8.3
8.3	4.2	12.5		2.1	2.1	6.3
12.5	4.5	13.6		1.1	3.4	3.4
5.6	0.4	8.7	0.4	4.3	1.7	5.6
26.1	4.3	30.4	8.7		4.3	

3-7 续表 1

项　目	实现产品创新企业数（个）		
		本企业独立开发	本企业与集团内企业合作开发
制造业	**139968**	**92.7**	**4.6**
农副食品加工业	5090	88.4	5.4
食品制造业	3084	90.9	5.5
酒、饮料和精制茶制造业	1589	86.5	6.2
烟草制品业	51	86.3	23.5
纺织业	5576	93.5	2.5
纺织服装、服饰业	2491	90.8	2.5
皮革、毛皮、羽毛及其制品和制鞋业	2325	93.6	1.9
木材加工和木、竹、藤、棕、草制品业	1512	92.1	1.5
家具制造业	2104	94.3	2.9
造纸和纸制品业	1847	93.9	3.4
印刷和记录媒介复制业	1770	93.7	3.5
文教、工美、体育和娱乐用品制造业	3061	94.0	2.1
石油、煤炭及其他燃料加工业	432	88.2	10.2
化学原料和化学制品制造业	8789	92.8	4.9
医药制造业	3852	87.6	8.6
化学纤维制造业	791	93.2	4.6
橡胶和塑料制品业	7680	92.9	2.7
非金属矿物制品业	8327	92.7	3.4
黑色金属冶炼和压延加工业	1283	93.5	6.2
有色金属冶炼和压延加工业	2568	91.9	5.7
金属制品业	9084	93.0	2.6
通用设备制造业	13497	94.3	3.6
专用设备制造业	11509	94.3	3.5
汽车制造业	7747	87.8	9.3
铁路、船舶、航空航天和其他运输设备制造业	2348	90.2	10.5
电气机械和器材制造业	14527	94.5	4.6
计算机、通信和其他电子设备制造业	12277	93.1	6.3
仪器仪表制造业	3555	95.2	4.6
其他制造业	706	93.6	4.0
废弃资源综合利用业	390	92.8	4.9
金属制品、机械和设备修理业	106	87.7	11.3
电力、热力、燃气及水生产和供应业	**539**	**78.9**	**8.3**
电力、热力生产和供应业	310	77.7	8.7
燃气生产和供应业	99	74.7	12.1
水的生产和供应业	130	84.6	4.6

在实现产品创新企业中，以下列形式进行开发的企业占比(%)						
本企业与境内其他企业合作开发	本企业与境内研究机构合作开发	本企业与境内高等学校合作开发	本企业与境外企业或机构合作开发	在其他单位开发的基础上调整或改进	其他企业或机构开发	其他
5.8	**1.2**	**8.6**	**1.5**	**3.2**	**1.5**	**3.2**
4.0	2.4	12.1	0.8	2.2	1.5	3.7
4.5	1.7	12.9	1.2	2.2	1.4	3.3
5.7	3.4	12.5	0.6	3.0	1.6	4.4
17.6	5.9	9.8	2.0	2.0		5.9
4.5	0.7	6.8	0.9	3.3	1.2	3.5
4.4	0.8	3.8	1.3	3.8	2.9	4.3
2.8	0.3	2.3	1.0	2.8	1.5	4.0
2.5	1.2	6.2	0.5	2.7	2.4	4.6
4.3	0.5	3.6	1.5	3.1	1.7	3.9
4.0	0.7	5.9	0.7	2.5	1.2	3.7
4.6	0.4	5.5	0.7	3.8	2.1	3.3
4.1	0.4	5.6	2.0	3.1	1.9	3.6
7.9	3.9	11.6	0.7	5.1	2.1	2.8
5.6	2.0	13.6	1.3	2.3	1.1	2.6
12.8	4.1	15.2	1.6	2.8	2.0	2.7
6.7	1.5	12.6	1.0	3.2	1.8	2.8
5.2	0.7	6.6	1.1	3.6	1.5	3.6
3.7	0.9	8.1	0.6	2.9	1.4	3.7
5.9	2.5	11.1	0.9	3.6	1.0	3.9
7.2	1.9	11.4	0.7	2.8	1.6	2.5
4.7	0.8	6.8	1.2	3.5	1.4	3.2
5.0	1.0	8.8	1.5	3.3	1.2	2.7
5.4	1.2	9.7	1.3	2.7	1.1	3.0
9.2	0.7	7.6	3.4	4.6	2.1	2.9
12.4	2.6	10.6	2.8	5.0	1.8	3.0
5.1	1.0	7.3	1.7	3.2	1.5	3.1
7.9	1.0	7.5	2.5	4.0	1.9	3.2
7.5	1.1	10.9	1.7	2.1	1.2	1.9
6.1	1.1	6.5	1.1	2.4	1.1	3.5
5.1	0.8	9.5	0.3	1.0	1.3	3.6
17.0	3.8	8.5	1.9	4.7	0.9	1.9
9.5	**2.4**	**8.5**	**0.6**	**3.9**	**3.7**	**6.3**
11.6	2.9	8.4	0.3	3.2	3.5	6.8
9.1	1.0	4.0	1.0	6.1	5.1	6.1
4.6	2.3	12.3	0.8	3.8	3.1	5.4

3-7 续表 2

项 目	实现产品创新企业数(个)		
		本企业独立开发	本企业与集团内企业合作开发
四、按地区分			
东部地区	96473	93.4	4.1
中部地区	28089	91.7	4.9
西部地区	13373	89.4	6.6
东北地区	3095	90.3	7.7
北 京	1389	90.7	9.7
天 津	1666	89.6	8.3
河 北	3450	93.9	3.7
山 西	887	89.1	6.7
内蒙古	284	83.1	12.0
辽 宁	1882	92.0	8.1
吉 林	582	87.3	6.9
黑龙江	631	88.0	7.0
上 海	3104	92.8	8.7
江 苏	21889	91.5	4.3
浙 江	24930	95.1	2.5
安 徽	7113	91.5	5.8
福 建	5788	93.3	4.2
江 西	5587	93.6	3.8
山 东	9856	92.3	5.0
河 南	4361	92.5	4.3
湖 北	5341	89.2	5.3
湖 南	4800	92.2	4.8
广 东	24321	94.2	4.1
广 西	1069	87.7	7.9
海 南	80	78.8	16.3
重 庆	3087	91.4	6.8
四 川	4011	89.8	5.5
贵 州	1153	88.6	6.2
云 南	1088	91.6	6.5
西 藏	17	88.2	
陕 西	1619	87.6	6.1
甘 肃	362	82.9	7.7
青 海	93	92.5	8.6
宁 夏	336	89.6	9.5
新 疆	254	84.6	7.9

在实现产品创新企业中，以下列形式进行开发的企业占比(%)						
本企业与境内其他企业合作开发	本企业与境内研究机构合作开发	本企业与境内高等学校合作开发	本企业与境外企业或机构合作开发	在其他单位开发的基础上调整或改进	其他企业或机构开发	其他
5.5	0.9	7.5	1.8	3.3	1.5	3.0
5.4	1.5	11.1	0.6	2.8	1.6	3.6
8.6	2.5	10.6	1.1	3.8	1.7	3.5
8.1	2.5	11.1	2.2	2.9	1.6	3.0
9.8	2.6	7.3	3.5	2.5	1.9	0.9
8.5	0.8	7.5	3.3	2.9	1.8	2.5
5.6	1.2	7.2	0.9	2.8	1.1	2.6
7.9	2.4	12.0	0.6	3.6	1.5	2.9
5.6	2.5	13.7	1.1	5.3	3.2	4.9
8.0	2.1	10.9	2.4	2.8	1.3	2.2
8.1	3.4	12.5	2.9	3.3	2.2	3.8
8.2	2.5	10.5	0.6	2.7	1.9	4.9
8.8	1.3	8.4	4.6	3.4	1.9	1.6
5.6	1.1	10.3	2.2	3.0	1.5	3.1
3.7	0.6	5.7	0.9	2.9	1.1	2.6
6.2	1.5	17.2	0.7	3.1	1.7	4.0
4.7	1.4	7.0	1.4	2.9	1.5	3.7
3.2	1.1	6.0	0.5	2.1	1.4	4.1
6.0	1.7	10.8	1.2	2.9	1.5	3.3
4.2	0.9	8.3	0.6	2.6	1.8	2.2
6.6	1.5	11.8	0.8	3.1	1.6	4.0
6.0	2.1	9.8	0.6	2.7	1.4	3.4
6.4	0.6	5.7	2.1	4.3	1.8	3.6
9.4	2.2	11.3	0.9	5.2	2.4	5.4
12.5		7.5	1.3	2.5	2.5	3.8
8.8	1.4	6.1	1.5	3.8	1.6	3.0
8.4	2.7	11.9	0.9	3.8	1.5	3.4
8.2	2.8	9.6	1.0	3.2	2.4	4.9
7.9	3.0	9.7	0.6	3.4	1.5	2.7
11.8				5.9	5.9	
10.1	3.1	14.4	1.3	3.2	1.3	2.4
7.7	4.4	13.3	1.7	6.4	1.4	5.8
7.5	7.5	14.0	1.1		1.1	5.4
7.4	1.8	15.2	0.6	4.2	1.8	3.0
8.3	3.5	13.4	0.4	3.2	3.5	2.8

3-8 资质等级以上建筑业

项 目	实现产品创新企业数（个）		
		本企业独立开发	本企业与集团内企业合作开发
总 计	**4342**	**67.9**	**13.7**
#国有及国有控股	981	80.0	32.8
一、按规模分			
大型企业	1177	83.0	30.3
中型企业	1812	66.9	8.3
小型企业	1134	57.6	5.4
微型企业	219	47.9	12.8
二、按登记注册类型分			
内资企业	4302	67.7	13.7
国有企业	88	73.9	27.3
集体企业	33	39.4	9.1
股份合作企业	10	40.0	10.0
联营企业	3	66.7	
有限责任公司	1407	75.1	24.5
#国有独资公司	273	82.8	34.8
股份有限公司	190	75.3	21.6
私营企业	2571	63.4	6.9
港、澳、台商投资企业	27	88.9	14.8
#合资经营企业	17	82.4	17.6
港、澳、台商独资经营企业	6	100.0	
外商投资企业	13	84.6	15.4
#中外合资经营企业	6	66.7	
外资企业	5	100.0	20.0
三、按行业分			
房屋建筑业	1761	59.6	14.2
土木工程建筑业	1193	75.4	20.7
建筑安装业	611	75.6	9.0
建筑装饰、装修和其他建筑业	777	69.1	5.8

企业产品创新开发情况

在实现产品创新企业中，以下列形式进行开发的企业占比(%)						
本企业与境内其他企业合作开发	本企业与境内研究机构合作开发	本企业与境内高等学校合作开发	本企业与境外企业或机构合作开发	在其他单位开发的基础上调整或改进	其他企业或机构开发	其他
16.7	**2.9**	**16.2**	**1.2**	**15.9**	**12.3**	**13.7**
29.6	4.8	33.2	1.4	10.8	5.4	5.9
30.2	4.8	34.2	1.3	11.1	4.7	5.9
13.2	2.2	11.9	0.9	16.1	12.9	13.0
9.1	1.6	6.2	1.4	19.8	18.8	20.9
12.8	4.6	6.8	2.7	20.5	15.1	24.2
16.7	2.9	16.2	1.2	16.0	12.4	13.7
20.5	9.1	28.4	2.3	13.6	11.4	15.9
	6.1	3.0		18.2	36.4	33.3
30.0		10.0		30.0	20.0	10.0
					33.3	
24.0	4.1	26.7	1.4	12.7	7.6	8.2
30.8	5.1	30.8	1.5	10.3	4.0	4.4
25.8	5.3	25.8	0.5	14.2	5.8	10.0
12.2	1.8	9.5	1.1	18.0	15.2	16.7
14.8	3.7	22.2	7.4	3.7	3.7	11.1
11.8	5.9	17.6	11.8	5.9	5.9	11.8
						16.7
7.7		23.1		15.4	7.7	15.4
		16.7		16.7	16.7	33.3
		20.0		20.0		
16.4	3.4	15.5	1.2	19.0	15.4	15.8
22.0	3.7	24.3	1.5	12.4	9.7	9.7
14.1	1.3	12.6	0.8	13.3	9.5	12.3
11.3	1.7	8.2	1.2	16.6	11.6	16.0

3-8 续表

项　　目	实现产品创新企业数(个)		
		本企业独立开发	本企业与集团内企业合作开发
四、按地区分			
东部地区	2333	70.9	14.1
中部地区	1071	66.4	11.2
西部地区	793	61.8	16.5
东北地区	145	63.4	12.4
北　京	170	81.2	24.1
天　津	111	80.2	20.7
河　北	114	64.9	14.0
山　西	111	73.0	14.4
内蒙古	23	73.9	13.0
辽　宁	88	72.7	11.4
吉　林	25	56.0	8.0
黑龙江	32	43.8	18.8
上　海	136	76.5	21.3
江　苏	364	62.4	10.4
浙　江	367	75.7	10.9
安　徽	158	60.1	9.5
福　建	214	62.2	12.6
江　西	129	72.1	11.6
山　东	402	66.4	14.9
河　南	301	65.8	10.6
湖　北	188	60.1	11.7
湖　南	184	71.2	10.9
广　东	444	76.6	11.7
广　西	59	67.8	22.0
海　南	11	45.5	18.2
重　庆	73	74.0	17.8
四　川	222	59.0	15.8
贵　州	58	58.6	12.1
云　南	89	57.3	20.2
西　藏	8	12.5	12.5
陕　西	151	64.9	15.2
甘　肃	41	51.2	9.8
青　海	9	88.9	44.4
宁　夏	22	72.7	4.5
新　疆	38	50.0	23.7

在实现产品创新企业中，以下列形式进行开发的企业占比(%)						
本企业与境内其他企业合作开发	本企业与境内研究机构合作开发	本企业与境内高等学校合作开发	本企业与境外企业或机构合作开发	在其他单位开发的基础上调整或改进	其他企业或机构开发	其他
17.7	2.9	17.0	1.2	14.6	11.3	12.1
16.0	2.1	15.2	1.3	17.4	12.4	15.7
15.5	3.7	15.1	1.3	18.3	14.5	15.5
11.7	3.4	17.2	0.7	13.8	16.6	14.5
24.7	3.5	22.9	0.6	12.4	8.2	2.9
22.5	1.8	18.0	1.8	10.8	5.4	7.2
18.4	2.6	21.9	0.9	14.0	7.0	15.8
25.2	2.7	24.3		13.5	15.3	17.1
8.7		17.4			8.7	26.1
10.2	5.7	19.3	1.1	11.4	13.6	13.6
12.0		8.0		28.0	8.0	16.0
15.6		18.8		9.4	31.3	15.6
26.5	2.2	20.6	2.2	13.2	11.0	13.2
16.8	2.2	17.0	1.9	15.4	14.0	17.6
17.4	3.5	15.5	0.8	12.5	9.3	6.5
16.5	3.8	15.8	3.2	17.7	16.5	20.9
21.5	3.3	16.8	1.4	15.0	18.2	13.6
10.9	0.8	10.1		11.6	10.1	16.3
11.2	4.0	16.7	1.2	18.4	14.4	15.9
13.3	1.7	15.0	1.3	18.3	10.3	12.6
17.0	3.2	17.6	1.1	23.9	12.8	14.4
16.8	1.1	10.9	1.6	15.2	12.0	16.3
16.7	2.0	14.0	0.7	14.6	7.9	11.3
16.9	1.7	8.5		23.7	11.9	18.6
			9.1	9.1	27.3	18.2
26.0	9.6	23.3		9.6	2.7	13.7
17.1	2.7	16.2	2.3	17.1	13.5	14.4
8.6	3.4	10.3		27.6	13.8	20.7
14.6	4.5	15.7	2.2	19.1	18.0	16.9
12.5		12.5		25.0	50.0	12.5
11.3	2.0	15.9	0.7	17.2	17.2	15.2
14.6	2.4	17.1	2.4	29.3	22.0	12.2
33.3	22.2	22.2			11.1	
4.5	4.5	13.6		18.2	9.1	9.1
21.1	5.3	2.6	2.6	23.7	21.1	15.8

3—9 规模(限额)以上服务业

项　　目	实现产品创新企业数(个)		
		本企业独立开发	本企业与集团内企业合作开发
总　计	**35927**	**71.4**	**11.5**
#国有及国有控股	4516	67.5	23.6
一、按规模分			
大型企业	3266	79.2	23.0
中型企业	10851	73.6	14.0
小型企业	18986	71.5	8.1
微型企业	2824	52.7	11.0
二、按登记注册类型分			
内资企业	33539	71.4	10.9
国有企业	663	67.4	19.2
集体企业	61	44.3	14.8
股份合作企业	34	70.6	
联营企业	21	71.4	33.3
#国有联营企业	11	63.6	27.3
有限责任公司	8962	72.0	17.8
#国有独资公司	925	65.4	27.4
股份有限公司	1793	81.9	15.6
私营企业	22001	70.5	7.4
其他企业	4	100.0	25.0
港、澳、台商投资企业	1094	74.3	19.2
合资经营企业	229	82.5	12.7
合作经营企业	11	72.7	27.3
港、澳、台商独资经营企业	789	72.1	21.2
港、澳、台商投资股份有限公司	44	68.2	20.5
其他港、澳、台投资企业	21	81.0	9.5
外商投资企业	1294	67.2	20.9
中外合资经营企业	383	82.0	19.1
中外合作经营企业	5	40.0	
外资企业	833	60.9	22.3
外商投资股份有限公司	43	69.8	20.9
其他外商投资企业	30	53.3	10.0
三、按行业分			
批发和零售业	**13569**	**53.0**	**11.9**
批发业	7630	58.0	12.5
零售业	5939	46.5	11.1
交通运输、仓储和邮政业	**1460**	**50.1**	**15.1**
铁路运输业	16	50.0	31.3
道路运输业	810	48.6	11.4
水上运输业	75	53.3	25.3
航空运输业	38	52.6	28.9
管道运输业	7	28.6	28.6
多式联运和运输代理业	243	54.7	18.1
装卸搬运和仓储业	180	54.4	13.3
邮政业	91	39.6	26.4
信息传输、软件和信息技术服务业	**11306**	**89.1**	**11.1**
电信、广播电视和卫星传输服务	628	54.5	33.6
互联网和相关服务	1693	86.2	12.3
软件和信息技术服务业	8985	92.0	9.3

企业产品创新开发情况

在实现产品创新企业中，以下列形式进行开发的企业占比(%)						
本企业与境内其他企业合作开发	本企业与境内研究机构合作开发	本企业与境内高等学校合作开发	本企业与境外企业或机构合作开发	在其他单位开发的基础上调整或改进	其他企业或机构开发	其他
14.9	**2.0**	**7.1**	**2.1**	**8.1**	**9.2**	**10.7**
26.4	4.5	14.0	1.7	8.1	8.3	7.4
22.2	4.1	13.9	4.2	6.0	4.7	4.5
15.8	1.9	8.0	2.3	7.5	8.3	8.5
13.8	1.7	6.0	1.7	8.5	9.6	11.6
11.4	1.6	3.0	1.5	10.9	15.4	20.8
14.9	2.0	7.2	1.4	8.3	9.4	11.0
24.0	4.1	14.0	1.4	8.0	7.8	10.0
9.8		1.6	1.6	6.6	18.0	26.2
				5.9	11.8	26.5
23.8	4.8	14.3	9.5	23.8	9.5	19.0
27.3		9.1				18.2
18.7	2.8	9.4	1.4	7.3	8.2	8.5
27.9	5.6	15.9	2.2	9.2	9.6	7.9
20.0	2.7	11.7	2.1	5.3	4.1	4.4
12.6	1.6	5.8	1.4	9.0	10.4	12.5
50.0		25.0		25.0		
14.5	1.1	4.8	7.8	5.8	6.1	7.5
15.7	2.2	8.3	2.6	6.6	6.1	7.4
36.4	9.1	36.4	18.2	9.1	9.1	9.1
13.6	0.8	3.4	9.4	5.8	6.1	7.2
20.5		6.8	4.5	2.3	4.5	9.1
14.3			4.8		9.5	14.3
17.3	0.9	4.9	14.1	6.5	6.7	6.6
17.2	0.3	8.1	4.7	5.7	4.2	2.9
20.0		20.0	40.0	20.0	40.0	
17.3	1.2	3.7	19.2	6.8	7.4	8.4
4.7		2.3	7.0	2.3	9.3	7.0
36.7				10.0	10.0	6.7
13.4	**1.8**	**4.5**	**2.8**	**12.0**	**16.0**	**18.6**
15.4	1.9	5.3	3.8	10.9	13.1	16.0
10.8	1.8	3.4	1.6	13.4	19.8	21.8
18.9	**2.2**	**4.6**	**1.0**	**10.8**	**14.6**	**14.9**
50.0	6.3	31.3			6.3	6.3
17.0	2.6	4.2	1.0	10.7	17.2	16.2
40.0	2.7	14.7		8.0	12.0	6.7
28.9		2.6	2.6	7.9	5.3	5.3
28.6		42.9			14.3	14.3
19.3	2.1	2.9	2.1	12.3	11.9	11.5
14.4	1.7	2.8		10.0	8.3	17.8
15.4		1.1		14.3	18.7	19.8
15.5	**1.4**	**6.7**	**1.4**	**4.6**	**3.8**	**3.7**
28.5	3.0	4.0	1.9	9.6	12.6	11.9
14.1	1.0	5.1	0.9	3.9	4.5	3.0
14.8	1.3	7.2	1.4	4.4	3.0	3.2

3–9 续表

项　　目	实现产品创新企业数(个)		
		本企业独立开发	本企业与集团内企业合作开发
租赁和商务服务业	**2644**	**67.9**	**10.9**
租赁业	155	70.3	9.0
商务服务业	2489	67.7	11.0
科学研究和技术服务业	**6406**	**85.4**	**10.8**
研究和试验发展	1007	86.1	18.3
专业技术服务业	4342	85.3	9.0
科技推广和应用服务业	1057	84.8	10.9
水利、环境和公共设施管理业	**542**	**70.5**	**10.7**
水利管理业	17	64.7	11.8
生态保护和环境治理业	217	84.8	11.5
公共设施管理业	294	61.9	10.2
土地管理业	14	35.7	7.1
四、按地区分			
东部地区	24352	75.2	11.4
中部地区	5986	65.1	11.0
西部地区	4864	60.2	12.8
东北地区	725	69.1	9.7
北　京	3270	84.4	12.0
天　津	596	72.8	14.9
河　北	642	60.7	7.9
山　西	314	59.2	10.2
内蒙古	137	62.0	13.9
辽　宁	369	75.1	11.7
吉　林	187	64.2	7.5
黑龙江	169	61.5	7.7
上　海	3034	77.3	13.7
江　苏	3434	72.1	11.5
浙　江	2736	70.7	9.7
安　徽	1096	64.7	10.1
福　建	1940	69.7	10.8
江　西	749	60.2	12.7
山　东	2085	67.0	10.4
河　南	1412	65.7	8.9
湖　北	1273	68.1	12.9
湖　南	1142	66.2	11.6
广　东	6501	79.5	10.9
广　西	451	56.5	14.4
海　南	114	54.4	23.7
重　庆	726	61.6	12.1
四　川	1340	67.3	11.0
贵　州	401	53.9	14.2
云　南	464	60.3	14.7
西　藏	35	37.1	25.7
陕　西	774	59.4	11.2
甘　肃	197	52.3	12.2
青　海	72	52.8	15.3
宁　夏	68	45.6	17.6
新　疆	199	48.2	18.6

在实现产品创新企业中，以下列形式进行开发的企业占比(%)						
本企业与境内其他企业合作开发	本企业与境内研究机构合作开发	本企业与境内高等学校合作开发	本企业与境外企业或机构合作开发	在其他单位开发的基础上调整或改进	其他企业或机构开发	其他
16.1	**1.7**	**4.6**	**2.2**	**8.5**	**8.5**	**10.9**
11.6		4.5	0.6	6.5	8.4	8.4
16.4	1.8	4.6	2.3	8.6	8.5	11.1
16.4	**3.2**	**14.3**	**2.1**	**5.6**	**3.6**	**5.4**
22.8	5.6	18.1	3.9	4.9	2.7	4.0
15.1	2.7	14.0	1.6	5.7	3.9	6.0
15.6	2.7	11.5	2.5	6.0	3.1	4.3
9.4	**3.1**	**12.5**	**0.7**	**7.6**	**9.2**	**11.8**
5.9		5.9			11.8	17.6
6.9	4.1	20.7	0.5	5.5	3.7	6.5
11.9	2.7	7.5	1.0	9.5	12.6	13.9
				7.1	21.4	42.9
15.5	1.8	6.9	2.4	7.3	7.9	8.8
13.2	2.2	7.6	1.3	9.6	11.5	13.3
14.8	2.6	7.5	1.5	10.7	13.1	16.6
11.7	1.8	6.8	2.2	7.0	8.6	15.0
16.5	2.8	7.2	2.0	4.9	4.0	2.5
16.6	2.9	8.4	1.7	7.2	7.2	7.2
12.9	1.6	5.0	0.8	10.9	14.8	15.3
15.3	3.2	9.6	2.2	12.4	15.6	14.7
9.5	2.9	5.8	2.2	13.1	8.8	14.6
13.3	1.4	7.9	2.4	6.0	6.8	13.0
12.3	3.2	7.5	3.7	8.6	8.6	18.7
7.7	1.2	3.6		7.7	12.4	15.4
17.1	1.5	7.1	5.9	6.0	5.3	6.0
14.3	2.0	8.5	2.1	7.3	8.1	9.5
15.4	1.2	5.7	2.2	8.5	10.1	10.1
15.4	2.5	9.1	1.3	9.6	10.3	14.8
14.4	1.0	4.4	1.4	8.2	11.7	14.9
14.2	1.3	5.3	0.7	7.9	11.9	16.8
13.7	2.3	8.1	1.0	8.4	11.7	12.8
11.3	1.8	7.2	1.4	10.3	12.2	9.8
12.3	2.0	7.9	1.0	8.6	11.0	12.6
13.3	2.9	7.3	1.5	10.1	11.1	14.3
15.8	1.5	6.7	2.2	7.7	7.0	8.6
15.3	3.1	5.5	0.7	13.5	16.2	22.4
18.4	1.8	6.1	2.6	7.9	11.4	18.4
13.6	3.4	7.3	2.1	9.9	11.7	17.9
13.1	1.7	6.9	1.4	8.5	10.6	12.9
20.0	3.7	7.5	1.2	12.0	16.7	19.5
18.3	3.4	10.6	1.9	12.9	12.3	16.6
25.7			11.4	28.6	34.3	14.3
13.0	1.6	7.5	0.8	10.5	14.5	13.4
12.7	3.6	9.6	1.5	9.6	13.2	23.9
12.5		5.6		8.3	13.9	22.2
29.4	4.4	10.3	2.9	8.8	10.3	10.3
18.1	4.0	9.0	1.5	13.1	16.6	23.6

3–10 规模以上高技术产业

项　　目	实现产品创新企业数（个）		
		本企业独立开发	本企业与集团内企业合作开发
总　计	**23235**	**92.5**	**6.6**
#国有及国有控股	1295	89.3	20.4
一、按规模分			
大型企业	1479	89.5	21.2
中型企业	4272	91.6	11.1
小型企业	16901	93.1	4.2
微型企业	583	86.4	6.3
二、按登记注册类型分			
内资企业	19938	93.3	6.1
国有企业	106	90.6	23.6
集体企业	11	90.9	9.1
股份合作企业	30	96.7	
联营企业	4	100.0	25.0
有限责任公司	4247	91.2	11.8
#国有独资公司	164	92.7	28.0
股份有限公司	1475	94.5	10.2
私营企业	14058	93.9	3.8
其他企业	7	100.0	28.6
港、澳、台商投资企业	1518	89.9	8.4
合资经营企业	446	93.9	8.7
合作经营企业	9	100.0	
港、澳、台商独资经营企业	959	87.3	8.1
港、澳、台商投资股份有限公司	88	95.5	10.2
其他港、澳、台投资企业	16	93.8	12.5
外商投资企业	1779	85.0	11.2
中外合资经营企业	578	87.7	13.8
中外合作经营企业	4	75.0	25.0
外资企业	1122	83.2	9.8
外商投资股份有限公司	55	90.9	10.9
其他外商投资企业	20	95.0	15.0
三、按高技术行业（制造业）分			
医药制造业	**3852**	**87.6**	**8.6**
#化学药品制造	1276	85.1	13.2
中成药生产	671	86.7	9.4
生物药品制品制造	507	89.3	8.5

(制造业)产品创新开发情况

在实现产品创新企业中，以下列形式进行开发的企业占比(%)						
本企业与境内其他企业合作开发	本企业与境内研究机构合作开发	本企业与境内高等学校合作开发	本企业与境外企业或机构合作开发	在其他单位开发的基础上调整或改进	其他企业或机构开发	其他
8.6	**1.7**	**9.7**	**2.2**	**3.4**	**1.7**	**2.9**
22.5	6.2	20.1	3.0	3.3	2.3	1.7
15.7	4.7	16.8	8.4	4.5	2.5	3.0
11.0	2.5	12.0	3.3	3.4	1.8	2.1
7.4	1.2	8.5	1.3	3.2	1.6	3.1
9.1	1.0	7.9	2.6	4.6	3.6	3.9
8.7	1.7	10.2	1.2	3.2	1.6	2.7
19.8	7.5	23.6	2.8	3.8	1.9	1.9
27.3		27.3				
	3.3	13.3		6.7		3.3
25.0						
11.9	2.4	11.1	1.6	3.2	1.9	2.7
25.6	4.9	23.8	1.2	3.7	1.2	0.6
15.4	4.5	16.4	2.6	2.2	1.4	2.2
7.0	1.2	9.1	0.9	3.3	1.5	2.8
7.9	1.2	6.9	5.7	4.6	2.5	3.6
11.2	2.2	10.8	3.4	4.3	1.6	3.1
		11.1	11.1	11.1		
5.9	0.7	4.5	7.1	5.1	3.2	4.0
11.4	1.1	10.2	2.3	1.1		1.1
18.8		18.8	6.3			6.3
7.8	1.1	6.5	10.1	4.4	3.1	4.5
9.9	2.1	10.2	7.4	3.8	2.9	2.4
						25.0
6.5	0.6	4.5	11.8	4.9	3.4	5.5
9.1		9.1	7.3			5.5
15.0		5.0		5.0		
12.8	**4.1**	**15.2**	**1.6**	**2.8**	**2.0**	**2.7**
17.6	3.8	13.3	2.4	2.7	2.3	2.6
17.3	5.5	20.0	1.6	2.5	2.1	3.3
9.1	4.5	14.0	2.0	2.4	2.0	1.4

3-10 续表 1

项　目	实现产品创新企业数（个）		
		本企业独立开发	本企业与集团内企业合作开发
电子及通信设备制造业	**12575**	**93.3**	**6.3**
#电子工业专用设备制造	781	93.7	4.7
光纤、光缆制造及锂离子电池制造	933	93.6	8.7
锂离子电池制造	736	92.8	8.2
通信设备制造、雷达及配套设备制造	1386	92.0	7.9
#通信系统设备制造	680	93.1	7.9
通信终端设备制造	632	90.7	7.8
雷达及配套设备制造	74	93.2	9.5
广播电视设备制造	368	95.4	4.3
非专业视听设备制造	662	93.2	6.8
电子器件制造	2999	93.6	7.1
#电子真空器件制造	261	95.8	3.8
半导体分立器件制造	262	90.1	8.0
集成电路制造	586	94.0	11.3
光电子器件制造	588	93.5	6.6
电子元件及电子专用设备制造	3927	92.7	5.2
#电阻电容电感元件制造	608	93.4	5.1
电子专用材料制造	790	93.4	5.8
电子电路制造	835	91.1	5.0
智能消费设备制造	700	94.0	6.9
其他电子设备制造	819	95.2	4.6
计算机及办公设备制造业	**1533**	**91.7**	**7.2**
#计算机整机制造	202	87.6	13.4
计算机零部件制造	461	90.5	4.6
计算机外围设备制造	421	93.1	4.5
办公设备制造	160	93.8	8.1
医疗仪器设备及仪器仪表制造业	**4809**	**94.8**	**4.5**
#医疗仪器设备及器械制造	1443	93.8	4.2
#医疗诊断、监护及治疗设备制造	453	92.7	5.7
医疗、外科及兽医用器械制造	393	94.4	3.6
通用仪器仪表制造	2226	95.6	4.4
专用仪器仪表制造	705	95.3	4.5
信息化学品制造业	**101**	**90.1**	**6.9**

在实现产品创新企业中，以下列形式进行开发的企业占比(%)						
本企业与境内其他企业合作开发	本企业与境内研究机构合作开发	本企业与境内高等学校合作开发	本企业与境外企业或机构合作开发	在其他单位开发的基础上调整或改进	其他企业或机构开发	其他
7.4	**1.0**	**8.0**	**2.4**	**3.8**	**1.8**	**3.1**
5.4	0.8	8.5	1.7	3.7	0.9	3.6
6.6	1.9	9.0	2.0	3.5	1.5	3.1
6.5	1.6	9.1	1.9	2.9	1.5	2.9
11.5	1.2	9.7	1.8	4.2	2.9	3.4
9.6	1.6	11.2	1.8	3.4	2.8	3.4
12.8	0.3	7.0	2.1	4.9	3.2	3.8
17.6	5.4	20.3		5.4	1.4	
8.2		6.8	1.9	3.5	2.2	2.4
8.9	0.6	4.5	3.9	2.9	1.7	4.2
7.7	1.4	7.4	3.0	3.7	1.6	3.3
3.1	0.8	10.0	0.8	0.8	1.9	2.7
8.0	0.8	10.3	5.3	4.2	0.4	3.4
10.6	1.5	9.4	5.1	4.3	1.7	2.7
7.0	1.7	7.3	2.7	3.4	1.4	3.1
5.4	0.9	8.8	2.1	3.9	1.9	2.9
4.8	1.8	9.5	2.6	3.1	1.8	2.5
6.1	0.8	10.6	1.9	1.9	1.5	1.9
4.8	0.5	9.0	1.1	5.6	2.5	2.9
11.3	0.1	6.3	2.7	4.3	2.1	2.6
7.1	0.9	6.2	1.8	3.8	1.6	2.6
9.9	**0.8**	**4.9**	**2.7**	**4.8**	**1.8**	**3.7**
18.8	2.0	5.4	5.4	7.4	2.5	4.0
7.8	0.7	2.8	2.4	6.3	2.4	3.9
8.6	0.5	6.4	2.4	3.3	1.7	4.0
4.4	0.6	3.8	1.9		0.6	5.0
7.2	**1.1**	**10.2**	**2.1**	**2.1**	**1.2**	**2.4**
5.8	1.1	7.7	2.8	2.2	1.2	3.3
7.7	1.5	8.6	4.4	2.6	0.9	2.6
4.3	1.5	8.9	1.5	1.8	1.0	3.6
7.1	1.0	11.0	1.2	2.1	1.2	2.2
8.9	1.4	12.5	2.7	2.0	1.3	1.3
7.9	**3.0**	**12.9**	**4.0**	**5.9**		**2.0**

3-10 续表 2

项目	实现产品创新企业数(个)	本企业独立开发	本企业与集团内企业合作开发
四、按地区分			
东部地区	16327	93.1	6.1
中部地区	4193	91.6	7.0
西部地区	2274	89.7	9.3
东北地区	441	92.1	9.8
北京	544	91.5	6.3
天津	307	88.9	9.4
河北	368	93.5	6.5
山西	109	88.1	10.1
内蒙古	41	75.6	17.1
辽宁	240	93.8	10.0
吉林	114	86.0	7.9
黑龙江	87	95.4	11.5
上海	563	92.2	9.2
江苏	3595	91.3	6.6
浙江	2603	94.7	5.6
安徽	1007	91.4	8.0
福建	735	93.9	8.2
江西	1067	91.9	5.8
山东	958	90.6	9.6
河南	539	91.3	5.9
湖北	750	90.9	8.4
湖南	721	92.8	6.2
广东	6633	94.3	4.7
广西	120	85.8	10.0
海南	21	57.1	33.3
重庆	498	92.6	9.2
四川	820	89.1	8.5
贵州	200	86.5	13.0
云南	120	86.7	10.0
西藏			
陕西	378	93.1	7.9
甘肃	40	77.5	7.5
青海	15	93.3	13.3
宁夏	28	96.4	10.7
新疆	14	85.7	7.1

在实现产品创新企业中，以下列形式进行开发的企业占比(%)						
本企业与境内其他企业合作开发	本企业与境内研究机构合作开发	本企业与境内高等学校合作开发	本企业与境外企业或机构合作开发	在其他单位开发的基础上调整或改进	其他企业或机构开发	其他
8.3	1.3	8.4	2.5	3.7	1.7	3.0
7.9	1.8	12.5	1.0	2.5	1.8	3.1
11.8	3.2	13.0	1.8	3.6	1.8	2.6
11.1	5.0	12.9	2.0	1.4	1.1	1.1
10.5	1.8	5.7	2.4	2.4	2.2	0.9
14.3	1.0	9.4	4.2	2.9	1.6	3.6
9.0	1.9	8.4	1.4	2.2	1.6	0.8
11.9	2.8	14.7	0.9	2.8	1.8	1.8
4.9	2.4	12.2	2.4	12.2	7.3	7.3
9.6	2.5	9.2	2.5	1.3	1.3	0.8
7.9	7.9	19.3	0.9	0.9	0.9	1.8
19.5	8.0	14.9	2.3	2.3	1.1	1.1
9.9	1.6	7.5	5.9	3.4	1.6	1.8
7.4	1.6	10.7	3.6	3.1	1.9	3.3
7.7	1.2	9.6	1.8	2.6	1.1	2.0
9.2	1.7	17.6	1.0	3.1	2.1	2.3
7.8	2.4	9.9	1.8	2.2	1.2	3.0
4.9	1.3	8.8	1.0	2.2	1.9	4.6
10.9	3.3	16.6	1.4	3.0	1.5	3.2
7.1	0.9	9.5	0.7	1.9	1.3	2.0
10.8	2.3	13.1	1.1	3.3	1.9	3.6
7.6	2.8	12.3	1.1	1.8	1.5	2.2
7.9	0.7	5.6	2.3	4.9	1.9	3.5
13.3	0.8	13.3	0.8	3.3	4.2	3.3
28.6					4.8	4.8
10.6	3.2	9.0	3.0	4.4	2.0	2.0
11.6	3.3	14.1	1.3	3.4	1.7	3.3
16.5	4.0	15.0	2.0	4.0	2.0	2.0
12.5	3.3	15.0	0.8	4.2	0.8	1.7
12.2	2.6	13.2	1.6	1.9	1.1	1.3
7.5	7.5	20.0	2.5	2.5		5.0
13.3		6.7				13.3
10.7		25.0			3.6	
7.1	14.3			7.1		7.1

3–11 规模(限额)以上企业

项　目	实现工艺创新企业数(个)	本企业独立开发	本企业与集团内企业合作开发
总　计	**205084**	**80.2**	**6.8**
#国有及国有控股	16429	64.8	22.6
一、按规模分			
大型企业	11603	77.6	23.2
中型企业	38293	74.3	11.0
小型企业	145972	82.8	4.4
微型企业	9216	65.3	6.6
二、按登记注册类型分			
内资企业	185006	80.1	6.3
国有企业	1779	59.2	20.5
集体企业	285	63.5	6.7
股份合作企业	326	83.1	3.1
联营企业	61	68.9	19.7
#国有联营企业	23	69.6	13.0
有限责任公司	36492	72.9	14.6
#国有独资公司	3174	61.9	24.7
股份有限公司	7536	83.1	12.4
私营企业	138495	82.2	3.6
其他企业	32	68.8	12.5
港、澳、台商投资企业	9409	82.7	9.2
合资经营企业	2984	83.9	9.8
合作经营企业	112	83.9	8.9
港、澳、台商独资经营企业	5810	81.7	8.9
港、澳、台商投资股份有限公司	394	88.8	9.6
其他港、澳、台投资企业	109	74.3	11.0
外商投资企业	10669	78.4	12.3
中外合资经营企业	3899	81.4	12.9
中外合作经营企业	112	82.1	12.5
外资企业	6291	76.3	12.0
外商投资股份有限公司	269	82.2	11.5
其他外商投资企业	98	74.5	14.3
三、按行业分			
采矿业	1715	67.8	11.6
制造业	152972	87.8	5.1
电力、热力、燃气及水生产和供应业	2599	52.3	17.7
建筑业	7768	61.5	11.0
批发和零售业	17144	40.6	11.2
交通运输、仓储和邮政业	2573	38.3	12.5
信息传输、软件和信息技术服务业	9571	81.2	11.7
租赁和商务服务业	2966	50.4	11.5
科学研究和技术服务业	7021	73.7	10.7
水利、环境和公共设施管理业	755	58.7	10.5

工艺创新开发情况

在实现工艺创新企业中，以下列形式进行开发的企业占比(%)						
本企业与境内其他企业合作开发	本企业与境内研究机构合作开发	本企业与境内高等学校合作开发	本企业与境外企业或机构合作开发	在其他单位开发的基础上调整或改进	其他企业或机构开发	其他
9.2	**1.4**	**7.9**	**1.3**	**6.9**	**7.4**	**7.1**
23.5	3.8	15.7	1.7	9.1	11.8	6.0
24.2	4.4	19.2	3.6	8.9	8.1	4.2
13.2	1.7	9.3	2.0	8.5	10.2	6.8
7.1	1.0	6.9	1.0	6.1	6.3	7.0
8.0	1.1	4.2	1.1	9.3	12.2	14.5
9.1	1.4	8.1	0.8	7.0	7.6	7.3
21.8	4.4	14.4	1.3	10.0	15.1	9.4
9.5	1.4	2.5	0.4	9.8	15.1	16.1
5.2	0.9	6.1	0.6	6.7	5.2	8.3
14.8	3.3	8.2	1.6	11.5	16.4	11.5
17.4	4.3	8.7		8.7	8.7	8.7
15.0	2.1	10.8	1.2	7.8	9.6	6.9
26.3	3.9	17.6	1.6	10.7	12.3	6.1
17.0	3.7	16.7	1.6	6.9	6.5	4.3
6.9	1.1	6.9	0.7	6.7	7.0	7.6
12.5		15.6	3.1	3.1	15.6	15.6
9.9	0.9	6.5	3.3	6.1	6.0	5.0
11.5	1.6	9.4	2.3	6.0	5.5	4.5
14.3	1.8	11.6	4.5	6.3	7.1	1.8
8.6	0.6	4.5	3.8	6.3	6.3	5.4
14.7	0.8	11.9	2.3	5.1	5.6	3.0
12.8	0.9	5.5	3.7	3.7	7.3	8.3
11.1	0.9	5.7	7.8	6.1	6.1	5.0
12.5	1.2	8.2	5.1	5.6	5.7	3.9
11.6		8.0	4.5	4.5	5.4	3.6
9.9	0.6	3.7	9.7	6.3	6.3	5.8
19.7	3.3	13.4	4.1	7.4	7.4	4.5
7.1		3.1	6.1	6.1	8.2	7.1
16.3	3.7	16.6	1.4	7.3	8.3	7.4
7.3	1.2	8.1	1.2	5.1	3.9	5.1
19.9	2.1	8.4	0.9	8.1	15.0	8.7
14.1	2.2	14.6	0.9	16.7	16.0	14.7
12.8	1.4	3.4	1.9	14.7	24.7	19.9
18.0	1.4	4.1	0.9	12.8	26.5	15.1
15.9	1.4	5.8	1.2	7.4	9.6	5.5
15.0	1.4	3.5	2.0	12.2	20.9	12.7
16.4	2.4	11.7	2.0	8.7	12.3	6.8
12.6	3.6	11.4	1.7	9.3	17.9	11.4

3-11 续表

项 目	实现工艺创新企业数(个)		
		本企业独立开发	本企业与集团内企业合作开发
四、按地区分			
东部地区	133945	82.1	6.3
中部地区	42111	79.7	6.7
西部地区	24156	70.6	9.1
东北地区	4872	76.9	8.6
北 京	4822	73.1	12.6
天 津	2780	76.0	10.4
河 北	5395	79.4	4.8
山 西	2055	68.4	7.5
内蒙古	850	61.3	15.3
辽 宁	2886	80.1	8.7
吉 林	920	74.8	9.0
黑龙江	1066	70.1	7.7
上 海	6814	74.3	11.6
江 苏	28605	82.6	6.0
浙 江	27503	87.3	3.9
安 徽	9239	79.4	7.3
福 建	9158	80.2	6.3
江 西	6837	84.3	5.8
山 东	15915	80.9	6.2
河 南	7480	75.7	6.8
湖 北	7675	78.1	7.9
湖 南	8825	84.0	5.6
广 东	32679	82.8	6.4
广 西	2093	65.8	10.5
海 南	274	55.8	16.1
重 庆	4069	77.8	8.2
四 川	6803	74.5	7.4
贵 州	2186	70.8	8.2
云 南	2174	72.3	10.8
西 藏	82	36.6	15.9
陕 西	3308	66.8	8.1
甘 肃	879	60.8	10.4
青 海	255	60.8	16.1
宁 夏	658	70.1	10.5
新 疆	799	51.6	15.3

在实现工艺创新企业中，以下列形式进行开发的企业占比(%)						
本企业与境内其他企业合作开发	本企业与境内研究机构合作开发	本企业与境内高等学校合作开发	本企业与境外企业或机构合作开发	在其他单位开发的基础上调整或改进	其他企业或机构开发	其他
9.0	1.1	7.0	1.5	6.7	7.0	6.4
8.3	1.6	9.9	0.8	6.6	7.0	7.8
11.7	2.3	9.3	1.0	8.6	10.2	9.8
10.0	2.0	9.4	1.5	6.3	8.3	7.8
16.6	1.9	7.0	2.2	8.9	13.3	3.5
12.6	1.1	7.0	2.1	6.8	8.0	5.9
8.0	1.3	6.5	0.6	6.2	8.1	7.3
13.2	2.0	11.5	0.8	7.6	11.1	8.7
13.5	1.9	11.6	1.4	9.4	12.9	8.8
10.2	1.9	9.3	1.7	5.7	7.2	6.8
10.7	2.7	11.1	2.2	6.5	7.4	10.1
8.9	1.5	8.1	0.4	7.8	11.8	8.8
15.4	1.4	7.1	4.2	8.1	9.8	5.7
8.3	1.1	9.1	1.8	5.9	5.9	6.3
6.4	0.7	5.7	0.8	5.3	5.2	4.6
9.2	1.5	14.8	1.1	6.9	7.0	8.5
8.3	1.5	6.3	1.2	6.9	7.8	8.7
6.1	1.5	6.1	0.6	4.4	5.5	7.7
7.9	1.8	9.0	1.0	6.3	7.4	6.9
8.0	1.3	7.8	0.7	9.0	9.6	6.8
9.1	1.6	11.0	1.0	7.0	6.7	7.9
7.3	1.7	8.1	0.6	5.3	5.2	7.5
10.0	0.8	5.5	1.6	8.1	7.3	7.5
12.5	2.6	8.9	1.1	9.8	12.5	13.8
16.4	0.7	6.2	2.2	7.7	20.1	16.8
10.8	1.7	6.9	1.0	7.3	7.8	8.1
10.2	2.0	9.3	0.9	8.0	9.0	8.3
11.2	2.8	9.1	1.0	8.1	10.1	11.8
12.9	3.4	9.1	1.1	9.1	10.2	9.3
23.2	1.2	7.3	6.1	25.6	25.6	22.0
12.8	2.1	11.2	1.0	9.3	11.4	10.0
12.7	2.7	9.0	0.6	10.7	12.4	13.5
15.3	4.7	10.2	0.8	5.5	14.1	11.4
12.9	2.0	13.7	0.5	7.3	9.0	7.0
15.1	3.8	10.9	1.1	12.0	15.6	13.9

3-12 规模以上工业企业

项 目	实现工艺创新企业数(个)		
		本企业独立开发	本企业与集团内企业合作开发
总 计	**157286**	**87.0**	**5.4**
#国有及国有控股	8978	72.9	21.0
一、按规模分			
大型企业	5985	84.2	22.9
中型企业	22739	85.5	10.1
小型企业	123180	87.6	3.7
微型企业	5382	81.6	4.3
二、按登记注册类型分			
内资企业	139846	87.4	4.8
国有企业	707	72.1	21.5
集体企业	162	83.3	3.7
股份合作企业	270	90.4	1.5
联营企业	29	82.8	10.3
国有联营企业	9	77.8	
有限责任公司	23466	81.4	12.4
#国有独资公司	1474	71.2	22.7
股份有限公司	5469	88.0	10.9
私营企业	109721	88.7	2.8
其他企业	22	81.8	9.1
港、澳、台商投资企业	8165	86.1	8.0
合资经营企业	2678	86.4	9.4
合作经营企业	95	85.3	6.3
港、澳、台商独资经营企业	4976	85.6	7.2
港、澳、台商投资股份有限公司	340	92.1	8.8
其他港、澳、台投资企业	76	84.2	9.2
外商投资企业	9275	81.5	11.3
中外合资经营企业	3455	83.0	12.3
中外合作经营企业	106	84.9	13.2
外资企业	5417	80.1	10.7
外商投资股份有限公司	223	88.3	9.4
其他外商投资企业	74	82.4	12.2
三、按行业分			
采矿业	**1715**	**67.8**	**11.6**
#煤炭开采和洗选业	652	55.7	13.7
石油和天然气开采业	58	72.4	53.4
黑色金属矿采选业	216	71.8	5.6
有色金属矿采选业	292	72.6	13.0
非金属矿采选业	442	77.6	3.2
开采专业及辅助性活动	53	88.7	26.4

工艺创新开发情况

在实现工艺创新企业中，以下列形式进行开发的企业占比(%)						
本企业与境内其他企业合作开发	本企业与境内研究机构合作开发	本企业与境内高等学校合作开发	本企业与境外企业或机构合作开发	在其他单位开发的基础上调整或改进	其他企业或机构开发	其他
7.6	**1.2**	**8.2**	**1.2**	**5.2**	**4.2**	**5.2**
22.0	4.1	16.3	2.0	7.2	7.1	4.5
22.1	5.3	19.6	4.9	7.0	4.6	3.4
12.0	1.9	11.0	2.3	5.5	4.6	3.6
6.1	1.0	7.2	0.9	5.0	4.0	5.4
6.4	0.8	5.1	0.7	5.7	5.0	8.2
7.4	1.3	8.4	0.7	5.2	4.1	5.3
21.4	4.8	18.0	1.3	8.2	8.8	5.9
12.3	1.2	3.1	0.6	6.2	3.1	8.0
3.0	1.1	7.0	0.4	5.6	2.2	5.6
6.9		3.4		6.9	10.3	10.3
11.1					11.1	11.1
12.7	2.0	11.0	1.1	5.9	5.3	5.2
25.0	3.9	18.2	1.5	8.2	6.6	4.5
15.2	4.0	18.1	1.6	5.2	4.6	3.5
5.8	1.0	7.3	0.6	5.0	3.8	5.4
9.1		18.2	4.5		9.1	9.1
8.8	0.9	6.9	2.9	5.5	4.6	4.4
10.3	1.6	9.6	2.2	5.2	4.6	4.0
11.6	1.1	9.5	2.1	6.3	6.3	2.1
7.6	0.6	4.9	3.4	5.7	4.6	4.8
13.8	0.9	13.2	2.4	4.7	5.0	2.4
11.8	1.3	7.9	3.9		6.6	7.9
10.1	0.9	5.9	7.4	5.3	4.7	4.6
11.8	1.3	8.6	5.1	5.1	4.5	3.6
11.3		7.5	3.8	1.9	3.8	3.8
8.7	0.5	3.8	9.0	5.6	4.8	5.2
18.4	4.0	15.2	4.5	6.3	6.3	2.7
4.1		2.7	5.4	2.7	8.1	8.1
16.3	**3.7**	**16.6**	**1.4**	**7.3**	**8.3**	**7.4**
21.6	4.4	22.2	1.8	8.4	11.8	9.4
32.8	12.1	36.2	3.4	10.3	5.2	5.2
13.0	2.8	13.4		9.3	6.9	6.0
16.8	4.1	16.8	1.4	4.8	5.8	6.5
6.6	0.9	6.3	0.2	6.3	5.9	6.8
24.5	9.4	24.5	9.4	3.8	9.4	1.9

3-12 续表 1

项　目	实现工艺创新企业数(个)		
		本企业独立开发	本企业与集团内企业合作开发
制造业	**152972**	**87.8**	**5.1**
农副食品加工业	6319	81.2	5.6
食品制造业	3197	86.0	5.4
酒、饮料和精制茶制造业	1797	81.9	5.3
烟草制品业	57	68.4	24.6
纺织业	6133	89.4	2.4
纺织服装、服饰业	2692	84.9	2.9
皮革、毛皮、羽毛及其制品和制鞋业	2115	90.4	2.0
木材加工和木、竹、藤、棕、草制品业	2140	87.8	1.8
家具制造业	2270	89.4	3.6
造纸和纸制品业	2259	87.0	4.0
印刷和记录媒介复制业	2234	86.9	3.8
文教、工美、体育和娱乐用品制造业	3024	90.2	2.4
石油、煤炭及其他燃料加工业	714	77.2	10.1
化学原料和化学制品制造业	10102	88.1	6.1
医药制造业	4691	83.5	9.8
化学纤维制造业	855	91.3	5.3
橡胶和塑料制品业	8330	88.6	3.0
非金属矿物制品业	11254	84.8	5.2
黑色金属冶炼和压延加工业	1736	86.6	6.9
有色金属冶炼和压延加工业	3178	87.9	6.7
金属制品业	10779	88.4	3.1
通用设备制造业	13764	90.6	3.9
专用设备制造业	11658	90.5	4.2
汽车制造业	8080	85.9	9.5
铁路、船舶、航空航天和其他运输设备制造业	2410	86.9	9.5
电气机械和器材制造业	14276	89.6	5.1
计算机、通信和其他电子设备制造业	12160	88.1	7.0
仪器仪表制造业	3212	90.0	5.3
其他制造业	725	88.8	5.1
废弃资源综合利用业	618	84.0	5.8
金属制品、机械和设备修理业	193	80.3	11.4
电力、热力、燃气及水生产和供应业	**2599**	**52.3**	**17.7**
电力、热力生产和供应业	1745	50.6	19.3
燃气生产和供应业	352	53.7	17.3
水的生产和供应业	502	57.2	12.4

在实现工艺创新企业中，以下列形式进行开发的企业占比(%)						
本企业与境内其他企业合作开发	本企业与境内研究机构合作开发	本企业与境内高等学校合作开发	本企业与境外企业或机构合作开发	在其他单位开发的基础上调整或改进	其他企业或机构开发	其他
7.3	**1.2**	**8.1**	**1.2**	**5.1**	**3.9**	**5.1**
6.1	2.2	11.2	0.6	4.7	4.7	6.5
6.8	2.1	11.6	0.8	4.3	4.6	4.9
7.4	4.1	13.5	0.7	3.9	3.9	5.5
43.9	14.0	33.3	1.8	7.0	1.8	7.0
5.3	0.8	6.2	0.8	4.9	3.0	5.0
6.1	0.6	3.7	0.8	5.1	5.8	6.6
4.3	0.4	2.7	0.8	4.4	2.7	5.5
3.5	0.9	4.4	0.5	5.6	3.4	6.3
5.2	0.7	3.7	1.3	4.9	3.8	5.7
5.5	0.6	5.1	0.5	5.1	3.9	5.8
6.6	0.2	4.4	0.6	7.2	5.1	5.6
5.3	0.7	5.8	1.4	4.4	3.9	4.8
13.0	3.2	13.0	0.7	7.3	6.2	6.3
7.9	1.8	12.8	1.1	4.2	3.1	4.3
15.6	4.0	15.9	1.7	4.7	4.6	4.3
6.7	1.3	11.0	0.8	4.6	4.0	2.8
6.0	0.7	6.1	1.0	5.2	3.5	5.9
5.5	1.0	6.8	0.7	5.6	4.7	6.1
7.4	2.3	11.0	1.0	5.3	4.5	5.5
8.2	1.7	11.0	0.6	5.3	3.7	4.4
5.7	0.8	6.2	1.0	5.3	3.7	5.5
6.5	0.9	7.9	1.4	4.7	3.2	4.1
6.6	1.1	9.5	1.2	4.5	3.5	4.8
10.1	0.7	6.5	2.8	5.6	3.9	4.5
12.7	2.4	9.8	1.9	7.3	4.9	4.1
7.1	0.8	6.8	1.4	5.5	3.9	5.2
9.7	0.9	6.9	2.1	6.0	4.5	5.2
9.1	1.1	9.4	1.3	4.7	4.4	3.8
8.0	0.6	6.1	0.8	5.2	2.9	5.9
8.3	1.5	10.7	0.5	4.5	5.5	7.1
15.5	0.5	7.8	1.6	7.3	6.7	5.2
19.9	**2.1**	**8.4**	**0.9**	**8.1**	**15.0**	**8.7**
23.0	2.7	8.9	1.1	7.9	14.7	7.5
11.4	0.6	4.5	1.1	7.1	16.2	13.1
14.7	1.2	9.4		9.8	15.5	10.0

3-12 续表 2

项 目	实现工艺创新企业数(个)	本企业独立开发	本企业与集团内企业合作开发
四、按地区分			
东部地区	103284	88.3	4.8
中部地区	33281	86.4	5.7
西部地区	16942	80.8	7.6
东北地区	3779	83.4	8.2
北 京	1221	85.7	10.6
天 津	1892	83.1	8.8
河 北	4392	86.2	4.2
山 西	1467	75.3	6.3
内蒙古	612	68.8	15.7
辽 宁	2311	85.6	8.5
吉 林	686	80.9	8.5
黑龙江	782	78.9	6.9
上 海	3499	85.4	8.9
江 苏	23962	87.3	5.1
浙 江	23808	91.6	3.0
安 徽	7664	85.1	6.7
福 建	6800	87.8	4.5
江 西	5763	89.8	4.8
山 东	12728	87.1	5.2
河 南	5331	84.1	5.8
湖 北	5878	85.4	6.5
湖 南	7178	90.0	4.6
广 东	24864	88.2	5.0
广 西	1386	78.3	9.0
海 南	118	67.8	16.9
重 庆	3108	86.7	7.2
四 川	4847	83.6	6.1
贵 州	1587	80.7	5.9
云 南	1494	83.7	8.5
西 藏	26	65.4	11.5
陕 西	2152	78.1	6.6
甘 肃	566	71.2	8.0
青 海	148	73.0	11.5
宁 夏	536	76.9	10.3
新 疆	480	60.4	15.2

在实现工艺创新企业中，以下列形式进行开发的企业占比(%)						
本企业与境内其他企业合作开发	本企业与境内研究机构合作开发	本企业与境内高等学校合作开发	本企业与境外企业或机构合作开发	在其他单位开发的基础上调整或改进	其他企业或机构开发	其他
7.2	1.0	7.1	1.4	5.2	4.1	4.9
7.2	1.5	10.4	0.7	4.8	3.7	5.6
10.8	2.4	10.2	0.9	6.1	5.1	6.1
9.3	1.9	9.9	1.6	4.9	5.4	5.3
13.5	1.8	6.4	3.4	5.4	6.6	2.0
10.6	0.8	6.4	2.6	5.0	5.0	4.6
7.1	1.2	6.6	0.6	4.5	4.5	5.5
12.7	2.0	12.0	0.4	4.9	6.3	5.7
14.5	2.1	13.9	1.5	7.4	9.3	6.2
9.3	1.8	9.3	1.7	4.8	4.8	4.4
9.2	2.6	12.8	2.2	4.5	5.1	7.0
9.3	1.5	9.2	0.5	5.6	7.3	6.4
12.7	1.3	7.4	3.9	6.0	4.7	3.5
7.1	1.0	9.3	1.8	4.8	3.6	5.0
5.0	0.6	5.6	0.8	4.3	3.1	3.5
8.2	1.5	16.1	1.0	5.7	4.3	6.5
6.2	1.5	6.5	1.3	5.3	4.1	5.9
5.1	1.4	6.2	0.6	3.5	3.2	5.7
7.0	1.8	9.3	0.9	4.6	4.4	4.9
7.2	1.1	8.1	0.7	6.5	4.9	4.5
7.9	1.5	11.6	0.9	5.0	3.2	5.8
5.9	1.6	8.1	0.5	3.7	2.6	5.2
8.2	0.6	5.4	1.6	6.7	4.9	6.2
10.9	2.5	10.8	0.9	7.2	6.8	9.4
17.8		9.3	0.8	6.8	13.6	7.6
10.1	1.4	6.4	0.9	5.5	3.9	4.4
8.9	2.3	10.4	0.8	5.5	4.3	5.2
10.0	2.7	9.7	0.6	5.5	5.0	8.4
11.6	3.1	9.3	0.9	6.2	4.4	5.4
19.2	3.8	7.7	3.8	15.4	11.5	15.4
13.2	2.5	12.9	1.0	6.2	5.2	5.3
13.1	3.2	8.1	0.7	8.3	5.5	9.0
14.9	6.8	12.8	1.4	4.1	8.1	8.8
11.9	2.1	15.3	0.4	5.2	5.8	5.4
15.0	3.8	13.8	0.6	9.0	10.4	8.3

3–13 资质等级以上建筑业

项　　目	实现工艺创新企业数(个)		
		本企业独立开发	本企业与集团内企业合作开发
总　计	**7768**	**61.5**	**11.0**
#国有及国有控股	1778	74.9	28.5
一、按规模分			
大型企业	1999	81.7	25.2
中型企业	3465	59.8	6.8
小型企业	1903	48.2	3.9
微型企业	401	39.4	10.0
二、按登记注册类型分			
内资企业	7707	61.4	11.0
国有企业	180	62.8	25.6
集体企业	55	34.5	7.3
股份合作企业	13	38.5	7.7
联营企业	8	37.5	12.5
#国有联营企业	3	66.7	33.3
有限责任公司	2564	70.2	20.9
#国有独资公司	491	77.2	28.7
股份有限公司	306	75.2	16.0
私营企业	4581	55.9	4.6
港、澳、台商投资企业	35	85.7	14.3
#合资经营企业	24	83.3	16.7
港、澳、台商独资经营企业	5	80.0	
港、澳、台商投资股份有限公司	3	100.0	33.3
外商投资企业	26	84.6	15.4
#中外合资经营企业	15	73.3	6.7
外资企业	9	100.0	11.1
三、按行业分			
房屋建筑业	3222	55.0	10.2
土木工程建筑业	2223	66.1	16.7
建筑安装业	963	70.5	7.6
建筑装饰、装修和其他建筑业	1360	63.2	6.0

企业工艺创新开发情况

在实现工艺创新企业中，以下列形式进行开发的企业占比(%)						
本企业与境内其他企业合作开发	本企业与境内研究机构合作开发	本企业与境内高等学校合作开发	本企业与境外企业或机构合作开发	在其他单位开发的基础上调整或改进	其他企业或机构开发	其他
14.1	**2.2**	**14.6**	**0.9**	**16.7**	**16.0**	**14.7**
24.6	3.9	29.6	1.0	13.0	8.9	6.2
26.9	4.0	32.7	0.8	12.0	7.2	5.5
11.1	1.6	10.3	0.9	16.9	17.1	13.7
7.1	1.1	5.6	0.9	20.3	22.6	23.8
9.2	3.2	4.7	2.0	21.9	19.2	26.4
14.1	2.2	14.6	0.9	16.8	16.1	14.8
20.6	6.7	26.7	1.7	16.1	14.4	15.0
1.8	3.6	1.8		21.8	36.4	27.3
38.5		7.7	7.7	30.8	15.4	15.4
	12.5	12.5		12.5	37.5	12.5
	33.3	33.3		33.3		
20.2	2.8	23.0	1.2	13.7	11.9	8.7
24.0	3.3	27.5	1.0	13.0	6.7	5.1
18.0	4.6	27.1	1.0	16.3	8.5	8.5
10.3	1.4	8.8	0.7	18.5	18.8	18.4
11.4	2.9	14.3	5.7	5.7	2.9	11.4
12.5	4.2	12.5	8.3	8.3	4.2	8.3
						40.0
		33.3				
3.8		11.5		11.5	7.7	11.5
6.7		6.7		6.7	6.7	20.0
		11.1		11.1	11.1	
13.8	2.3	13.6	1.0	18.5	19.6	17.3
18.8	2.9	22.0	1.0	14.5	14.2	10.6
11.9	1.5	10.2	0.4	14.3	10.8	13.5
8.4	1.0	8.1	1.0	17.9	14.3	16.3

3-13 续表

项目	实现工艺创新企业数(个)		
		本企业独立开发	本企业与集团内企业合作开发
四、按地区分			
东部地区	4167	65.6	10.8
中部地区	1898	60.3	9.2
西部地区	1424	52.2	14.5
东北地区	279	57.0	9.3
北京	334	81.4	18.6
天津	179	78.8	13.4
河北	232	54.7	6.5
山西	190	65.3	10.5
内蒙古	40	55.0	15.0
辽宁	151	64.2	7.3
吉林	46	58.7	15.2
黑龙江	82	42.7	9.8
上海	229	67.7	15.7
江苏	690	56.8	8.4
浙江	681	70.9	7.9
安徽	292	55.8	9.2
福建	388	55.4	9.5
江西	244	68.0	8.6
山东	678	60.8	10.9
河南	511	56.9	7.6
湖北	331	54.4	11.8
湖南	330	67.0	8.5
广东	740	71.6	11.5
广西	115	57.4	16.5
海南	16	43.8	18.8
重庆	134	56.7	13.4
四川	416	51.9	13.2
贵州	111	52.3	13.5
云南	147	49.7	20.4
西藏	12	33.3	
陕西	261	50.6	13.0
甘肃	72	48.6	16.7
青海	20	60.0	25.0
宁夏	37	59.5	5.4
新疆	59	45.8	18.6

在实现工艺创新企业中，以下列形式进行开发的企业占比(%)						
本企业与境内其他企业合作开发	本企业与境内研究机构合作开发	本企业与境内高等学校合作开发	本企业与境外企业或机构合作开发	在其他单位开发的基础上调整或改进	其他企业或机构开发	其他
15.3	2.0	15.3	1.0	15.7	14.7	12.5
12.9	2.0	14.6	0.7	17.6	16.2	16.1
13.1	2.8	12.6	1.0	18.7	19.2	18.7
9.0	2.5	15.4	1.1	16.1	18.3	19.0
21.0	2.7	21.0	1.5	14.1	7.5	2.1
19.0	1.1	18.4	0.6	14.5	7.8	6.1
13.4	2.2	12.5	0.9	17.7	18.1	19.0
17.9	2.1	17.9	0.5	17.9	21.1	11.6
7.5		10.0		12.5	20.0	22.5
11.9	3.3	18.5	1.3	10.6	15.2	18.5
6.5		8.7	2.2	21.7	19.6	19.6
4.9	2.4	13.4		23.2	23.2	19.5
24.5	3.9	18.3	1.3	14.4	13.5	8.7
13.3	1.9	16.2	1.6	17.4	17.7	15.8
15.9	1.2	13.8	0.7	13.4	13.1	9.8
12.7	1.7	14.0	1.0	15.8	17.8	20.2
18.8	1.8	17.3	0.5	13.4	20.6	16.0
9.0	1.2	8.6		11.5	14.3	11.9
8.1	2.5	13.3	0.7	18.7	17.6	15.8
12.3	1.8	13.5	0.6	22.1	17.8	14.7
15.1	2.4	17.5	1.2	21.8	15.1	16.6
11.8	2.7	16.7	0.9	12.4	12.1	20.0
15.4	1.8	13.2	0.9	15.9	11.8	12.2
20.9	1.7	11.3	0.9	17.4	15.7	14.8
18.8		6.3			25.0	12.5
17.9	6.0	19.4	0.7	15.7	14.2	17.2
12.7	2.9	11.1	1.7	18.0	18.8	19.0
11.7	1.8	12.6	1.8	22.5	17.1	18.9
10.2	2.7	10.9	0.7	19.7	21.1	21.8
25.0		16.7	8.3	25.0	25.0	25.0
9.6	1.9	13.4	0.4	16.9	19.9	21.5
16.7		15.3		26.4	29.2	16.7
20.0	5.0	20.0		5.0	20.0	10.0
2.7	2.7	5.4		18.9	18.9	13.5
16.9	8.5	10.2		28.8	22.0	11.9

3-14 规模(限额)以上服务业

项 目	实现工艺创新企业数(个)	本企业独立开发	本企业与集团内企业合作开发
总 计	**40030**	**57.0**	**11.3**
#国有及国有控股	5673	48.8	23.4
一、按规模分			
大型企业	3619	64.5	22.8
中型企业	12089	57.5	13.9
小型企业	20889	57.8	8.1
微型企业	3433	42.6	9.9
二、按登记注册类型分			
内资企业	37453	56.9	10.9
国有企业	892	48.3	18.6
集体企业	68	39.7	13.2
股份合作企业	43	51.2	11.6
联营企业	24	62.5	33.3
#国有联营企业	11	63.6	18.2
有限责任公司	10462	54.6	17.9
#国有独资公司	1209	44.5	25.6
股份有限公司	1761	69.4	16.5
私营企业	24193	57.4	7.1
其他企业	10	40.0	20.0
港、澳、台商投资企业	1209	59.1	17.5
合资经营企业	282	59.9	12.8
合作经营企业	15	73.3	26.7
港、澳、台商独资经营企业	829	58.4	19.2
港、澳、台商投资股份有限公司	51	66.7	13.7
其他港、澳、台投资企业	32	50.0	15.6
外商投资企业	1368	57.2	18.9
中外合资经营企业	429	68.8	17.9
中外合作经营企业	6	33.3	
外资企业	865	52.3	19.5
外商投资股份有限公司	45	51.1	20.0
其他外商投资企业	23	47.8	17.4
三、按行业分			
批发和零售业	**17144**	**40.6**	**11.2**
批发业	9951	43.5	11.4
零售业	7193	36.5	10.9
交通运输、仓储和邮政业	**2573**	**38.3**	**12.5**
铁路运输业	41	41.5	17.1
道路运输业	1287	36.4	9.4
水上运输业	190	44.7	19.5
航空运输业	68	42.6	16.2
管道运输业	16	31.3	18.8
多式联运和运输代理业	427	41.5	15.5
装卸搬运和仓储业	388	40.2	11.1
邮政业	156	30.8	21.8
信息传输、软件和信息技术服务业	**9571**	**81.2**	**11.7**
电信、广播电视和卫星传输服务	623	53.0	30.0
互联网和相关服务	1390	78.9	12.5
软件和信息技术服务业	7558	83.9	10.1

企业工艺创新开发情况

在实现工艺创新企业中，以下列形式进行开发的企业占比(%)						
本企业与境内其他企业合作开发	本企业与境内研究机构合作开发	本企业与境内高等学校合作开发	本企业与境外企业或机构合作开发	在其他单位开发的基础上调整或改进	其他企业或机构开发	其他
14.6	**1.6**	**5.6**	**1.7**	**11.5**	**18.6**	**13.2**
25.6	3.2	10.4	1.6	10.9	20.1	8.3
26.0	3.1	11.2	3.0	10.3	14.3	4.9
16.0	1.5	6.0	1.7	11.5	18.7	10.7
12.6	1.5	5.0	1.4	11.4	18.6	14.4
10.3	1.4	2.7	1.6	13.6	22.6	22.9
14.4	1.7	5.8	1.2	11.6	18.8	13.5
22.4	3.7	9.2	1.2	10.2	20.3	11.0
8.8		1.5		8.8	26.5	26.5
9.3				7.0	20.9	23.3
29.2	4.2	12.5	4.2	16.7	16.7	12.5
27.3		9.1		9.1	9.1	9.1
18.8	2.1	7.3	1.3	10.5	18.7	10.2
28.9	4.2	12.9	2.1	12.9	21.5	8.5
22.4	2.5	10.6	1.8	10.5	12.2	5.9
11.7	1.4	4.6	1.2	12.2	19.3	15.5
20.0		10.0		10.0	30.0	30.0
17.1	0.7	3.6	5.6	10.7	15.4	9.0
22.7	2.1	7.4	3.2	12.8	14.2	9.2
26.7	6.7	20.0	20.0	6.7	13.3	
14.8	0.2	2.2	6.5	10.1	16.4	9.2
21.6		2.0	2.0	7.8	9.8	7.8
15.6			3.1	12.5	9.4	9.4
18.3	0.7	4.1	10.6	11.0	15.4	8.2
18.4	0.2	5.6	4.7	9.6	15.4	5.4
16.7		16.7	16.7	50.0	33.3	
17.8	1.0	3.4	14.0	11.2	15.6	9.5
26.7		4.4	2.2	11.1	13.3	13.3
17.4			8.7	17.4	8.7	4.3
12.8	**1.4**	**3.4**	**1.9**	**14.7**	**24.7**	**19.9**
14.7	1.3	3.9	2.2	14.2	22.9	18.3
10.1	1.7	2.7	1.3	15.5	27.2	22.3
18.0	**1.4**	**4.1**	**0.9**	**12.8**	**26.5**	**15.1**
39.0		31.7	2.4	14.6	22.0	2.4
16.9	1.9	3.8	0.9	13.7	27.8	17.5
33.7	2.1	8.4		12.6	22.1	11.1
38.2	1.5	2.9	2.9	7.4	26.5	4.4
37.5		43.8		18.8	12.5	12.5
15.2	0.2	2.1	1.4	13.3	26.2	11.9
13.9	1.3	1.3	0.5	10.6	25.8	12.4
10.3	0.6	3.2		11.5	26.3	23.7
15.9	**1.4**	**5.8**	**1.2**	**7.4**	**9.6**	**5.5**
28.3	2.9	5.1	2.9	10.1	16.5	11.7
14.2	0.9	4.5	0.7	7.1	10.8	4.5
15.2	1.4	6.1	1.2	7.3	8.8	5.2

3-14 续表

项　　目	实现工艺创新企业数（个）		
		本企业独立开发	本企业与集团内企业合作开发
租赁和商务服务业	**2966**	**50.4**	**11.5**
租赁业	195	59.5	8.7
商务服务业	2771	49.7	11.7
科学研究和技术服务业	**7021**	**73.7**	**10.7**
研究和试验发展	1079	79.0	17.5
专业技术服务业	4829	72.1	9.3
科技推广和应用服务业	1113	75.7	10.2
水利、环境和公共设施管理业	**755**	**58.7**	**10.5**
水利管理业	20	65.0	15.0
生态保护和环境治理业	318	73.0	12.9
公共设施管理业	392	49.0	8.4
土地管理业	25	24.0	8.0
四、按地区分			
东部地区	26494	60.8	11.3
中部地区	6932	52.9	11.0
西部地区	5790	45.1	12.2
东北地区	814	53.9	10.2
北　京	3267	67.5	12.8
天　津	709	56.4	13.7
河　北	771	48.4	7.5
山　西	398	44.5	10.6
内蒙古	198	39.4	14.1
辽　宁	424	56.1	10.6
吉　林	188	56.4	9.6
黑龙江	202	47.0	9.9
上　海	3086	62.1	14.2
江　苏	3953	58.8	10.8
浙　江	3014	57.1	10.2
安　徽	1283	50.7	10.4
福　建	1970	58.8	11.5
江　西	830	50.7	12.0
山　东	2509	54.4	9.8
河　南	1638	54.2	9.6
湖　北	1466	54.5	12.7
湖　南	1317	55.7	10.6
广　东	7075	64.6	10.6
广　西	592	38.2	12.8
海　南	140	47.1	15.0
重　庆	827	47.4	11.2
四　川	1540	51.9	10.2
贵　州	488	43.0	14.3
云　南	533	46.7	14.6
西　藏	44	20.5	22.7
陕　西	895	44.5	10.4
甘　肃	241	39.8	14.1
青　海	87	40.2	21.8
宁　夏	85	31.8	14.1
新　疆	260	36.5	14.6

在实现工艺创新企业中，以下列形式进行开发的企业占比(%)						
本企业与境内其他企业合作开发	本企业与境内研究机构合作开发	本企业与境内高等学校合作开发	本企业与境外企业或机构合作开发	在其他单位开发的基础上调整或改进	其他企业或机构开发	其他
15.0	**1.4**	**3.5**	**2.0**	**12.2**	**20.9**	**12.7**
9.7	0.5	3.1	1.0	6.7	15.4	16.4
15.3	1.5	3.5	2.1	12.6	21.3	12.5
16.4	**2.4**	**11.7**	**2.0**	**8.7**	**12.3**	**6.8**
22.1	4.3	16.3	4.1	7.7	8.6	4.9
15.0	2.0	10.9	1.3	9.1	13.5	7.5
16.9	2.3	10.9	2.8	8.2	10.8	5.6
12.6	**3.6**	**11.4**	**1.7**	**9.3**	**17.9**	**11.4**
30.0		30.0		10.0	15.0	5.0
12.6	3.1	14.2	1.9	7.2	8.5	8.8
11.7	3.8	8.9	1.8	10.5	24.0	13.8
12.0	8.0			16.0	44.0	12.0
15.5	1.5	5.5	1.9	11.1	17.3	11.2
12.2	1.9	6.0	1.1	11.8	20.0	16.0
14.0	2.1	6.1	1.4	13.6	23.0	18.7
13.6	2.2	4.8	1.4	9.6	18.3	15.8
17.4	1.9	5.8	1.9	9.6	16.4	4.2
16.2	1.7	5.8	1.0	9.7	16.2	9.2
11.7	1.8	4.4	0.8	12.8	25.2	14.4
12.8	2.0	6.8	2.5	12.8	24.1	18.6
11.6	1.5	5.1	1.5	15.2	22.7	14.1
14.4	2.1	6.1	1.7	9.2	17.7	15.3
17.0	3.7	5.3	2.1	10.1	12.8	19.1
8.9	1.0	1.5		9.9	24.8	13.9
17.9	1.3	5.8	4.6	10.1	15.2	8.0
14.7	1.6	6.4	1.7	10.7	17.5	12.5
15.4	0.9	5.0	1.1	10.9	19.5	11.9
14.3	1.3	6.9	1.2	11.8	20.3	17.8
13.5	1.1	3.7	1.2	11.3	18.2	16.9
11.9	2.4	4.7	0.7	8.7	18.8	20.1
12.6	1.8	6.2	1.1	11.7	20.2	14.5
9.3	1.9	4.7	1.0	12.9	22.5	12.1
12.3	1.5	7.0	1.0	11.8	18.6	14.5
13.6	2.4	5.9	1.2	12.1	17.5	17.2
15.9	1.4	5.2	1.7	12.1	15.4	11.4
14.5	3.0	4.2	1.9	14.5	25.3	23.8
15.0	1.4	3.6	3.6	9.3	25.0	25.0
12.2	2.2	6.7	1.5	12.8	21.4	20.6
13.5	1.0	5.5	1.2	12.9	21.1	15.0
15.2	3.5	6.6	1.8	13.1	24.8	21.3
17.3	4.1	8.1	1.9	14.4	23.3	16.7
25.0		4.5	6.8	31.8	34.1	25.0
12.8	1.5	6.5	1.0	14.6	23.9	18.0
10.8	2.5	9.1	0.4	11.6	23.7	23.2
14.9	1.1	3.4		8.0	23.0	16.1
23.5	1.2	7.1	1.2	15.3	24.7	14.1
15.0	2.7	5.8	2.3	13.8	23.8	24.6

3–15 规模以上高技术产业

项 目	实现工艺创新企业数（个）		
		本企业独立开发	本企业与集团内企业合作开发
总 计	**23767**	**87.5**	**7.4**
#国有及国有控股	1278	85.1	20.4
一、按规模分			
大型企业	1539	88.1	21.6
中型企业	4321	86.8	12.1
小型企业	17262	87.9	5.0
微型企业	645	80.5	6.5
二、按登记注册类型分			
内资企业	20293	88.2	6.9
国有企业	110	92.7	17.3
集体企业	12	66.7	16.7
股份合作企业	25	96.0	
联营企业	6	100.0	16.7
有限责任公司	4370	85.9	13.2
#国有独资公司	168	82.7	25.6
股份有限公司	1413	89.5	10.6
私营企业	14352	88.8	4.5
其他企业	5	80.0	
港、澳、台商投资企业	1597	85.9	10.3
合资经营企业	484	88.4	11.2
合作经营企业	8	100.0	12.5
港、澳、台商独资经营企业	997	84.1	9.7
港、澳、台商投资股份有限公司	91	91.2	11.0
其他港、澳、台投资企业	17	88.2	17.6
外商投资企业	1877	81.2	10.8
中外合资经营企业	588	84.4	12.4
中外合作经营企业	6	50.0	
外资企业	1214	79.7	9.9
外商投资股份有限公司	50	86.0	10.0
其他外商投资企业	19	84.2	21.1
三、按高技术行业（制造业）分			
医药制造业	**4691**	**83.5**	**9.8**
#化学药品制造	1611	81.9	14.5
中成药生产	915	82.6	10.1
生物药品制品制造	577	84.1	10.6

(制造业)工艺创新开发情况

在实现工艺创新企业中，以下列形式进行开发的企业占比(%)						
本企业与境内其他企业合作开发	本企业与境内研究机构合作开发	本企业与境内高等学校合作开发	本企业与境外企业或机构合作开发	在其他单位开发的基础上调整或改进	其他企业或机构开发	其他
10.7	**1.7**	**9.5**	**1.9**	**5.5**	**4.4**	**4.7**
23.4	5.9	16.5	2.0	6.5	5.5	2.5
18.8	4.2	13.5	6.1	7.1	4.4	3.6
14.9	2.6	11.7	2.9	5.9	5.0	3.3
8.9	1.2	8.6	1.3	5.3	4.3	5.2
10.9	0.9	7.6	1.1	6.4	4.3	5.0
10.6	1.8	10.0	1.1	5.4	4.4	4.6
20.0	4.5	17.3	0.9	7.3	4.5	0.9
16.7					8.3	16.7
		8.0		12.0		
16.7				16.7	16.7	
14.7	2.7	11.3	1.6	5.5	4.4	4.3
19.6	4.2	18.5		8.3	7.7	
18.1	4.7	15.9	2.2	5.2	4.9	2.8
8.5	1.2	9.0	0.9	5.3	4.4	5.0
		20.0				
11.5	1.1	7.0	3.9	7.1	4.6	4.9
16.3	2.5	11.2	2.1	7.2	4.1	4.1
		25.0	12.5			
8.9	0.5	4.6	5.0	7.1	4.8	5.4
14.3	1.1	7.7	2.2	7.7	4.4	3.3
11.8		17.6			5.9	11.8
11.3	1.0	5.5	8.2	6.0	4.4	5.3
15.0	1.9	8.7	5.6	5.1	4.9	3.9
16.7			16.7			33.3
9.4	0.6	4.0	9.6	6.6	4.1	6.0
16.0	2.0	6.0	6.0	2.0	6.0	2.0
10.5		5.3		5.3	5.3	
15.6	**4.0**	**15.9**	**1.7**	**4.7**	**4.6**	**4.3**
21.0	4.2	15.7	2.5	4.2	5.3	3.1
19.1	5.7	18.5	1.2	4.2	4.3	4.2
13.7	3.5	16.5	2.4	4.5	5.5	2.9

3-15 续表 1

项　目	实现工艺创新企业数(个)	本企业独立开发	本企业与集团内企业合作开发
电子及通信设备制造业	**12607**	**88.4**	**7.0**
#电子工业专用设备制造	778	89.7	5.3
光纤、光缆制造及锂离子电池制造	1009	88.3	9.4
锂离子电池制造	794	87.2	8.6
通信设备制造、雷达及配套设备制造	1301	86.2	9.1
#通信系统设备制造	621	87.3	8.5
通信终端设备制造	615	85.5	9.4
雷达及配套设备制造	65	81.5	12.3
广播电视设备制造	338	87.3	4.1
非专业视听设备制造	569	89.3	7.6
电子器件制造	2970	88.8	7.6
#电子真空器件制造	269	90.7	4.5
半导体分立器件制造	280	87.5	6.8
集成电路制造	543	86.7	10.9
光电子器件制造	583	90.1	7.2
电子元件及电子专用设备制造	4220	88.2	6.1
#电阻电容电感元件制造	652	88.3	5.8
电子专用材料制造	857	88.4	7.5
电子电路制造	951	88.3	6.1
智能消费设备制造	635	87.7	7.6
其他电子设备制造	787	90.3	5.3
计算机及办公设备制造业	**1460**	**87.1**	**7.1**
#计算机整机制造	185	83.8	14.1
计算机零部件制造	464	86.2	5.4
计算机外围设备制造	411	88.3	4.4
办公设备制造	156	89.7	5.8
医疗仪器设备及仪器仪表制造业	**4471**	**89.6**	**5.1**
#医疗仪器设备及器械制造	1435	88.6	4.7
#医疗诊断、监护及治疗设备制造	435	88.3	6.9
医疗、外科及兽医用器械制造	386	88.1	3.4
通用仪器仪表制造	2008	89.8	5.7
专用仪器仪表制造	625	90.7	5.0
信息化学品制造业	**113**	**88.5**	**9.7**

在实现工艺创新企业中，以下列形式进行开发的企业占比(%)						
本企业与境内其他企业合作开发	本企业与境内研究机构合作开发	本企业与境内高等学校合作开发	本企业与境外企业或机构合作开发	在其他单位开发的基础上调整或改进	其他企业或机构开发	其他
9.3	**1.0**	**7.4**	**2.0**	**5.9**	**4.3**	**5.1**
6.6	0.4	7.1	1.4	5.9	3.9	5.8
8.6	1.4	9.4	1.5	5.6	3.7	5.1
8.8	1.5	10.0	1.5	5.4	3.4	5.2
13.3	0.4	7.3	1.7	6.1	5.3	5.2
11.1	0.3	8.9	1.4	5.5	4.7	4.8
14.3	0.2	5.5	2.0	6.8	6.3	5.4
24.6	3.1	9.2	1.5	4.6	1.5	6.2
9.2		7.4	3.0	5.0	6.2	3.3
10.2	1.1	4.4	2.5	6.2	6.0	5.8
9.7	1.5	6.8	2.6	5.8	4.3	5.9
5.9	0.7	8.9	1.1	3.3	3.7	4.1
6.4	1.8	9.3	5.4	6.8	1.8	3.9
15.5	1.8	6.6	4.1	6.8	4.4	5.3
9.4	1.9	7.7	1.7	5.3	3.6	5.7
8.0	0.9	8.1	1.8	6.0	3.8	4.3
8.3	1.7	7.4	2.3	5.8	4.0	5.4
8.9	1.4	11.4	1.5	3.5	2.8	3.2
7.0	0.3	8.1	0.6	7.8	4.2	4.3
12.3	0.3	6.9	1.7	6.6	3.8	4.4
9.1	0.6	6.1	1.9	5.6	5.1	5.7
10.3	**0.7**	**4.5**	**2.4**	**5.8**	**4.7**	**6.3**
15.7	2.7	6.5	3.2	7.6	7.0	8.6
8.6	0.9	2.6	2.8	6.3	4.3	6.7
8.5	0.2	6.3	1.9	4.4	4.4	7.1
9.0		2.6	1.9	5.1	2.6	4.5
8.7	**1.2**	**9.2**	**1.7**	**4.9**	**4.5**	**3.9**
7.8	1.3	8.1	2.3	5.3	4.8	4.2
9.0	0.9	8.3	3.4	5.1	5.5	3.0
9.1	2.9	8.8	1.3	5.7	3.6	5.7
8.9	1.1	9.6	1.1	4.9	4.5	3.8
9.6	1.3	11.5	1.8	4.3	4.2	3.4
7.1	**1.8**	**12.4**	**0.9**	**2.7**		**1.8**

3-15　续表 2

项　　目	实现工艺创新企业数(个)	本企业独立开发	本企业与集团内企业合作开发
四、按地区分			
东部地区	16069	88.0	6.8
中部地区	4614	87.8	8.1
西部地区	2566	84.5	9.6
东北地区	518	85.3	8.7
北　京	422	84.8	8.1
天　津	296	84.8	9.8
河　北	408	90.2	5.9
山　西	120	86.7	10.0
内蒙古	67	74.6	23.9
辽　宁	259	88.4	10.0
吉　林	151	80.1	7.9
黑龙江	108	85.2	6.5
上　海	648	82.7	11.1
江　苏	3715	86.6	7.2
浙　江	2381	90.3	6.1
安　徽	1074	86.4	7.5
福　建	740	86.8	8.6
江　西	1105	88.6	7.2
山　东	1079	87.6	8.8
河　南	579	85.3	8.1
湖　北	826	89.0	9.7
湖　南	910	89.2	7.9
广　东	6352	89.0	5.7
广　西	161	82.6	11.2
海　南	28	57.1	28.6
重　庆	491	88.8	10.0
四　川	892	84.5	8.5
贵　州	235	82.6	8.5
云　南	138	80.4	16.7
西　藏	2	100.0	
陕　西	441	85.9	6.3
甘　肃	54	77.8	11.1
青　海	23	87.0	17.4
宁　夏	38	89.5	10.5
新　疆	24	58.3	12.5

在实现工艺创新企业中，以下列形式进行开发的企业占比(%)						
本企业与境内其他企业合作开发	本企业与境内研究机构合作开发	本企业与境内高等学校合作开发	本企业与境外企业或机构合作开发	在其他单位开发的基础上调整或改进	其他企业或机构开发	其他
10.6	1.3	8.1	2.2	6.0	4.7	4.7
9.3	2.1	12.7	1.2	4.7	3.4	5.1
13.3	2.7	11.5	1.3	4.8	4.5	4.3
13.1	3.9	14.7	1.9	3.1	4.2	2.5
13.5	1.4	5.7	3.8	5.2	6.4	2.4
12.2	2.0	7.4	3.7	4.7	4.7	4.7
9.8	2.7	9.3	1.0	2.7	3.9	3.2
15.8	2.5	14.2		5.0	5.0	4.2
6.0		6.0	1.5	4.5	9.0	6.0
10.4	1.9	12.4	2.3	2.7	3.9	1.9
11.9	6.6	21.9	1.3	2.0	3.3	3.3
21.3	4.6	10.2	1.9	5.6	6.5	2.8
15.6	1.4	6.5	4.8	6.2	5.9	3.5
10.0	1.5	10.2	3.1	5.5	4.4	4.8
9.5	1.2	9.3	1.3	4.7	3.7	3.2
10.1	1.8	16.9	1.5	5.9	2.8	5.5
10.7	1.9	8.5	2.7	5.0	3.9	5.5
7.2	1.8	9.1	1.4	3.9	3.3	5.5
12.7	3.7	15.8	1.3	4.4	4.8	4.3
8.8	1.9	10.7	1.2	6.4	5.4	3.6
10.5	2.3	14.0	1.0	4.6	3.3	4.4
9.0	2.6	11.6	1.2	3.4	2.9	5.7
10.1	0.6	5.2	1.7	7.4	5.1	5.7
12.4	3.7	11.8	1.9	6.8	5.6	6.2
39.3		10.7		7.1	21.4	3.6
12.0	2.6	8.8	1.8	4.7	3.3	3.9
12.2	2.6	12.0	1.1	4.7	4.5	3.6
20.9	3.4	13.2	1.3	4.3	5.5	6.8
13.8	3.6	11.6	2.2	2.9	6.5	5.8
		50.0		50.0		
14.7	2.0	10.9	0.9	4.8	4.1	3.4
11.1	1.9	13.0		9.3	1.9	7.4
8.7		21.7		8.7		13.0
10.5	5.3	21.1			5.3	
12.5	8.3	29.2		8.3	4.2	

四、规模（限额）以上企业新产品或新工艺情况（2020 年）

4-1 规模(限额)以上

项 目	实现产品创新企业数(个)	在实现产品创新企业中占比(%)	
		有市场新产品的企业	有本企业新产品的企业
总 计	**181299**	**59.4**	**100.0**
#国有及国有控股	12094	60.5	100.0
一、按规模分			
大型企业	9851	68.5	100.0
中型企业	33655	63.1	100.0
小型企业	130951	57.9	100.0
微型企业	6842	57.6	100.0
二、按登记注册类型分			
内资企业	162697	59.0	100.0
国有企业	1245	59.9	100.0
集体企业	207	63.3	100.0
股份合作企业	326	54.6	100.0
联营企业	45	62.2	100.0
#国有联营企业	20	60.0	100.0
有限责任公司	29983	59.9	100.0
#国有独资公司	2218	60.5	100.0
股份有限公司	7339	66.7	100.0
私营企业	123527	58.4	100.0
其他企业	25	60.0	100.0
港、澳、台商投资企业	8666	62.5	100.0
合资经营企业	2686	62.3	100.0
合作经营企业	87	60.9	100.0
港、澳、台商独资经营企业	5392	61.9	100.0
港、澳、台商投资股份有限公司	414	69.6	100.0
其他港、澳、台投资企业	87	73.6	100.0
外商投资企业	9936	62.5	100.0
中外合资经营企业	3662	64.1	100.0
中外合作经营企业	85	61.2	100.0
外资企业	5799	61.2	100.0
外商投资股份有限公司	288	68.4	100.0
其他外商投资企业	102	64.7	100.0
三、按行业分			
采矿业	523	39.0	100.0
制造业	139968	59.4	100.0
电力、热力、燃气及水生产和供应业	539	32.3	100.0
建筑业	4342	66.8	100.0
批发和零售业	13569	66.2	100.0
交通运输、仓储和邮政业	1460	53.1	100.0
信息传输、软件和信息技术服务业	11306	55.1	100.0
租赁和商务服务业	2644	53.9	100.0
科学研究和技术服务业	6406	56.0	100.0
水利、环境和公共设施管理业	542	52.0	100.0

注：在占实现产品创新企业比重里，较低新颖度类别包含了较高新颖度类别；在占营业收入比重里，仅按最高的新颖度类别计算，较低新颖度类别未包含较高新颖度类别。以下各表同。

企业新产品情况

新产品销售收入（亿元）	新产品销售收入占营业收入的比重（%）	1.仅市场新的产品	2.仅本企业新的产品
390032.5	**16.9**	**6.8**	**10.1**
121553	17.4	6.8	10.5
233081.4	26.8	11.7	15.1
83746.8	12.6	4.6	8.1
64420.2	10.4	3.3	7.1
8784.0	5.5	2.8	2.7
304103.9	15.9	6.1	9.8
7388.1	10.4	3.8	6.6
157.9	3.4	1.5	1.9
260.8	14.5	3.6	10.8
91.9	17.2	2.6	14.6
39.6	16.2	1.0	15.2
133553.9	17.0	6.5	10.5
24047.2	15.8	6.4	9.4
46132.2	26.2	11.8	14.4
116318.4	13.3	4.8	8.5
200.6	30.7	28.9	1.9
39982.3	24.6	11.6	13.1
10990.4	24.5	13.5	11.0
371.8	19.2	6.6	12.5
25965.1	24.2	10.7	13.5
2211.5	32.9	13.3	19.6
443.5	34.1	13.4	20.8
45946.3	19.4	9.0	10.4
23186.1	26.3	12.5	13.8
199.0	9.6	5.1	4.5
20126.4	14.7	6.5	8.2
2066.7	28.1	14.3	13.7
368.1	17.2	8.3	8.9
1566.8	3.9	1.3	2.6
235328.8	24.5	11.2	13.4
1178.1	1.4	0.2	1.3
59484.1	27.2	9.4	17.8
38756.9	5.0	1.7	3.3
6365.1	8.7	2.7	6.0
31518.6	41.3	11.9	29.4
5283.6	11.1	2.7	8.4
10039.0	34.4	9.6	24.8
511.4	8.8	2.3	6.5

4-1 续表

项 目	实现产品创新企业数(个)	在实现产品创新企业中占比(%)	
		有市场新产品的企业	有本企业新产品的企业
四、按地区分			
东部地区	123158	59.8	100.0
中部地区	35146	58.4	100.0
西部地区	19030	57.9	100.0
东北地区	3965	62.5	100.0
北 京	4829	55.4	100.0
天 津	2373	62.2	100.0
河 北	4206	56.9	100.0
山 西	1312	54.0	100.0
内蒙古	444	54.7	100.0
辽 宁	2339	66.7	100.0
吉 林	794	56.9	100.0
黑龙江	832	55.9	100.0
上 海	6274	62.9	100.0
江 苏	25687	60.8	100.0
浙 江	28033	53.7	100.0
安 徽	8367	63.0	100.0
福 建	7942	57.9	100.0
江 西	6465	56.8	100.0
山 东	12343	59.0	100.0
河 南	6074	58.0	100.0
湖 北	6802	56.0	100.0
湖 南	6126	58.1	100.0
广 东	31266	65.5	100.0
广 西	1579	56.2	100.0
海 南	205	62.4	100.0
重 庆	3886	57.3	100.0
四 川	5573	59.2	100.0
贵 州	1612	55.0	100.0
云 南	1641	57.0	100.0
西 藏	60	73.3	100.0
陕 西	2544	60.6	100.0
甘 肃	600	57.2	100.0
青 海	174	62.6	100.0
宁 夏	426	55.4	100.0
新 疆	491	53.4	100.0

新产品销售收入(亿元)	新产品销售收入占营业收入的比重(%)		
		1.仅市场新的产品	2.仅本企业新的产品
269274.0	18.1	7.4	10.7
69758.5	18.6	7.1	11.5
41546.7	11.8	4.5	7.2
9453.3	10.2	4.9	5.3
24209.2	16.6	5.8	10.8
8505.6	14.1	4.6	9.5
10410.6	15.7	5.1	10.6
4832.1	11.7	4.1	7.6
1643.4	6.4	3.3	3.1
5621.8	10.4	4.4	6.0
2706.8	14.1	8.5	5.6
1124.6	5.9	2.8	3.1
28923.1	14.2	5.5	8.8
53477.9	21.7	8.5	13.2
40186.4	20.5	7.5	13.0
14752.9	23.8	8.2	15.5
11473.8	10.3	4.2	6.0
9453.3	18.0	7.6	10.3
25782.2	16.8	7.1	9.6
12717.8	15.8	7.8	8.0
15648.1	20.7	6.6	14.2
12354.4	19.5	7.1	12.5
65588.5	22.0	10.9	11.2
4467.0	12.5	5.0	7.5
716.7	8.0	2.8	5.3
8251.7	18.0	6.2	11.8
10379.0	12.2	4.5	7.7
2564.6	12.2	5.0	7.1
4547.1	14.1	5.8	8.3
60.6	4.1	2.9	1.2
5844.5	11.3	4.5	6.8
1283.4	7.7	2.4	5.3
577.4	11.9	3.5	8.4
712.7	10.2	4.1	6.1
1215.4	4.7	1.7	3.0

4-2 规模以上工业

项　目	实现产品创新企业数(个)	在实现产品创新企业中的占比(%)		
		有国际市场新产品的企业	有国内市场新产品的企业	有本企业新产品的企业
总　计	**141030**	**18.8**	**59.2**	**100.0**
#国有及国有控股	6597	14.3	62.3	100.0
一、按规模分				
大型企业	5408	35.3	72.9	100.0
中型企业	20992	26.1	65.4	100.0
小型企业	110831	16.8	57.6	100.0
微型企业	3799	11.4	51.8	100.0
二、按登记注册类型分				
内资企业	124856	16.9	58.7	100.0
国有企业	494	13.0	64.0	100.0
集体企业	113	10.6	58.4	100,0
股份合作企业	282	9.9	53.2	100.0
联营企业	21	4.8	71.4	100.0
#国有联营企业	7		71.4	100.0
有限责任公司	19614	15.5	60.8	100.0
#国有独资公司	1020	12.5	62.7	100.0
股份有限公司	5356	23.9	69.1	100.0
私营企业	98955	16.9	57.7	100.0
其他企业	21	19.0	57.1	100.0
港、澳、台商投资企业	7545	33.2	63.2	100.0
合资经营企业	2440	27.1	62.8	100.0
合作经营企业	75	37.3	62.7	100.0
港、澳、台商独资经营企业	4597	36.2	62.6	100.0
港、澳、台商投资股份有限公司	368	32.3	71.2	100.0
其他港、澳、台投资企业	65	44.6	76.9	100.0
外商投资企业	8629	33.2	63.4	100.0
中外合资经营企业	3273	29.4	64.4	100.0
中外合作经营企业	80	22.5	60.0	100.0
外资企业	4961	35.6	62.3	100.0
外商投资股份有限公司	244	38.9	72.1	100.0
其他外商投资企业	71	32.4	67.6	100.0
三、按行业分				
采矿业	**523**	**6.1**	**39.0**	**100.0**
#煤炭开采和洗选业	120	3.3	31.7	100.0
石油和天然气开采业	12	16.7	50.0	100.0
黑色金属矿采选业	48	2.1	31.3	100.0
有色金属矿采选业	88	5.7	30.7	100.0

企业新产品情况

新产品销售收入(亿元)	新产品销售收入占营业收入的比重(%)			
		1.仅国际市场新的产品	2.仅国内市场新的产品	3.仅本企业新的产品
238073.7	**22.0**	**2.7**	**7.3**	**12.1**
51505.0	18.3	1.4	7.4	9.6
128461.4	28.6	4.7	10.6	13.3
54696.2	22.5	1.8	7.1	13.7
53243.8	14.6	0.8	3.9	9.9
1672.2	6.6	1.6	1.2	3.8
176602.0	21.0	1.8	7.1	12.1
2357.0	9.7	0.4	5.5	3.8
51.1	3.8	0.2	0.8	2.8
101.5	14.7	0.4	5.2	9.0
18.9	13.3	0.3	7.1	5.9
2.3	4.1		2.0	2.1
58810.2	19.7	2.2	6.2	11.2
7291.8	11.5	0.8	4.3	6.4
32956.5	33.0	2.8	13.6	16.6
82110.0	19.9	1.4	6.2	12.2
196.7	64.8	20.4	41.3	3.1
27124.4	28.6	8.3	8.2	12.1
9613.5	27.5	8.9	7.5	11.2
139.2	11.8	1.6	2.5	7.7
15463.3	28.6	8.2	8.4	12.0
1799.9	42.4	5.3	14.1	23.1
108.5	33.8	9.8	7.1	16.9
34347.3	23.4	3.7	8.2	11.5
18461.6	28.7	3.7	12.5	12.6
196.2	11.1	0.9	5.0	5.2
13985.8	18.6	3.7	4.2	10.6
1510.5	33.1	4.8	13.9	14.5
193.2	23.4	2.5	9.0	12.0
1566.8	**3.9**	**0.1**	**1.2**	**2.6**
637.8	3.1		1.4	1.7
171.3	2.6		0.1	2.5
200.0	4.8		0.7	4.2
204.1	7.4		2.6	4.8

4-2 续表 1

项　　目	实现产品创新企业数(个)	在实现产品创新企业中的占比(%)		
		有国际市场新产品的企业	有国内市场新产品的企业	有本企业新产品的企业
非金属矿采选业	231	7.4	45.0	100.0
开采专业及辅助性活动	23	13.0	56.5	100.0
制造业	**139968**	**18.9**	**59.4**	**100.0**
农副食品加工业	5090	8.5	45.7	100.0
食品制造业	3084	11.2	52.4	100.0
酒、饮料和精制茶制造业	1589	8.4	51.2	100.0
烟草制品业	51	19.6	64.7	100.0
纺织业	5576	19.2	55.1	100.0
纺织服装、服饰业	2491	20.4	51.4	100.0
皮革、毛皮、羽毛及其制品和制鞋业	2325	21.8	53.8	100.0
木材加工和木、竹、藤、棕、草制品业	1512	13.7	49.6	100.0
家具制造业	2104	25.0	55.8	100.0
造纸和纸制品业	1847	12.8	51.1	100.0
印刷和记录媒介复制业	1770	12.0	54.2	100.0
文教、工美、体育和娱乐用品制造业	3061	34.6	60.7	100.0
石油、煤炭及其他燃料加工业	432	5.3	49.1	100.0
化学原料和化学制品制造业	8789	14.1	57.4	100.0
医药制造业	3852	14.2	52.9	100.0
化学纤维制造业	791	14.3	58.8	100.0
橡胶和塑料制品业	7680	20.2	60.4	100.0
非金属矿物制品业	8327	12.2	52.6	100.0
黑色金属冶炼和压延加工业	1283	11.1	51.5	100.0
有色金属冶炼和压延加工业	2568	12.3	56.3	100.0
金属制品业	9084	19.3	58.1	100.0
通用设备制造业	13497	19.2	63.9	100.0
专用设备制造业	11509	21.6	66.5	100.0
汽车制造业	7747	15.7	59.8	100.0
铁路、船舶、航空航天和其他运输设备制造业	2348	21.3	64.8	100.0
电气机械和器材制造业	14527	23.2	62.9	100.0
计算机、通信和其他电子设备制造业	12277	28.2	66.9	100.0
仪器仪表制造业	3555	19.1	69.1	100.0
其他制造业	706	25.8	57.5	100.0
废弃资源综合利用业	390	4.1	41.3	100.0
金属制品、机械和设备修理业	106	11.3	53.8	100.0
电力、热力、燃气及水生产和供应业	**539**	**3.3**	**32.3**	**100.0**
电力、热力生产和供应业	310	2.9	35.2	100.0
燃气生产和供应业	99	2.0	24.2	100.0
水的生产和供应业	130	5.4	31.5	100.0

新产品销售收入(亿元)	新产品销售收入占营业收入的比重(%)			
		1.仅国际市场新的产品	2.仅国内市场新的产品	3.仅本企业新的产品
157.3	4.3		1.0	3.2
196.3	9.7	1.2	2.9	5.5
235328.8	**24.5**	**3.0**	**8.2**	**13.4**
3594.0	7.4	0.2	1.5	5.6
2267.8	11.7	0.9	4.2	6.6
1317.6	8.9	0.6	3.6	4.7
356.0	3.1	0.1	1.7	1.3
4135.2	17.6	2.0	4.6	11.0
1670.4	12.0	0.9	3.1	8.0
1069.7	10.6	1.4	2.8	6.3
726.3	8.3	0.9	1.8	5.7
1388.9	19.6	3.0	5.8	10.8
3176.6	24.1	1.3	6.6	16.2
1378.3	20.8	1.1	6.3	13.4
1778.5	14.5	3.2	3.6	7.7
3575.8	8.5		1.6	6.9
13016.6	20.4	0.9	6.2	13.4
7698.1	30.7	2.0	9.1	19.7
2236.3	27.9	1.0	8.7	18.2
6152.8	24.1	2.6	7.3	14.1
7354.5	12.7	0.8	3.6	8.2
12935.3	18.0	0.3	4.0	13.6
8577.0	16.0	0.5	4.9	10.6
7459.7	19.2	1.5	5.6	12.1
13300.1	32.4	3.3	12.4	16.7
11547.8	34.0	2.4	12.7	18.9
29162.0	35.7	1.8	15.7	18.1
7056.2	45.5	6.4	19.4	19.8
27315.2	39.5	5.0	14.6	19.8
50986.1	41.3	12.0	12.9	16.4
2789.1	34.6	2.7	13.3	18.6
549.9	24.6	2.4	8.5	13.8
558.6	9.5	0.6	3.1	5.9
198.5	13.7	1.3	4.1	8.3
1178.1	**1.4**		**0.2**	**1.3**
461.4	0.7		0.1	0.6
620.2	6.6		0.8	5.9
96.4	2.7		0.3	2.4

4-2 续表 2

项　　目	实现产品创新企业数(个)	在实现产品创新企业中的占比(%)		
		有国际市场新产品的企业	有国内市场新产品的企业	有本企业新产品的企业
四、按地区分				
东部地区	96473	22.0	60.2	100.0
中部地区	28089	12.1	57.4	100.0
西部地区	13373	10.3	54.6	100.0
东北地区	3095	15.7	63.4	100.0
北　京	1389	13.6	62.3	100.0
天　津	1666	19.1	63.1	100.0
河　北	3450	14.4	56.3	100.0
山　西	887	8.8	50.6	100.0
内蒙古	284	14.8	52.5	100.0
辽　宁	1882	20.1	68.4	100.0
吉　林	582	9.5	56.4	100.0
黑龙江	631	8.4	55.0	100.0
上　海	3104	25.4	70.4	100.0
江　苏	21889	19.9	60.7	100.0
浙　江	24930	20.5	53.7	100.0
安　徽	7113	15.1	62.6	100.0
福　建	5788	21.3	57.8	100.0
江　西	5587	11.5	55.9	100.0
山　东	9856	18.2	58.5	100.0
河　南	4361	11.1	55.9	100.0
湖　北	5341	10.5	54.4	100.0
湖　南	4800	11.6	57.4	100.0
广　东	24321	28.6	66.8	100.0
广　西	1069	12.3	52.5	100.0
海　南	80	11.3	65.0	100.0
重　庆	3087	10.9	54.4	100.0
四　川	4011	10.8	57.4	100.0
贵　州	1153	8.8	49.4	100.0
云　南	1088	8.0	50.6	100.0
西　藏	17	5.9	47.1	100.0
陕　西	1619	10.3	57.8	100.0
甘　肃	362	7.7	52.5	100.0
青　海	93	4.3	57.0	100.0
宁　夏	336	8.0	55.7	100.0
新　疆	254	7.9	48.8	100.0

新产品销售收入(亿元)	新产品销售收入占营业收入的比重(%)			
		1.仅国际市场新的产品	2.仅国内市场新的产品	3.仅本企业新的产品
161958.9	26.0	3.5	8.7	13.8
47479.1	21.1	2.0	6.4	12.7
21133.9	11.7	1.0	4.1	6.7
7501.7	14.2	1.0	6.4	6.8
5344.9	22.9	5.2	7.6	10.2
3892.0	20.5	2.7	4.7	13.1
7191.0	16.7	1.0	4.4	11.3
2311.1	10.6	1.1	3.4	6.1
1242.5	7.2	1.4	2.5	3.3
4440.9	15.0	1.5	5.1	8.3
2240.0	16.9	0.4	10.9	5.7
820.7	8.1	0.2	4.3	3.5
10159.2	25.7	2.9	10.2	12.6
39442.8	31.6	3.8	9.5	18.2
28302.5	36.0	3.8	10.7	21.5
12054.4	31.8	1.5	9.7	20.5
6097.5	11.0	2.3	3.1	5.6
7221.3	19.6	2.3	6.8	10.5
17081.1	19.6	1.5	7.6	10.4
7907.5	16.4	4.8	4.1	7.5
9596.9	23.4	0.7	6.0	16.8
8387.9	21.5	0.9	7.7	13.0
44313.1	29.6	5.4	11.1	13.1
2571.3	14.5	0.4	6.1	8.0
134.7	6.2	0.2	1.7	4.3
5880.7	25.5	1.4	7.3	16.8
4969.9	10.7	1.2	3.4	6.1
876.1	9.4	0.4	3.9	5.1
1216.1	8.1	1.3	2.1	4.7
3.4	1.0		0.4	0.7
2494.2	10.1	1.0	4.8	4.3
578.0	7.9	0.2	2.5	5.2
209.5	8.6	0.1	2.2	6.3
459.2	9.6	1.2	3.9	4.5
633.1	5.4	0.4	2.1	2.9

4—3 资质等级以上建筑业

项　　目	实现产品创新企业数（个）	在实现产品创新企业中占比(%)	
		有市场新产品的企业	有本企业新产品的企业
总　计	**4342**	**66.8**	**100.0**
#国有及国有控股	981	70.7	100.0
一、按规模分			
大型企业	1177	73.4	100.0
中型企业	1812	62.3	100.0
小型企业	1134	65.8	100.0
微型企业	219	73.5	100.0
二、按登记注册类型分			
内资企业	4302	66.7	100.0
国有企业	88	68.2	100.0
集体企业	33	81.8	100.0
股份合作企业	10	60.0	100.0
联营企业	3	33.3	100.0
有限责任公司	1407	68.4	100.0
#国有独资公司	273	70.0	100.0
股份有限公司	190	70.0	100.0
私营企业	2571	65.4	100.0
港、澳、台商投资企业	27	74.1	100.0
#合资经营企业	17	82.4	100.0
港、澳、台商独资经营企业	6	50.0	100.0
港、澳、台商投资股份有限公司	2	50.0	100.0
外商投资企业	13	61.5	100.0
#中外合资经营企业	6	66.7	100.0
外资企业	5	40.0	100.0
三、按行业分			
房屋建筑业	1761	68.4	100.0
土木工程建筑业	1193	67.7	100.0
建筑安装业	611	60.7	100.0
建筑装饰、装修和其他建筑业	777	66.3	100.0

注：建筑业企业新产品销售收入根据企业填报产品新颖度情况推算。

企业新产品情况

新产品销售收入（亿元）	新产品销售收入占营业收入的比重（%）		
		1.仅市场新的产品	2.仅本企业新的产品
59484.1	**27.2**	**9.4**	**17.8**
37873.4	38.6	13.5	25.1
52046.7	37.5	12.8	24.7
5790.7	8.7	2.6	6.1
362.3	3.7	1.4	2.3
1284.4	39.2	28.3	10.9
58615.3	27.1	9.3	17.8
884.6	15.3	4.9	10.4
86.2	4.6	2.6	2.0
92.2	27.8	7.5	20.3
51.6	55.4	0.5	54.9
41700.9	35.8	12.5	23.3
11381.2	39.3	16.0	23.3
4375.8	38.4	13.7	24.7
11424.1	14.2	4.7	9.5
577.7	46.2	16.9	29.3
166.2	27.6	8.4	19.1
33.9	20.9	5.8	15.0
36.2	39.7	19.6	20.1
291.1	29.8	10.6	19.2
23.3	10.2	2.7	7.5
10.7	2.6	1.0	1.7
31674.0	25.3	8.9	16.4
22415.1	32.4	10.9	21.5
2912.9	23.5	7.6	16.0
2482.1	21.1	8.0	13.0

4-3 续表

项 目	实现产品创新企业数(个)	在实现产品创新企业中占比(%)	
		有市场新产品的企业	有本企业新产品的企业
四、按地区分			
东部地区	2333	66.1	100.0
中部地区	1071	66.3	100.0
西部地区	793	71.1	100.0
东北地区	145	57.9	100.0
北 京	170	62.9	100.0
天 津	111	63.1	100.0
河 北	114	70.2	100.0
山 西	111	64.9	100.0
内蒙古	23	65.2	100.0
辽 宁	88	50.0	100.0
吉 林	25	72.0	100.0
黑龙江	32	68.8	100.0
上 海	136	69.1	100.0
江 苏	364	69.2	100.0
浙 江	367	62.7	100.0
安 徽	158	70.9	100.0
福 建	214	65.0	100.0
江 西	129	64.3	100.0
山 东	402	65.7	100.0
河 南	301	67.1	100.0
湖 北	188	70.2	100.0
湖 南	184	59.2	100.0
广 东	444	67.6	100.0
广 西	59	69.5	100.0
海 南	11	45.5	100.0
重 庆	73	76.7	100.0
四 川	222	73.9	100.0
贵 州	58	79.3	100.0
云 南	89	75.3	100.0
西 藏	8	87.5	100.0
陕 西	151	66.9	100.0
甘 肃	41	68.3	100.0
青 海	9	66.7	100.0
宁 夏	22	40.9	100.0
新 疆	38	63.2	100.0

新产品销售收入（亿元）	新产品销售收入占营业收入的比重（%）		
		1.仅市场新的产品	2.仅本企业新的产品
34850.5	28.8	10.0	18.9
13710.0	28.0	10.0	17.9
10139.6	23.4	7.7	15.7
784.1	14.6	4.5	10.0
5544.7	34.1	9.2	24.9
1690.2	38.9	11.8	27.1
1505.1	29.6	10.5	19.1
1991.3	42.4	12.2	30.2
238.6	22.3	8.6	13.7
504.9	18.1	5.6	12.5
155.1	11.9	4.9	6.9
124.0	9.6	1.8	7.8
3934.8	37.4	19.3	18.1
6901.3	25.2	7.7	17.5
3172.1	20.0	6.7	13.4
1446.0	23.5	6.8	16.8
2521.8	25.9	9.6	16.3
1103.1	20.2	5.8	14.4
4691.2	34.1	11.6	22.4
2766.8	29.3	13.4	16.0
3955.5	28.2	11.9	16.3
2447.2	26.4	7.3	19.1
4835.1	27.6	10.0	17.6
839.2	23.9	7.4	16.5
54.1	17.1	5.3	11.8
1103.6	20.6	9.0	11.6
2734.3	21.4	7.2	14.2
708.0	22.8	8.3	14.6
1751.5	40.6	15.6	25.0
1.8	0.6	0.5	0.1
1748.4	23.0	5.3	17.7
425.9	23.2	6.1	17.2
273.5	48.6	14.3	34.3
116.6	20.4	5.4	15.0
198.2	8.4	1.2	7.2

4-4 规模(限额)以上服务业

项　　目	实现产品创新企业数(个)	在实现产品创新企业中占比(%)	
		有市场新产品的企业	有本企业新产品的企业
总　计	**35927**	**59.2**	**100.0**
#国有及国有控股	4516	55.6	100.0
一、按规模分			
大型企业	3266	59.4	100.0
中型企业	10851	58.7	100.0
小型企业	18986	58.8	100.0
微型企业	2824	64.1	100.0
二、按登记注册类型分			
内资企业	33539	59.4	100.0
国有企业	663	55.8	100.0
集体企业	61	62.3	100.0
股份合作企业	34	64.7	100.0
联营企业	21	57.1	100.0
#国有联营企业	11	54.5	100.0
有限责任公司	8962	56.6	100.0
#国有独资公司	925	55.1	100.0
股份有限公司	1793	59.1	100.0
私营企业	22001	60.6	100.0
其他企业	4	75.0	100.0
港、澳、台商投资企业	1094	57.6	100.0
合资经营企业	229	55.9	100.0
合作经营企业	11	45.5	100.0
港、澳、台商独资经营企业	789	58.2	100.0
港、澳、台商投资股份有限公司	44	56.8	100.0
其他港、澳、台投资企业	21	61.9	100.0
外商投资企业	1294	56.9	100.0
中外合资经营企业	383	62.1	100.0
中外合作经营企业	5	80.0	100.0
外资企业	833	54.9	100.0
外商投资股份有限公司	43	46.5	100.0
其他外商投资企业	30	56.7	100.0
三、按行业分			
批发和零售业	**13569**	**66.2**	**100.0**
批发业	7630	64.3	100.0
零售业	5939	68.6	100.0
交通运输、仓储和邮政业	**1460**	**53.1**	**100.0**
铁路运输业	16	62.5	100.0
道路运输业	810	53.5	100.0
水上运输业	75	46.7	100.0
航空运输业	38	42.1	100.0
管道运输业	7	57.1	100.0
多式联运和运输代理业	243	51.0	100.0
装卸搬运和仓储业	180	55.0	100.0
邮政业	91	59.3	100.0
信息传输、软件和信息技术服务业	**11306**	**55.1**	**100.0**
电信、广播电视和卫星传输服务	628	63.5	100.0
互联网和相关服务	1693	49.9	100.0
软件和信息技术服务业	8985	55.5	100.0

注：服务业企业新产品销售收入根据企业填报新额度情况推算。

企业新产品情况

新产品销售收入(亿元)	新产品销售收入占营业收入的比重(%)	1.仅市场新的产品	2.仅本企业新的产品
92474.7	**9.1**	**2.8**	**6.3**
32174.3	10.0	3.2	6.9
52573.3	18.7	5.4	13.3
23259.9	6.6	2.0	4.6
10814.1	4.4	1.3	3.1
5827.4	4.5	2.2	2.3
68886.6	8.0	2.5	5.5
4146.6	10.1	2.4	7.7
20.6	1.4	0.5	0.9
67.2	8.6	0.2	8.4
21.4	7.1	1.0	6.1
8.0	5.2	0.6	4.6
33042.8	9.0	3.1	5.9
5374.2	9.0	3.1	5.8
8799.9	13.6	4.3	9.2
22784.3	6.0	1.7	4.3
3.8	1.1	0.3	0.9
12280.2	18.5	4.4	14.2
1210.6	12.9	3.0	9.9
190.3	27.2	6.6	20.6
10467.9	19.7	4.7	15.0
375.4	15.8	2.4	13.4
35.9	5.6	3.1	2.5
11308.0	12.7	4.2	8.5
4701.3	19.9	2.7	17.2
2.8	0.9	0.7	0.2
6129.9	10.0	4.8	5.3
306.9	12.4	4.5	7.9
167.1	12.9	6.4	6.5
38756.9	**5.0**	**1.7**	**3.3**
31398.4	4.8	1.6	3.1
7358.6	6.2	2.1	4.1
6365.1	**8.7**	**2.7**	**6.0**
1080.5	9.6	2.2	7.5
2782.1	12.2	4.1	8.1
320.8	6.2	1.3	4.9
1079.9	22.4	7.7	14.7
31.7	2.9	2.4	0.5
564.5	4.0	1.1	2.9
197.3	3.1	1.1	1.9
308.3	3.9	0.9	3.1
31518.6	**41.3**	**11.9**	**29.4**
4589.7	25.2	8.4	16.8
11470.4	53.3	13.0	40.3
15458.5	42.2	12.9	29.3

4-4 续表

项 目	实现产品创新企业数(个)	在实现产品创新企业中占比(%)	
		有市场新产品的企业	有本企业新产品的企业
租赁和商务服务业	**2644**	**53.9**	**100.0**
租赁业	155	67.1	100.0
商务服务业	2489	53.1	100.0
科学研究和技术服务业	**6406**	**56.0**	**100.0**
研究和试验发展	1007	64.5	100.0
专业技术服务业	4342	53.2	100.0
科技推广和应用服务业	1057	59.4	100.0
水利、环境和公共设施管理业	**542**	**52.0**	**100.0**
水利管理业	17	29.4	100.0
生态保护和环境治理业	217	50.2	100.0
公共设施管理业	294	55.4	100.0
土地管理业	14	35.7	100.0
四、按地区分			
东部地区	24352	57.5	100.0
中部地区	5986	61.9	100.0
西部地区	4864	64.6	100.0
东北地区	725	59.6	100.0
北 京	3270	52.0	100.0
天 津	596	59.4	100.0
河 北	642	57.3	100.0
山 西	314	59.6	100.0
内蒙古	137	57.7	100.0
辽 宁	369	62.3	100.0
吉 林	187	56.7	100.0
黑龙江	169	56.8	100.0
上 海	3034	54.9	100.0
江 苏	3434	60.9	100.0
浙 江	2736	52.4	100.0
安 徽	1096	64.4	100.0
福 建	1940	57.6	100.0
江 西	749	62.5	100.0
山 东	2085	60.0	100.0
河 南	1412	62.5	100.0
湖 北	1273	60.6	100.0
湖 南	1142	60.7	100.0
广 东	6501	60.7	100.0
广 西	451	63.2	100.0
海 南	114	62.3	100.0
重 庆	726	67.9	100.0
四 川	1340	62.3	100.0
贵 州	401	67.6	100.0
云 南	464	68.5	100.0
西 藏	35	82.9	100.0
陕 西	774	65.2	100.0
甘 肃	197	63.5	100.0
青 海	72	69.4	100.0
宁 夏	68	58.8	100.0
新 疆	199	57.3	100.0

新产品销售收入(亿元)	新产品销售收入占营业收入的比重(%)		
		1.仅市场新的产品	2.仅本企业新的产品
5283.6	**11.1**	**2.7**	**8.4**
203.9	11.7	3.7	8.0
5079.8	11.1	2.7	8.5
10039.0	**34.4**	**9.6**	**24.8**
1212.5	43.0	13.8	29.2
7785.6	34.1	9.4	24.7
1040.9	29.8	7.3	22.5
511.4	**8.8**	**2.3**	**6.5**
16.2	6.8	0.3	6.5
230.2	25.3	6.0	19.3
215.2	7.7	2.5	5.2
49.9	2.7	0.4	2.3
72464.6	9.7	2.9	6.8
8569.4	8.5	2.6	5.8
10273.2	7.9	2.7	5.2
1167.5	3.4	1.1	2.4
13319.5	12.6	3.8	8.8
2923.4	7.9	2.3	5.6
1714.5	9.4	3.0	6.4
529.6	3.5	0.8	2.7
162.4	2.3	1.1	1.2
676.0	3.1	1.1	2.0
311.7	6.7	1.5	5.1
179.9	2.4	0.7	1.7
14829.1	9.7	2.5	7.1
7133.8	7.6	2.3	5.3
8711.7	8.6	2.1	6.4
1252.5	7.0	2.5	4.5
2854.5	6.1	1.7	4.4
1128.8	10.9	3.4	7.5
4009.9	7.6	2.6	5.0
2043.4	9.1	3.1	5.9
2095.7	10.3	2.8	7.5
1519.3	10.1	3.1	7.0
16440.3	12.6	4.5	8.1
1056.6	7.2	2.5	4.7
527.9	8.2	2.9	5.3
1267.4	7.3	2.2	5.1
2674.8	10.3	3.0	7.3
980.5	11.4	4.7	6.7
1579.5	12.1	5.3	6.8
55.3	6.5	4.7	1.9
1601.8	8.2	2.6	5.7
279.5	3.7	1.2	2.5
94.5	5.1	1.8	3.3
136.9	8.5	0.8	7.7
384.1	3.2	1.0	2.2

4–5 规模以上高技术产业

项　目	实现产品创新企业数(个)	在实现产品创新企业中的占比(%)		
		有国际市场新产品的企业	有国内市场新产品的企业	有本企业新产品的企业
总　计	**23235**	**23.8**	**64.7**	**100.0**
#国有及国有控股	1295	15.3	67.2	100.0
一、按规模分				
大型企业	1479	44.4	76.3	100.0
中型企业	4272	30.1	68.3	100.0
小型企业	16901	20.8	62.9	100.0
微型企业	583	14.9	62.1	100.0
二、按登记注册类型分				
内资企业	19938	21.0	64.3	100.0
国有企业	106	13.2	71.7	100.0
集体企业	11	9.1	72.7	100.0
股份合作企业	30	30.0	63.3	100.0
联营企业	4	25.0	100.0	100.0
有限责任公司	4247	19.7	64.3	100.0
#国有独资公司	164	7.3	67.7	100.0
股份有限公司	1475	25.8	70.2	100.0
私营企业	14058	21.0	63.6	100.0
其他企业	7		42.9	100.0
港、澳、台商投资企业	1518	39.2	67.6	100.0
合资经营企业	446	31.4	66.1	100.0
合作经营企业	9	22.2	44.4	100.0
港、澳、台商独资经营企业	959	43.1	67.8	100.0
港、澳、台商投资股份有限公司	88	36.4	71.6	100.0
其他港、澳、台投资企业	16	50.0	87.5	100.0
外商投资企业	1779	42.1	67.1	100.0
中外合资经营企业	578	37.5	66.6	100.0
中外合作经营企业	4		25.0	100.0
外资企业	1122	44.3	66.9	100.0
外商投资股份有限公司	55	49.1	76.4	100.0
其他外商投资企业	20	40.0	75.0	100.0
三、按高技术行业(制造业)分				
医药制造业	3852	14.2	52.9	100.0
#化学药品制造	1276	16.2	52.5	100.0
中成药生产	671	5.1	47.1	100.0
生物药品制品制造	507	21.7	57.8	100.0

(制造业)新产品情况

新产品销售收入(亿元)	新产品销售收入占营业收入的比重(%)			
		1.仅国际市场新的产品	2.仅国内市场新的产品	3.仅本企业新的产品
68549.1	**39.4**	**9.5**	**12.6**	**17.3**
8873.9	46.9	7.4	19.8	19.7
46965.6	45.1	13.6	15.1	16.4
12233.1	35.8	3.6	10.7	21.5
8636.1	25.8	2.0	7.4	16.4
714.4	29.5	16.2	5.7	7.6
44381.4	42.4	7.1	15.8	19.6
513.3	46.7	1.0	26.9	18.8
5.1	13.1	0.1	2.9	10.1
3.2	7.1	0.3	2.1	4.7
6.5	47.4	3.2	38.4	5.8
17170.9	41.2	10.4	12.8	18.0
1173.3	42.0	7.9	15.4	18.7
8753.2	52.6	6.5	21.2	24.8
17923.8	39.8	4.3	16.3	19.2
5.3	32.9		10.4	22.5
13398.8	42.1	18.7	10.1	13.3
3936.5	40.8	25.3	6.3	9.1
9.0	37.2	5.0	7.5	24.8
8737.6	41.9	16.3	11.4	14.1
687.3	54.1	5.6	17.6	30.9
28.4	60.4	33.7	13.4	13.3
10768.9	28.5	8.4	6.0	14.1
3203.6	43.3	14.2	15.2	13.9
0.5	0.1			0.1
7306.1	25.0	6.9	3.6	14.5
225.8	36.1	15.1	13.4	7.6
33.0	26.8	8.6	1.6	16.7
7698.1	30.7	2.0	9.1	19.7
4026.1	32.9	2.5	9.7	20.7
1309.0	29.5	0.2	8.1	21.2
982.9	35.0	4.3	8.9	21.9

4-5 续表 1

项 目	实现产品创新企业数（个）	在实现产品创新企业中的占比(%)		
		有国际市场新产品的企业	有国内市场新产品的企业	有本企业新产品的企业
电子及通信设备制造业	**12575**	**26.9**	**66.6**	**100.0**
#电子工业专用设备制造	781	22.8	71.1	100.0
光纤、光缆制造及锂离子电池制造	933	24.1	63.3	100.0
锂离子电池制造	736	24.2	64.1	100.0
通信设备制造、雷达及配套设备制造	1386	24.5	67.4	100.0
#通信系统设备制造	680	21.5	66.3	100.0
通信终端设备制造	632	29.3	67.4	100.0
雷达及配套设备制造	74	12.2	77.0	100.0
广播电视设备制造	368	36.4	70.4	100.0
非专业视听设备制造	662	43.4	70.1	100.0
电子器件制造	2999	27.4	67.9	100.0
#电子真空器件制造	261	21.1	67.1	100.0
半导体分立器件制造	262	21.8	63.0	100.0
集成电路制造	586	23.2	67.7	100.0
光电子器件制造	588	30.3	69.6	100.0
电子元件及电子专用设备制造	3927	24.7	63.6	100.0
#电阻电容电感元件制造	608	24.5	64.3	100.0
电子专用材料制造	790	22.2	64.1	100.0
电子电路制造	835	22.3	60.6	100.0
智能消费设备制造	700	28.6	69.1	100.0
其他电子设备制造	819	27.1	68.1	100.0
计算机及办公设备制造业	**1533**	**33.9**	**68.6**	**100.0**
#计算机整机制造	202	42.1	77.2	100.0
计算机零部件制造	461	36.2	65.7	100.0
计算机外围设备制造	421	34.9	67.0	100.0
办公设备制造	160	31.3	68.1	100.0
医疗仪器设备及仪器仪表制造业	**4809**	**21.2**	**67.4**	**100.0**
#医疗仪器设备及器械制造	1443	27.4	62.9	100.0
#医疗诊断、监护及治疗设备制造	453	28.7	64.7	100.0
医疗、外科及兽医用器械制造	393	27.7	59.8	100.0
通用仪器仪表制造	2226	16.8	69.6	100.0
专用仪器仪表制造	705	17.9	68.1	100.0
信息化学品制造业	**101**	**22.8**	**59.4**	**100.0**

新产品销售收入(亿元)	新产品销售收入占营业收入的比重(%)			
		1.仅国际市场新的产品	2.仅国内市场新的产品	3.仅本企业新的产品
47704.1	**43.4**	**11.7**	**14.0**	**17.8**
654.5	38.4	2.8	13.5	22.1
3234.8	47.5	7.3	17.3	22.9
2826.8	50.1	8.2	18.3	23.7
21156.9	51.3	16.7	16.6	18.0
3604.1	52.7	7.1	13.2	32.4
17439.7	51.2	18.9	17.3	15.1
113.0	30.5	0.2	12.4	17.8
684.1	40.1	7.4	15.6	17.0
2901.9	41.1	9.3	14.2	17.5
8548.0	36.9	8.6	11.2	17.1
333.8	30.8	9.5	8.6	12.7
280.2	20.9	1.5	5.7	13.7
1695.6	33.0	5.0	9.9	18.2
1316.8	37.9	7.6	11.3	19.0
7381.0	36.8	7.6	11.5	17.8
690.7	28.1	7.9	8.1	12.1
1609.4	33.3	3.4	11.9	18.0
2160.0	43.9	9.1	12.7	22.1
2011.0	41.3	20.2	10.1	11.0
1132.0	35.2	4.9	12.9	17.3
7343.7	**31.9**	**10.9**	**8.7**	**12.3**
4637.8	32.0	12.3	8.7	11.1
1135.1	33.8	10.2	9.3	14.2
741.0	27.2	8.0	6.2	13.0
204.5	21.8	3.9	6.1	11.7
3975.0	**34.0**	**3.0**	**11.8**	**19.3**
1286.2	31.7	3.6	8.2	19.9
597.6	35.9	4.9	7.8	23.2
329.2	30.0	2.8	8.9	18.3
1848.4	36.5	2.4	13.9	20.3
456.6	31.3	2.1	13.5	15.6
202.8	**33.9**	**1.9**	**8.6**	**23.4**

4-5 续表 2

项　　目	实现产品创新企业数(个)	在实现产品创新企业中的占比(%)		
		有国际市场新产品的企业	有国内市场新产品的企业	有本企业新产品的企业
四、按地区分				
东部地区	16327	27.2	66.2	100.0
中部地区	4193	16.0	61.1	100.0
西部地区	2274	16.0	61.3	100.0
东北地区	441	15.4	63.7	100.0
北　京	544	14.3	59.7	100.0
天　津	307	20.5	62.9	100.0
河　北	368	16.0	61.1	100.0
山　西	109	11.0	50.5	100.0
内蒙古	41	19.5	61.0	100.0
辽　宁	240	21.3	72.5	100.0
吉　林	114	10.5	56.1	100.0
黑龙江	87	5.7	49.4	100.0
上　海	563	30.0	71.9	100.0
江　苏	3595	24.8	64.5	100.0
浙　江	2603	22.4	60.1	100.0
安　徽	1007	18.6	62.6	100.0
福　建	735	23.7	62.3	100.0
江　西	1067	15.7	60.8	100.0
山　东	958	16.1	63.6	100.0
河　南	539	13.4	58.8	100.0
湖　北	750	17.3	60.7	100.0
湖　南	721	14.3	63.0	100.0
广　东	6633	34.1	70.8	100.0
广　西	120	24.2	57.5	100.0
海　南	21	9.5	61.9	100.0
重　庆	498	16.7	59.4	100.0
四　川	820	16.0	63.9	100.0
贵　州	200	13.0	63.0	100.0
云　南	120	18.3	56.7	100.0
陕　西	378	14.3	60.6	100.0
甘　肃	40	7.5	52.5	100.0
青　海	15	13.3	66.7	100.0
宁　夏	28	21.4	64.3	100.0
新　疆	14		57.1	100.0

新产品销售收入（亿元）	新产品销售收入占营业收入的比重（%）			
		1.仅国际市场新的产品	2.仅国内市场新的产品	3.仅本企业新的产品
51201.8	42.9	10.4	14.4	18.2
11429.1	41.0	11.6	9.8	19.6
5206.5	21.7	3.6	7.1	11.0
711.7	23.5	1.0	13.1	9.4
2487.5	39.2	14.3	12.3	12.6
944.1	32.3	10.9	7.8	13.6
715.9	42.2	7.0	15.7	19.5
321.8	23.2	11.6	2.9	8.6
49.1	11.7	0.4	4.4	6.8
386.2	20.2	0.6	12.6	7.0
155.5	26.0	3.2	9.7	13.1
169.9	33.0	0.1	19.2	13.7
1605.8	20.3	6.4	6.3	7.6
11702.8	43.5	9.9	13.1	20.5
5687.9	56.1	6.9	14.3	35.0
2425.0	49.2	4.0	12.4	32.8
2257.6	36.2	13.9	12.4	9.9
2340.5	35.6	9.0	14.4	12.2
2427.6	36.0	4.8	16.6	14.6
2915.7	46.0	32.2	3.7	10.1
1933.9	42.8	1.3	8.8	32.7
1492.1	35.9	4.2	12.2	19.4
23358.4	46.5	11.9	17.0	17.7
166.2	11.7	3.0	2.0	6.6
14.2	6.0		4.5	1.5
1717.9	26.5	2.9	6.5	17.1
1806.8	19.2	3.6	6.8	8.8
244.0	25.7	1.5	9.2	15.0
398.6	34.0	15.9	2.4	15.6
548.7	16.5	0.9	9.9	5.8
81.7	30.4	5.5	19.7	5.2
52.2	41.1		25.6	15.5
131.7	58.5	14.5	32.3	11.6
9.7	5.6		0.4	5.2

4-6 资质等级以上建筑业企业

项　目	实现工艺创新企业数(个)	在实现工艺创新企业中占比(%)	
		有市场新工艺的企业	有本企业新工艺的企业
总　计	**7768**	**61.2**	**100.0**
#国有及国有控股	1778	63.2	100.0
一、按规模分			
大型企业	1999	67.5	100.0
中型企业	3465	56.5	100.0
小型企业	1903	61.6	100.0
微型企业	401	68.8	100.0
二、按登记注册类型分			
内资企业	7707	61.2	100.0
国有企业	180	58.9	100.0
集体企业	55	69.1	100.0
股份合作企业	13	61.5	100.0
联营企业	8	50.0	100.0
#国有联营企业	3	66.7	100.0
有限责任公司	2564	62.5	100.0
#国有独资公司	491	64.0	100.0
股份有限公司	306	63.4	100.0
私营企业	4581	60.3	100.0
港、澳、台商投资企业	35	77.1	100.0
#合资经营企业	24	83.3	100.0
港、澳、台商独资经营企业	5	60.0	100.0
港、澳、台商投资股份有限公司	3	66.7	100.0
外商投资企业	26	50.0	100.0
#中外合资经营企业	15	40.0	100.0
外资企业	9	55.6	100.0
三、按行业分			
房屋建筑业	3222	63.4	100.0
土木工程建筑业	2223	60.8	100.0
建筑安装业	963	55.8	100.0

注：在占实现工艺创新企业比重里，较低新颖度类别包含了较高新颖度类别；在占营业收入比重里，仅按最高的新颖度类别计算，较低新颖度类别未包含较高新颖度类别。

工艺创新新颖度类别情况

工艺创新贡献的营业收入（亿元）	工艺创新贡献的营业收入占营业收入的比重（%）		
		1.仅市场新的工艺	2.仅本企业新的工艺
88066.8	**40.3**	**12.7**	**27.6**
54556.8	55.6	17.7	38.0
75385.4	54.3	17.1	37.2
10655.1	16.0	4.5	11.5
591.5	6.1	2.3	3.8
1434.9	43.8	23.6	20.2
86965.9	40.2	12.7	27.5
1723.0	29.7	8.1	21.6
128.9	6.9	3.0	4.0
114.6	34.6	9.5	25.1
60.3	64.8	18.4	46.4
32.6	99.1	44.9	54.2
60375.9	51.9	16.5	35.4
16061.2	55.5	19.6	35.9
5681.4	49.9	16.9	33.0
18881.8	23.5	7.2	16.3
751.2	60.1	21.8	38.3
293.8	48.7	22.1	26.6
47.7	29.3	7.9	21.4
54.0	59.3	29.6	29.8
349.7	35.8	8.8	27.0
85.9	37.6	6.7	30.9
99.7	24.7	9.6	15.1
47645.2	38.1	12.4	25.7
32492.6	47.0	14.4	32.6
4407.3	35.6	9.3	26.3

4-6 续表

项 目	实现工艺创新企业数(个)	在实现工艺创新企业中占比(%)	
		有市场新工艺的企业	有本企业新工艺的企业
建筑装饰、装修和其他建筑业	1360	60.6	100.0
四、按地区分			
东部地区	4167	58.7	100.0
中部地区	1898	61.7	100.0
西部地区	1424	68.8	100.0
东北地区	279	57.0	100.0
北 京	334	52.1	100.0
天 津	179	55.3	100.0
河 北	232	62.9	100.0
山 西	190	64.7	100.0
内蒙古	40	65.0	100.0
辽 宁	151	50.3	100.0
吉 林	46	58.7	100.0
黑龙江	82	68.3	100.0
上 海	229	61.1	100.0
江 苏	690	59.3	100.0
浙 江	681	52.9	100.0
安 徽	292	61.3	100.0
福 建	388	61.3	100.0
江 西	244	56.1	100.0
山 东	678	61.1	100.0
河 南	511	62.8	100.0
湖 北	331	66.8	100.0
湖 南	330	57.9	100.0
广 东	740	61.5	100.0
广 西	115	68.7	100.0
海 南	16	62.5	100.0
重 庆	134	72.4	100.0
四 川	416	68.0	100.0
贵 州	111	74.8	100.0
云 南	147	72.1	100.0
西 藏	12	66.7	100.0
陕 西	261	66.7	100.0
甘 肃	72	73.6	100.0
青 海	20	55.0	100.0
宁 夏	37	62.2	100.0
新 疆	59	61.0	100.0

工艺创新贡献的营业收入（亿元）	工艺创新贡献的营业收入占营业收入的比重（%）	1.仅市场新的工艺	2.仅本企业新的工艺
3521.7	29.9	9.9	19.9
49903.7	41.3	13.4	27.9
21059.9	43.0	12.8	30.2
15753.6	36.4	11.5	24.9
1349.6	25.1	6.7	18.4
7691.9	47.3	14.1	33.2
2110.3	48.6	12.3	36.3
2005.7	39.4	13.1	26.3
2495.7	53.1	14.5	38.6
292.8	27.4	12.2	15.2
764.3	27.4	6.8	20.6
291.3	22.3	6.5	15.7
294.1	22.8	6.7	16.1
5425.6	51.5	25.0	26.5
9762.7	35.6	10.4	25.2
5151.2	32.6	8.9	23.7
2195.0	35.7	10.2	25.5
3674.2	37.7	13.0	24.8
2134.8	39.1	10.6	28.5
6576.8	47.8	14.5	33.3
3572.2	37.9	12.7	25.2
6432.2	45.9	15.1	30.8
4230.0	45.7	11.6	34.1
7432.1	42.4	14.2	28.2
1392.5	39.6	14.3	25.4
73.1	23.2	7.4	15.7
1529.1	28.6	11.9	16.7
4254.6	33.4	9.0	24.3
1487.5	48.0	14.9	33.1
2035.6	47.2	17.6	29.6
14.3	4.7	1.5	3.2
2944.3	38.8	8.9	29.8
650.6	35.5	8.2	27.3
328.2	58.3	19.8	38.5
178.2	31.2	11.3	19.9
645.9	27.4	14.3	13.1

五、规模（限额）以上企业产品或工艺创新活动类型及创新费用情况（2020年）

5-1 规模(限额)以上企业产品

项目	开展产品或工艺创新活动企业数(个)	内部研发	外部研发
总计	**278548**	**62.6**	**8.7**
#国有及国有控股	21869	57.5	19.2
一、按规模分			
大型企业	14132	69.8	24.5
中型企业	50427	62.6	12.9
小型企业	200573	63.4	6.7
微型企业	13416	43.9	5.9
二、按登记注册类型分			
内资企业	250836	62.4	8.6
国有企业	2436	51.6	17.5
集体企业	392	44.4	5.6
股份合作企业	458	61.8	5.2
联营企业	83	50.6	7.2
#国有联营企业	35	54.3	5.7
有限责任公司	49183	58.1	12.8
#国有独资公司	4240	54.6	19.6
股份有限公司	9890	70.8	21.4
私营企业	188350	63.2	6.7
其他企业	44	63.6	22.7
港、澳、台商投资企业	12783	66.1	8.3
合资经营企业	3877	71.4	10.3
合作经营企业	151	63.6	4.0
港、澳、台商独资经营企业	8104	62.9	6.6
港、澳、台商投资股份有限公司	506	78.3	21.1
其他港、澳、台投资企业	145	57.9	6.9
外商投资企业	14929	64.1	9.9
中外合资经营企业	5222	69.3	12.8
中外合作经营企业	146	67.8	5.5
外资企业	9036	60.7	7.9
外商投资股份有限公司	365	75.6	21.1
其他外商投资企业	160	59.4	11.3
三、按行业分			
采矿业	2212	58.3	15.8
制造业	202509	71.0	7.7
电力、热力、燃气及水生产和供应业	3352	49.6	10.6
建筑业	9315	46.2	11.5
批发和零售业	23671	44.8	14.1
交通运输、仓储和邮政业	3435	14.6	3.8
信息传输、软件和信息技术服务业	16804	30.8	9.8

或工艺创新活动类型

在开展产品或工艺创新活动企业中，有下列活动形式的企业占比(%)					
获得机器设备和软件	从外部获取相关技术	相关培训	市场推介	相关设计	其他创新活动
52.7	**1.2**	**36.1**	**17.1**	**17.1**	**22.9**
49.7	8.0	46.2	20.1	12.6	31.3
53.6	9.1	53.7	25.9	19.4	35.2
47.8	4.2	42.6	20.3	17.5	26.2
54.8	1.8	33.7	15.8	17.1	21.4
39.2	1.6	29.0	14.5	13.1	19.3
52.4	2.5	35.7	17.1	16.9	22.3
41.9	5.0	43.8	17.2	10.3	28.5
42.9	1.0	36.5	12.8	10.5	20.4
51.1	1.1	27.3	14.8	14.6	16.8
41.0	6.3	45.8	22.9	14.5	19.3
40.0	2.0	48.6	17.1	17.1	22.9
50.4	3.9	41.8	19.3	15.8	27.5
47.5	5.7	45.7	19.3	11.0	30.9
59.0	5.4	48.6	28.2	22.9	31.8
52.7	2.0	33.3	15.9	17.0	20.4
47.7	6.7	29.5	13.6	18.2	27.3
60.0	2.6	38.5	16.9	19.3	26.9
62.9	2.6	40.9	18.0	18.6	27.0
61.6	2.8	29.1	12.6	17.9	17.9
58.2	2.4	36.9	15.6	19.3	26.7
67.6	4.8	47.0	28.3	25.3	32.2
53.1	4.0	48.3	20.7	20.7	24.8
52.2	3.6	40.7	17.4	18.6	29.9
56.5	3.9	41.4	18.1	18.8	29.3
57.5	2.6	42.5	16.4	17.8	24.0
49.5	3.3	40.0	16.4	18.3	30.4
58.6	4.2	47.7	32.3	23.0	28.2
46.9	4.3	46.3	19.4	19.4	26.3
52.0	1.1	27.9	5.2	3.1	18.0
62.9	1.6	34.9	16.5	19.4	22.5
51.3	1.5	29.4	3.3	1.9	20.2
32.4	11.2	47.5	21.8	6.4	28.1
21.4	8.6	41.4	25.2	18.8	22.8
28.6	8.4	36.0	12.9	5.8	24.7
20.0	8.3	35.5	18.0	9.6	23.6

5-1 续表

项　目	开展产品或工艺创新活动企业数（个）		
		内部研发	外部研发
租赁和商务服务业	4961	16.8	3.7
科学研究和技术服务业	11188	53.1	12.0
水利、环境和公共设施管理业	1101	39.5	6.8
四、按地区分			
东部地区	184207	64.0	8.3
中部地区	56368	64.2	8.8
西部地区	31269	54.5	10.4
东北地区	6704	50.1	9.6
北　京	9303	38.3	11.7
天　津	3977	51.3	9.0
河　北	6946	51.4	6.5
山　西	2640	42.0	10.3
内蒙古	1069	45.7	12.6
辽　宁	3974	57.7	9.6
吉　林	1278	36.1	9.9
黑龙江	1452	41.5	9.4
上　海	10131	45.2	9.8
江　苏	38104	75.9	9.2
浙　江	37848	68.7	7.5
安　徽	12367	62.3	11.7
福　建	11965	61.4	8.4
江　西	8149	68.8	5.2
山　东	19815	67.7	8.6
河　南	9374	66.7	8.7
湖　北	10351	62.5	9.7
湖　南	13487	67.0	7.6
广　东	45718	61.9	7.1
广　西	2806	40.2	7.1
海　南	400	34.8	14.5
重　庆	5395	63.6	9.1
四　川	8887	61.4	11.6
贵　州	2638	57.4	11.3
云　南	2724	58.2	10.4
西　藏	127	22.8	9.4
陕　西	4289	45.9	10.9
甘　肃	1148	48.1	12.3
青　海	315	35.6	8.3
宁　夏	770	61.9	9.5
新　疆	1101	28.5	10.1

在开展产品或工艺创新活动企业中，有下列活动形式的企业占比(%)					
获得机器设备和软件	从外部获取相关技术	相关培训	市场推介	相关设计	其他创新活动
18.4	7.4	37.0	18.3	8.9	23.0
26.5	11.4	40.2	12.8	7.7	26.0
28.6	10.5	35.2	14.1	7.3	24.4
53.0	3.6	35.7	16.9	17.8	23.7
56.3	3.0	34.5	15.8	14.8	19.4
45.8	4.0	40.4	20.3	17.7	23.9
47.5	3.5	38.6	17.9	15.1	25.7
32.0	6.7	36.7	17.9	12.9	26.6
39.4	3.7	41.7	18.0	16.1	28.4
51.9	2.5	32.5	15.5	13.6	19.5
57.7	3.6	38.4	15.9	11.0	25.1
48.2	3.3	38.4	16.5	12.3	23.2
40.5	3.3	40.4	18.2	14.6	27.7
65.6	3.2	36.4	16.1	14.8	24.6
51.0	4.4	35.7	18.5	16.9	21.2
39.7	6.5	42.9	21.2	18.3	30.1
50.4	3.1	36.4	14.8	14.7	22.9
58.2	2.2	26.3	12.4	16.4	17.9
59.9	3.8	42.5	19.1	18.9	24.3
37.4	3.3	32.3	15.3	17.5	19.7
72.1	2.5	33.9	15.2	14.7	18.0
42.8	3.0	33.6	15.5	14.8	19.4
25.8	3.2	35.4	17.2	15.2	19.0
67.7	3.0	34.1	15.2	14.8	19.6
55.8	2.3	26.4	12.6	11.5	14.9
67.8	4.3	43.0	22.3	24.5	30.3
58.0	5.0	42.9	22.0	18.7	28.7
43.0	6.0	36.5	20.3	17.0	27.0
43.9	3.4	38.2	18.2	18.9	22.7
48.5	3.9	39.1	20.3	17.5	23.0
40.9	4.4	36.4	18.5	16.3	22.7
40.2	3.7	44.3	22.7	20.2	24.4
35.4	6.3	40.9	29.9	20.5	22.0
43.2	4.4	44.7	22.2	19.3	25.0
39.2	4.5	38.9	22.0	14.5	21.5
48.3	4.8	40.3	15.9	13.3	24.8
46.5	4.0	43.2	19.0	14.9	24.3
42.3	4.8	41.3	19.3	13.5	24.4

5-2 规模以上工业企业产品

项目	开展产品或工艺创新活动的企业数（个）		
		内部研发	外部研发
总 计	**208073**	**70.5**	**7.9**
#国有及国有控股	11360	69.6	20.7
一、按规模分			
大型企业	6861	84.5	27.4
中型企业	28080	78.3	13.2
小型企业	165401	69.3	6.3
微型企业	7731	54.9	5.0
二、按登记注册类型分			
内资企业	184644	70.6	7.8
国有企业	917	63.3	19.3
集体企业	216	61.1	5.1
股份合作企业	381	69.8	5.5
联营企业	40	57.5	5.0
#国有联营企业	15	60.0	
有限责任公司	30193	69.2	12.4
#国有独资公司	1908	66.7	21.4
股份有限公司	6760	82.1	23.4
私营企业	146105	70.4	6.0
其他企业	32	62.5	18.8
港、澳、台商投资企业	10809	71.3	7.6
合资经营企业	3431	75.0	9.9
合作经营企业	125	65.6	3.2
港、澳、台商独资经营企业	6723	68.8	5.5
港、澳、台商投资股份有限公司	430	84.4	21.6
其他港、澳、台投资企业	100	66.0	8.0
外商投资企业	12620	68.8	9.3
中外合资经营企业	4532	72.8	12.4
中外合作经营企业	134	70.1	4.5
外资企业	7555	65.7	6.9
外商投资股份有限公司	293	85.0	21.8
其他外商投资企业	106	70.8	12.3
三、按行业分			
采矿业	**2212**	**58.3**	**15.8**
#煤炭开采和洗选业	785	55.7	18.9
石油和天然气开采业	67	71.6	49.3
黑色金属矿采选业	269	53.9	14.1
有色金属矿采选业	354	59.6	17.2
非金属矿采选业	666	61.0	7.5

或工艺创新活动类型

在开展产品或工艺创新活动企业中，有下列活动形式的企业占比(%)					
获得机器设备和软件	从外部获取相关技术	相关培训	市场推介	相关设计	其　他创新活动
62.6	**1.6**	**34.8**	**16.2**	**18.9**	**22.4**
66.0	4.1	46.9	21.1	16.9	33.6
72.0	6.6	56.0	28.9	28.1	39.3
64.9	2.6	43.0	19.7	22.2	27.6
62.1	1.2	33.0	15.3	18.3	21.1
56.8	0.9	25.3	11.0	13.0	16.6
62.7	1.4	34.2	16.2	18.8	21.6
60.0	2.8	45.1	20.0	16.2	33.0
55.6		30.1	9.7	12.5	18.1
56.2	0.3	25.7	13.4	16.8	16.8
57.5		37.5	15.0	17.5	20.0
60.0		40.0	6.7	20.0	20.0
65.0	2.1	41.8	19.2	19.5	28.2
63.5	3.8	44.4	19.1	15.6	33.0
73.2	3.9	51.4	30.8	27.7	33.8
61.8	1.2	31.8	14.8	18.3	19.6
53.1	3.1	28.1	12.5	18.8	25.0
66.3	1.7	38.5	15.7	20.4	27.1
66.8	2.2	40.9	18.0	19.6	27.0
68.8	2.4	26.4	11.2	16.8	16.8
65.5	1.4	36.7	13.8	20.3	27.0
73.0	3.0	47.7	29.5	27.4	33.5
65.0	3.0	49.0	15.0	22.0	26.0
56.9	3.1	40.3	16.6	19.5	30.1
61.1	3.6	41.2	17.8	20.0	29.6
58.2	2.2	41.0	14.9	19.4	20.9
53.9	2.9	39.2	15.3	19.0	30.6
67.2	3.1	49.5	30.7	25.6	28.7
61.3	0.9	48.1	18.9	22.6	30.2
52.0	**1.1**	**27.9**	**5.2**	**3.1**	**18.0**
47.1	1.7	27.8	3.9	2.4	20.0
74.6	3.0	50.7	6.0	4.5	34.3
46.1	1.1	23.0	2.2	2.6	13.4
55.7	0.3	30.8	3.7	2.0	21.2
54.4	0.8	25.4	8.1	4.7	13.8

5-2 续表 1

项　　目	开展产品或工艺创新活动的企业数（个）	内部研发	外部研发
开采专业及辅助性活动	69	60.9	27.5
制造业	**202509**	**71.0**	**7.7**
农副食品加工业	8560	60.7	6.6
食品制造业	4391	64.2	9.4
酒、饮料和精制茶制造业	2561	60.7	10.3
烟草制品业	78	80.8	47.4
纺织业	8349	69.7	3.5
纺织服装、服饰业	3928	61.0	3.0
皮革、毛皮、羽毛及其制品和制鞋业	3293	69.3	2.2
木材加工和木、竹、藤、棕、草制品业	2832	63.7	3.1
家具制造业	3079	63.9	3.6
造纸和纸制品业	2939	66.6	3.4
印刷和记录媒介复制业	2854	66.0	3.6
文教、工美、体育和娱乐用品制造业	4245	67.4	3.9
石油、煤炭及其他燃料加工业	907	67.4	11.1
化学原料和化学制品制造业	13315	74.5	10.8
医药制造业	6167	77.9	28.0
化学纤维制造业	1119	78.9	7.4
橡胶和塑料制品业	11078	68.3	4.4
非金属矿物制品业	14784	66.7	4.7
黑色金属冶炼和压延加工业	2167	69.7	7.8
有色金属冶炼和压延加工业	3995	74.1	7.2
金属制品业	13915	68.3	4.2
通用设备制造业	18008	75.8	7.3
专用设备制造业	15321	76.5	9.4
汽车制造业	10381	71.2	8.8
铁路、船舶、航空航天和其他运输设备制造业	3235	75.3	12.6
电气机械和器材制造业	18768	73.6	7.0
计算机、通信和其他电子设备制造业	15781	74.5	9.9
仪器仪表制造业	4378	76.9	14.7
其他制造业	994	65.8	5.6
废弃资源综合利用业	840	66.5	7.0
金属制品、机械和设备修理业	247	66.0	7.7
电力、热力、燃气及水生产和供应业	**3352**	**49.6**	**10.6**
电力、热力生产和供应业	2233	48.3	12.1
燃气生产和供应业	465	51.8	6.7
水的生产和供应业	654	52.4	8.3

在开展产品或工艺创新活动企业中，有下列活动形式的企业占比(%)					
获得机器设备和软件	从外部获取相关技术	相关培训	市场推介	相关设计	其　他创新活动
65.2	1.4	34.8	11.6	2.9	21.7
62.9	**1.6**	**34.9**	**16.5**	**19.4**	**22.5**
57.7	1.5	27.6	18.0	25.3	12.6
66.8	1.7	35.4	26.5	35.2	18.9
63.2	1.5	31.9	23.6	32.6	15.7
75.6	5.1	62.8	35.9	37.2	44.9
77.7	0.9	24.4	10.4	10.9	14.2
48.1	0.8	23.9	9.6	15.6	11.4
44.9	0.4	19.7	8.2	17.2	10.2
48.6	0.5	23.4	10.6	12.7	12.6
58.9	0.7	29.0	16.4	24.4	16.8
73.8	1.0	29.5	12.1	20.0	17.0
57.9	1.4	33.3	11.4	22.5	17.5
74.2	1.3	28.6	16.1	26.4	16.3
67.8	3.5	35.4	15.4	10.5	22.2
74.8	1.7	38.0	18.8	16.1	22.7
64.6	3.4	46.8	23.8	27.3	26.0
46.9	1.6	28.2	12.4	11.4	16.7
58.3	1.4	33.1	14.2	17.2	20.7
68.5	1.1	30.1	12.2	10.7	17.1
71.4	1.3	32.7	13.5	7.2	19.2
75.1	1.6	33.4	11.1	10.3	20.1
57.4	1.1	32.8	11.9	15.2	20.7
57.1	1.5	36.3	18.1	19.0	25.9
58.7	1.7	38.9	21.7	20.8	27.2
56.8	2.2	38.9	12.4	16.9	29.0
57.1	3.1	40.6	15.3	19.8	28.9
63.1	1.5	38.9	18.7	24.4	27.4
67.7	2.2	43.0	19.8	24.5	31.8
63.0	1.9	42.6	25.5	27.7	31.9
63.3	1.3	32.3	17.0	23.3	19.4
58.2	1.1	29.9	6.2	2.6	17.6
49.8	2.0	42.1	9.7	8.1	36.0
51.3	**1.5**	**29.4**	**3.3**	**1.9**	**20.2**
53.6	2.0	29.7	2.7	1.7	21.1
43.9	0.9	29.0	6.0	2.6	17.8
48.6	0.3	28.6	3.2	2.3	18.7

5−2 续表 2

项 目	开展产品或工艺创新活动的企业数(个)		
		内部研发	外部研发
四、按地区分			
东部地区	137026	72.3	7.3
中部地区	44623	70.3	8.4
西部地区	21341	63.6	10.1
东北地区	5083	53.4	9.5
北 京	2051	58.6	14.5
天 津	2539	56.9	7.6
河 北	5539	56.6	6.2
山 西	1874	45.6	9.9
内蒙古	730	53.6	13.4
辽 宁	3081	60.8	8.9
吉 林	936	37.8	10.9
黑龙江	1066	45.6	9.9
上 海	4632	53.9	7.9
江 苏	31504	83.0	8.7
浙 江	32585	73.2	6.6
安 徽	10154	68.1	11.6
福 建	8685	68.8	7.0
江 西	6766	75.1	4.7
山 东	15561	74.6	8.1
河 南	6602	74.0	8.1
湖 北	7981	70.8	9.1
湖 南	11246	70.9	7.2
广 东	33754	68.4	5.7
广 西	1855	46.2	5.8
海 南	176	50.0	22.7
重 庆	4035	71.3	8.3
四 川	6182	70.9	11.4
贵 州	1879	67.4	11.1
云 南	1815	66.4	9.1
西 藏	43	27.9	9.3
陕 西	2649	55.9	12.0
甘 肃	730	57.7	12.7
青 海	174	42.5	9.2
宁 夏	612	69.0	9.5
新 疆	637	29.0	8.0

在开展产品或工艺创新活动企业中，有下列活动形式的企业占比(%)					
获得机器设备和软件	从外部获取相关技术	相关培训	市场推介	相关设计	其他创新活动
63.3	1.5	34.6	16.2	19.8	23.3
64.9	1.5	32.8	14.5	15.9	18.5
54.8	1.8	39.2	18.8	20.3	24.1
55.3	1.8	39.3	18.2	17.7	26.6
73.7	2.7	44.8	26.5	25.2	35.0
48.8	1.1	42.6	19.4	20.8	30.0
59.0	1.4	30.7	14.4	15.2	18.5
68.7	1.7	36.0	13.9	11.5	24.0
57.0	1.2	38.6	15.1	13.0	25.6
45.7	1.6	41.6	19.0	16.9	28.9
80.4	2.2	36.4	14.7	17.5	24.6
60.7	2.2	34.9	18.9	19.9	21.7
58.5	1.6	48.0	24.3	24.9	35.0
56.2	1.5	35.2	13.9	15.5	22.6
64.0	1.2	24.8	11.7	17.3	17.3
68.3	2.3	42.6	18.9	20.5	24.8
43.8	1.5	31.3	14.5	18.9	19.0
82.4	1.2	32.8	14.2	15.5	17.4
48.0	1.4	31.7	14.5	15.8	18.4
26.4	1.3	33.0	15.4	17.3	17.9
80.1	1.3	31.8	13.4	15.8	18.3
62.4	1.1	23.9	11.1	11.8	13.2
83.1	1.8	43.2	22.3	27.8	30.9
72.5	2.0	41.3	20.4	22.5	29.8
67.0	2.3	41.5	22.7	23.3	23.3
50.3	1.7	37.4	16.2	20.7	22.3
59.0	1.7	38.5	20.0	20.5	23.2
47.4	1.6	33.8	16.6	18.2	22.1
45.0	1.4	43.4	21.1	23.5	25.0
48.8		39.5	23.3	20.9	20.9
53.9	2.3	43.9	21.3	22.5	26.0
47.1	1.0	36.6	18.8	16.8	21.6
62.6	2.9	34.5	13.8	16.1	26.4
50.0	2.8	42.3	17.5	16.3	24.5
53.4	2.0	38.3	14.8	15.1	22.8

5-3 资质等级以上建筑业

项 目	开展产品或工艺创新活动企业数(个)		
		内部研发	外部研发
总 计	**9315**	**46.2**	**11.5**
#国有及国有控股	2015	59.1	21.5
一、按规模分			
大型企业	2144	63.1	22.7
中型企业	4216	41.9	8.6
小型企业	2444	39.8	6.8
微型企业	511	40.7	10.8
二、按登记注册类型分			
内资企业	9248	46.0	11.5
国有企业	210	51.4	19.5
集体企业	66	24.2	7.6
股份合作企业	16	12.5	12.5
联营企业	9	33.3	22.2
#国有联营企业	3	66.7	33.3
有限责任公司	2966	52.2	16.8
#国有独资公司	552	62.5	21.6
股份有限公司	347	63.1	16.4
私营企业	5634	41.9	8.1
港、澳、台商投资企业	38	65.8	13.2
#合资经营企业	25	60.0	12.0
港、澳、台商独资经营企业	7	57.1	
港、澳、台商投资股份有限公司	3	100.0	33.3
外商投资企业	29	72.4	6.9
#中外合资经营企业	17	76.5	11.8
外资企业	10	60.0	
三、按行业分			
房屋建筑业	3761	40.1	10.4
土木工程建筑业	2616	53.6	16.5
建筑安装业	1275	51.8	11.0
建筑装饰、装修和其他建筑业	1663	43.8	6.5

企业产品或工艺创新活动类型

在开展产品或工艺创新活动企业中，有下列活动形式的企业占比(%)					
获得机器设备和软件	从外部获取相关技术	相关培训	市场推介	相关设计	其　他创新活动
32.4	**11.2**	**47.5**	**21.8**	**6.4**	**28.1**
40.8	15.1	58.9	21.1	5.4	34.1
44.8	16.3	63.1	23.2	6.6	35.8
30.2	10.9	44.6	19.6	5.1	26.0
26.9	8.2	40.7	23.9	8.1	25.1
24.5	7.0	38.0	23.7	7.8	26.8
32.3	11.2	47.4	21.8	6.4	28.0
42.9	15.2	54.3	18.6	6.7	29.0
34.8	7.6	50.0	22.7	6.1	28.8
43.8	6.3	37.5	25.0	6.3	12.5
11.1		33.3	22.2	11.1	22.2
33.3		66.7		33.3	33.3
36.8	12.6	54.5	21.1	5.1	31.6
41.3	15.8	60.5	21.7	4.0	34.1
38.0	15.6	52.2	27.7	10.1	33.4
29.2	10.2	43.1	21.9	6.9	25.9
39.5	10.5	60.5	28.9	10.5	28.9
36.0	8.0	56.0	24.0	12.0	32.0
42.9	28.6	71.4	42.9	14.3	28.6
33.3		66.7	33.3		33.3
41.4	13.8	62.1	10.3	3.4	37.9
41.2	11.8	52.9	5.9		29.4
30.0	10.0	70.0	10.0	10.0	40.0
34.6	11.1	48.4	24.5	5.1	26.9
35.1	13.1	50.7	18.9	5.2	30.5
29.2	10.4	43.7	18.5	7.8	27.3
25.6	9.3	43.0	22.8	10.2	27.7

5–3 续表

项目	开展产品或工艺创新活动企业数（个）		
		内部研发	外部研发
四、按地区分			
东部地区	4996	47.1	11.4
中部地区	2215	48.4	11.3
西部地区	1730	41.8	12.5
东北地区	374	40.4	8.8
北京	430	46.0	13.3
天津	235	63.8	12.3
河北	257	35.4	12.1
山西	226	49.6	11.1
内蒙古	48	41.7	16.7
辽宁	209	45.0	12.0
吉林	57	35.1	3.5
黑龙江	108	34.3	5.6
上海	276	47.8	13.0
江苏	839	32.8	8.9
浙江	786	52.4	15.5
安徽	355	48.5	13.8
福建	451	38.1	11.5
江西	275	42.9	4.7
山东	783	47.1	9.7
河南	582	50.5	9.8
湖北	381	40.4	16.5
湖南	396	56.3	11.1
广东	920	59.8	9.9
广西	135	37.0	10.4
海南	19	21.1	5.3
重庆	173	50.3	17.3
四川	493	44.2	13.2
贵州	126	48.4	12.7
云南	175	54.9	12.0
西藏	20	35.0	25.0
陕西	328	29.3	9.5
甘肃	86	38.4	9.3
青海	26	38.5	15.4
宁夏	47	51.1	2.1
新疆	73	28.8	19.2

在开展产品或工艺创新活动企业中，有下列活动形式的企业占比(%)					
获得机器设备和软件	从外部获取相关技术	相关培训	市场推介	相关设计	其他创新活动
31.4	11.9	47.9	20.6	7.0	28.6
34.0	10.1	47.7	23.1	5.6	27.3
34.3	10.8	47.1	23.7	5.8	28.0
26.7	11.5	41.4	21.9	5.9	26.2
31.4	11.6	53.3	17.2	6.3	29.5
33.2	10.6	47.2	16.6	4.3	33.2
33.1	8.6	46.3	25.7	6.2	33.9
37.2	9.3	48.2	21.2	4.9	27.4
31.3	12.5	50.0	25.0	12.5	33.3
25.4	14.8	43.5	23.0	6.7	26.8
31.6	7.0	40.4	26.3	5.3	22.8
26.9	7.4	38.0	17.6	4.6	26.9
34.1	12.0	51.4	22.5	6.9	33.0
32.5	12.3	50.9	21.8	7.6	25.1
30.9	12.2	44.9	18.2	5.9	27.4
36.3	10.7	51.0	23.7	6.8	30.1
31.3	13.7	44.8	20.4	5.5	28.4
28.0	11.3	45.1	24.7	4.4	22.5
30.3	10.6	43.8	20.8	6.5	22.6
34.5	11.0	48.5	23.7	7.6	25.9
36.7	9.4	49.1	23.1	4.7	29.4
31.1	8.3	43.9	21.5	3.8	28.0
30.3	13.0	50.3	22.0	9.8	33.3
43.7	13.3	50.4	25.2	4.4	36.3
26.3		31.6	15.8	15.8	36.8
33.5	13.3	44.5	18.5	4.6	31.8
33.5	9.7	43.4	22.5	4.9	23.5
42.1	11.1	51.6	24.6	7.9	31.7
32.0	6.9	46.3	20.6	7.4	25.1
20.0	10.0	60.0	25.0	10.0	25.0
31.4	9.1	50.6	25.6	5.8	27.7
30.2	15.1	41.9	32.6	8.1	27.9
30.8	15.4	34.6	15.4		30.8
36.2	6.4	53.2	23.4	2.1	23.4
39.7	17.8	50.7	30.1	5.5	35.6

5–4 规模(限额)以上服务业

项　目	开展产品或工艺创新活动企业数(个)		
		内部研发	外部研发
总　计	**61160**	**38.4**	**11.0**
#国有及国有控股	8494	40.9	16.6
一、按规模分			
大型企业	5127	52.9	21.5
中型企业	18131	43.0	13.3
小型企业	32728	35.3	8.7
微型企业	5174	27.8	6.8
二、按登记注册类型分			
内资企业	56944	38.5	10.8
国有企业	1309	43.4	15.9
集体企业	110	23.6	5.5
股份合作企业	61	24.6	1.6
联营企业	34	47.1	5.9
#国有联营企业	17	47.1	5.9
有限责任公司	16024	38.2	12.9
#国有独资公司	1780	39.2	17.0
股份有限公司	2783	44.3	17.2
私营企业	36611	38.0	9.3
其他企业	12	66.7	33.3
港、澳、台商投资企业	1936	36.7	12.1
合资经营企业	421	43.2	13.1
合作经营企业	24	50.0	8.3
港、澳、台商独资经营企业	1374	34.1	11.9
港、澳、台商投资股份有限公司	73	41.1	17.8
其他港、澳、台投资企业	44	38.6	2.3
外商投资企业	2280	38.1	13.8
中外合资经营企业	673	45.6	15.5
中外合作经营企业	12	41.7	16.7
外资企业	1471	34.7	12.9
外商投资股份有限公司	71	36.6	18.3
其他外商投资企业	53	35.8	9.4
三、按行业分			
批发和零售业	**23671**	**44.8**	**14.1**
批发业	13951	50.1	16.5
零售业	9720	37.2	10.8
交通运输、仓储和邮政业	**3435**	**14.6**	**3.8**
铁路运输业	54	31.5	13.0
道路运输业	1706	13.1	3.2
水上运输业	238	24.0	10.9
航空运输业	98	16.3	8.2
管道运输业	24	45.8	29.2
多式联运和运输代理业	602	11.5	2.2
装卸搬运和仓储业	515	18.4	2.3
邮政业	198	7.1	1.5
信息传输、软件和信息技术服务业	**16804**	**30.8**	**9.8**
电信、广播电视和卫星传输服务	1034	22.3	6.4
互联网和相关服务	2583	32.8	9.6
软件和信息技术服务业	13187	31.1	10.1

企业产品或工艺创新活动类型

在开展产品或工艺创新活动企业中，有下列活动形式的企业占比(%)					
获得机器设备和软件	从外部获取相关技术	相关培训	市场推介	相关设计	其　他创新活动
22.2	**9.0**	**38.8**	**19.5**	**12.5**	**23.8**
30.0	11.6	42.3	18.4	8.6	27.4
32.7	13.2	46.7	23.0	13.1	29.4
25.5	9.7	41.4	21.5	12.9	24.1
20.0	8.2	36.9	18.0	12.0	22.9
14.4	6.8	33.6	18.8	13.6	22.6
22.0	8.9	38.6	19.3	12.4	23.5
29.1	10.5	41.3	15.1	6.8	25.3
22.7	2.7	40.9	12.7	9.1	20.0
21.3	8.2	34.4	21.3	3.3	18.0
29.4	23.5	58.8	32.4	11.8	17.6
23.5	5.9	52.9	29.4	11.8	23.5
25.4	10.1	39.5	19.1	10.8	25.4
32.2	11.3	42.5	18.7	8.1	27.8
27.1	10.8	41.5	21.9	12.7	26.7
19.9	8.1	37.9	19.3	13.3	22.4
33.3	33.3	33.3	16.7	16.7	33.3
25.3	10.2	38.5	23.1	13.7	25.6
32.3	9.5	39.4	17.6	10.9	26.8
25.0	8.3	41.7	16.7	25.0	25.0
22.5	10.0	37.8	24.7	14.2	25.3
37.0	17.8	42.5	20.5	13.7	24.7
25.0	9.1	45.5	34.1	18.2	22.7
26.2	10.3	43.2	22.1	13.7	28.4
25.7	9.8	42.2	20.7	11.6	27.0
50.0	16.7	58.3	33.3		58.3
26.8	10.3	43.7	21.9	14.9	29.4
22.5	11.3	39.4	38.0	12.7	25.4
17.0	13.2	41.5	20.8	13.2	17.0
21.4	**8.6**	**41.4**	**25.2**	**18.8**	**22.8**
22.7	9.3	39.8	22.4	18.2	24.9
19.7	7.5	43.8	29.2	19.6	19.9
28.6	**8.4**	**36.0**	**12.9**	**5.8**	**24.7**
50.0	14.8	35.2	7.4	1.9	35.2
26.7	8.5	36.9	14.7	6.3	24.8
31.5	8.4	34.0	9.7	2.9	28.6
37.8	5.1	35.7	19.4	9.2	23.5
33.3	16.7	45.8		4.2	33.3
23.8	8.3	36.7	11.1	4.7	23.9
32.2	6.8	31.8	7.4	5.0	21.4
35.9	10.1	38.4	20.2	10.1	26.8
20.0	**8.3**	**35.5**	**18.0**	**9.6**	**23.6**
24.7	11.4	41.3	26.1	12.5	23.9
15.8	6.8	30.6	17.7	7.7	19.3
20.4	8.4	36.0	17.4	9.7	24.4

5-4 续表

项　目	开展产品或工艺创新活动企业数（个）		
		内部研发	外部研发
租赁和商务服务业	**4961**	**16.8**	**3.7**
租赁业	303	27.4	5.9
商务服务业	4658	16.1	3.6
科学研究和技术服务业	**11188**	**53.1**	**12.0**
研究和试验发展	1706	66.8	21.6
专业技术服务业	7562	51.9	10.1
科技推广和应用服务业	1920	45.6	11.2
水利、环境和公共设施管理业	**1101**	**39.5**	**6.8**
水利管理业	31	61.3	32.3
生态保护和环境治理业	449	57.0	9.8
公共设施管理业	585	25.5	2.6
土地管理业	36	30.6	16.7
四、按地区分			
东部地区	42185	39.1	11.2
中部地区	9530	39.4	10.1
西部地区	8198	33.6	10.8
东北地区	1247	39.4	10.5
北　京	6822	31.8	10.7
天　津	1203	37.2	11.3
河　北	1150	29.9	6.4
山　西	540	26.3	11.1
内蒙古	291	26.8	10.0
辽　宁	684	47.4	12.1
吉　林	285	30.5	8.1
黑龙江	278	28.8	9.0
上　海	5223	37.3	11.4
江　苏	5761	43.4	11.8
浙　江	4477	38.6	12.4
安　徽	1858	33.3	11.6
福　建	2829	42.3	12.2
江　西	1108	36.6	8.1
山　东	3471	41.3	10.5
河　南	2190	48.9	10.2
湖　北	1989	33.5	10.7
湖　南	1845	46.0	8.9
广　东	11044	42.3	11.3
广　西	816	27.0	9.6
海　南	205	22.9	8.3
重　庆	1187	39.4	10.5
四　川	2212	38.6	11.7
贵　州	633	29.5	11.5
云　南	734	38.6	13.2
西　藏	64	15.6	4.7
陕　西	1312	29.8	9.0
甘　肃	332	29.5	12.0
青　海	115	24.3	5.2
宁　夏	111	27.9	12.6
新　疆	391	27.6	11.8

在开展产品或工艺创新活动企业中，有下列活动形式的企业占比(%)					
获得机器设备和软件	从外部获取相关技术	相关培训	市场推介	相关设计	其　他创新活动
18.4	**7.4**	**37.0**	**18.3**	**8.9**	**23.0**
21.5	8.3	30.7	13.9	7.3	22.4
18.2	7.3	37.4	18.6	9.0	23.1
26.5	**11.5**	**40.2**	**12.8**	**7.7**	**26.0**
33.9	15.6	45.5	19.2	13.8	32.7
25.5	10.8	40.1	10.6	5.7	24.6
23.8	10.3	35.9	15.9	10.2	25.4
28.6	**10.5**	**35.2**	**14.1**	**7.3**	**24.4**
19.4	12.9	29.0	3.2	3.2	25.8
31.0	12.2	35.9	9.4	6.9	28.3
27.5	8.7	35.7	18.8	8.2	21.2
25.0	16.7	25.0	5.6		27.8
21.9	9.2	38.1	18.7	12.6	24.5
21.7	8.4	39.5	20.2	11.9	21.7
24.9	8.5	42.2	23.5	13.4	22.4
22.3	8.2	35.2	15.5	7.5	22.0
19.6	7.6	33.3	15.3	9.7	23.9
20.9	7.9	38.8	15.4	8.3	24.2
22.3	6.4	38.3	18.5	7.7	21.1
27.8	7.8	42.8	20.9	11.9	28.1
28.9	6.9	35.7	18.6	10.3	15.5
21.3	7.7	34.1	13.5	6.3	22.7
23.9	5.6	35.4	18.6	7.7	24.9
23.0	11.9	37.8	17.3	10.1	17.3
23.4	10.5	37.8	18.5	13.0	25.6
21.5	10.1	40.6	18.7	11.7	24.3
20.4	7.6	34.5	16.8	12.0	20.5
18.8	10.3	40.7	19.9	12.6	20.5
18.6	7.2	33.7	16.8	15.0	20.5
20.0	8.3	37.7	18.7	12.4	20.8
22.4	8.3	39.8	18.8	12.3	22.9
21.8	6.8	39.2	20.7	10.6	20.3
23.8	8.9	40.5	21.1	12.4	22.8
21.2	8.1	37.7	19.7	11.7	22.1
24.0	10.9	41.9	22.4	15.4	28.0
27.5	10.2	45.3	25.2	12.4	24.8
23.9	9.8	32.7	18.5	11.7	29.3
23.7	7.5	39.9	25.1	14.7	22.7
22.8	8.6	39.5	20.7	11.8	22.2
21.5	11.4	41.2	23.1	12.5	22.4
30.2	8.4	46.2	27.2	15.0	22.8
31.3	9.4	35.9	35.9	23.4	21.9
24.7	7.3	44.8	23.2	16.3	22.4
24.1	9.6	43.4	26.2	11.1	19.6
30.4	5.2	50.4	19.1	12.2	20.9
31.5	9.9	44.1	25.2	12.6	23.4
24.8	6.9	44.5	24.8	12.5	25.1

5-5 规模以上高技术产业(制造业)

项　目	开展产品或工艺创新活动的企业数(个)		
		内部研发	外部研发
总　计	**31079**	**76.0**	**14.8**
#国有及国有控股	1685	82.7	29.6
一、按规模分			
大型企业	1746	87.3	27.7
中型企业	5304	83.9	21.8
小型企业	23095	74.0	12.3
微型企业	934	59.6	10.6
二、按登记注册类型分			
内资企业	26477	76.3	15.0
国有企业	150	73.3	22.7
集体企业	15	46.7	6.7
股份合作企业	35	74.3	8.6
联营企业	8	62.5	12.5
#国有联营企业	3	33.3	
有限责任公司	5684	76.2	19.6
#国有独资公司	217	80.6	28.1
股份有限公司	1785	86.4	34.0
私营企业	18792	75.4	11.7
其他企业	8	87.5	37.5
港、澳、台商投资企业	2088	77.1	13.6
合资经营企业	602	82.2	19.9
合作经营企业	11	72.7	18.2
港、澳、台商独资经营企业	1343	73.9	9.5
港、澳、台商投资股份有限公司	112	88.4	31.3
其他港、澳、台投资企业	20	70.0	5.0
外商投资企业	2514	72.9	13.4
中外合资经营企业	770	77.8	21.2
中外合作经营企业	11	54.5	
外资企业	1637	70.1	9.1
外商投资股份有限公司	68	82.4	32.4
其他外商投资企业	28	82.1	14.3
三、按高技术行业(制造业)分			
医药制造业	**6167**	**77.9**	**28.0**
#化学药品制造	2074	81.1	37.3
中成药生产	1209	77.2	35.2
生物药品制品制造	802	83.3	29.6

产品或工艺创新活动类型

在开展产品或工艺创新活动企业中，有下列活动形式的企业占比(%)					
获得机器设备和软件	从外部获取相关技术	相关培训	市场推介	相关设计	其　他创新活动
66.2	**2.4**	**44.3**	**22.3**	**26.1**	**31.1**
71.3	5.1	56.7	29.7	26.9	41.4
70.6	6.2	59.9	26.7	31.3	43.7
67.9	3.6	50.2	24.1	26.6	34.2
65.7	1.9	42.1	21.8	25.9	29.7
61.0	1.5	35.0	17.3	18.4	26.7
66.8	2.4	43.9	23.1	26.7	30.4
66.7	1.3	54.0	25.3	23.3	46.0
80.0		20.0	13.3	20.0	33.3
42.9		42.9	28.6	28.6	20.0
75.0		50.0	37.5	37.5	25.0
66.7		33.3	33.3	33.3	33.3
69.9	3.0	49.5	25.5	27.7	35.3
70.0	4.1	57.6	30.0	24.9	45.6
76.9	5.2	57.4	37.0	35.5	38.6
65.0	1.9	40.9	21.1	25.5	28.1
37.5		37.5	12.5	25.0	37.5
68.8	2.8	46.6	18.4	24.1	36.3
68.4	3.3	52.0	23.6	26.6	38.9
72.7	9.1	27.3	9.1	18.2	36.4
68.5	2.4	43.9	15.5	23.2	35.2
72.3	3.6	52.7	25.9	22.3	33.9
80.0	10.0	45.0	20.0	20.0	45.0
58.0	2.4	45.6	17.2	21.6	34.3
63.9	2.9	47.3	21.4	24.3	36.0
36.4		54.5	27.3	54.5	18.2
54.7	2.1	44.5	14.5	20.2	33.9
73.5	5.9	51.5	33.8	20.6	32.4
60.7		46.4	17.9	17.9	25.0
64.6	**3.4**	**46.8**	**23.8**	**27.3**	**26.0**
67.0	4.8	50.5	22.0	21.3	28.9
70.1	2.0	48.6	26.4	33.3	28.0
64.7	4.0	51.9	26.3	24.3	29.4

5-5 续表 1

项　目	开展产品或工艺创新活动的企业数(个)		
		内部研发	外部研发
电子及通信设备制造业	**16249**	**75.1**	**9.6**
#电子工业专用设备制造	1015	75.5	9.4
光纤、光缆制造及锂离子电池制造	1229	76.4	9.0
锂离子电池制造	970	75.9	9.7
通信设备制造、雷达及配套设备制造	1764	74.0	15.4
#通信系统设备制造	866	75.4	16.3
通信终端设备制造	811	71.9	12.8
雷达及配套设备制造	87	80.5	31.0
广播电视设备制造	449	74.8	13.1
非专业视听设备制造	810	74.3	7.7
电子器件制造	3773	75.2	9.7
#电子真空器件制造	348	72.7	7.2
半导体分立器件制造	334	79.0	10.8
集成电路制造	732	76.9	18.9
光电子器件制造	706	77.3	8.8
电子元件及电子专用设备制造	5283	75.1	6.9
#电阻电容电感元件制造	847	76.3	7.3
电子专用材料制造	1050	79.8	9.2
电子电路制造	1138	74.1	5.4
智能消费设备制造	859	76.0	12.5
其他电子设备制造	1067	74.0	12.3
计算机及办公设备制造业	**1924**	**71.7**	**11.1**
#计算机整机制造	237	68.8	10.5
计算机零部件制造	606	72.8	6.3
计算机外围设备制造	541	72.5	11.5
办公设备制造	200	76.0	13.5
医疗仪器设备及仪器仪表制造业	**6073**	**77.7**	**15.7**
#医疗仪器设备及器械制造	1944	78.4	16.8
#医疗诊断、监护及治疗设备制造	622	77.7	21.7
医疗、外科及兽医用器械制造	503	82.3	17.3
通用仪器仪表制造	2733	77.2	14.6
专用仪器仪表制造	870	77.5	18.5
信息化学品制造业	**134**	**81.3**	**14.2**

在开展产品或工艺创新活动企业中，有下列活动形式的企业占比(%)					
获得机器设备和软件	从外部获取相关技术	相关培训	市场推介	相关设计	其　他创新活动
67.3	**2.1**	**43.1**	**19.4**	**23.4**	**31.8**
65.3	1.2	42.9	24.1	23.2	34.4
66.5	2.0	46.5	19.4	24.1	31.5
67.2	2.3	45.9	18.9	25.4	31.0
68.3	2.6	44.4	21.0	27.5	33.0
69.6	2.3	44.2	21.7	25.3	32.4
66.5	2.7	44.1	19.7	30.7	33.4
72.4	4.6	48.3	25.3	19.5	34.5
67.5	1.1	38.3	23.4	33.4	29.2
73.1	2.2	37.9	22.0	36.2	28.1
69.6	2.9	45.3	20.6	22.2	34.1
68.7	2.3	37.4	17.0	18.1	25.9
67.7	3.6	47.9	22.5	19.8	35.6
68.7	6.0	47.4	21.3	17.2	40.3
69.7	1.8	47.5	22.1	23.9	35.6
64.1	1.7	42.2	14.1	16.8	29.2
59.5	1.2	39.9	16.8	18.2	28.9
57.0	1.4	42.1	14.5	10.9	28.3
72.3	2.3	46.0	10.2	12.1	31.1
67.4	2.4	41.7	27.6	33.9	34.2
71.5	1.8	41.1	24.4	30.2	34.2
69.3	**2.2**	**43.8**	**25.3**	**33.5**	**33.0**
73.8	3.0	47.3	35.4	43.9	41.8
61.1	1.0	39.8	17.0	27.4	24.9
72.6	2.6	45.3	28.5	34.8	38.3
69.5	2.5	39.5	23.0	34.0	34.0
63.9	**2.2**	**44.1**	**28.3**	**30.9**	**33.0**
65.4	2.7	46.1	33.8	38.0	35.4
70.4	4.2	49.0	39.2	44.5	39.6
62.4	2.6	46.9	30.6	35.8	35.6
61.6	2.0	42.9	24.8	25.8	31.5
66.8	2.1	42.4	29.1	32.1	32.4
82.1	**3.7**	**37.3**	**20.9**	**10.4**	**22.4**

5-5 续表 2

项目	开展产品或工艺创新活动的企业数(个)		
		内部研发	外部研发
四、按地区分			
东部地区	21163	76.6	14.0
中部地区	5913	77.0	14.8
西部地区	3270	73.4	17.3
东北地区	733	65.1	25.0
北京	786	64.9	21.6
天津	406	69.7	16.3
河北	518	71.4	19.7
山西	164	61.6	20.1
内蒙古	79	68.4	19.0
辽宁	382	68.8	21.5
吉林	203	56.7	29.6
黑龙江	148	66.9	27.7
上海	877	64.5	14.7
江苏	4789	86.3	15.2
浙江	3074	77.8	17.8
安徽	1352	75.2	16.9
福建	936	83.2	18.7
江西	1271	82.5	10.3
山东	1312	81.3	20.4
河南	704	82.8	17.0
湖北	1074	75.5	17.3
湖南	1348	73.7	13.1
广东	8410	72.1	9.0
广西	216	58.8	13.4
海南	55	69.1	58.2
重庆	614	79.0	14.3
四川	1141	77.5	18.0
贵州	280	72.9	21.8
云南	193	73.6	19.2
西藏	7	57.1	42.9
陕西	559	69.1	17.5
甘肃	75	60.0	16.0
青海	30	56.7	20.0
宁夏	42	78.6	11.9
新疆	34	52.9	17.6

在开展产品或工艺创新活动企业中，有下列活动形式的企业占比(%)					
获得机器设备和软件	从外部获取相关技术	相关培训	市场推介	相关设计	其　他创新活动
67.7	2.6	45.0	23.2	27.6	33.3
65.4	1.9	40.9	19.3	21.7	24.1
58.0	2.4	45.4	22.2	24.4	30.5
67.0	3.1	45.0	22.4	24.4	28.9
76.0	2.5	44.7	29.4	28.5	37.0
54.7	2.5	50.0	26.6	25.4	39.9
67.0	3.3	39.4	18.9	22.4	27.4
83.5	2.4	52.4	24.4	26.8	36.0
64.6	2.5	36.7	19.0	11.4	19.0
51.0	2.9	48.7	24.3	23.3	30.9
89.7	3.4	36.5	16.7	24.1	24.6
77.0	3.4	47.3	25.0	27.7	29.7
61.9	1.5	52.8	26.5	28.8	37.7
47.3	2.2	42.9	18.5	20.8	30.4
65.5	2.8	36.1	19.4	23.8	26.2
63.8	2.5	49.8	22.5	25.9	31.2
49.5	3.4	43.8	20.8	25.9	29.4
79.2	1.2	39.9	15.6	19.7	21.6
48.7	2.6	43.8	23.2	24.8	27.4
29.5	1.7	43.0	23.3	26.7	24.6
81.9	1.9	41.6	19.5	21.5	23.4
57.2	1.9	30.0	16.7	16.5	18.2
85.6	2.6	49.0	26.8	33.6	38.1
75.9	2.3	41.7	21.8	27.8	31.9
85.5	1.8	47.3	23.6	32.7	34.5
51.6	2.6	41.5	18.4	23.0	25.7
58.6	2.7	45.1	22.6	23.3	30.5
57.1	2.9	47.5	22.5	23.9	31.8
53.9	1.0	49.7	24.9	29.0	32.6
57.1		28.6			28.6
56.0	1.8	50.6	25.8	28.3	36.3
60.0	2.7	46.7	18.7	26.7	28.0
60.0	3.3	30.0	16.7	16.7	26.7
50.0		57.1	38.1	31.0	35.7
85.3	2.9	44.1	8.8	11.8	20.6

5–6 规模(限额)以上企业

项　目	创新费用支出合计(亿元)	1.内部研发经费支出	所占比重(%)
总　计	**31649.8**	**18325.9**	**57.9**
#国有及国有控股	9153.1	4515.0	49.3
一、按规模分			
大型企业	17911.8	9413.2	52.6
中型企业	6632.1	4162.2	62.8
小型企业	6818.1	4610.2	67.6
微型企业	287.9	140.4	48.8
二、按登记注册类型分			
内资企业	25224.3	14597.7	57.9
国有企业	476.1	223.6	47.0
集体企业	12.9	8.6	66.7
股份合作企业	14.0	9.9	70.7
联营企业	4.6	3.5	76.1
#国有联营企业	1.6	1.0	62.5
有限责任公司	10560.8	5638.2	53.4
#国有独资公司	1819.0	775.8	42.7
股份有限公司	4207.2	2435.9	57.9
私营企业	9928.0	6259.2	63.0
其他企业	21.0	18.9	90.0
港、澳、台商投资企业	2942.8	1719.1	58.4
合资经营企业	719.1	491.9	68.4
合作经营企业	23.9	14.3	59.8
港、澳、台商独资经营企业	2007.2	1090.0	54.3
港、澳、台商投资股份有限公司	175.6	112.3	64.0
其他港、澳、台投资企业	17.2	10.7	62.2
外商投资企业	3482.8	2009.1	57.7
中外合资经营企业	1733.0	925.8	53.4
中外合作经营企业	23.3	15.5	66.5
外资企业	1535.4	948.9	61.8
外商投资股份有限公司	162.8	103.5	63.6
其他外商投资企业	28.1	15.4	54.8
三、按行业分			
采矿业	539.8	294.8	54.6
制造业	23614.4	14783.8	62.6
电力、热力、燃气及水生产和供应业	517.3	192.7	37.3
建筑业	1702.9	681.5	40.0
批发和零售业			
交通运输、仓储和邮政业	91.9	35.0	38.1
信息传输、软件和信息技术服务业	3668.4	1469.6	40.1

创新费用支出情况

2.外部研发经费支出	所占比重(%)	3.获得机器设备和软件经费支出	所占比重(%)	4.从外部获取相关技术经费支出	所占比重(%)
1516.7	**4.8**	**10824.3**	**34.2**	**982.9**	**3.1**
478.9	5.2	3796.5	41.5	362.7	4.0
1018.9	5.7	6697.5	37.4	782.2	4.4
304.6	4.6	2039.5	30.8	125.8	1.9
183.3	2.7	1971.8	28.9	52.8	0.8
9.9	3.4	115.5	40.1	22.1	7.7
1112.1	4.4	8829.0	35.0	685.5	**2.7**
43.3	9.1	182.0	38.2	27.2	5.7
0.6	4.7	3.7	28.7		
0.1	0.7	4.0	28.6		
		1.1	23.9		
		0.6	37.5		
545.7	5.2	4193.2	39.7	183.7	1.7
97.1	5.3	917.5	50.4	28.6	1.6
184.9	4.4	1500.9	35.7	85.5	2.0
336.9	3.4	2943.3	29.6	388.6	3.9
0.5	2.4	1.1	5.2	0.5	2.4
207.9	7.1	982.8	33.4	33.0	1.1
36.2	5.0	183.5	25.5	7.5	1.0
0.2	0.8	8.8	36.8	0.6	2.5
164.3	8.2	731.9	36.5	21.0	1.0
7.1	4.0	53.1	30.2	3.1	1.8
0.1	0.6	5.6	32.6	0.8	4.7
196.7	5.6	1012.5	29.1	264.5	7.6
80.4	4.6	513.1	29.6	213.7	12.3
0.3	1.3	7.1	30.5	0.4	1.7
104.1	6.8	437.9	28.5	44.5	2.9
7.0	4.3	46.5	28.6	5.8	3.6
4.7	16.7	8.0	28.5		
30.4	5.6	211.3	39.1	3.3	0.6
932.9	4.0	6991.7	29.6	906.0	3.8
45.2	8.7	272.0	52.6	7.4	1.4
19.6	1.2	1000.8	58.8	1.0	0.1
6.4	7.0	50.4	54.8	0.1	0.1
349.8	9.5	1808.3	49.3	40.7	1.1

5-6 续表

项　　目	创新费用支出合计(亿元)	1.内部研发经费支出	所占比重(%)
租赁和商务服务业	212.2	99.6	46.9
科学研究和技术服务业	1265.0	745.7	58.9
水利、环境和公共设施管理业	38.2	23.2	60.7
四、按地区分			
东部地区	21464.3	12263.0	57.1
中部地区	5546.2	3528.4	63.6
西部地区	3641.9	2003.2	55.0
东北地区	997.4	531.4	53.3
北　京	2282.3	987.3	43.3
天　津	501.1	353.8	70.6
河　北	824.5	537.6	65.2
山　西	380.3	174.2	45.8
内蒙古	214.7	134.7	62.7
辽　宁	598.5	368.5	61.6
吉　林	239.6	81.6	34.1
黑龙江	159.6	81.3	50.9
上　海	2226.3	1036.0	46.5
江　苏	3690.2	2598.4	70.4
浙　江	2716.1	1607.2	59.2
安　徽	1195.5	695.6	58.2
福　建	973.0	729.3	75.0
江　西	616.7	361.0	58.5
山　东	2129.5	1500.4	70.5
河　南	973.2	781.0	80.3
湖　北	1240.1	766.3	61.8
湖　南	1140.5	750.3	65.8
广　东	6089.8	2900.1	47.6
广　西	417.1	128.3	30.8
海　南	31.6	12.8	40.5
重　庆	611.0	409.9	67.1
四　川	948.9	544.1	57.3
贵　州	202.8	122.0	60.2
云　南	293.9	173.6	59.1
西　藏	2.6	0.9	34.6
陕　西	577.6	330.3	57.2
甘　肃	126.0	57.7	45.8
青　海	35.3	13.5	38.2
宁　夏	95.7	46.5	48.6
新　疆	117.0	41.9	35.8

2.外部研发经费支出	所占比重(%)	3.获得机器设备和软件经费支出	所占比重(%)	4.从外部获取相关技术经费支出	所占比重(%)
19.0	9.0	90.4	42.6	3.2	1.5
112.4	8.9	385.5	30.5	21.4	1.7
0.9	2.4	14.1	36.9		
1165.4	5.4	7237.5	33.7	798.4	3.7
160.9	2.9	1804.7	32.5	52.2	0.9
143.0	3.9	1434.3	39.4	61.4	1.7
47.3	4.7	347.8	34.9	70.9	7.1
119.5	5.2	1132.8	49.6	42.7	1.9
20.3	4.1	118.0	23.5	9.0	1.8
25.9	3.1	252.3	30.6	8.7	1.1
11.7	3.1	191.7	50.4	2.7	0.7
7.5	3.5	67.2	31.3	5.3	2.5
17.8	3.0	184.4	30.8	27.8	4.6
24.4	10.2	92.4	38.6	41.2	17.2
5.1	3.2	71.2	44.6	2.0	1.3
164.3	7.4	875.1	39.3	150.9	6.8
130.1	3.5	923.6	25.0	38.1	1.0
211.7	7.8	842.5	31.0	54.7	2.0
41.4	3.5	443.9	37.1	14.6	1.2
23.5	2.4	203.8	20.9	16.4	1.7
11.5	1.9	236.1	38.3	8.1	1.3
92.6	4.3	512.0	24.0	24.5	1.2
23.8	2.4	160.0	16.4	8.4	0.9
45.6	3.7	417.9	33.7	10.3	0.8
26.9	2.4	355.3	31.2	8.0	0.7
374.6	6.2	2361.9	38.8	453.2	7.4
6.3	1.5	279.4	67.0	3.1	0.7
3.0	9.5	15.6	49.4	0.2	0.6
26.0	4.3	155.8	25.5	19.3	3.2
46.6	4.9	346.0	36.5	12.2	1.3
9.0	4.4	70.3	34.7	1.5	0.7
7.2	2.5	104.7	35.6	8.4	2.9
0.1	3.8	1.6	61.5		
28.2	4.9	216.0	37.4	3.1	0.5
4.2	3.3	63.9	50.7	0.2	0.2
2.7	7.6	18.9	53.5	0.2	0.6
1.5	1.6	45.9	48.0	1.8	1.9
3.8	3.2	64.9	55.5	6.4	5.5

5-7 规模以上工业企业

项　　目	创新费用支出合计(亿元)	1.内部研发经费支出	所占比重(%)
总　计	**24671.5**	**15271.3**	**61.9**
#国有及国有控股	6808.2	3462.2	50.9
一、按规模分			
大型企业	12899.8	7163.7	55.5
中型企业	5305.5	3608.6	68.0
小型企业	6228.6	4378.1	70.3
微型企业	237.8	121.0	50.9
二、按登记注册类型分			
内资企业	19888.6	12272.7	61.7
国有企业	326.1	157.3	48.2
集体企业	9.1	6.8	74.7
股份合作企业	11.9	8.4	70.6
联营企业	3.2	2.8	87.5
#国有联营企业	0.6	0.4	66.7
有限责任公司	7435.9	4262.5	57.3
#国有独资公司	1211.1	515.9	42.6
股份有限公司	3634.5	2169.3	59.7
私营企业	8447.6	5647.0	66.8
其他企业	20.7	18.7	90.3
港、澳、台商投资企业	1841.5	1256.2	68.2
合资经营企业	631.4	445.9	70.6
合作经营企业	19.9	13.1	65.8
港、澳、台商独资经营企业	1015.4	681.9	67.2
港、澳、台商投资股份有限公司	163.3	108.4	66.4
其他港、澳、台投资企业	11.8	7.0	59.3
外商投资企业	2941.3	1742.4	59.2
中外合资经营企业	1630.6	871.6	53.5
中外合作经营企业	21.6	14.6	67.6
外资企业	1120.9	747.4	66.7
外商投资股份有限公司	142.5	94.1	66.0
其他外商投资企业	26.0	14.7	56.5
三、按行业分			
采矿业	**539.8**	**294.8**	**54.6**
煤炭开采和洗选业	255.7	120.1	47.0
石油和天然气开采业	138.3	80.1	57.9
黑色金属矿采选业	29.4	18.3	62.2
有色金属矿采选业	42.1	22.6	53.7

创新费用支出情况

2.外部研发经费支出	所占比重(%)	3.获得机器设备和软件经费支出	所占比重(%)	4.从外部获取相关技术经费支出	所占比重(%)
1008.5	**4.1**	**7475.0**	**30.3**	**916.7**	**3.7**
335.7	4.9	2673.9	39.3	336.4	4.9
676.1	5.2	4310.4	33.4	749.6	5.8
193.4	3.6	1399.2	26.4	104.3	2.0
131.4	2.1	1678.1	26.9	41.0	0.7
7.6	3.2	87.4	36.8	21.8	9.2
791.3	4.0	6201.4	31.2	623.2	3.1
23.6	7.2	135.4	41.5	9.8	3.0
0.3	3.3	2.0	22.0		
0.1	0.8	3.4	28.6		
		0.4	12.5		
		0.2	33.3		
353.8	4.8	2662.5	35.8	157.1	2.1
69.8	5.8	597.2	49.3	28.2	2.3
153.1	4.2	1230.2	33.8	81.9	2.3
259.9	3.1	2166.8	25.7	373.9	4.4
0.5	2.4	1.0	4.8	0.5	2.4
59.6	3.2	494.7	26.9	31.0	1.7
22.6	3.6	155.9	24.7	7.0	1.1
0.2	1.0	6.0	30.2	0.6	3.0
29.8	2.9	283.5	27.9	20.2	2.0
6.9	4.2	45.5	27.9	2.5	1.5
0.1	0.8	3.9	33.1	0.8	6.8
157.6	5.4	778.8	26.5	262.5	8.9
72.0	4.4	474.6	29.1	212.4	13.0
0.3	1.4	6.3	29.2	0.4	1.9
74.8	6.7	254.8	22.7	43.9	3.9
6.0	4.2	36.6	25.7	5.8	4.1
4.6	17.7	6.7	25.8		
30.4	**5.6**	**211.3**	**39.1**	**3.3**	**0.6**
14.8	5.8	118.4	46.3	2.4	0.9
11.2	8.1	46.4	33.6	0.6	0.4
1.1	3.7	9.9	33.7	0.1	0.3
1.3	3.1	18.1	43.0	0.1	0.2

5-7 续表 1

项　　目	创新费用支出合计(亿元)	1.内部研发经费支出	所占比重(%)
非金属矿采选业	29.3	20.3	69.3
开采辅助活动	45.0	33.4	74.2
其他采矿业	0.2	0.1	50.0
制造业	**23614.4**	**14783.8**	**62.6**
农副食品加工业	393.4	276.6	70.3
食品制造业	278.6	157.3	56.5
酒、饮料和精制茶制造业	153.6	89.7	58.4
烟草制品业	131.2	28.0	21.3
纺织业	362.5	231.4	63.8
纺织服装、服饰业	132.1	105.8	80.1
皮革、毛皮、羽毛及其制品和制鞋业	108.1	90.3	83.5
木材加工和木、竹、藤、棕、草制品业	88.8	67.3	75.8
家具制造业	125.6	90.7	72.2
造纸和纸制品业	232.2	136.6	58.8
印刷和记录媒介复制业	137.4	93.6	68.1
文教、工美、体育和娱乐用品制造业	156.7	101.5	64.8
石油加工、炼焦和核燃料加工业	435.6	189.6	43.5
化学原料和化学制品制造业	1318.4	797.2	60.5
医药制造业	1162.2	784.6	67.5
化学纤维制造业	161.9	132.4	81.8
橡胶和塑料制品业	646.1	444.8	68.8
非金属矿物制品业	822.7	513.1	62.4
黑色金属冶炼和压延加工业	1992.9	799.3	40.1
有色金属冶炼和压延加工业	718.0	418.8	58.3
金属制品业	765.2	561.9	73.4
通用设备制造业	1311.0	977.9	74.6
专用设备制造业	1263.2	966.0	76.5
汽车制造业	2344.6	1363.4	58.2
铁路、船舶、航空航天和其他运输设备制造业	865.9	485.2	56.0
电气机械和器材制造业	2111.1	1567.1	74.2
计算机、通信和其他电子设备制造业	4841.0	2915.2	60.2
仪器仪表制造业	391.8	293.7	75.0
其他制造业	85.8	48.1	56.1
废弃资源综合利用业	52.8	38.4	72.7
金属制品、机械和设备修理业	24.8	18.7	75.4
电力、热力、燃气及水生产和供应业	**517.3**	**192.7**	**37.3**
电力、热力生产和供应业	430.8	151.8	35.2
燃气生产和供应业	41.1	23.6	57.4
水的生产和供应业	45.1	17.2	38.1

2.外部研发经费支出	所占比重(%)	3.获得机器设备和软件经费支出	所占比重(%)	4.从外部获取相关技术经费支出	所占比重(%)
0.5	1.7	8.4	28.7	0.1	0.3
1.5	3.3	10.1	22.4		
		0.1	50.0		
932.9	**4.0**	**6991.7**	**29.6**	**906.0**	**3.8**
4.4	1.1	110.5	28.1	1.9	0.5
7.4	2.7	98.8	35.5	15.1	5.4
3.5	2.3	58.0	37.8	2.4	1.6
3.8	2.9	90.0	68.6	9.4	7.2
3.3	0.9	124.4	34.3	3.4	0.9
1.5	1.1	24.1	18.2	0.7	0.5
0.8	0.7	16.9	15.6	0.1	0.1
0.3	0.3	21.0	23.6	0.2	0.2
1.9	1.5	32.6	26.0	0.4	0.3
0.6	0.3	94.3	40.6	0.7	0.3
1.0	0.7	41.6	30.3	1.2	0.9
1.8	1.1	51.6	32.9	1.8	1.1
4.7	1.1	235.0	53.9	6.3	1.4
27.4	2.1	480.4	36.4	13.4	1.0
121.9	10.5	225.6	19.4	30.1	2.6
0.9	0.6	27.7	17.1	0.9	0.6
9.8	1.5	179.6	27.8	11.9	1.8
5.8	0.7	295.4	35.9	8.4	1.0
11.6	0.6	1130.0	56.7	52.0	2.6
5.2	0.7	288.1	40.1	5.9	0.8
5.6	0.7	191.0	25.0	6.7	0.9
33.0	2.5	274.1	20.9	26.0	2.0
31.9	2.5	251.1	19.9	14.2	1.1
155.9	6.6	600.9	25.6	224.4	9.6
92.3	10.7	232.7	26.9	55.7	6.4
38.8	1.8	457.0	21.6	48.2	2.3
341.4	7.1	1224.9	25.3	359.5	7.4
11.9	3.0	82.4	21.0	3.8	1.0
3.2	3.7	33.5	39.0	1.0	1.2
1.1	2.1	13.2	25.0	0.1	0.2
0.2	0.8	5.8	23.4	0.1	0.4
45.2	**8.7**	**272.0**	**52.6**	**7.4**	**1.4**
44.5	10.3	227.2	52.7	7.3	1.7
0.4	1.0	17.1	41.6		
0.3	0.7	27.6	61.2		

5-7 续表 2

项目	创新费用支出合计(亿元)	1.内部研发经费支出	所占比重(%)
四、按地区分			
东部地区	16000.9	9968.4	62.3
中部地区	4765.2	3102.7	65.1
西部地区	2986.6	1709.7	57.2
东北地区	918.9	490.4	53.4
北　京	550.4	297.4	54.0
天　津	327.6	228.8	69.8
河　北	740.7	485.5	65.5
山　西	317.0	156.2	49.3
内蒙古	205.6	129.4	62.9
辽　宁	542.4	335.3	61.8
吉　林	227.1	77.6	34.2
黑龙江	149.4	77.5	51.9
上　海	1217.0	635.0	52.2
江　苏	3308.0	2381.7	72.0
浙　江	2042.8	1395.9	68.3
安　徽	1080.8	639.4	59.2
福　建	863.9	666.9	77.2
江　西	580.2	346.0	59.6
山　东	1891.6	1365.6	72.2
河　南	839.8	685.6	81.6
湖　北	964.6	611.0	63.3
湖　南	982.8	664.5	67.6
广　东	5033.9	2500.0	49.7
广　西	382.9	113.3	29.6
海　南	25.4	11.7	46.1
重　庆	528.2	372.6	70.5
四　川	689.5	427.6	62.0
贵　州	171.4	105.4	61.5
云　南	243.7	145.1	59.5
西　藏	2.3	0.9	39.1
陕　西	423.0	268.4	63.5
甘　肃	116.3	52.1	44.8
青　海	24.8	10.4	41.9
宁　夏	92.9	45.3	48.8
新　疆	106.3	39.2	36.9

2.外部研发经费支出	所占比重(%)	3.获得机器设备和软件经费支出	所占比重(%)	4.从外部获取相关技术经费支出	所占比重(%)
727.7	4.5	4566.3	28.5	738.5	4.6
136.0	2.9	1478.1	31.0	48.4	1.0
99.9	3.3	1117.9	37.4	59.1	2.0
44.9	4.9	313.0	34.1	70.6	7.7
39.9	7.2	174.1	31.6	39.0	7.1
14.1	4.3	75.8	23.1	8.9	2.7
19.0	2.6	227.6	30.7	8.6	1.2
11.2	3.5	146.9	46.3	2.7	0.9
7.3	3.6	63.6	30.9	5.3	2.6
16.0	3.0	163.6	30.2	27.5	5.1
23.9	10.5	84.4	37.2	41.2	18.1
5.0	3.3	65.0	43.5	1.9	1.3
69.9	5.7	384.5	31.6	127.6	10.5
108.9	3.3	780.2	23.6	37.2	1.1
67.1	3.3	548.2	26.8	31.6	1.5
36.0	3.3	391.5	36.2	13.9	1.3
15.8	1.8	164.8	19.1	16.4	1.9
11.2	1.9	214.9	37.0	8.1	1.4
75.5	4.0	426.3	22.5	24.2	1.3
18.1	2.2	127.8	15.2	8.3	1.0
35.1	3.6	310.8	32.2	7.7	0.8
24.3	2.5	286.2	29.1	7.8	0.8
314.4	6.2	1774.5	35.3	445.0	8.8
6.0	1.6	260.8	68.1	2.8	0.7
3.0	11.8	10.5	41.3	0.2	0.8
13.9	2.6	122.5	23.2	19.2	3.6
25.1	3.6	226.2	32.8	10.6	1.5
7.9	4.6	56.6	33.0	1.5	0.9
5.4	2.2	84.9	34.8	8.3	3.4
0.1	4.3	1.3	56.5		
24.9	5.9	126.8	30.0	2.9	0.7
3.6	3.1	60.4	51.9	0.2	0.2
0.9	3.6	13.3	53.6	0.2	0.8
1.4	1.5	44.4	47.8	1.8	1.9
3.4	3.2	57.3	53.9	6.4	6.0

5-8 规模以上高技术产业

项　目	创新费用支出合计(亿元)	1.内部研发经费支出	所占比重(%)
总　计	**7414.5**	**4649.1**	**62.7**
#国有及国有控股	1301.1	856.8	65.9
一、按规模分			
大型企业	4647.5	2753.9	59.3
中型企业	1425.5	974.7	68.4
小型企业	1276.3	884.8	69.3
微型企业	65.2	35.7	54.8
二、按登记注册类型分			
内资企业	5835.3	3566.1	61.1
国有企业	55.2	36.0	65.2
集体企业	0.9	0.7	77.8
股份合作企业	1.9	1.6	84.2
联营企业	1.8	1.7	94.4
有限责任公司	2526.7	1538.2	60.9
#国有独资公司	215.9	118.0	54.7
股份有限公司	1077.9	765.8	71.0
私营企业	2170.3	1221.6	56.3
其他企业	0.7	0.6	85.7
港、澳、台商投资企业	764.4	528.4	69.1
合资经营企业	206.6	157.9	76.4
合作经营企业	1.6	0.7	43.8
港、澳、台商独资经营企业	473.3	316.2	66.8
港、澳、台商投资股份有限公司	80.8	52.5	65.0
其他港、澳、台投资企业	2.1	1.2	57.1
外商投资企业	815.0	554.6	68.0
中外合资经营企业	290.3	181.4	62.5
中外合作经营企业	0.7	0.5	71.4
外资企业	475.4	338.7	71.2
外商投资股份有限公司	38.8	27.2	70.1
其他外商投资企业	9.9	6.8	68.7
三、按高技术行业(制造业)分			
医药制造业	**1162.2**	**784.6**	**67.5**
#化学药品制造	605.0	393.8	65.1
中成药生产	164.8	109.5	66.4
生物药品制品制造	226.4	170.1	75.1

(制造业)创新费用支出情况

2.外部研发经费支出	所占比重(%)	3.获得机器设备和软件经费支出	所占比重(%)	4.从外部获取相关技术经费支出	所占比重(%)
563.2	**7.6**	**1769.6**	**23.9**	**432.6**	**5.8**
115.3	8.9	294.9	22.7	34.1	2.6
387.1	8.3	1134.7	24.4	371.8	8.0
104.9	7.4	303.5	21.3	42.4	3.0
68.2	5.3	308.5	24.2	14.8	1.2
2.9	4.4	23.0	35.3	3.6	5.5
481.0	8.2	1389.8	23.8	398.4	6.8
9.5	17.2	9.4	17.0	0.3	0.5
		0.2	22.2		
0.1	5.3	0.2	10.5		
		0.1	5.6		
208.8	8.3	724.1	28.7	55.6	2.2
25.9	12.0	66.9	31.0	5.1	2.4
68.5	6.4	230.2	21.4	13.4	1.2
194.0	8.9	425.6	19.6	329.1	15.2
		0.1	14.3		
32.9	4.3	186.7	24.4	16.4	2.1
8.6	4.2	37.0	17.9	3.1	1.5
0.2	12.5	0.5	31.3	0.2	12.5
20.0	4.2	124.1	26.2	13.0	2.7
4.1	5.1	24.1	29.8	0.1	0.1
		0.9	42.9		
49.3	6.0	193.2	23.7	17.9	2.2
14.5	5.0	88.5	30.5	5.9	2.0
		0.2	28.6		
30.1	6.3	97.4	20.5	9.2	1.9
2.4	6.2	6.4	16.5	2.8	7.2
2.2	22.2	0.9	9.1		
121.9	**10.5**	**225.6**	**19.4**	**30.1**	**2.6**
70.2	11.6	119.1	19.7	21.9	3.6
19.9	12.1	33.8	20.5	1.6	1.0
24.3	10.7	29.2	12.9	2.8	1.2

5-8 续表 1

项　　目	创新费用支出合计(亿元)	1.内部研发经费支出	所占比重(%)
电子及通信设备制造业	**4828.3**	**2933.0**	**60.7**
#电子工业专用设备制造	99.8	78.7	78.9
光纤、光缆制造及锂离子电池制造	264.3	201.4	76.2
锂离子电池制造	224.4	168.2	75.0
通信设备制造、雷达及配套设备制造	2107.6	1004.2	47.6
#通信系统设备制造	339.5	246.7	72.7
通信终端设备制造	1740.5	736.4	42.3
雷达及配套设备制造	27.7	21.1	76.2
广播电视设备制造	58.1	45.7	78.7
非专业视听设备制造	191.1	129.5	67.8
电子器件制造	1079.3	776.2	71.9
#电子真空器件制造	38.8	25.2	64.9
半导体分立器件制造	41.4	28.8	69.6
集成电路制造	458.9	339.3	73.9
光电子器件制造	130.1	95.8	73.6
电子元件及电子专用设备制造	716.2	486.6	67.9
#电阻电容电感元件制造	86.3	56.5	65.5
电子专用材料制造	141.9	104.0	73.3
电子电路制造	199.0	121.2	60.9
智能消费设备制造	178.2	114.5	64.3
其他电子设备制造	133.7	96.3	72.0
计算机及办公设备制造业	**392.8**	**276.4**	**70.4**
#计算机整机制造	150.3	93.0	61.9
计算机零部件制造	77.1	56.8	73.7
计算机外围设备制造	59.7	46.8	78.4
办公设备制造	26.2	21.3	81.3
医疗仪器设备及仪器仪表制造业	**604.6**	**447.2**	**74.0**
#医疗仪器设备及器械制造	224.4	161.0	71.7
#医疗诊断、监护及治疗设备制造	116.3	80.2	69.0
医疗、外科及兽医用器械制造	46.6	36.8	79.0
通用仪器仪表制造	236.3	177.2	75.0
专用仪器仪表制造	79.7	57.4	72.0
信息化学品制造业	**14.9**	**8.6**	**57.7**

2.外部研发经费支出	所占比重(%)	3.获得机器设备和软件经费支出	所占比重(%)	4.从外部获取相关技术经费支出	所占比重(%)
323.0	**6.7**	**1209.5**	**25.1**	**362.8**	**7.5**
2.2	2.2	18.7	18.7	0.2	0.2
4.2	1.6	50.8	19.2	7.9	3.0
3.5	1.6	45.0	20.1	7.7	3.4
228.8	10.9	559.0	26.5	315.6	15.0
13.4	3.9	78.9	23.2	0.5	0.1
213.9	12.3	475.6	27.3	314.6	18.1
1.5	5.4	4.6	16.6	0.5	1.8
0.9	1.5	11.2	19.3	0.3	0.5
9.8	5.1	48.6	25.4	3.2	1.7
37.0	3.4	239.1	22.2	27.0	2.5
0.5	1.3	12.8	33.0	0.3	0.8
1.1	2.7	11.1	26.8	0.4	1.0
22.3	4.9	76.8	16.7	20.5	4.5
2.6	2.0	30.9	23.8	0.8	0.6
14.2	2.0	207.9	29.0	7.5	1.0
1.2	1.4	28.2	32.7	0.4	0.5
1.8	1.3	35.7	25.2	0.4	0.3
0.4	0.2	73.3	36.8	4.1	2.1
19.6	11.0	43.3	24.3	0.8	0.4
6.2	4.6	30.9	23.1	0.3	0.2
25.0	**6.4**	**87.2**	**22.2**	**4.2**	**1.1**
14.2	9.4	41.5	27.6	1.6	1.1
1.7	2.2	18.4	23.9	0.2	0.3
1.7	2.8	10.0	16.8	1.2	2.0
0.7	2.7	4.2	16.0		
24.9	**4.1**	**122.0**	**20.2**	**10.5**	**1.7**
13.1	5.8	43.5	19.4	6.8	3.0
9.5	8.2	20.2	17.4	6.4	5.5
1.5	3.2	8.2	17.6	0.1	0.2
7.5	3.2	49.3	20.9	2.3	1.0
3.0	3.8	18.5	23.2	0.8	1.0
0.3	**2.0**	**5.9**	**39.6**	**0.1**	**0.7**

5-8 续表 2

项　　目	创新费用支出合计(亿元)	1.内部研发经费支出	所占比重(%)
四、按地区分			
东部地区	5679.0	3431.6	60.4
中部地区	953.5	703.4	73.8
西部地区	648.8	440.5	67.9
东北地区	133.3	73.5	55.1
北　京	271.8	158.0	58.1
天　津	89.2	66.2	74.2
河　北	87.3	58.5	67.0
山　西	24.9	16.1	64.7
内蒙古	9.6	7.5	78.1
辽　宁	80.0	50.6	63.3
吉　林	24.9	12.4	49.8
黑龙江	28.3	10.5	37.1
上　海	291.1	213.5	73.3
江　苏	958.9	742.9	77.5
浙　江	504.1	368.3	73.1
安　徽	223.5	153.2	68.5
福　建	261.6	200.6	76.7
江　西	164.1	113.0	68.9
山　东	319.1	230.7	72.3
河　南	121.8	108.5	89.1
湖　北	257.6	191.3	74.3
湖　南	161.5	121.2	75.0
广　东	2886.3	1388.2	48.1
广　西	14.3	8.3	58.0
海　南	9.6	4.6	47.9
重　庆	106.6	86.4	81.1
四　川	253.0	163.3	64.5
贵　州	50.6	33.0	65.2
云　南	22.1	16.7	75.6
西　藏	0.7	0.5	71.4
陕　西	164.3	102.4	62.3
甘　肃	12.1	10.0	82.6
青　海	2.5	1.4	56.0
宁　夏	9.8	8.5	86.7
新　疆	3.5	2.6	74.3

2.外部研发经费支出	所占比重(%)	3.获得机器设备和软件经费支出	所占比重(%)	4.从外部获取相关技术经费支出	所占比重(%)
460.6	8.1	1374.5	24.2	412.3	7.3
51.1	5.4	191.8	20.1	7.2	0.8
37.3	5.7	160.1	24.7	10.9	1.7
14.1	10.6	43.4	32.6	2.3	1.7
30.1	11.1	59.7	22.0	24.0	8.8
10.4	11.7	12.4	13.9	0.2	0.2
8.8	10.1	15.3	17.5	4.7	5.4
1.7	6.8	7.0	28.1	0.1	0.4
0.4	4.2	1.7	17.7		
7.9	9.9	19.8	24.8	1.7	2.1
4.5	18.1	7.5	30.1	0.5	2.0
1.7	6.0	16.0	56.5	0.1	0.4
25.4	8.7	50.2	17.2	2.0	0.7
48.6	5.1	155.3	16.2	12.1	1.3
28.3	5.6	98.8	19.6	8.7	1.7
13.0	5.8	54.7	24.5	2.6	1.2
8.9	3.4	40.6	15.5	11.5	4.4
7.1	4.3	43.6	26.6	0.4	0.2
33.4	10.5	48.3	15.1	6.7	2.1
4.1	3.4	8.1	6.7	1.1	0.9
18.8	7.3	45.1	17.5	2.4	0.9
6.4	4.0	33.4	20.7	0.5	0.3
264.1	9.2	891.9	30.9	342.1	11.9
0.9	6.3	5.0	35.0	0.1	0.7
2.5	26.0	2.4	25.0	0.1	1.0
4.0	3.8	13.5	12.7	2.7	2.5
12.9	5.1	69.9	27.6	6.9	2.7
2.1	4.2	15.2	30.0	0.3	0.6
0.9	4.1	4.4	19.9	0.1	0.5
0.1	14.3	0.1	14.3		
14.2	8.6	47.1	28.7	0.6	0.4
1.2	9.9	0.8	6.6	0.1	0.8
0.3	12.0	0.7	28.0	0.1	4.0
0.1	1.0	1.2	12.2		
0.2	5.7	0.7	20.0		

5–9 资质等级以上建筑业

项　目	创新费用支出合计(亿元)	1.内部研发经费支出	所占比重(%)
总　计	**1702.9**	**681.5**	**40.0**
#国有及国有控股	1311.2	512.7	39.1
一、按规模分			
大型企业	1542.7	618.7	40.1
中型企业	132.5	51.4	38.8
小型企业	5.6	1.7	30.4
微型企业	22.1	9.7	43.9
二、按登记注册类型分			
内资企业	1682.6	670.7	39.9
#国有企业	44.3	17.4	39.3
有限责任公司	1312.4	515.5	39.3
#国有独资公司	414.3	152.6	36.8
股份有限公司	127.3	59.0	46.3
私营企业	196.8	78.1	39.7
港、澳、台商投资企业	10.8	6.8	63.0
外商投资企业	9.6	4.0	41.7
三、按行业分			
房屋建筑业	741.7	267.3	36.0
土木工程建筑业	779.9	327.9	42.0
建筑安装业	93.1	39.0	41.9
建筑装饰、装修和其他建筑业	88.2	47.2	53.5

注：创新费用及分项指标数据仅包括资质等级特、一级建筑业企业。

企业创新费用支出情况

2.外部研发经费支出	所占比重(%)	3.获得机器设备和软件经费支出	所占比重(%)	4.从外部获取相关技术经费支出	所占比重(%)
19.6	**1.2**	**1000.8**	**58.8**	**1.0**	**0.1**
16.3	1.2	782.1	59.6	0.1	0.0
18.6	1.2	904.6	58.6	0.8	0.1
0.8	0.6	80.2	60.5	0.1	0.1
0.1	1.8	3.8	67.9		
0.1	0.5	12.2	55.2	0.1	0.5
19.6	1.2	991.3	58.9	1.0	0.1
0.4	0.9	26.4	59.6	0.1	0.2
15.1	1.2	781.0	59.5	0.8	0.1
5.0	1.2	256.7	62.0		
2.0	1.6	66.3	52.1		
2.1	1.1	116.5	59.2	0.1	0.1
		4.0	37.0		
		5.6	58.3		
5.0	0.7	469.3	63.3	0.1	
12.1	1.6	439.8	56.4	0.1	
2.0	2.1	51.4	55.2	0.7	0.8
0.5	0.6	40.5	45.9		

5–9 续表

项　目	创新费用支出合计（亿元）	1.内部研发经费支出	所占比重（%）
四、按地区分			
东部地区	914.7	339.8	37.1
中部地区	477.7	219.2	45.9
西部地区	275.6	109.8	39.8
东北地区	34.8	12.6	36.2
北　京	190.2	31.1	16.4
天　津	93.9	75.4	80.3
河　北	40.8	24.2	59.3
山　西	54.8	14.3	26.1
内蒙古	6.6	4.1	62.1
辽　宁	25.3	10.9	43.1
吉　林	4.9	0.7	14.3
黑龙江	4.6	1.0	21.7
上　海	130.3	21.1	16.2
江　苏	71.8	26.0	36.2
浙　江	73.1	27.8	38.0
安　徽	62.4	25.5	40.9
福　建	25.6	9.2	35.9
江　西	22.4	7.4	33.0
山　东	112.2	49.7	44.3
河　南	72.8	45.9	63.0
湖　北	161.4	81.2	50.3
湖　南	103.9	44.9	43.2
广　东	176.7	75.3	42.6
广　西	24.5	9.7	39.6
海　南	0.2	0.1	50.0
重　庆	28.2	7.4	26.2
四　川	89.2	34.3	38.5
贵　州	21.3	11.3	53.1
云　南	37.4	18.9	50.5
西　藏			
陕　西	51.2	18.5	36.1
甘　肃	4.5	1.9	42.2
青　海	5.0	2.5	50.0
宁　夏	1.3	0.1	7.7
新　疆	6.4	1.1	17.2

2.外部研发经费支出	所占比重(%)	3.获得机器设备和软件经费支出	所占比重(%)	4.从外部获取相关技术经费支出	所占比重(%)
10.5	1.1	564.3	61.7	0.1	
3.3	0.7	254.5	53.3	0.7	0.1
5.6	2.0	160.1	58.1	0.1	
0.2	0.6	22.0	63.2		
1.8	0.9	157.3	82.7		
1.5	1.6	17.0	18.1		
0.9	2.2	15.6	38.2	0.1	0.2
0.1	0.2	40.4	73.7		
0.1	1.5	2.4	36.4		
0.2	0.8	14.2	56.1		
		4.2	85.7		
		3.6	78.3		
0.4	0.3	108.8	83.5		
0.9	1.3	44.9	62.5		
0.6	0.8	44.7	61.1		
0.4	0.6	35.8	57.4	0.7	1.1
0.2	0.8	16.2	63.3		
		15.0	67.0		
1.6	1.4	60.9	54.3		
0.5	0.7	26.4	36.3		
2.1	1.3	78.1	48.4		
0.2	0.2	58.8	56.6		
2.6	1.5	98.8	55.9		
		14.8	60.4		
		0.1	50.0		
0.4	1.4	20.4	72.3		
2.8	3.1	52.0	58.3	0.1	0.1
		10.0	46.9		
0.1	0.3	18.4	49.2		
0.1	0.2	32.6	63.7		
0.2	4.4	2.4	53.3		
1.7	34.0	0.8	16.0		
		1.2	92.3		
0.1	1.6	5.2	81.3		

5-10 规模(限额)以上服务业企业

项 目	创新费用支出合计(亿元)	1.内部研发经费支出	所占比重(%)
总 计	**5275.6**	**2373.2**	**45.0**
#国有及国有控股	1033.8	540.2	52.3
一、按规模分			
大型企业	3469.4	1630.8	47.0
中型企业	1194.2	502.3	42.1
小型企业	584.0	230.5	39.5
微型企业	28.1	9.7	34.5
二、按登记注册类型分			
内资企业	3653.3	1654.3	45.3
#国有企业	105.8	48.8	46.1
集体企业	2.7	1.3	48.1
股份合作企业	1.8	1.5	83.3
联营企业	1.1	0.6	54.5
有限责任公司	1812.6	860.2	47.5
#国有独资公司	193.6	107.3	55.4
股份有限公司	445.5	207.6	46.6
私营企业	1283.7	534.1	41.6
港、澳、台商投资企业	1090.6	456.2	41.8
合资经营企业	84.6	44.2	52.2
合作经营企业	3.0	0.5	16.7
港、澳、台商独资经营企业	989.9	407.1	41.1
港、澳、台商投资股份有限公司	11.3	3.8	33.6
其他港、澳、台投资企业	2.0	0.7	35.0
外商投资企业	531.9	262.6	49.4
中外合资经营企业	101.4	53.5	52.8
中外合作经营企业	1.8	0.9	50.0
外资企业	410.9	201.4	49.0
外商投资股份有限公司	15.7	6.3	40.1
其他外商投资企业	2.1	0.7	33.3
三、按行业分			
交通运输、仓储和邮政业	**91.9**	**35.0**	**38.1**
铁路运输业	10.1	2.2	21.8
道路运输业	38.1	18.6	48.8
水上运输业	10.8	4.7	43.5
航空运输业	7.2	0.9	12.5
管道运输业	6.4	1.2	18.8
多式联运和运输代理业	8.6	2.7	31.4
装卸搬运和仓储业	7.8	3.1	39.7
邮政业	2.7	1.4	51.9
信息传输、软件和信息技术服务业	**3668.4**	**1469.6**	**40.1**
电信、广播电视和卫星传输服务	192.1	111.8	58.2
互联网和相关服务	1094.6	500.9	45.8
软件和信息技术服务业	2381.7	856.9	36.0
租赁和商务服务业	**212.2**	**99.6**	**46.9**
租赁业	9.2	4.1	44.6
商务服务业	203.0	95.5	47.0

创新费用支出情况(不含批发零售业)

2.外部研发经费支出	所占比重(%)	3.获得机器设备和软件经费支出	所占比重(%)	4.从外部获取相关技术经费支出	所占比重(%)
488.6	**9.3**	**2348.5**	**44.5**	**65.3**	**1.2**
126.9	12.3	340.5	32.9	26.2	2.5
324.2	9.3	1482.6	42.7	31.8	0.9
110.4	9.2	560.1	46.9	21.4	1.8
51.8	8.9	289.9	49.6	11.8	2.0
2.2	7.8	16.0	56.9	0.2	0.7
301.3	8.2	1636.4	44.8	61.3	1.7
19.3	18.2	20.3	19.2	17.4	16.4
0.4	14.8	1.0	37.0		
		0.3	16.7		
0.5	45.5				
176.8	9.8	749.8	41.4	25.8	1.4
22.3	11.5	63.7	32.9	0.3	0.2
29.9	6.7	204.5	45.9	3.5	0.8
74.9	5.8	660.0	51.4	14.7	1.1
148.3	13.6	484.1	44.4	2.0	0.2
13.6	16.1	26.2	31.0	0.6	0.7
		2.5	83.3		
134.5	13.6	447.5	45.2	0.8	0.1
0.2	1.8	6.7	59.3	0.6	5.3
		1.3	65.0		
39.0	7.3	228.3	42.9	2.0	0.4
8.4	8.3	38.2	37.7	1.3	1.3
0.1	5.6	0.8	44.4		
29.4	7.2	179.5	43.7	0.6	0.1
1.0	6.4	8.4	53.5		
0.1	4.8	1.3	61.9		
6.4	**7.0**	**50.4**	**54.8**	**0.1**	**0.1**
0.5	5.0	7.4	73.3		
2.1	5.5	17.4	45.7		
2.0	18.5	4.1	38.0		
0.1	1.4	6.2	86.1		
0.5	7.8	4.7	73.4		
0.3	3.5	5.6	65.1		
0.7	9.0	4.0	51.3		
0.1	3.7	1.2	44.4		
349.8	**9.5**	**1808.3**	**49.3**	**40.7**	**1.1**
15.7	8.2	63.8	33.2	0.8	0.4
161.3	14.7	432.0	39.5	0.4	0.0
172.8	7.3	1312.5	55.1	39.5	1.7
19.0	**9.0**	**90.4**	**42.6**	**3.2**	**1.5**
0.3	3.3	4.8	52.2		
18.7	9.2	85.6	42.2	3.2	1.6

5-10 续表

项目	创新费用支出合计(亿元)	1.内部研发经费支出	所占比重(%)
科学研究和技术服务业	**1265.0**	**745.7**	**58.9**
研究和试验发展	480.2	264.1	55.0
专业技术服务业	625.3	398.7	63.8
科技推广和应用服务业	159.7	82.9	51.9
水利、环境和公共设施管理业	**38.2**	**23.2**	**60.7**
水利管理业	1.7	0.8	47.1
生态保护和环境治理业	20.7	12.7	61.4
公共设施管理业	14.0	8.3	59.3
土地管理业	1.8	1.4	77.8
四、按地区分			
东部地区	4548.4	1954.7	43.0
中部地区	303.4	206.4	68.0
西部地区	379.8	183.7	48.4
东北地区	43.9	28.3	64.5
北　京	1541.8	658.8	42.7
天　津	79.7	49.6	62.2
河　北	43.0	27.9	64.9
山　西	8.6	3.8	44.2
内蒙古	2.5	1.3	52.0
辽　宁	30.9	22.3	72.2
吉　林	7.5	3.3	44.0
黑龙江	5.4	2.8	51.9
上　海	878.9	379.9	43.2
江　苏	310.4	190.8	61.5
浙　江	600.3	183.4	30.6
安　徽	52.3	30.7	58.7
福　建	83.8	53.2	63.5
江　西	14.2	7.6	53.5
山　东	125.6	85.1	67.8
河　南	60.5	49.4	81.7
湖　北	114.3	74.1	64.8
湖　南	53.9	40.9	75.9
广　东	879.3	324.9	37.0
广　西	9.8	5.3	54.1
海　南	6.1	1.0	16.4
重　庆	54.5	29.9	54.9
四　川	170.1	82.1	48.3
贵　州	10.3	5.4	52.4
云　南	12.6	9.6	76.2
陕　西	103.5	43.3	41.8
甘　肃	5.2	3.7	71.2
青　海	5.5	0.6	10.9
宁　夏	1.6	1.0	62.5
新　疆	4.2	1.5	35.7

2.外部研发经费支出	所占比重(%)	3.获得机器设备和软件经费支出	所占比重(%)	4.从外部获取相关技术经费支出	所占比重(%)
112.4	**8.9**	**385.5**	**30.5**	**21.4**	**1.7**
61.0	12.7	136.4	28.4	18.7	3.9
39.6	6.3	184.8	29.6	2.2	0.4
11.9	7.5	64.4	40.3	0.5	0.3
0.9	**2.4**	**14.1**	**36.9**		
0.3	17.6	0.6	35.3		
0.5	2.4	7.5	36.2		
0.1	0.7	5.6	40.0		
		0.4	22.2		
427.2	9.4	2106.8	46.3	59.7	1.3
21.6	7.1	72.3	23.8	3.1	1.0
37.5	9.9	156.4	41.2	2.2	0.6
2.2	5.0	13.1	29.8	0.3	0.7
77.8	5.0	801.5	52.0	3.7	0.2
4.7	5.9	25.3	31.7	0.1	0.1
6.0	14.0	9.0	20.9	0.1	0.2
0.4	4.7	4.3	50.0	0.1	1.2
0.1	4.0	1.1	44.0		
1.7	5.5	6.7	21.7	0.2	0.6
0.4	5.3	3.8	50.7		
0.1	1.9	2.5	46.3		
93.9	10.7	381.8	43.4	23.3	2.7
20.2	6.5	98.5	31.7	0.9	0.3
144.0	24.0	249.7	41.6	23.2	3.9
5.0	9.6	16.6	31.7		
7.6	9.1	22.9	27.3	0.1	0.1
0.3	2.1	6.3	44.4		
15.4	12.3	24.8	19.7	0.3	0.2
5.1	8.4	5.9	9.8	0.1	0.2
8.4	7.3	29.2	25.5	2.6	2.3
2.4	4.5	10.3	19.1	0.3	0.6
57.7	6.6	488.5	55.6	8.2	0.9
0.3	3.1	3.9	39.8	0.3	3.1
		5.1	83.6		
11.6	21.3	12.9	23.7	0.1	0.2
18.6	10.9	67.9	39.9	1.5	0.9
1.1	10.7	3.7	35.9	0.1	1.0
1.6	12.7	1.4	11.1		
3.2	3.1	56.8	54.9	0.2	0.2
0.5	9.6	1.0	19.2		
0.1	1.8	4.8	87.3		
0.1	6.3	0.5	31.3		
0.3	7.1	2.4	57.1		

六、规模（限额）以上企业产品或工艺创新信息来源及创新合作情况（2020 年）

6-1 规模(限额)以上企业产品或

项　目	开展产品或工艺创新活动企业数(个)	企业内部信息	企业集团内部信息	来自高等学校的信息	来自研究机构的信息
总　计	**278548**	**43.3**	**11.9**	**7.5**	**9.8**
#国有及国有控股	21869	40.3	40.7	10.2	12.4
一、按规模分					
大型企业	14132	40.5	34.9	10.7	13.0
中型企业	50427	42.7	20.2	7.8	10.3
小型企业	200573	43.6	8.4	7.2	9.6
微型企业	13416	42.6	10.2	6.2	7.8
二、按登记注册类型分					
内资企业	250836	43.4	10.5	7.7	10.0
国有企业	2436	42.1	36.0	11.7	12.6
集体企业	392	46.2	12.0	4.8	9.7
股份合作企业	458	45.6	4.6	7.6	10.0
联营企业	83	51.8	22.9	10.8	10.8
#国有联营企业	35	48.6	25.7	2.9	5.7
有限责任公司	49183	41.5	25.5	8.4	11.2
#国有独资公司	4240	38.8	43.3	10.6	12.4
股份有限公司	9890	39.8	15.7	11.9	14.3
私营企业	188350	44.1	6.0	7.3	9.5
其他企业	44	45.5	25.0	9.1	9.1
港、澳、台商投资企业	12783	41.9	18.9	5.2	8.2
合资经营企业	3877	43.4	17.8	6.8	10.1
合作经营企业	151	39.7	19.2	6.0	13.2
港、澳、台商独资经营企业	8104	41.5	19.7	4.1	6.9
港、澳、台商投资股份有限公司	506	38.7	15.2	10.7	13.6
其他港、澳、台投资企业	145	32.4	17.2	5.5	7.6
外商投资企业	14929	41.9	30.1	4.8	7.3
中外合资经营企业	5222	42.0	24.5	6.6	8.4
中外合作经营企业	146	50.0	30.1	7.5	6.2
外资企业	9036	41.8	33.9	3.5	6.4
外商投资股份有限公司	365	39.7	18.6	10.7	14.2
其他外商投资企业	160	41.3	28.1	4.4	9.4
三、按行业分					
采矿业	2212	45.3	23.2	13.6	15.9
制造业	202509	43.9	9.4	7.5	10.4
电力、热力、燃气及水生产和供应业	3352	42.4	36.9	8.1	13.8
建筑业	9315	41.7	19.5	10.8	11.0
批发和零售业	23671	39.2	16.2	5.0	5.3
交通运输、仓储和邮政业	3435	43.8	25.4	3.9	5.2
信息传输、软件和信息技术服务业	16804	42.5	16.5	6.1	6.9

工艺创新信息来源情况

在开展产品或工艺创新活动企业中，下列信息对创新影响较大的企业占比(%)									
来自政府部门的信息	来自行业协会的信息	来自供应商的信息	来自客户的信息	来自竞争对手或同行业企业的信息	来自市场咨询机构的信息	来自展会的信息	来自文献、期刊的信息	来自互联网的信息	其他
16.0	**18.8**	**21.0**	**46.4**	**23.1**	**7.4**	**14.4**	**3.4**	**13.2**	**6.0**
24.4	22.1	15.6	36.2	24.5	6.4	5.8	5.1	9.4	4.8
22.7	23.8	14.7	42.9	28.1	9.3	8.2	5.5	10.9	3.5
18.3	20.6	18.8	45.9	25.4	8.6	12.9	3.9	14.0	5.2
14.9	18.1	21.9	47.3	22.5	6.9	15.5	3.1	13.0	6.1
17.1	15.9	21.8	39.2	18.9	6.9	10.3	2.7	16.2	9.4
16.5	19.2	21.0	45.7	22.7	7.3	14.2	3.4	13.5	6.1
27.3	21.4	15.4	32.7	18.6	5.9	4.8	5.4	9.7	6.1
22.4	21.7	20.9	32.9	18.1	3.3	7.1	2.6	11.5	10.5
14.4	20.5	17.7	44.1	20.7	7.2	10.9	3.7	12.7	7.4
31.3	15.7	12.0	33.7	18.1	4.8	3.6	4.8	16.9	10.8
34.3	8.6	11.4	42.9	20.0	5.7	8.6	5.7	20.0	5.7
19.8	20.1	18.3	42.3	24.5	7.4	9.8	4.4	12.4	5.6
26.3	23.2	15.3	32.1	22.9	6.4	4.6	4.9	9.4	5.0
21.1	22.7	15.9	50.0	29.2	9.5	14.5	4.8	12.6	3.8
15.3	18.7	22.1	46.6	22.0	7.2	15.5	3.0	13.9	6.4
13.6	18.2	13.6	31.8	20.5	4.5	9.1	2.3	18.2	9.1
11.7	16.5	21.4	52.1	26.4	8.2	17.8	3.3	11.7	4.4
13.1	19.0	20.7	50.6	27.0	8.2	17.3	3.4	10.6	4.4
13.2	13.9	17.2	43.7	17.9	6.6	19.9	3.3	6.6	2.6
10.8	15.0	22.2	52.9	25.9	8.0	17.9	3.1	12.2	4.5
15.2	22.1	16.8	53.2	31.2	9.7	20.9	4.9	12.8	2.6
15.9	12.4	20.0	55.9	31.7	14.5	15.2	4.8	15.9	6.9
10.9	14.2	20.4	53.8	26.9	8.0	14.8	3.2	9.1	4.5
13.0	16.7	20.1	51.5	28.8	8.0	15.6	3.8	9.7	4.5
22.6	19.2	21.9	39.0	21.2	10.3	8.2	3.4	8.2	4.8
9.4	12.5	20.6	55.2	25.7	7.9	14.5	2.8	8.6	4.6
13.7	18.1	16.7	57.0	30.7	10.4	16.2	4.7	12.6	3.0
14.4	13.1	20.6	54.4	26.9	6.3	12.5	6.3	11.9	3.8
17.7	15.6	22.6	16.8	14.9	4.6	2.9	3.8	8.5	9.0
13.3	18.1	22.4	49.1	23.3	6.6	17.0	3.1	11.0	5.2
21.7	18.1	26.4	11.0	11.8	6.1	1.4	4.9	7.9	8.0
30.0	34.2	22.9	22.2	18.9	9.1	4.9	6.5	19.3	9.3
17.2	16.3	23.1	48.0	24.1	9.4	14.6	2.4	22.2	10.8
23.8	19.9	16.4	35.5	23.6	8.6	3.4	2.3	17.4	10.2
25.8	16.2	9.8	49.2	27.4	9.1	5.0	3.4	22.2	4.5

6-1 续表

项目	开展产品或工艺创新活动企业数(个)				
		企业内部信息	企业集团内部信息	来自高等学校的信息	来自研究机构的信息
租赁和商务服务业	4961	42.1	19.2	5.0	5.9
科学研究和技术服务业	11188	43.7	17.7	11.2	13.4
水利、环境和公共设施管理业	1101	40.7	18.3	11.6	11.9
四、按地区分					
东部地区	184207	43.6	11.2	6.8	9.2
中部地区	56368	42.7	11.2	9.3	11.2
西部地区	31269	42.6	16.3	7.9	10.5
东北地区	6704	42.2	17.6	9.6	11.5
北京	9303	38.1	17.2	5.8	9.2
天津	3977	40.9	20.1	6.4	8.3
河北	6946	43.3	11.4	7.5	10.6
山西	2640	42.5	17.7	10.2	12.9
内蒙古	1069	43.4	26.7	9.1	16.2
辽宁	3974	41.7	17.6	9.1	10.7
吉林	1278	43.5	16.6	9.4	12.8
黑龙江	1452	42.6	18.3	11.3	12.4
上海	10131	40.3	21.6	5.8	8.3
江苏	38104	43.6	11.6	9.7	10.7
浙江	37848	47.3	6.9	5.5	7.8
安徽	12367	39.3	10.7	11.7	13.0
福建	11965	48.1	9.9	7.0	8.8
江西	8149	50.2	10.7	7.8	12.5
山东	19815	47.4	12.0	9.2	11.0
河南	9374	45.7	12.0	8.6	11.0
湖北	10351	41.0	12.6	9.8	9.4
湖南	13487	40.6	9.1	7.8	9.8
广东	45718	39.8	10.1	4.5	8.5
广西	2806	38.8	17.6	5.9	9.5
海南	400	38.3	22.5	4.8	13.5
重庆	5395	43.1	14.1	6.0	8.5
四川	8887	42.9	13.5	8.6	9.9
贵州	2638	48.1	15.1	7.3	12.3
云南	2724	42.9	17.6	6.5	11.5
西藏	127	33.1	25.2	10.2	10.2
陕西	4289	40.6	16.2	10.4	11.0
甘肃	1148	42.2	20.3	9.0	11.7
青海	315	47.9	27.0	6.0	15.9
宁夏	770	43.9	16.9	9.0	10.1
新疆	1101	38.2	25.9	8.2	12.4

在开展产品或工艺创新活动企业中，下列信息对创新影响较大的企业占比(%)									
来自政府部门的信息	来自行业协会的信息	来自供应商的信息	来自客户的信息	来自竞争对手或同行业企业的信息	来自市场咨询机构的信息	来自展会的信息	来自文献、期刊的信息	来自互联网的信息	其他
23.5	18.0	10.0	41.1	22.3	12.2	5.2	2.6	23.8	7.6
27.9	26.8	11.1	35.4	20.2	10.2	4.9	7.7	12.5	5.6
29.2	20.3	13.1	28.1	17.9	10.5	5.1	6.2	16.7	9.3
14.9	18.5	20.9	49.0	24.3	7.7	16.2	3.3	13.2	5.4
16.8	19.6	20.7	39.9	19.1	6.2	11.0	3.2	12.4	6.6
20.9	19.3	22.4	44.0	23.8	7.6	10.6	4.0	15.0	8.3
18.6	16.2	18.5	43.1	20.9	6.4	12.1	4.4	13.7	6.7
20.0	19.3	12.9	48.3	26.5	8.3	8.4	4.4	15.0	2.7
17.3	19.5	19.8	50.5	25.8	8.1	12.5	4.0	13.0	3.9
16.8	16.9	20.9	43.1	20.1	6.3	15.0	3.5	14.5	7.3
22.7	16.2	24.0	34.2	19.7	6.9	9.5	3.9	14.3	10.0
24.1	17.8	20.9	31.8	20.8	7.8	7.4	4.9	13.9	8.5
16.8	16.9	17.6	45.9	21.9	6.1	12.2	4.3	12.5	4.9
20.5	15.1	19.9	41.6	21.2	5.9	11.3	4.1	14.8	9.4
21.9	15.2	19.9	36.8	17.8	7.5	12.2	4.7	15.9	9.4
15.9	21.0	17.7	53.0	29.2	9.8	14.4	4.4	14.0	4.2
14.2	19.9	20.3	46.5	23.0	6.6	14.6	3.1	10.2	4.8
12.7	17.7	19.7	51.3	22.5	7.6	20.8	2.6	13.2	5.9
18.1	18.8	20.7	45.0	21.9	7.3	12.7	3.2	11.8	4.9
15.1	18.5	22.5	44.2	20.7	7.0	15.3	3.5	15.7	8.4
18.0	20.1	24.0	41.1	18.7	6.5	13.1	3.3	14.4	8.3
17.8	17.5	20.5	42.3	19.1	6.7	13.2	3.4	12.7	6.9
17.9	18.7	21.2	40.5	19.5	6.9	11.2	3.7	13.4	5.7
14.8	20.7	19.6	41.2	20.0	5.6	11.0	3.3	13.3	7.4
14.4	20.5	18.7	34.1	15.9	4.8	8.2	2.4	10.0	6.3
14.0	18.0	24.7	53.3	29.0	8.9	18.0	3.4	14.2	4.5
20.9	18.0	24.1	45.2	26.4	9.0	10.8	4.3	15.8	10.2
23.0	15.3	20.5	31.8	23.8	10.3	8.8	5.3	20.0	13.0
18.4	20.3	22.5	48.0	25.2	6.5	11.0	2.8	13.5	6.2
19.1	21.3	21.4	46.3	25.3	7.4	11.4	4.0	14.3	7.7
22.3	15.2	25.2	37.7	17.7	8.2	8.4	4.2	15.4	11.0
24.2	16.0	24.5	46.1	23.8	8.3	11.3	3.7	16.8	7.7
33.1	17.3	18.9	40.2	22.0	5.5	5.5	2.4	13.4	12.6
20.7	20.5	20.8	45.2	23.1	7.7	11.7	4.2	17.0	7.9
23.8	18.3	22.9	35.7	21.1	6.0	9.5	4.4	14.7	11.1
31.1	18.4	16.8	34.6	18.7	7.6	7.3	6.3	18.4	8.6
32.5	17.4	23.8	40.1	27.9	10.3	10.3	4.5	13.2	6.9
19.6	19.2	22.2	34.8	21.1	8.4	8.0	6.4	14.1	11.8

6–2 规模以上工业企业产品或

项　目	开展产品或工艺创新活动企业数（个）				
		企业内部信　息	企业集团内部信息	来自高等学校的信息	来自研究机构的信息
总　计	**208073**	**43.9**	**10.0**	**7.6**	**10.5**
#国有及国有控股	11360	40.3	39.3	10.7	14.9
一、按规模分					
大型企业	6861	39.5	34.1	10.6	15.3
中型企业	28080	43.6	19.7	8.6	11.9
小型企业	165401	44.1	7.5	7.4	10.1
微型企业	7731	43.7	7.0	6.6	9.3
二、按登记注册类型分					
内资企业	184644	44.1	8.3	7.9	10.8
国有企业	917	42.4	37.3	13.0	14.9
集体企业	216	49.5	9.3	3.7	11.1
股份合作企业	381	46.7	2.9	7.3	10.5
联营企业	40	60.0	12.5	12.5	10.0
#国有联营企业	15	60.0		6.7	
有限责任公司	30193	42.0	22.8	9.0	12.8
#国有独资公司	1908	38.7	41.1	10.6	15.1
股份有限公司	6760	39.6	13.4	13.2	16.4
私营企业	146105	44.7	4.9	7.4	10.1
其他企业	32	46.9	21.9	12.5	6.3
港、澳、台商投资企业	10809	42.5	16.8	5.5	8.6
合资经营企业	3431	43.5	16.8	7.1	10.3
合作经营企业	125	36.0	19.2	5.6	12.8
港、澳、台商独资经营企业	6723	42.5	17.1	4.3	7.3
港、澳、台商投资股份有限公司	430	38.8	13.3	11.4	13.5
其他港、澳、台投资企业	100	35.0	12.0	7.0	8.0
外商投资企业	12620	42.3	29.1	4.9	7.4
中外合资经营企业	4532	42.0	24.0	6.6	8.8
中外合作经营企业	134	51.5	29.9	8.2	6.0
外资企业	7555	42.3	32.8	3.5	6.3
外商投资股份有限公司	293	40.3	15.4	12.6	14.7
其他外商投资企业	106	44.3	21.7	2.8	9.4
三、按行业分					
采矿业	**2212**	**45.3**	**23.2**	**13.6**	**15.9**
#煤炭开采和洗选业	785	43.8	31.8	17.7	16.6
石油和天然气开采业	67	59.7	67.2	34.3	22.4
黑色金属矿采选业	269	51.3	13.8	10.8	15.2
有色金属矿采选业	354	47.5	29.9	13.8	26.6
非金属矿采选业	666	40.5	8.6	7.4	9.8

工艺创新信息来源情况

在开展产品或工艺创新活动企业中，下列信息对创新影响较大的企业占比(%)									
来自政府部门的信息	来自行业协会的信息	来自供应商的信息	来自客户的信息	来自竞争对手或同行业企业的信息	来自市场咨询机构的信息	来自展会的信息	来自文献、期刊的信息	来自互联网的信息	其他
13.4	**18.1**	**22.5**	**48.1**	**23.0**	**6.6**	**16.6**	**3.1**	**10.9**	**5.3**
18.6	20.0	18.5	39.3	27.3	5.4	7.8	4.8	6.4	4.0
15.7	19.2	18.5	49.6	31.2	8.9	12.5	4.6	7.9	2.9
13.6	19.2	20.3	49.7	26.0	7.2	17.1	3.5	9.7	3.9
13.3	18.0	22.9	48.2	22.4	6.4	16.9	3.0	11.2	5.6
14.3	15.6	25.0	39.4	17.9	5.8	11.4	2.7	11.4	7.1
13.8	18.5	22.5	47.4	22.6	6.5	16.5	3.1	11.1	5.4
19.2	16.9	19.8	37.6	22.5	4.0	6.0	3.7	5.1	4.9
11.1	18.5	21.8	34.3	18.5	4.2	10.6	3.2	9.7	5.6
12.1	20.7	18.6	47.5	19.9	7.1	12.9	3.9	11.0	6.3
15.0	12.5	20.0	37.5	22.5	5.0	2.5	2.5	10.0	10.0
20.0	6.7	26.7	40.0	26.7	6.7	6.7		13.3	6.7
15.8	18.9	21.2	44.9	25.6	6.4	12.5	4.2	9.4	4.9
18.1	19.9	18.1	36.4	26.4	4.7	6.7	4.3	5.8	4.7
17.8	22.9	17.8	52.1	30.3	9.1	18.0	4.9	10.3	3.6
13.2	18.2	23.1	47.8	21.7	6.4	17.3	2.8	11.5	5.6
9.4	18.8	12.5	34.4	18.8	3.1	9.4		21.9	9.4
10.9	16.6	22.8	52.9	25.8	7.1	19.6	3.3	10.6	4.3
12.6	18.7	21.2	50.7	26.6	7.5	18.2	3.3	10.0	4.3
12.0	13.6	19.2	45.6	18.4	6.4	24.0	3.2	7.2	3.2
9.8	15.2	24.0	53.9	25.1	6.7	20.0	3.0	10.9	4.4
13.5	23.0	16.3	55.3	30.7	9.3	23.3	5.3	12.1	2.6
16.0	12.0	21.0	55.0	33.0	11.0	14.0	6.0	14.0	8.0
10.0	14.0	21.5	54.8	26.8	7.3	15.8	3.0	8.4	4.5
12.0	16.8	21.1	52.2	28.8	7.4	16.5	3.3	9.1	4.5
21.6	17.9	23.9	38.8	19.4	9.7	9.0	3.0	7.5	5.2
8.4	12.1	21.7	56.5	25.6	7.2	15.4	2.6	7.9	4.5
11.6	18.8	19.1	56.3	30.7	9.9	19.1	4.4	11.6	2.7
17.0	13.2	26.4	55.7	26.4	5.7	14.2	6.6	8.5	3.8
17.7	**15.6**	**22.6**	**16.8**	**14.9**	**4.6**	**2.9**	**3.8**	**8.5**	**9.0**
19.6	16.6	25.5	10.4	13.2	3.9	2.9	3.8	8.8	11.0
14.9	10.4	14.9	7.5	14.9			11.9	13.4	4.5
16.0	13.8	23.4	13.8	11.9	5.6	2.6	1.5	10.4	7.8
15.0	16.9	18.1	14.1	16.9	4.0	2.5	4.5	6.2	9.9
18.2	15.3	22.5	26.6	15.9	5.7	3.6	2.4	8.3	7.4

6-2 续表 1

项　　目	开展产品或工艺创新活动企业数（个）				
		企业内部信　　息	企业集团内部信息	来自高等学校的信息	来自研究机构的信息
开采专业及辅助性活动	69	59.4	26.1	15.9	10.1
制造业	**202509**	**43.9**	**9.4**	**7.5**	**10.4**
农副食品加工业	8560	43.8	11.5	10.9	10.9
食品制造业	4391	41.5	11.0	9.7	12.0
酒、饮料和精制茶制造业	2561	42.6	11.4	10.6	13.4
烟草制品业	78	47.4	37.2	6.4	19.2
纺织业	8349	43.3	4.2	6.2	7.4
纺织服装、服饰业	3928	43.0	6.1	3.9	6.4
皮革、毛皮、羽毛及其制品和制鞋业	3293	45.1	4.6	3.9	7.3
木材加工和木、竹、藤、棕、草制品业	2832	47.1	4.5	6.0	8.1
家具制造业	3079	42.4	5.1	3.8	6.4
造纸和纸制品业	2939	45.4	7.5	4.3	8.1
印刷和记录媒介复制业	2854	44.1	6.8	4.9	7.2
文教、工美、体育和娱乐用品制造业	4245	44.1	4.7	5.5	6.7
石油、煤炭及其他燃料加工业	907	40.8	17.9	10.4	18.9
化学原料和化学制品制造业	13315	43.3	11.2	12.6	14.3
医药制造业	6167	44.3	15.4	14.1	24.3
化学纤维制造业	1119	44.2	8.6	11.3	10.7
橡胶和塑料制品业	11078	43.0	6.3	5.8	8.8
非金属矿物制品业	14784	44.8	10.2	7.3	10.7
黑色金属冶炼和压延加工业	2167	44.9	10.1	7.1	9.2
有色金属冶炼和压延加工业	3995	44.7	10.7	9.8	12.9
金属制品业	13915	44.7	6.9	6.6	9.2
通用设备制造业	18008	45.1	7.9	7.4	9.9
专用设备制造业	15321	43.7	8.4	8.7	10.0
汽车制造业	10381	45.5	16.2	4.9	7.7
铁路、船舶、航空航天和其他运输设备制造业	3235	43.5	15.8	7.6	12.3
电气机械和器材制造业	18768	43.5	8.9	6.5	10.4
计算机、通信和其他电子设备制造业	15781	42.2	12.1	5.6	9.4
仪器仪表制造业	4378	42.2	10.0	9.2	10.3
其他制造业	994	40.7	7.1	4.3	7.9
废弃资源综合利用业	840	49.3	11.4	9.5	14.3
金属制品、机械和设备修理业	247	47.8	22.7	8.1	10.9
电力、热力、燃气及水生产和供应业	**3352**	**42.4**	**36.9**	**8.1**	**13.8**
电力、热力生产和供应业	2233	41.8	39.6	7.7	15.0
燃气生产和供应业	465	42.6	38.3	5.2	10.1
水的生产和供应业	654	44.3	26.6	11.2	12.5

在开展产品或工艺创新活动企业中，下列信息对创新影响较大的企业占比(%)									
来自政府部门的信息	来自行业协会的信息	来自供应商的信息	来自客户的信息	来自竞争对手或同行业企业的信息	来自市场咨询机构的信息	来自展会的信息	来自文献、期刊的信息	来自互联网的信息	其他
14.5	8.7	18.8	29.0	26.1	4.3	2.9	13.0	8.7	8.7
13.3	**18.1**	**22.4**	**49.1**	**23.3**	**6.6**	**17.0**	**3.1**	**11.0**	**5.2**
15.5	16.4	19.7	41.1	18.0	5.5	14.0	2.2	11.3	5.2
11.8	15.9	20.2	49.1	23.7	7.9	20.5	3.0	13.0	4.9
15.5	17.7	17.5	43.2	16.5	6.5	16.9	2.6	12.9	5.1
3.8	20.5	12.8	48.7	39.7	5.1	2.6	10.3	5.1	1.3
10.7	17.1	24.0	47.6	17.8	5.3	21.0	1.6	10.5	4.9
10.0	14.9	22.3	46.6	15.9	6.0	19.0	1.9	16.1	6.1
10.6	17.3	22.4	43.8	13.9	5.6	18.3	1.4	11.9	4.8
11.5	16.5	24.3	36.3	15.5	5.1	12.9	1.4	9.7	6.8
10.1	16.4	21.8	50.1	20.1	6.7	29.1	2.5	14.7	4.7
11.3	16.2	29.1	46.8	22.0	7.0	15.2	1.9	10.5	5.5
11.6	18.2	29.9	45.9	21.3	6.8	16.2	2.6	12.1	5.4
9.1	16.3	19.8	50.7	18.0	5.4	29.8	2.3	13.6	5.5
17.9	19.1	20.4	34.3	21.3	7.3	7.3	5.1	9.2	6.3
13.1	21.2	20.1	44.6	23.4	7.5	14.1	5.0	9.3	5.0
23.4	15.6	15.3	36.5	20.3	9.5	14.4	7.6	10.2	4.8
11.1	22.1	23.1	45.1	20.0	5.4	14.1	2.0	8.4	3.8
11.8	16.9	27.0	51.3	22.9	6.6	17.8	2.4	11.5	5.6
14.6	22.8	23.4	37.6	19.3	5.8	10.0	3.2	8.7	6.3
15.0	18.9	23.7	42.6	23.2	7.8	8.2	3.6	8.8	5.6
14.7	20.1	23.5	42.6	22.3	5.5	10.6	3.7	9.4	5.3
12.6	19.0	23.7	47.8	22.0	6.3	16.1	2.7	11.0	6.1
12.7	18.6	20.8	54.6	25.6	6.6	20.1	2.6	10.1	4.9
14.4	19.7	19.2	54.3	26.5	6.8	20.9	3.9	11.0	4.8
13.5	14.9	24.1	56.7	25.6	6.0	12.0	2.4	8.7	5.8
13.8	16.7	18.7	52.5	25.7	6.7	15.1	3.2	8.9	5.4
13.0	18.3	22.9	53.9	26.9	7.5	19.1	2.9	12.3	4.9
12.5	15.5	26.8	57.8	31.3	7.0	17.2	3.4	12.8	4.3
14.7	21.1	18.0	58.9	29.7	6.9	20.8	4.1	12.3	4.1
9.9	16.5	23.9	52.6	24.1	5.6	22.7	2.5	13.8	4.8
16.5	19.9	22.9	25.0	16.3	7.3	4.3	3.9	8.8	7.3
15.0	17.8	18.2	44.9	22.7	7.7	6.9	4.5	7.7	6.1
21.7	**18.1**	**26.4**	**11.0**	**11.8**	**6.1**	**1.4**	**4.9**	**7.9**	**8.0**
21.3	19.1	26.6	7.7	12.0	5.6	0.8	4.2	7.8	7.8
18.1	14.8	26.7	22.4	11.0	8.0	2.8	5.8	7.7	9.9
25.7	16.8	25.5	14.1	11.6	6.6	2.8	6.6	8.6	7.5

6-2 续表 2

项　　目	开展产品或工艺创新活动企业数（个）	企业内部信　　息	企业集团内部信息	来自高等学校的信息	来自研究机构的信息
四、按地区分					
东部地区	137026	44.4	9.2	6.7	9.6
中部地区	44623	42.7	9.7	9.6	12.1
西部地区	21341	43.3	14.4	8.4	12.2
东北地区	5083	42.0	16.6	9.9	12.6
北　京	2051	37.3	17.7	6.1	11.4
天　津	2539	41.4	18.4	6.3	8.3
河　北	5539	44.6	9.8	7.6	11.4
山　西	1874	45.9	17.6	10.9	15.3
内蒙古	730	42.9	27.5	10.5	20.7
辽　宁	3081	41.3	16.6	9.2	11.4
吉　林	936	44.1	16.2	10.0	15.0
黑龙江	1066	42.1	16.9	11.9	13.9
上　海	4632	38.9	19.2	5.8	9.3
江　苏	31504	43.7	10.5	9.7	11.0
浙　江	32585	47.9	5.4	5.4	7.9
安　徽	10154	39.0	9.2	12.3	13.9
福　建	8685	48.1	8.0	6.3	9.9
江　西	6766	50.8	9.4	7.7	13.0
山　东	15561	48.8	10.6	9.6	11.7
河　南	6602	46.1	10.6	9.1	12.7
湖　北	7981	40.8	10.7	10.1	10.1
湖　南	11246	40.1	7.9	7.9	10.3
广　东	33754	40.1	8.4	4.2	8.5
广　西	1855	39.0	15.9	6.4	11.5
海　南	176	39.2	22.7	7.4	22.7
重　庆	4035	43.6	12.4	5.4	9.0
四　川	6182	43.0	11.4	9.3	11.1
贵　州	1879	50.1	12.7	7.3	14.2
云　南	1815	43.6	16.4	7.1	13.0
西　藏	43	48.8	16.3	11.6	11.6
陕　西	2649	41.5	14.6	12.5	13.6
甘　肃	730	43.7	16.8	8.6	15.2
青　海	174	50.0	26.4	6.3	21.3
宁　夏	612	43.6	15.9	9.2	11.4
新　疆	637	40.2	27.5	11.5	15.7

在开展产品或工艺创新活动企业中，下列信息对创新影响较大的企业占比(%)									
来自政府部门的信息	来自行业协会的信息	来自供应商的信息	来自客户的 信 息	来自竞争对手或同行业企业的 信 息	来自市场咨询机构的 信 息	来自展会的 信 息	来自文献、期刊的信息	来自互联网的信息	其他
12.3	17.8	22.6	50.9	24.2	6.9	18.9	3.0	11.1	4.9
14.4	19.0	21.6	40.6	18.9	5.6	11.8	3.0	10.0	5.7
18.0	18.9	24.5	46.4	24.7	7.0	12.2	4.0	11.4	6.7
16.3	15.7	19.8	45.7	21.9	6.2	13.6	4.3	11.1	5.5
15.5	20.2	17.6	57.6	32.8	6.9	16.0	4.9	10.0	1.9
13.9	19.1	22.4	55.1	27.1	7.4	15.0	3.9	10.6	3.7
14.9	16.6	21.7	45.0	20.4	5.9	16.9	3.4	12.2	6.7
19.3	15.4	24.1	34.1	19.6	5.7	10.2	3.9	10.6	9.1
23.3	17.1	21.4	32.2	20.7	8.1	8.2	4.8	10.7	7.4
14.5	16.6	18.6	48.5	23.3	6.1	13.7	4.3	10.5	4.1
16.8	13.1	21.8	43.7	21.7	5.4	12.8	4.4	11.3	8.1
21.2	15.3	21.4	39.2	18.1	7.3	13.9	4.3	12.4	7.5
12.0	21.7	21.2	60.0	32.0	7.7	20.6	4.0	9.7	3.6
12.2	19.2	21.0	47.8	22.9	6.2	15.8	2.9	8.8	4.3
11.3	17.0	20.1	53.0	22.4	7.1	22.5	2.4	11.8	5.4
15.7	18.2	21.6	45.9	22.0	6.7	14.0	3.2	10.2	4.6
12.7	18.2	24.9	46.4	20.9	6.2	18.3	3.3	12.8	7.2
16.5	20.2	25.1	42.6	18.8	6.3	14.0	3.3	12.4	7.5
15.5	16.7	21.2	43.5	18.9	6.0	14.3	3.3	10.6	6.0
14.6	18.0	22.6	42.4	19.6	6.0	12.6	3.3	9.8	4.3
12.7	19.8	20.5	41.7	19.4	4.9	12.1	2.9	11.0	6.5
12.2	19.7	19.2	33.8	15.2	4.2	8.2	2.2	7.7	5.4
11.1	17.0	27.1	55.6	29.1	7.9	21.2	3.1	12.5	4.1
16.2	16.8	26.1	47.9	27.1	8.0	13.0	4.5	11.5	8.8
20.5	13.1	25.6	29.0	22.7	8.5	13.1	6.3	13.6	8.5
15.9	19.6	25.0	51.7	26.1	6.1	12.3	2.5	10.6	5.4
16.3	21.5	23.1	48.8	26.2	6.3	13.2	4.1	11.1	6.3
18.8	14.3	28.1	38.7	17.6	7.3	9.4	3.9	11.9	8.9
20.6	16.0	26.7	48.3	23.8	8.2	12.3	3.6	13.1	6.2
25.6	18.6	14.0	37.2	20.9	2.3	9.3		9.3	7.0
17.7	20.0	22.7	48.3	24.9	7.1	13.8	4.5	12.4	5.8
21.1	16.7	25.5	36.4	22.9	5.1	10.8	3.7	12.1	8.4
35.6	20.7	16.7	32.2	19.0	5.7	9.2	8.0	12.1	5.2
32.7	15.9	24.7	41.5	28.4	10.8	11.8	5.1	11.1	6.0
16.6	19.3	25.6	31.2	20.7	8.5	8.8	7.1	9.6	9.7

6–3 规模(限额)以上企业产品或

项　　目	开展创新合作的企业数(个)	创新合作企业占全部企业的比重(%)		
			集团内其他企业	高等学校
总　计	**187696**	**21.4**	**28.5**	**28.0**
#国有及国有控股	17088	25.8	60.4	42.9
一、按规模分				
大型企业	11648	52.4	61.1	48.5
中型企业	36799	26.0	40.7	32.2
小型企业	130692	22.8	22.4	25.7
微型企业	8557	6.1	26.2	17.3
二、按登记注册类型分				
内资企业	168971	20.8	26.5	28.5
国有企业	1848	17.2	52.5	39.4
集体企业	252	6.8	25.8	19.0
股份合作企业	276	16.1	19.2	22.1
联营企业	53	15.9	50.9	34.0
#国有联营企业	20	16.5	45.0	40.0
有限责任公司	35415	23.5	46.7	34.4
#国有独资公司	3335	22.8	62.6	45.6
股份有限公司	7698	46.9	39.3	49.4
私营企业	123403	19.6	19.5	25.3
其他企业	26	10.3	38.5	50.0
港、澳、台商投资企业	8418	28.8	40.4	25.1
合资经营企业	2684	37.9	38.4	32.4
合作经营企业	98	22.0	34.7	35.7
港、澳、台商独资经营企业	5140	24.9	41.5	19.6
港、澳、台商投资股份有限公司	396	54.6	40.7	44.4
其他港、澳、台投资企业	100	32.4	43.0	25.0
外商投资企业	10307	30.0	52.6	23.2
中外合资经营企业	3719	39.3	46.6	30.9
中外合作经营企业	108	25.4	45.4	27.8
外资企业	6073	25.9	56.5	17.6
外商投资股份有限公司	295	47.0	48.1	41.7
其他外商投资企业	112	28.7	58.9	23.2
三、按行业分				
采矿业	1490	14.0	37.6	34.5
制造业	134865	36.1	25.0	28.9
电力、热力、燃气及水生产和供应业	2227	14.7	52.0	23.5
建筑业	6885	11.8	38.2	37.3
批发和零售业	17322	6.2	32.2	14.6
交通运输、仓储和邮政业	2373	5.8	41.6	13.9
信息传输、软件和信息技术服务业	11088	45.1	41.2	27.6

工艺创新合作开展情况

在创新合作企业中，与下列伙伴开展合作的企业占比(%)								
研究机构	政府部门	行业协会	供应商	客户	竞争对手或同行业企业	市场咨询机构	风险投资机构	其他合作对象
15.6	**10.1**	**19.2**	**38.7**	**44.3**	**15.4**	**13.2**	**0.7**	**15.9**
27.8	15.2	17.6	33.9	26.4	12.9	10.3	0.5	12.7
29.7	14.2	21.7	34.3	31.0	13.8	13.4	0.7	10.9
18.1	11.3	19.6	36.3	38.8	14.3	13.9	0.8	14.5
13.9	9.3	18.9	39.9	47.1	15.8	13.1	0.6	16.4
11.3	12.1	18.6	37.2	44.2	17.4	12.4	1.1	22.7
16.0	10.6	19.8	38.5	44.3	15.7	13.2	0.7	16.3
26.8	19.2	20.0	33.3	26.1	12.7	11.1	0.5	14.4
15.9	17.5	24.2	39.7	38.9	12.7	7.9	0.4	21.0
13.0	10.1	19.6	31.9	45.3	14.9	10.9	0.4	17.0
22.6	26.4	15.1	22.6	28.3	22.6	17.0	1.9	18.9
25.0	25.0	15.0	20.0	20.0	30.0	25.0		15.0
20.5	12.2	18.2	35.2	35.6	14.2	12.0	0.7	14.7
28.8	16.0	18.8	33.1	23.1	12.4	10.8	0.6	12.7
28.7	13.7	21.6	32.8	37.6	14.6	13.2	0.8	12.6
13.7	9.8	20.2	39.9	47.5	16.3	13.7	0.7	17.1
19.2	11.5	11.5	26.9	30.8	11.5	7.7		15.4
13.0	6.3	15.4	41.2	46.3	13.5	14.2	0.7	13.0
17.1	7.6	17.2	40.1	42.1	11.8	13.9	0.9	12.0
15.3	2.0	19.4	35.7	33.7	12.2	11.2	1.0	10.2
10.3	5.5	14.2	42.3	49.0	13.9	14.5	0.5	13.5
22.0	8.8	17.9	35.4	42.7	19.2	12.6	0.8	12.6
7.0	8.0	14.0	43.0	44.0	11.0	14.0	4.0	16.0
11.0	5.5	12.0	40.4	44.3	12.1	12.2	0.5	11.7
14.4	7.0	14.5	40.2	43.2	13.8	12.6	0.8	12.1
12.0	9.3	14.8	38.9	36.1	9.3	11.1		13.9
8.4	4.3	10.4	41.0	45.3	11.1	11.9	0.2	11.3
26.1	9.5	14.2	32.9	44.4	13.6	13.9	1.0	9.5
5.4	3.6	10.7	32.1	36.6	12.5	11.6	1.8	17.0
30.9	9.7	12.1	39.0	16.8	10.0	7.7	0.9	15.2
15.8	8.0	18.3	40.7	46.7	14.6	12.3	0.5	13.9
22.2	10.6	12.3	43.9	10.8	7.3	11.5	0.9	15.5
19.7	15.7	33.1	38.5	23.5	15.2	17.2	0.7	20.6
9.8	12.1	19.7	40.0	49.0	18.9	15.8	1.4	24.4
10.2	14.2	18.9	33.9	31.1	15.2	15.1	1.2	23.6
12.4	20.6	18.0	25.6	45.3	22.3	14.1	1.5	19.9

6-3 续表

项 目	开展创新合作的企业数(个)	创新合作企业占全部企业的比重(%)		
			集团内其他企业	高等学校
租赁和商务服务业	3170	7.2	39.2	18.3
科学研究和技术服务业	7538	30.5	38.9	43.9
水利、环境和公共设施管理业	738	13.0	35.0	35.9
四、按地区分				
东部地区	121229	22.9	27.9	26.4
中部地区	38807	21.7	27.8	31.1
西部地区	23231	17.4	32.0	29.9
东北地区	4429	12.9	33.6	36.4
北 京	5442	18.9	41.9	29.2
天 津	2518	14.5	39.4	28.3
河 北	4457	17.9	25.0	28.7
山 西	1848	14.2	29.6	35.8
内蒙古	800	11.2	40.0	33.5
辽 宁	2543	13.4	34.8	37.6
吉 林	917	13.2	31.5	38.3
黑龙江	969	11.5	32.6	31.5
上 海	6744	17.4	44.0	27.7
江 苏	25373	25.2	28.3	33.2
浙 江	24890	28.6	19.2	20.8
安 徽	8551	26.0	24.1	41.4
福 建	8421	19.1	26.2	22.4
江 西	5753	22.8	28.7	22.3
山 东	13850	22.1	30.2	30.4
河 南	6855	16.4	28.7	29.5
湖 北	7378	23.6	28.6	31.8
湖 南	8422	24.5	29.3	26.2
广 东	29238	23.7	27.3	23.0
广 西	2019	13.5	34.4	27.8
海 南	296	12.6	47.3	24.3
重 庆	3986	23.2	31.4	24.8
四 川	6721	20.3	29.2	31.1
贵 州	1988	18.7	32.8	27.0
云 南	1996	18.4	33.8	29.6
西 藏	98	13.7	34.7	22.4
陕 西	3129	16.4	29.5	34.6
甘 肃	857	15.9	33.5	31.4
青 海	248	16.1	43.1	31.5
宁 夏	591	23.8	33.2	38.7
新 疆	798	7.9	41.6	29.6

在创新合作企业中，与下列伙伴开展合作的企业占比(%)								
研究机构	政府部门	行业协会	供应商	客户	竞争对手或同行业企业	市场咨询机构	风险投资机构	其他合作对象
10.3	18.5	22.0	25.7	40.7	16.8	21.3	1.9	22.8
23.9	18.6	25.1	25.0	32.1	15.6	16.1	1.1	16.9
22.2	21.8	26.8	28.0	24.4	12.7	18.3	1.4	19.5
14.2	8.9	18.6	39.7	46.7	15.9	14.2	0.7	15.7
17.6	11.3	21.6	36.2	39.9	14.1	11.1	0.7	15.9
18.5	14.6	19.1	38.8	40.7	16.0	12.1	0.8	17.5
20.2	10.7	14.4	32.7	37.3	11.7	10.3	0.5	14.3
20.0	14.0	18.8	31.5	41.3	16.4	13.5	1.0	14.1
14.5	9.4	15.9	39.6	42.5	14.3	13.0	0.6	12.0
17.8	11.0	18.2	36.2	38.5	12.8	9.6	0.4	15.1
20.7	9.8	13.3	34.8	29.5	12.4	9.2	0.3	16.8
22.9	14.6	13.0	32.5	24.3	12.9	11.1	0.4	16.3
18.6	8.5	14.9	32.1	39.3	11.4	11.0	0.4	12.2
22.6	13.4	14.1	32.5	35.4	10.4	7.3	0.8	14.7
22.3	13.7	13.5	34.3	33.6	13.8	11.2	0.4	19.4
14.1	9.6	19.0	40.5	44.8	16.2	15.9	1.1	14.8
15.3	9.0	18.4	37.0	44.0	14.4	12.0	0.7	13.9
11.0	7.6	18.1	38.1	51.5	15.8	16.3	0.4	15.5
19.9	10.4	21.3	37.6	43.2	14.0	14.3	0.6	15.6
14.3	9.5	19.5	39.3	44.6	15.7	12.6	0.7	19.9
16.6	12.9	20.4	37.3	40.7	14.2	12.6	0.7	18.5
18.2	10.7	18.4	35.6	40.6	12.5	10.8	0.5	14.5
17.7	9.8	20.3	35.8	38.0	14.7	10.8	0.6	13.5
16.0	11.8	21.5	36.4	42.5	14.6	9.3	0.9	16.9
16.9	12.0	25.5	34.6	37.4	13.5	9.2	0.6	15.4
12.3	7.6	19.3	47.4	51.8	19.3	17.1	1.0	17.7
15.9	15.5	17.0	41.3	40.7	16.0	14.3	0.8	20.9
22.0	12.2	16.6	29.1	32.4	18.9	16.9	0.7	27.4
14.6	12.3	21.2	42.1	48.0	16.5	11.4	0.6	15.5
17.2	13.0	21.9	36.6	41.2	16.6	11.6	0.8	16.7
20.3	16.1	15.8	42.4	35.7	14.7	13.0	0.9	22.1
21.1	16.3	17.2	42.2	42.0	16.0	14.7	0.7	18.6
21.4	28.6	13.3	29.6	41.8	18.4	12.2	1.0	25.5
20.1	14.8	19.5	36.8	42.7	15.9	10.7	0.9	17.1
24.4	18.6	17.9	40.6	35.9	15.9	11.2	1.2	17.7
27.4	26.2	13.3	28.6	27.8	14.5	12.5	0.4	10.9
23.9	17.1	12.5	33.2	30.1	16.9	15.4	0.5	14.2
20.8	16.7	17.3	37.3	33.3	14.7	11.3	0.8	18.7

6-4 规模以上工业企业产品或

项目	开展创新合作的企业数(个)	创新合作企业占全部企业的比重(%)		
			集团内其他企业	高等学校
总计	**138582**	**34.7**	**25.5**	**28.8**
#国有及国有控股	9010	40.4	59.5	45.7
一、按规模分				
大型企业	5823	72.7	61.1	50.4
中型企业	21035	54.0	40.1	36.4
小型企业	107055	34.2	20.9	26.6
微型企业	4669	11.8	22.0	19.5
二、按登记注册类型分				
内资企业	122802	34.5	23.0	29.3
国有企业	703	28.8	55.2	45.8
集体企业	131	13.1	23.7	19.8
股份合作企业	227	29.8	15.0	24.7
联营企业	24	24.2	33.3	25.0
#国有联营企业	7	18.9		28.6
有限责任公司	21825	38.2	43.4	36.0
#国有独资公司	1523	36.6	60.7	47.0
股份有限公司	5415	64.0	35.9	54.2
私营企业	94460	33.0	17.4	26.3
其他企业	17	23.0	41.2	58.8
港、澳、台商投资企业	7107	36.1	37.2	26.4
合资经营企业	2368	44.5	37.2	33.4
合作经营企业	83	29.3	31.3	33.7
港、澳、台商独资经营企业	4247	31.6	37.2	20.6
港、澳、台商投资股份有限公司	341	67.3	37.8	46.3
其他港、澳、台投资企业	68	43.9	39.7	32.4
外商投资企业	8673	37.3	51.3	23.9
中外合资经营企业	3234	44.9	46.3	31.8
中外合作经营企业	101	32.4	46.5	26.7
外资企业	5027	33.2	55.0	17.7
外商投资股份有限公司	239	62.2	43.5	46.4
其他外商投资企业	72	39.3	52.8	27.8
三、按行业分				
采矿业	**1490**	**14.0**	**37.6**	**34.5**
#煤炭开采和洗选业	576	13.3	41.0	41.0
石油和天然气开采业	55	43.0	80.0	69.1
黑色金属矿采选业	173	13.4	29.5	28.9
有色金属矿采选业	249	20.7	43.0	34.5
非金属矿采选业	384	11.2	25.5	19.0

工艺创新合作开展情况

在创新合作企业中，与下列伙伴开展合作的企业占比(%)								
研究机构	政府部门	行业协会	供应商	客户	竞争对手或同行业企业	市场咨询机　　构	风险投资机　　构	其他合作对　　象
16.1	**8.0**	**18.1**	**40.8**	**45.8**	**14.4**	**12.2**	**0.5**	**14.0**
32.0	10.8	14.3	36.4	27.3	11.4	7.8	0.3	10.4
34.3	10.3	17.3	40.0	34.6	11.7	11.4	0.4	8.5
21.0	7.8	17.2	38.3	40.2	12.3	11.5	0.4	10.3
14.3	7.9	18.4	41.2	47.6	15.0	12.5	0.5	14.8
12.2	9.4	17.0	42.3	43.1	15.2	10.6	0.4	18.2
16.6	8.4	18.7	40.6	45.8	14.7	12.2	0.5	14.3
32.9	11.4	16.6	36.6	25.5	9.7	6.3	0.6	11.8
17.6	8.4	19.8	42.0	45.8	10.7	6.1	0.8	16.0
13.7	8.4	17.6	31.7	47.6	15.4	10.1		12.8
20.8	12.5	8.3	25.0	29.2	12.5	16.7		12.5
28.6		14.3	14.3	14.3	14.3	28.6		
22.2	8.9	16.3	38.1	37.2	13.1	10.5	0.5	12.4
32.8	11.1	14.4	36.2	24.8	11.9	7.0	0.2	10.9
32.4	11.1	20.9	34.3	37.9	13.3	12.3	0.6	10.5
14.2	8.1	19.2	41.6	48.3	15.2	12.7	0.5	14.9
23.5	5.9	11.8	23.5	29.4	5.9	5.9		5.9
13.3	5.4	15.4	42.6	47.6	13.1	13.4	0.4	12.4
17.2	7.0	17.1	40.7	42.7	11.6	13.3	0.5	11.4
14.5	1.2	20.5	34.9	36.1	12.0	10.8		8.4
10.5	4.5	14.1	44.3	51.0	13.7	13.8	0.4	13.0
22.6	7.6	18.8	35.8	43.4	17.3	12.0	0.3	12.0
7.4	8.8	13.2	42.6	42.6	8.8	8.8	2.9	16.2
11.3	4.8	11.4	42.0	45.1	11.7	11.3	0.3	11.0
14.9	6.3	14.1	41.5	43.7	13.0	11.8	0.5	11.4
11.9	9.9	13.9	38.6	35.6	9.9	10.9		11.9
8.2	3.6	9.4	42.8	46.3	10.8	10.8	0.2	10.8
27.6	8.4	16.3	35.1	43.5	13.8	14.6	0.8	9.2
5.6	4.2	6.9	33.3	40.3	13.9	9.7		15.3
30.9	**9.7**	**12.1**	**39.0**	**16.8**	**10.0**	**7.7**	**0.9**	**15.2**
33.0	8.9	10.4	38.2	11.5	6.4	6.9	0.9	13.2
56.4	14.5	10.9	36.4	9.1	12.7	5.5		16.4
26.6	7.5	8.7	43.9	21.4	12.1	9.2	0.6	19.7
43.4	7.2	12.5	32.9	11.6	12.0	7.2	1.2	14.1
16.7	11.5	16.4	42.7	27.1	12.0	9.6	1.0	16.7

6–4 续表 1

项　　目	开展创新合作的企业数（个）	创新合作企业占全部企业的比重（%）		
			集 团 内其他企业	高等学校
开采专业及辅助性活动	51	18.5	43.1	58.8
制造业	**134865**	**36.1**	**25.0**	**28.9**
农副食品加工业	5727	26.2	26.2	31.3
食品制造业	3039	36.8	25.9	35.7
酒、饮料和精制茶制造业	1787	32.3	27.0	33.3
烟草制品业	71	67.6	54.9	52.1
纺织业	5174	28.0	16.6	19.9
纺织服装、服饰业	2322	18.3	19.6	13.1
皮革、毛皮、羽毛及其制品和制鞋业	2048	25.8	16.5	9.9
木材加工和木、竹、藤、棕、草制品业	1779	18.0	17.1	15.5
家具制造业	1978	30.3	19.0	13.8
造纸和纸制品业	1775	26.7	22.6	19.9
印刷和记录媒介复制业	1821	31.0	19.6	20.9
文教、工美、体育和娱乐用品制造业	2736	30.6	16.3	18.3
石油、煤炭及其他燃料加工业	614	29.0	36.3	35.5
化学原料和化学制品制造业	9216	41.9	27.0	42.3
医药制造业	4737	58.0	33.9	46.8
化学纤维制造业	752	38.8	23.7	32.6
橡胶和塑料制品业	6920	33.3	18.8	23.3
非金属矿物制品业	9336	23.5	26.1	25.3
黑色金属冶炼和压延加工业	1374	25.9	27.9	30.1
有色金属冶炼和压延加工业	2697	35.3	27.6	33.6
金属制品业	8824	32.8	19.7	23.1
通用设备制造业	11989	45.4	22.3	31.0
专用设备制造业	10434	49.5	23.6	36.0
汽车制造业	7358	46.0	34.7	24.3
铁路、船舶、航空航天和其他运输设备制造业	2232	44.3	35.1	32.9
电气机械和器材制造业	12607	46.8	25.6	27.4
计算机、通信和其他电子设备制造业	11063	53.1	30.7	28.4
仪器仪表制造业	3130	59.2	26.0	40.0
其他制造业	610	34.0	19.8	22.1
废弃资源综合利用业	546	25.3	25.8	29.1
金属制品、机械和设备修理业	169	31.3	36.7	33.1
电力、热力、燃气及水生产和供应业	**2227**	**14.7**	**52.0**	**23.5**
电力、热力生产和供应业	1523	15.5	53.1	22.8
燃气生产和供应业	277	10.6	59.6	16.2
水的生产和供应业	427	15.5	43.3	30.9

在创新合作企业中，与下列伙伴开展合作的企业占比(%)								
研究机构	政府部门	行业协会	供应商	客户	竞争对手或同行业企业	市场咨询机构	风险投资机构	其他合作对象
41.2	21.6	5.9	37.3	19.6	15.7	2.0	2.0	13.7
15.8	**8.0**	**18.3**	**40.7**	**46.7**	**14.6**	**12.3**	**0.5**	**13.9**
18.9	11.2	18.7	35.0	39.4	13.2	9.7	0.5	13.4
19.3	8.9	18.1	37.0	40.8	13.0	12.6	0.6	13.2
22.7	12.9	22.6	32.8	37.9	9.7	11.6	0.4	13.0
53.5	1.4	4.2	50.7	26.8	29.6	15.5		7.0
9.9	7.3	18.6	42.8	52.7	15.2	11.4	0.3	14.6
8.6	6.2	17.5	43.8	53.3	12.5	12.7	0.2	15.9
10.4	8.7	22.4	40.2	55.5	13.8	9.9	0.4	14.0
11.4	8.7	22.1	43.6	42.7	12.0	9.6	0.7	14.7
8.9	6.1	22.2	41.0	55.0	16.6	15.6	0.4	18.2
9.6	7.5	15.7	50.3	49.2	14.1	14.8	0.4	13.4
9.3	6.6	18.8	52.8	48.1	15.2	13.9	0.3	13.7
9.4	6.6	19.7	38.6	54.3	14.9	13.3	0.5	15.2
30.0	8.1	19.1	39.1	29.0	11.6	12.2	0.3	11.6
22.8	7.7	19.9	33.3	37.5	12.6	12.3	0.5	12.8
43.0	11.2	13.5	25.2	22.8	11.5	13.8	0.5	13.8
15.2	8.2	21.5	35.9	47.1	11.6	9.3	0.1	10.8
11.5	6.8	17.9	47.2	51.9	15.3	13.8	0.4	15.0
15.4	8.5	23.9	40.2	37.6	13.3	10.9	0.5	14.8
20.5	7.7	17.8	40.6	41.3	14.6	12.4	0.2	12.2
20.4	8.8	17.5	37.3	41.9	13.6	9.8	0.6	11.9
12.2	7.1	20.2	41.6	49.4	15.7	12.1	0.3	15.0
13.7	7.1	18.1	40.3	50.7	14.7	12.5	0.4	13.4
15.9	8.5	19.5	38.6	47.9	14.8	11.7	0.6	13.2
11.6	6.9	12.1	44.7	52.7	13.5	10.9	0.4	13.2
22.3	8.0	13.3	38.4	48.2	14.7	11.6	0.1	14.1
14.7	7.4	17.6	44.6	50.3	16.5	15.0	0.6	13.8
13.4	7.6	14.4	48.0	53.9	17.7	12.5	0.8	14.5
17.2	9.3	19.0	36.2	48.9	17.0	11.2	0.7	13.2
11.5	5.9	19.8	44.8	51.6	20.2	14.6	0.7	14.1
18.3	10.8	22.9	36.6	27.3	9.7	13.7	0.7	18.1
17.2	5.3	11.8	42.6	33.7	14.8	9.5		16.6
22.2	**10.6**	**12.3**	**43.9**	**10.8**	**7.3**	**11.5**	**0.9**	**15.5**
26.1	9.5	11.8	44.5	7.7	7.6	11.3	0.8	15.8
9.7	7.2	10.1	42.2	23.8	5.4	15.2	0.7	15.9
16.6	16.6	15.5	43.1	13.1	7.7	9.6	1.4	14.3

6-4 续表 2

项目	开展创新合作的企业数（个）	创新合作企业占全部企业的比重（%）		
			集团内其他企业	高等学校
四、按地区分				
东部地区	89338	37.7	24.4	26.9
中部地区	30111	32.7	25.8	32.3
西部地区	15732	28.1	29.9	31.4
东北地区	3401	23.3	32.4	38.3
北京	1341	44.3	39.2	35.2
天津	1606	31.4	36.6	29.6
河北	3536	24.8	22.9	29.4
山西	1279	23.4	28.5	38.5
内蒙古	553	18.5	42.3	39.1
辽宁	1997	25.8	33.5	39.3
吉林	681	22.4	31.1	39.8
黑龙江	723	18.8	30.7	34.3
上海	3126	35.5	41.3	31.5
江苏	20701	41.3	26.6	34.3
浙江	21132	44.1	16.5	20.3
安徽	6979	37.8	22.6	44.4
福建	5861	31.1	23.0	22.4
江西	4702	32.7	26.9	22.8
山东	10684	36.1	28.7	31.7
河南	4775	24.1	26.6	30.2
湖北	5577	35.5	25.8	32.8
湖南	6799	37.3	27.4	26.2
广东	21220	36.3	24.0	23.0
广西	1305	18.4	32.2	30.9
海南	131	26.6	47.3	33.6
重庆	2935	42.3	29.4	22.4
四川	4615	30.2	26.6	33.2
贵州	1396	31.1	30.3	26.8
云南	1312	29.8	31.4	30.0
西藏	32	19.2	28.1	25.0
陕西	1959	27.2	27.8	39.3
甘肃	543	27.9	31.7	32.8
青海	140	24.2	40.7	39.3
宁夏	472	38.0	31.8	42.4
新疆	470	13.0	41.7	34.5

在创新合作企业中，与下列伙伴开展合作的企业占比(%)								
研究机构	政府部门	行业协会	供应商	客户	竞争对手或同行业企业	市场咨询机　构	风险投资机　构	其他合作对　象
14.3	6.9	17.6	42.0	48.7	15.0	13.3	0.5	14.0
18.5	9.4	20.7	37.6	40.5	13.2	10.1	0.5	13.9
20.3	11.5	17.0	41.3	40.9	14.3	11.1	0.5	14.5
22.0	8.8	13.6	33.8	38.8	11.2	9.4	0.4	11.9
25.7	9.8	18.0	38.6	41.2	14.0	10.7	0.4	9.8
15.0	7.0	14.4	43.2	46.1	13.2	11.3	0.3	10.3
18.4	9.4	17.8	37.4	39.0	12.5	8.6	0.3	14.2
23.9	7.0	10.8	34.0	26.8	10.4	7.6	0.3	14.7
28.9	12.5	11.0	30.7	19.7	11.9	9.4	0.4	13.9
19.9	7.1	14.2	33.9	41.2	10.9	10.0	0.4	10.1
25.1	10.4	11.3	32.3	35.8	9.1	6.2	0.6	11.5
24.9	11.9	14.0	34.9	34.7	14.0	10.9	0.4	17.3
15.0	6.0	18.6	47.3	48.9	14.8	12.8	0.4	11.8
15.6	7.2	17.4	38.1	45.0	13.6	11.2	0.5	12.5
10.8	6.4	17.4	39.1	53.7	15.5	16.2	0.3	14.4
20.9	8.7	20.3	38.9	43.8	13.3	13.7	0.5	13.3
15.2	8.0	18.3	43.3	46.2	14.7	11.8	0.6	17.7
16.8	11.8	19.3	38.9	42.3	13.8	12.1	0.7	16.7
19.3	9.1	17.5	36.3	40.5	11.7	9.8	0.4	12.7
19.2	7.3	19.2	37.9	38.9	14.0	8.9	0.3	11.0
16.4	9.6	20.1	38.1	43.4	12.8	8.5	0.5	15.1
17.2	10.1	25.4	35.6	37.2	12.9	7.9	0.6	13.3
12.1	5.3	17.9	51.3	54.7	18.2	15.7	0.7	15.5
18.2	11.2	14.5	43.1	40.6	13.5	13.8	0.6	18.2
35.9	6.9	13.0	31.3	22.9	15.3	16.0		14.5
14.0	9.3	18.3	46.7	50.7	16.2	10.9	0.4	13.2
18.6	10.7	19.7	38.7	42.3	15.1	10.2	0.5	13.9
21.6	12.2	13.9	45.8	34.0	11.8	11.7	0.6	18.9
23.9	12.3	15.6	45.2	41.2	15.4	13.9	0.4	15.6
37.5	21.9	12.5	28.1	31.3	12.5			18.8
23.5	11.7	16.8	38.2	41.9	13.0	9.3	0.7	13.0
29.5	16.4	17.7	44.4	36.8	13.8	10.1	0.9	13.6
36.4	23.6	11.4	24.3	23.6	12.1	7.9		10.7
25.0	16.1	11.4	34.1	29.4	15.7	15.5	0.2	12.1
24.5	11.3	15.5	37.7	29.8	10.9	11.5	0.4	14.9

6-5 规模(限额)以上企业产品

项目	开展创新合作的企业数(个)			
		集团内其他企业	高等学校	研究机构
总计	**187696**	**24.0**	**23.3**	**12.7**
#国有及国有控股	17088	50.9	34.9	22.1
一、按规模分				
大型企业	11648	49.7	39.0	23.1
中型企业	36799	34.6	26.3	14.6
小型企业	130692	18.9	21.7	11.5
微型企业	8557	22.2	13.7	8.8
二、按登记注册类型分				
内资企业	168971	22.0	23.8	13.0
国有企业	1848	44.2	33.0	20.3
集体企业	252	21.0	14.3	13.5
股份合作企业	276	14.9	17.8	12.0
联营企业	53	34.0	24.5	15.1
#国有联营企业	20	30.0	25.0	20.0
有限责任公司	35415	39.8	28.3	16.5
#国有独资公司	3335	52.6	36.7	22.4
股份有限公司	7698	30.9	40.9	23.7
私营企业	123403	16.1	21.3	11.2
其他企业	26	34.6	50.0	19.2
港、澳、台商投资企业	8418	35.2	20.0	10.7
合资经营企业	2684	33.2	26.5	14.0
合作经营企业	98	31.6	26.5	12.2
港、澳、台商独资经营企业	5140	36.5	15.1	8.3
港、澳、台商投资股份有限公司	396	32.8	38.1	18.9
其他港、澳、台投资企业	100	37.0	20.0	7.0
外商投资企业	10307	47.3	18.3	8.6
中外合资经营企业	3719	40.6	24.4	11.1
中外合作经营企业	108	43.5	23.1	12.0
外资企业	6073	51.7	13.5	6.5
外商投资股份有限公司	295	39.7	34.9	20.7
其他外商投资企业	112	50.9	20.5	5.4
三、按行业分				
采矿业	1490	31.4	30.9	27.2
制造业	134865	21.0	24.4	13.3
电力、热力、燃气及水生产和供应业	2227	47.1	20.0	19.5
建筑业	6885	31.1	30.5	14.3
批发和零售业	17322	26.6	10.5	6.8
交通运输、仓储和邮政业	2373	35.8	11.0	7.8
信息传输、软件和信息技术服务业	11088	35.1	21.8	8.6

或工艺创新合作伙伴情况

在创新合作企业中，下列合作伙伴对企业创新有较大价值的企业占比(%)							
政府部门	行业协会	供应商	客户	竞争对手或同行业企业	市场咨询机构	风险投资机构	其他合作对象
8.2	**15.2**	**33.4**	**41.2**	**12.9**	**10.4**	**0.3**	**12.0**
11.9	12.3	27.6	23.2	9.8	7.3	0.2	9.1
9.9	14.6	26.9	27.6	10.3	9.3	0.2	7.0
9.0	15.2	31.1	35.8	11.8	10.9	0.4	10.8
7.7	15.3	34.8	44.0	13.3	10.5	0.3	12.4
10.1	15.0	32.3	40.3	14.4	9.6	0.6	17.8
8.6	15.8	33.2	41.0	13.1	10.4	0.4	12.3
15.9	14.0	27.5	22.4	9.4	8.3	0.2	9.6
13.9	21.4	35.7	36.5	11.5	6.7		17.5
7.6	16.3	27.2	42.4	11.6	8.3	0.4	13.4
22.6	13.2	20.8	22.6	18.9	17.0		13.2
20.0	15.0	20.0	20.0	25.0	25.0		10.0
9.5	13.6	29.7	32.4	11.3	8.9	0.3	10.8
12.5	12.9	26.1	19.2	9.1	7.4	0.2	9.3
10.6	15.7	26.5	34.3	11.8	9.3	0.2	8.9
8.1	16.4	34.7	44.2	13.8	11.0	0.4	13.0
7.7	7.7	23.1	26.9	11.5	7.7		11.5
4.7	12.0	36.1	43.5	11.6	11.3	0.3	9.8
5.3	13.3	34.4	39.0	10.1	10.9	0.4	8.7
2.0	15.3	30.6	28.6	10.2	8.2		8.2
4.2	11.1	37.6	46.4	12.1	11.8	0.2	10.4
6.6	13.1	29.8	40.4	15.4	8.8		8.3
6.0	14.0	38.0	43.0	8.0	12.0	3.0	16.0
3.9	8.8	35.5	42.2	10.3	9.8	0.3	8.6
5.0	10.4	35.1	40.9	11.7	10.1	0.4	8.7
3.7	12.0	34.3	34.3	7.4	9.3		10.2
3.0	7.7	36.2	43.2	9.4	9.6	0.1	8.6
7.8	9.8	27.8	42.0	10.8	10.5	0.3	6.8
2.7	8.9	31.3	36.6	11.6	11.6		12.5
7.8	10.0	33.5	14.6	8.2	5.8	0.5	12.7
6.2	14.6	35.3	43.7	12.3	9.8	0.2	10.5
8.5	9.6	39.5	9.1	5.7	9.3	0.4	12.3
13.4	27.2	32.9	19.7	11.7	13.8	0.3	14.6
9.9	15.4	34.9	45.0	15.6	12.4	0.8	18.8
12.5	15.6	30.8	27.6	12.3	12.6	0.8	19.2
17.5	12.9	20.7	42.3	19.0	10.7	0.8	14.8

6-5 续表

项目	开展创新合作的企业数(个)			
		集团内其他企业	高等学校	研究机构
租赁和商务服务业	3170	34.0	14.3	7.5
科学研究和技术服务业	7538	32.3	36.7	18.4
水利、环境和公共设施管理业	738	28.5	30.2	18.3
四、按地区分				
东部地区	121229	23.5	21.9	11.5
中部地区	38807	23.4	26.1	14.4
西部地区	23231	26.9	24.6	14.9
东北地区	4429	28.4	31.3	17.4
北　京	5442	35.7	23.9	16.0
天　津	2518	33.8	23.7	11.5
河　北	4457	21.2	24.7	15.0
山　西	1848	25.0	30.3	18.2
内蒙古	800	33.1	28.8	20.8
辽　宁	2543	29.7	32.8	16.4
吉　林	917	25.2	32.4	18.9
黑龙江	969	28.0	26.2	18.6
上　海	6744	37.6	22.4	10.8
江　苏	25373	23.7	28.1	12.4
浙　江	24890	16.3	17.7	9.1
安　徽	8551	19.5	35.7	16.3
福　建	8421	22.5	18.2	11.7
江　西	5753	25.0	18.7	14.0
山　东	13850	25.4	25.7	15.0
河　南	6855	24.0	24.0	14.2
湖　北	7378	24.0	26.5	12.5
湖　南	8422	24.9	21.8	13.9
广　东	29238	22.7	18.5	9.8
广　西	2019	29.0	22.5	12.7
海　南	296	41.2	19.3	17.6
重　庆	3986	26.4	20.3	11.4
四　川	6721	24.4	25.7	14.0
贵　州	1988	27.1	20.9	14.9
云　南	1996	28.6	23.6	17.0
西　藏	98	32.7	18.4	15.3
陕　西	3129	24.2	29.1	16.3
甘　肃	857	28.7	26.0	20.4
青　海	248	37.1	27.0	25.0
宁　夏	591	29.3	32.8	18.8
新　疆	798	35.7	23.8	16.8

在创新合作企业中，下列合作伙伴对企业创新有较大价值的企业占比(%)							
政府部门	行业协会	供应商	客户	竞争对手或同行业企业	市场咨询机　构	风险投资机　构	其他合作对　象
15.3	16.7	21.9	37.3	14.0	16.8	0.9	17.8
15.2	19.5	20.2	28.5	12.2	12.3	0.5	12.1
19.0	20.3	23.3	21.7	10.0	14.4	0.4	15.7
7.1	14.8	34.5	43.7	13.4	11.4	0.4	11.9
9.2	17.4	31.3	36.5	11.6	8.5	0.3	11.9
12.1	14.8	32.8	36.9	13.1	9.2	0.3	13.3
8.8	11.2	27.8	34.7	9.8	8.1	0.2	11.1
11.3	14.0	26.6	38.6	14.0	10.5	0.6	10.8
7.4	11.8	34.0	40.0	11.3	9.8	0.2	8.6
9.2	14.7	30.8	35.5	10.5	7.3	0.2	11.9
8.0	10.8	31.5	26.5	10.0	7.0	0.2	13.2
11.6	9.8	27.9	21.0	9.6	8.6		12.8
6.8	11.9	27.1	37.4	9.6	8.7	0.2	9.0
11.8	10.6	28.4	31.7	9.4	5.9	0.4	12.2
11.1	9.7	29.2	30.3	10.9	8.6	0.1	15.7
7.3	14.4	35.2	41.7	13.2	12.6	0.5	10.8
7.0	14.4	31.3	40.7	11.8	9.5	0.4	9.8
6.3	15.3	33.4	48.8	13.8	13.7	0.2	12.7
8.1	16.5	31.7	39.8	11.2	11.0	0.3	10.0
7.7	16.0	34.1	41.5	13.3	10.0	0.5	15.9
10.6	16.6	32.7	37.2	11.3	9.8	0.3	14.1
8.8	14.7	31.1	37.0	10.2	8.2	0.3	11.2
8.0	16.3	31.0	34.8	12.3	8.7	0.4	10.6
9.9	17.4	31.3	38.9	12.2	7.1	0.4	13.4
10.1	21.2	29.9	34.0	11.5	6.6	0.3	11.6
5.7	14.9	41.9	49.1	16.3	13.5	0.5	12.7
12.6	12.7	36.2	36.8	13.0	11.4	0.2	15.9
11.1	11.1	24.0	26.7	16.6	13.2		23.0
10.4	16.9	35.3	43.9	13.6	8.6	0.3	11.3
10.6	17.1	31.2	37.5	13.7	8.7	0.3	13.0
13.1	12.0	35.5	31.6	11.4	9.8	0.4	17.4
13.9	13.1	35.7	37.7	12.9	11.5	0.4	13.9
25.5	7.1	18.4	37.8	15.3	7.1		19.4
12.1	15.3	30.6	39.0	13.2	7.7	0.4	12.3
15.8	13.5	34.2	32.7	12.8	8.5	0.4	13.3
24.6	11.3	25.0	27.0	13.3	11.7	0.4	7.7
15.1	9.3	29.1	28.3	13.7	11.5	0.3	10.0
13.5	12.7	31.5	29.1	12.2	8.4	0.3	14.4

6-6 规模以上工业企业产品

项　目	开展创新合作的企业数(个)			
		集团内其他企业	高等学校	研究机构
总　计	**138582**	**21.6**	**24.4**	**13.5**
#国有及国有控股	9010	50.2	37.4	26.7
一、按规模分				
大型企业	5823	49.3	39.7	27.9
中型企业	21035	34.1	30.1	17.4
小型企业	107055	17.7	22.7	12.1
微型企业	4669	18.8	16.9	10.5
二、按登记注册类型分				
内资企业	122802	19.2	24.9	14.0
国有企业	703	47.4	38.7	27.5
集体企业	131	20.6	16.8	16.0
股份合作企业	227	13.7	20.3	12.3
联营企业	24	20.8	20.8	12.5
#国有联营企业	7		28.6	28.6
有限责任公司	21825	37.1	30.0	18.6
#国有独资公司	1523	50.8	38.7	26.9
股份有限公司	5415	27.4	45.6	27.4
私营企业	94460	14.4	22.5	12.0
其他企业	17	35.3	58.8	23.5
港、澳、台商投资企业	7107	32.5	21.1	11.2
合资经营企业	2368	32.3	27.4	14.2
合作经营企业	83	28.9	25.3	14.5
港、澳、台商独资经营企业	4247	32.8	15.9	8.8
港、澳、台商投资股份有限公司	341	30.5	40.5	19.6
其他港、澳、台投资企业	68	35.3	26.5	7.4
外商投资企业	8673	46.0	18.9	8.9
中外合资经营企业	3234	40.4	25.2	11.7
中外合作经营企业	101	44.6	21.8	11.9
外资企业	5027	50.1	13.7	6.5
外商投资股份有限公司	239	34.7	38.1	21.8
其他外商投资企业	72	45.8	26.4	5.6
三、按行业分				
采矿业	**1490**	**31.4**	**30.9**	**27.2**
#煤炭开采和洗选业	576	32.5	37.2	30.0
石油和天然气开采业	55	69.1	58.2	49.1
黑色金属矿采选业	173	26.6	24.3	23.7
有色金属矿采选业	249	38.2	30.9	39.4
非金属矿采选业	384	20.8	17.2	13.0

或工艺创新合作伙伴情况

在创新合作企业中，下列合作伙伴对企业创新有较大价值的企业占比(%)							
政府部门	行业协会	供应商	客户	竞争对手或同行业企业	市场咨询机　　构	风险投资机　　构	其他合作对　　象
6.3	**14.5**	**35.4**	**42.8**	**12.1**	**9.7**	**0.2**	**10.6**
7.8	10.2	29.8	24.4	8.8	5.3	0.1	7.3
6.1	11.0	31.7	31.4	8.7	7.3	0.1	5.3
5.7	13.3	32.8	37.5	10.1	8.8	0.2	7.8
6.4	14.9	36.0	44.6	12.7	10.1	0.2	11.2
7.8	14.3	37.4	39.7	12.8	8.4	0.2	14.1
6.6	15.1	35.2	42.7	12.3	9.7	0.2	10.8
8.8	11.8	29.4	22.9	6.8	4.1	0.3	7.5
4.6	16.8	38.9	44.3	8.4	5.3		11.5
6.6	14.1	27.8	44.9	12.3	7.9		10.1
12.5	4.2	25.0	25.0	12.5	16.7		8.3
	14.3	14.3	14.3	14.3	28.6		
6.6	12.4	32.5	34.2	10.6	7.9	0.2	9.0
7.8	9.9	29.2	21.2	8.9	4.9	0.1	7.9
8.1	15.3	28.0	34.7	10.7	8.6	0.1	7.3
6.6	15.7	36.3	45.2	12.9	10.2	0.3	11.4
	5.9	17.6	23.5	5.9	5.9		5.9
3.9	12.1	37.3	44.9	11.3	10.7	0.1	9.5
4.8	13.2	34.7	39.6	9.8	10.0	0.1	8.4
1.2	18.1	31.3	31.3	10.8	9.6		6.0
3.4	11.2	39.4	48.4	12.0	11.3	0.1	10.2
5.3	14.1	30.5	41.9	14.1	8.5		7.9
5.9	13.2	38.2	41.2	5.9	8.8	1.5	16.2
3.4	8.3	37.0	42.9	9.9	8.8	0.1	8.2
4.5	10.0	36.2	41.4	10.9	9.0	0.2	8.2
4.0	10.9	34.7	33.7	7.9	8.9		8.9
2.6	7.0	38.0	44.2	9.2	8.6	0.1	8.3
6.3	10.9	30.5	41.4	10.5	10.9		6.7
2.8	5.6	31.9	40.3	13.9	9.7		11.1
7.8	**10.0**	**33.5**	**14.6**	**8.2**	**5.8**	**0.5**	**12.7**
7.1	8.5	32.5	10.1	5.9	5.7	0.3	10.8
5.5	3.6	29.1	5.5	7.3	3.6		7.3
5.8	5.8	38.2	18.5	8.7	6.9	0.6	16.8
6.4	10.8	26.5	10.0	8.8	4.8		11.6
9.6	14.8	38.5	23.4	10.7	6.8	1.0	15.1

6-6 续表 1

项　目	开展创新合作的企业数(个)			
		集 团 内其他企业	高等学校	研究机构
开采专业及辅助性活动	51	39.2	56.9	33.3
制造业	**134865**	**21.0**	**24.4**	**13.3**
农副食品加工业	5727	22.4	27.0	16.0
食品制造业	3039	21.5	31.0	16.2
酒、饮料和精制茶制造业	1787	23.2	29.5	19.9
烟草制品业	71	45.1	35.2	49.3
纺织业	5174	13.9	16.8	8.4
纺织服装、服饰业	2322	15.8	10.8	7.1
皮革、毛皮、羽毛及其制品和制鞋业	2048	14.1	7.9	8.9
木材加工和木、竹、藤、棕、草制品业	1779	14.6	13.4	10.3
家具制造业	1978	15.5	11.1	6.9
造纸和纸制品业	1775	19.0	15.9	8.5
印刷和记录媒介复制业	1821	16.0	17.2	7.7
文教、工美、体育和娱乐用品制造业	2736	13.7	15.0	7.9
石油、煤炭及其他燃料加工业	614	30.3	28.8	25.7
化学原料和化学制品制造业	9216	22.8	36.8	19.5
医药制造业	4737	28.8	40.6	38.9
化学纤维制造业	752	20.6	28.7	13.3
橡胶和塑料制品业	6920	15.2	19.5	9.5
非金属矿物制品业	9336	22.7	21.6	13.2
黑色金属冶炼和压延加工业	1374	22.2	24.7	16.6
有色金属冶炼和压延加工业	2697	22.8	28.8	17.7
金属制品业	8824	16.5	19.6	10.2
通用设备制造业	11989	18.8	26.2	11.3
专用设备制造业	10434	19.7	30.6	13.0
汽车制造业	7358	29.8	19.4	9.1
铁路、船舶、航空航天和其他运输设备制造业	2232	30.0	27.6	18.6
电气机械和器材制造业	12607	21.6	22.6	11.8
计算机、通信和其他电子设备制造业	11063	25.9	23.1	10.8
仪器仪表制造业	3130	21.3	33.8	14.2
其他制造业	610	16.2	19.5	10.5
废弃资源综合利用业	546	22.0	25.8	15.9
金属制品、机械和设备修理业	169	30.2	26.6	11.8
电力、热力、燃气及水生产和供应业	**2227**	**47.1**	**20.0**	**19.5**
电力、热力生产和供应业	1523	48.1	19.2	22.9
燃气生产和供应业	277	55.6	14.4	8.3
水的生产和供应业	427	38.2	26.2	14.5

在创新合作企业中，下列合作伙伴对企业创新有较大价值的企业占比(%)							
政府部门	行业协会	供应商	客户	竞争对手或同行业企业	市场咨询机　构	风险投资机　构	其他合作对　象
17.6	3.9	31.4	17.6	11.8	2.0		11.8
6.2	**14.6**	**35.3**	**43.7**	**12.3**	**9.8**	**0.2**	**10.5**
9.4	14.7	30.1	35.9	11.1	7.4	0.2	10.1
7.1	13.8	32.7	38.1	10.9	9.8	0.2	10.1
10.7	17.8	27.5	33.9	8.1	8.8	0.2	10.2
1.4	4.2	36.6	22.5	22.5	7.0		5.6
6.0	15.6	38.0	50.0	13.1	9.2	0.1	11.8
5.5	14.7	37.9	50.4	10.7	10.4	0.2	13.3
8.0	19.5	34.7	52.7	11.8	8.2	0.3	11.3
7.1	18.6	38.9	39.2	10.5	8.0	0.6	11.9
4.8	18.3	36.3	51.7	14.2	13.0	0.1	13.9
5.8	12.4	45.6	45.7	11.8	11.7	0.1	10.3
5.5	15.5	48.1	45.4	12.9	11.0	0.2	10.5
5.2	16.5	33.8	51.7	13.1	10.6	0.3	12.1
6.2	16.1	32.7	26.5	10.1	9.9	0.2	8.3
5.9	15.8	28.3	34.4	9.9	9.4	0.2	9.7
8.9	10.0	20.3	20.1	9.2	10.8	0.2	10.1
5.3	17.6	30.7	41.4	9.7	8.0	0.1	8.4
5.5	14.5	41.6	48.7	12.9	11.2	0.2	11.0
6.8	19.6	35.0	34.4	11.0	8.8	0.3	11.4
5.8	14.1	35.3	37.8	11.6	9.8	0.1	8.8
7.2	13.7	31.2	38.6	11.2	7.3	0.2	9.2
5.7	16.9	36.5	46.4	13.5	10.0	0.2	11.4
5.3	14.7	34.6	47.9	12.4	10.0	0.2	9.9
6.6	15.4	32.8	44.9	12.4	9.2	0.2	9.6
5.1	9.3	39.1	49.8	11.4	8.3	0.1	9.9
5.6	9.9	32.4	45.1	11.8	8.3		10.3
5.7	13.7	38.8	47.3	14.1	12.0	0.2	10.2
5.6	10.8	42.2	51.1	15.1	9.8	0.3	10.6
7.4	15.2	30.4	45.2	13.8	8.8	0.4	9.5
5.1	16.2	39.0	49.0	17.0	11.5		11.5
9.0	19.4	32.2	24.4	8.6	11.9	0.4	13.4
4.1	10.7	35.5	30.8	10.7	8.3		11.8
8.5	**9.6**	**39.5**	**9.1**	**5.7**	**9.3**	**0.4**	**12.3**
7.3	9.0	39.7	6.2	5.7	8.9	0.3	12.9
6.5	8.7	39.0	21.3	4.7	13.4	0.4	11.2
14.3	12.4	39.3	11.5	6.3	8.0	0.5	10.8

6-6 续表 2

项目	开展创新合作的企业数(个)			
		集团内其他企业	高等学校	研究机构
四、按地区分				
东部地区	89338	20.5	22.5	11.9
中部地区	30111	22.0	27.5	15.6
西部地区	15732	25.4	26.8	17.3
东北地区	3401	27.1	33.0	19.4
北　京	1341	32.8	28.0	20.3
天　津	1606	31.8	25.0	12.0
河　北	3536	19.5	25.5	15.9
山　西	1279	24.6	33.2	21.7
内蒙古	553	34.9	34.0	27.1
辽　宁	1997	28.2	34.3	17.9
吉　林	681	25.0	33.5	21.6
黑龙江	723	25.9	28.8	21.4
上　海	3126	34.7	25.8	11.9
江　苏	20701	22.4	29.0	12.9
浙　江	21132	14.0	17.4	9.2
安　徽	6979	18.4	38.4	17.3
福　建	5861	19.7	18.5	13.0
江　西	4702	23.6	19.2	14.5
山　东	10684	24.2	27.1	16.2
河　南	4775	22.6	25.1	16.1
湖　北	5577	22.1	27.9	13.5
湖　南	6799	23.7	22.4	14.7
广　东	21220	19.9	18.6	9.9
广　西	1305	27.6	26.4	15.7
海　南	131	41.2	28.2	31.3
重　庆	2935	25.0	19.0	11.5
四　川	4615	22.4	28.4	15.7
贵　州	1396	25.1	21.7	17.8
云　南	1312	26.7	24.8	20.7
西　藏	32	28.1	25.0	34.4
陕　西	1959	23.4	34.0	20.2
甘　肃	543	26.3	27.3	25.4
青　海	140	37.9	33.6	33.6
宁　夏	472	28.0	36.4	20.1
新　疆	470	36.6	30.4	20.0

在创新合作企业中，下列合作伙伴对企业创新有较大价值的企业占比(%)							
政府部门	行业协会	供应商	客户	竞争对手或同行业企业	市场咨询机　构	风险投资机　构	其他合作对　象
5.3	14.1	36.7	45.8	12.7	10.7	0.2	10.6
7.5	16.8	32.5	37.2	10.9	7.7	0.2	10.4
9.3	13.3	35.2	37.5	11.9	8.6	0.2	10.9
6.9	10.6	28.7	36.2	9.3	7.4	0.2	9.3
7.2	13.3	33.1	38.7	11.9	8.2	0.2	7.3
5.4	10.6	37.2	43.8	10.3	8.0	0.1	7.5
7.8	14.6	32.0	36.1	10.3	6.8	0.2	11.2
5.3	8.9	31.3	24.5	9.0	6.2	0.2	11.6
9.9	8.1	26.8	17.4	9.2	8.0		11.0
5.3	11.6	28.5	39.2	9.2	8.0	0.2	7.5
9.1	9.0	28.5	32.7	8.4	5.1	0.4	9.5
9.4	9.5	29.3	31.4	10.7	7.9	0.1	14.0
4.1	14.4	41.3	46.2	11.8	10.3	0.2	8.3
5.4	13.5	32.3	41.7	11.3	8.9	0.3	8.8
5.2	14.8	34.3	51.1	13.6	13.6	0.1	11.9
6.5	15.6	32.6	40.4	10.8	10.4	0.1	8.4
6.2	15.0	38.0	43.2	12.6	9.4	0.4	14.1
9.8	15.9	34.2	38.9	10.8	9.5	0.3	13.1
7.3	13.9	31.7	37.2	9.6	7.5	0.2	9.9
5.5	15.2	32.9	35.8	11.9	6.8	0.2	8.6
8.0	16.7	32.7	40.1	10.8	6.5	0.2	12.1
8.2	21.3	30.9	33.9	11.0	5.6	0.2	10.1
3.8	13.9	45.7	52.1	15.5	12.5	0.3	11.1
8.6	10.8	38.3	37.0	11.6	11.2	0.2	14.5
6.1	10.7	22.9	15.3	13.0	13.0		12.2
7.6	14.8	39.3	46.7	13.3	8.5	0.2	9.4
8.7	15.6	33.0	39.0	12.5	7.7	0.2	10.7
9.8	11.0	38.8	30.8	9.5	9.3	0.1	14.5
10.4	11.9	39.0	36.8	12.9	11.1	0.2	11.7
21.9	9.4	21.9	21.9	9.4			15.6
9.3	13.1	32.0	38.4	10.8	6.9	0.4	9.1
13.6	13.3	38.1	33.7	11.6	8.1	0.4	9.6
22.9	10.0	20.7	22.1	10.7	7.9		6.4
14.2	8.5	30.1	27.8	12.7	11.7	0.2	8.3
8.9	11.7	32.8	26.6	10.2	8.5	0.2	12.3

6–7 规模(限额)以上企业产学研合作形式

项 目	开展产学研合作的企业数(个)	在创新合作企业中产学研合作企业占比(%)	在产学研合作企业中，以下列为主要合作形式的企业占比(%)				
			共同完成科研项目	在企业建立研发机构	在高等学校或研究机构中设立研发机构	聘用高等学校或研究机构人员到企业兼职	其他形式
总 计	**64483**	**34.4**	**68.2**	**25.1**	**9.7**	**30.0**	**28.6**
#国有及国有控股	8637	50.5	83.9	22.6	8.0	20.3	24.6
一、按规模分							
大型企业	6347	54.5	82.8	26.9	9.8	26.5	23.5
中型企业	14240	38.7	72.1	25.8	10.0	28.2	27.0
小型企业	41977	32.1	65.0	24.5	9.4	31.0	29.7
微型企业	1919	22.4	62.4	26.6	15.8	32.2	33.9
二、按登记注册类型分							
内资企业	59040	34.9	68.0	25.4	9.9	30.6	28.7
国有企业	864	46.8	82.8	22.5	8.4	20.0	27.8
集体企业	67	26.6	59.7	38.8	11.9	23.9	34.3
股份合作企业	75	27.2	61.3	25.3	9.3	32.0	33.3
联营企业	23	43.4	65.2	30.4	17.4	21.7	30.4
#国有联营企业	9	45.0	77.8	11.1	22.2	44.4	11.1
有限责任公司	14712	41.5	75.6	23.6	9.0	26.0	27.2
#国有独资公司	1752	52.5	85.5	23.5	7.8	21.3	25.0
股份有限公司	4386	57.0	78.6	28.8	9.6	31.5	22.8
私营企业	38899	31.5	63.6	25.8	10.3	32.5	29.8
其他企业	14	53.8	71.4	21.4		35.7	35.7
港、澳、台商投资企业	2585	30.7	69.6	23.8	8.0	24.6	27.6
合资经营企业	1052	39.2	72.1	26.0	7.6	25.3	25.2
合作经营企业	44	44.9	68.2	18.2	2.3	18.2	20.5
港、澳、台商独资经营企业	1256	24.4	66.0	21.6	8.2	23.8	31.3
港、澳、台商投资股份有限公司	207	52.3	79.7	26.6	9.7	27.5	17.4
其他港、澳、台投资企业	26	26.0	61.5	23.1	7.7	23.1	42.3
外商投资企业	2858	27.7	71.6	19.1	8.7	21.4	29.0
中外合资经营企业	1337	36.0	74.3	20.3	7.6	21.8	27.7
中外合作经营企业	34	31.5	82.4	20.6	14.7	29.4	17.6
外资企业	1312	21.6	67.9	17.5	9.5	19.4	31.0
外商投资股份有限公司	146	49.5	80.1	22.6	8.9	33.6	21.9
其他外商投资企业	29	25.9	62.1	24.1	20.7	24.1	44.8
三、按行业分							
采矿业	680	45.6	78.1	19.0	6.3	15.9	27.2
制造业	48073	35.6	67.3	24.9	8.8	30.0	27.7
电力、热力、燃气及水生产和供应业	783	35.2	76.9	19.3	7.5	12.8	28.5
建筑业	2963	43.0	73.0	30.2	13.9	32.8	31.8
批发和零售业	3172	18.3	62.1	30.0	19.8	32.5	35.2
交通运输、仓储和邮政业	440	18.5	68.9	26.1	13.2	24.1	36.4
信息传输、软件和信息技术服务业	3513	31.7	71.5	23.2	9.8	32.2	29.7

注：产学研合作指企业与高等学校或研究机构开展创新合作。

6–7 续表

项　目	开展产学研合作的企业数(个)	在创新合作企业中产学研合作企业占比(%)	在产学研合作企业中，以下列为主要合作形式的企业占比(%)				
			共同完成科研项目	在企业建立研发机构	在高等学校或研究机构中设立研发机构	聘用高等学校或研究机构人员到企业兼职	其他形式
租赁和商务服务业	710	22.4	62.0	27.0	14.6	31.8	38.6
科学研究和技术服务业	3819	50.7	75.6	22.7	9.7	28.5	28.6
水利、环境和公共设施管理业	330	44.7	67.6	29.7	11.2	33.9	30.3
四、按地区分							
东部地区	39073	32.2	68.9	24.9	9.8	28.7	27.7
中部地区	14833	38.2	66.1	26.5	10.2	32.9	29.2
西部地区	8628	37.1	68.8	24.0	8.9	31.8	31.7
东北地区	1949	44.0	68.5	23.5	10.0	23.9	28.8
北　京	1999	36.7	79.9	18.1	9.9	22.3	22.4
天　津	837	33.2	78.4	22.6	7.6	25.8	25.2
河　北	1627	36.5	64.7	26.6	8.5	25.2	30.1
山　西	806	43.6	67.6	22.1	7.2	25.2	28.0
内蒙古	340	42.5	74.1	23.8	8.5	18.8	25.6
辽　宁	1119	44.0	69.3	26.1	9.8	25.5	26.2
吉　林	434	47.3	69.6	20.3	10.6	21.2	32.3
黑龙江	396	40.9	65.2	19.7	9.8	22.2	32.3
上　海	2197	32.6	77.4	21.6	10.4	25.6	26.3
江　苏	9886	39.0	68.4	27.2	10.0	31.0	24.5
浙　江	6518	26.2	66.3	20.8	8.2	23.8	31.6
安　徽	4078	47.7	71.1	28.9	11.1	33.1	25.2
福　建	2426	28.8	65.4	26.3	12.4	28.2	31.5
江　西	1754	30.5	60.7	26.1	9.6	35.5	34.8
山　东	5216	37.7	65.4	26.0	8.1	32.4	28.1
河　南	2519	36.7	61.8	26.5	9.8	31.0	29.4
湖　北	2793	37.9	66.3	26.9	9.5	30.2	28.8
湖　南	2883	34.2	65.3	24.0	10.9	37.7	31.8
广　东	8262	28.3	69.8	26.9	11.1	31.2	28.5
广　西	681	33.7	68.9	27.2	10.9	30.0	34.5
海　南	105	35.5	60.0	15.2	8.6	20.0	43.8
重　庆	1223	30.7	66.2	22.9	7.4	32.2	31.9
四　川	2542	37.8	68.4	22.1	8.4	34.2	30.9
贵　州	713	35.9	68.6	23.4	11.8	34.2	33.7
云　南	773	38.7	66.0	26.1	7.9	34.2	35.6
西　藏	32	32.7	65.6	18.8	21.9	40.6	28.1
陕　西	1281	40.9	70.5	24.1	9.2	30.4	28.2
甘　肃	350	40.8	68.0	32.0	9.1	32.9	35.4
青　海	110	44.4	78.2	22.7	6.4	26.4	29.1
宁　夏	289	48.9	70.2	25.3	7.3	29.4	32.5
新　疆	294	36.8	75.2	23.1	10.9	24.8	35.0

6–8　规模以上工业企业产学研合作形式

项　　目	开展产学研合作的企业数(个)	在创新合作企业中产学研合作企业占比(%)	在产学研合作企业中，以下列为主要合作形式的企业占比(%)				
			共同完成科研项目	在企业建立研发机构	在高等学校或研究机构中设立研发机构	聘用高等学校或研究机构人员到企业兼职	其他形式
总　计	**49536**	**35.7**	**67.6**	**24.7**	**8.7**	**29.6**	**27.7**
#国有及国有控股	4999	55.5	84.1	22.1	7.0	19.3	23.3
一、按规模分							
大型企业	3367	57.8	81.9	27.1	9.1	26.9	22.9
中型企业	9290	44.2	73.4	25.7	8.8	27.1	24.7
小型企业	35671	33.3	65.0	24.3	8.6	30.4	28.8
微型企业	1208	25.9	61.9	22.7	10.3	30.1	32.4
二、按登记注册类型分							
内资企业	44763	36.5	67.3	25.1	8.8	30.3	27.7
国有企业	392	55.8	82.9	21.2	7.1	19.4	24.5
集体企业	37	28.2	56.8	40.5	5.4	16.2	29.7
股份合作企业	68	30.0	61.8	25.0	8.8	29.4	32.4
联营企业	8	33.3	37.5	37.5	12.5	25.0	12.5
有限责任公司	9702	44.5	74.7	23.6	8.1	26.1	26.4
#国有独资公司	859	56.4	86.4	22.6	7.0	19.1	23.7
股份有限公司	3399	62.8	79.0	28.6	9.2	31.8	22.3
私营企业	31146	33.0	63.6	25.3	9.0	31.6	28.7
其他企业	11	64.7	72.7	27.3		27.3	36.4
港、澳、台商投资企业	2287	32.2	69.6	23.4	7.8	24.4	27.3
合资经营企业	952	40.2	72.3	26.2	7.6	25.3	24.8
合作经营企业	37	44.6	62.2	16.2	2.7	16.2	21.6
港、澳、台商独资经营企业	1090	25.7	66.1	20.9	7.9	22.9	30.9
港、澳、台商投资股份有限公司	186	54.5	78.5	25.8	9.1	30.1	17.7
其他港、澳、台投资企业	22	32.4	59.1	18.2	9.1	27.3	45.5
外商投资企业	2486	28.7	71.3	18.6	8.2	20.8	29.2
中外合资经营企业	1203	37.2	74.0	19.7	7.4	20.9	28.0
中外合作经营企业	31	30.7	87.1	22.6	12.9	32.3	9.7
外资企业	1102	21.9	66.9	16.7	8.9	19.0	32.2
外商投资股份有限公司	129	54.0	81.4	22.5	7.0	32.6	19.4
其他外商投资企业	21	29.2	66.7	28.6	19.0	23.8	33.3
三、按行业分							
采矿业	**680**	**45.6**	**78.1**	**19.0**	**6.3**	**15.9**	**27.2**
#煤炭开采和洗选业	290	50.3	84.1	17.2	6.6	9.3	24.5
石油和天然气开采业	41	74.5	92.7	14.6	7.3	7.3	34.1
黑色金属矿采选业	63	36.4	63.5	22.2	7.9	25.4	38.1
有色金属矿采选业	142	57.0	73.9	18.3	2.8	16.2	28.2
非金属矿采选业	110	28.6	66.4	22.7	8.2	22.7	26.4

6-8 续表 1

项　目	开展产学研合作的企业数(个)	在创新合作企业中产学研合作企业占比(%)	在产学研合作企业中，以下列为主要合作形式的企业占比(%)				
			共同完成科研项目	在企业建立研发机构	在高等学校或研究机构中设立研发机构	聘用高等学校或研究机构人员到企业兼职	其他形式
开采专业及辅助性活动	33	64.7	90.9	24.2	9.1	42.4	21.2
制造业	**48073**	**35.6**	**67.3**	**24.9**	**8.8**	**30.0**	**27.7**
农副食品加工业	2254	39.4	65.8	26.4	8.4	34.3	25.6
食品制造业	1309	43.1	69.0	28.7	9.6	35.6	27.5
酒、饮料和精制茶制造业	771	43.1	66.5	26.5	9.2	34.2	25.2
烟草制品业	46	64.8	91.3	23.9	6.5	10.9	13.0
纺织业	1300	25.1	62.1	27.5	8.8	26.7	28.6
纺织服装、服饰业	415	17.9	54.7	27.7	11.6	32.3	27.7
皮革、毛皮、羽毛及其制品和制鞋业	346	16.9	66.8	25.4	11.6	46.2	38.2
木材加工和木、竹、藤、棕、草制品业	401	22.5	57.4	21.2	8.2	36.2	32.4
家具制造业	381	19.3	55.4	24.9	11.5	29.4	36.5
造纸和纸制品业	444	25.0	64.0	23.6	7.4	29.7	29.1
印刷和记录媒介复制业	470	25.8	64.3	21.7	8.7	27.2	31.9
文教、工美、体育和娱乐用品制造业	632	23.1	57.8	25.0	10.8	28.8	30.2
石油、煤炭及其他燃料加工业	298	48.5	66.8	23.2	6.4	19.1	29.5
化学原料和化学制品制造业	4660	50.6	69.0	26.2	9.2	31.7	26.4
医药制造业	3041	64.2	75.5	23.1	8.8	27.8	26.2
化学纤维制造业	298	39.6	71.8	28.2	8.7	33.6	20.1
橡胶和塑料制品业	2021	29.2	64.5	23.9	9.1	28.7	29.8
非金属矿物制品业	3061	32.8	61.1	26.0	9.8	31.0	29.0
黑色金属冶炼和压延加工业	515	37.5	68.2	25.6	7.6	26.8	26.6
有色金属冶炼和压延加工业	1122	41.6	67.6	29.1	8.8	29.4	26.8
金属制品业	2596	29.4	64.4	24.5	9.3	28.7	27.8
通用设备制造业	4403	36.7	67.2	24.8	7.8	29.4	27.2
专用设备制造业	4379	42.0	69.1	23.8	8.1	30.0	26.8
汽车制造业	2174	29.5	67.9	22.9	8.5	26.4	28.6
铁路、船舶、航空航天和其他运输设备制造业	899	40.3	75.6	22.8	7.1	26.8	27.3
电气机械和器材制造业	4231	33.6	66.4	25.0	9.1	30.6	29.1
计算机、通信和其他电子设备制造业	3736	33.8	69.6	24.0	9.0	29.7	27.3
仪器仪表制造业	1430	45.7	71.6	23.0	7.6	29.5	27.0
其他制造业	164	26.9	71.3	23.8	7.3	26.2	29.9
废弃资源综合利用业	206	37.7	71.8	26.2	7.3	29.1	28.2
金属制品、机械和设备修理业	70	41.4	68.6	18.6	5.7	18.6	38.6
电力、热力、燃气及水生产和供应业	**783**	**35.2**	**76.9**	**19.3**	**7.5**	**12.8**	**28.5**
电力、热力生产和供应业	562	36.9	77.4	19.9	6.4	10.3	29.5
燃气生产和供应业	60	21.7	71.7	18.3	11.7	16.7	25.0
水的生产和供应业	161	37.7	77.0	17.4	9.9	19.9	26.1

6-8 续表 2

项 目	开展产学研合作的企业数(个)	在创新合作企业中产学研合作企业占比(%)	在产学研合作企业中，以下列为主要合作形式的企业占比(%)				
			共同完成科研项目	在企业建立研发机构	在高等学校或研究机构中设立研发机构	聘用高等学校或研究机构人员到企业兼职	其他形式
四、按地区分							
东部地区	29562	33.1	67.8	24.6	8.9	28.4	27.2
中部地区	12081	40.1	66.0	26.1	9.3	32.2	28.0
西部地区	6304	40.1	69.6	23.2	7.0	31.3	29.8
东北地区	1589	46.7	68.8	23.5	8.8	23.3	28.0
北 京	616	45.9	80.2	15.1	8.3	18.2	21.1
天 津	560	34.9	78.6	20.7	7.3	24.6	24.3
河 北	1336	37.8	63.8	25.7	7.8	24.2	29.0
山 西	617	48.2	67.1	20.6	7.1	22.5	26.6
内蒙古	279	50.5	77.1	24.0	6.1	16.5	23.3
辽 宁	927	46.4	68.8	25.8	9.2	25.4	26.2
吉 林	340	49.9	70.3	20.0	7.6	20.3	31.2
黑龙江	322	44.5	67.4	20.5	9.0	20.8	29.8
上 海	1150	36.8	77.0	20.3	8.8	26.0	27.2
江 苏	8340	40.3	67.8	26.8	9.5	30.5	23.9
浙 江	5465	25.9	66.0	20.6	7.6	22.7	31.1
安 徽	3571	51.2	71.1	28.4	10.5	32.7	24.6
福 建	1756	30.0	64.8	23.7	9.1	28.2	30.3
江 西	1464	31.1	60.3	25.5	8.7	34.2	33.8
山 东	4239	39.7	65.1	25.7	7.1	32.5	27.2
河 南	1851	38.8	61.4	25.4	7.7	31.3	27.9
湖 北	2203	39.5	66.4	27.6	8.6	28.6	27.2
湖 南	2375	34.9	65.0	23.6	10.3	36.9	30.6
广 东	6034	28.4	69.1	26.5	10.8	31.0	27.5
广 西	498	38.2	72.9	24.3	7.0	30.5	31.7
海 南	66	50.4	65.2	15.2	6.1	15.2	37.9
重 庆	845	28.8	66.3	22.1	6.2	32.4	31.5
四 川	1894	41.0	69.0	21.7	6.8	34.1	29.7
贵 州	525	37.6	67.8	23.4	9.9	31.6	30.7
云 南	535	40.8	65.8	26.0	6.9	32.7	33.3
西 藏	15	46.9	73.3	13.3	13.3	40.0	6.7
陕 西	932	47.6	71.8	23.1	7.0	30.3	25.5
甘 肃	249	45.9	65.9	29.7	8.4	33.3	34.5
青 海	79	56.4	78.5	21.5	2.5	31.6	22.8
宁 夏	250	53.0	69.6	24.0	5.2	29.2	32.0
新 疆	203	43.2	76.4	21.7	9.4	23.2	31.5

七、规模（限额）以上企业产品或工艺创新阻碍因素及知识产权相关情况（2020 年）

7-1 规模(限额)以上企业产品或

项目	缺乏内部资金	缺乏风险投资	缺乏银行贷款	创新成本过高
总计	**10.5**	**7.0**	**9.9**	**20.5**
#国有及国有控股	13.6	4.8	6.6	17.0
一、按规模分				
大型企业	10.8	5.6	7.3	30.4
中型企业	10.7	6.6	9.2	22.4
小型企业	10.8	7.4	10.7	21.9
微型企业	8.6	5.8	7.6	11.0
二、按登记注册类型分				
内资企业	10.5	7.1	10.2	20.1
国有企业	12.4	4.3	5.9	13.6
集体企业	10.4	5.3	6.0	11.3
股份合作企业	7.7	6.3	5.7	14.7
联营企业	10.8	4.8	9.0	12.6
#国有联营企业	11.6	5.8	9.1	13.2
有限责任公司	12.2	6.1	9.6	19.7
#国有独资公司	14.1	4.7	6.5	15.4
股份有限公司	11.7	8.3	12.9	30.9
私营企业	10.1	7.4	10.4	20.1
其他企业	11.1	5.2	6.7	11.9
港、澳、台商投资企业	9.4	5.1	6.2	25.1
合资经营企业	9.9	5.8	8.2	27.9
合作经营企业	6.5	3.8	6.1	19.6
港、澳、台商独资经营企业	9.2	4.7	5.4	24.0
港、澳、台商投资股份有限公司	9.7	5.9	8.4	33.5
其他港、澳、台投资企业	11.7	10.7	9.4	26.2
外商投资企业	10.3	4.5	5.2	24.4
中外合资经营企业	10.6	5.1	7.9	27.5
中外合作经营企业	9.9	4.2	4.2	19.5
外资企业	10.1	4.3	4.0	22.9
外商投资股份有限公司	9.7	6.4	8.6	30.5
其他外商投资企业	13.6	4.9	5.6	30.8
三、按行业分				
采矿业	10.8	6.5	10.1	13.1
制造业	11.6	7.9	12.1	28.6
电力、热力、燃气及水生产和供应业	9.7	4.3	7.1	12.8
建筑业	14.0	8.3	9.8	18.9
批发和零售业	8.7	5.9	8.3	12.0
交通运输、仓储和邮政业	8.5	5.1	6.5	10.3
信息传输、软件和信息技术服务业	12.1	9.3	10.8	34.7

工艺创新活动阻碍因素情况

在全部企业中，下列各项是创新主要阻碍因素的企业占比(%)							
缺乏人才或人才流失	缺乏技术信息	缺乏市场信息	难以找到创新合作伙伴	市场已被占领	不能确定市场需求	创新成果易被低成本模仿	没有创新的必要
28.8	**17.2**	**10.2**	**6.6**	**3.0**	**12.4**	**5.5**	**17.1**
31.4	17.3	10.6	5.7	3.4	10.7	4.1	16.2
45.0	22.0	11.0	7.1	3.8	15.2	10.0	8.8
32.5	18.4	10.3	6.7	3.1	12.9	6.0	15.7
30.6	18.6	10.7	6.9	3.0	13.1	6.0	17.0
15.2	9.4	7.9	5.1	2.7	8.3	2.4	20.0
28.6	17.1	10.2	6.6	2.9	12.1	5.3	17.2
27.3	15.2	9.6	5.2	3.5	9.2	2.8	18.6
21.4	14.4	8.5	5.6	3.3	8.6	1.7	22.8
25.9	17.4	9.9	6.3	2.7	11.1	4.3	22.0
22.2	12.3	6.6	5.4	1.8	9.9	2.7	21.3
29.8	12.4	6.6	2.5		11.6	4.1	20.7
29.8	16.7	10.1	6.0	3.1	11.6	4.7	16.5
30.7	17.0	10.5	5.3	3.1	10.3	3.4	16.6
43.5	22.3	11.8	7.8	3.9	14.0	9.3	9.2
28.0	17.1	10.1	6.8	2.8	12.3	5.4	17.5
23.4	13.9	9.9	4.8	2.0	6.7	2.4	13.1
31.6	18.7	10.0	6.3	3.3	15.2	8.6	14.5
37.8	21.6	11.3	7.0	3.2	15.3	9.0	12.0
27.0	15.3	8.3	4.0	2.9	13.0	5.2	20.0
29.2	17.6	9.7	6.1	3.3	15.3	8.3	15.5
44.7	25.4	10.3	7.9	3.6	13.1	13.0	6.3
26.5	18.1	7.1	6.1	3.6	15.5	8.7	14.9
30.0	17.8	10.4	6.3	3.8	15.7	9.5	15.8
36.8	21.3	12.0	6.9	4.1	15.9	9.8	12.8
27.7	15.0	8.2	7.5	3.8	12.7	5.4	16.4
27.1	16.4	9.7	6.0	3.7	15.8	9.5	17.2
38.8	19.6	10.8	7.2	4.9	15.6	9.1	10.2
28.2	15.6	9.0	6.4	3.3	13.1	8.2	15.4
22.5	16.4	7.5	4.5	1.2	8.3	1.7	25.2
38.9	24.3	11.4	7.3	2.8	15.7	8.6	11.7
18.7	14.9	6.4	3.5	1.5	6.6	1.4	26.5
30.3	20.4	9.9	8.1	2.6	12.5	2.8	23.4
17.4	9.6	9.2	5.8	3.3	9.5	3.0	21.7
15.8	9.2	7.9	5.1	2.8	7.5	2.0	23.5
42.8	18.0	12.0	7.9	5.0	15.3	8.3	8.2

7-1 续表

项　　目	缺乏内部资　　金	缺乏风险投　　资	缺乏银行贷　　款	创　　新成本过高
租赁和商务服务业	8.3	5.2	5.9	11.9
科学研究和技术服务业	10.9	6.7	7.4	23.6
水利、环境和公共设施管理业	11.3	5.9	9.0	13.8
四、按地区分				
东部地区	9.9	6.5	8.4	21.3
中部地区	11.5	8.6	12.3	20.6
西部地区	11.5	6.8	12.4	18.5
东北地区	9.8	5.8	10.3	14.4
北　京	8.5	5.4	7.4	20.1
天　津	8.7	5.7	9.0	15.3
河　北	9.5	5.9	10.7	16.7
山　西	10.1	5.6	10.9	14.0
内蒙古	9.2	4.6	10.1	12.0
辽　宁	9.4	5.5	9.4	14.5
吉　林	10.2	5.6	11.7	15.6
黑龙江	10.3	6.5	11.2	13.4
上　海	9.6	6.2	6.9	20.0
江　苏	10.3	7.2	8.2	21.0
浙　江	7.8	5.9	5.3	23.0
安　徽	10.9	8.3	13.9	23.3
福　建	10.4	7.6	8.7	20.4
江　西	11.7	8.9	12.8	21.4
山　东	9.9	6.7	10.2	16.7
河　南	12.0	9.4	11.1	18.2
湖　北	11.2	8.5	13.1	21.5
湖　南	12.0	8.8	11.7	21.9
广　东	11.6	6.7	9.9	25.5
广　西	11.2	6.1	12.2	18.4
海　南	9.1	5.4	8.4	15.5
重　庆	11.4	7.3	11.2	21.5
四　川	11.4	7.3	11.7	21.0
贵　州	13.9	7.1	14.6	17.0
云　南	11.8	7.0	15.8	19.6
西　藏	15.4	5.9	12.0	14.1
陕　西	11.2	7.7	13.1	18.5
甘　肃	13.5	6.2	15.1	16.1
青　海	15.0	6.3	11.5	14.6
宁　夏	12.4	5.6	13.9	20.0
新　疆	9.2	5.2	10.3	11.9

在全部企业中，下列各项是创新主要阻碍因素的企业占比(%)							
缺乏人才或人才流失	缺乏技术信息	缺乏市场信息	难以找到创新合作伙伴	市场已被占领	不能确定市场需求	创新成果易被低成本模仿	没有创新的必要
19.3	9.7	8.8	5.7	2.7	8.8	3.4	20.3
35.7	17.6	11.1	7.4	3.0	11.9	5.5	14.1
23.9	13.0	8.7	5.4	2.0	8.4	3.3	18.5
29.4	17.5	10.1	6.6	3.0	13.0	6.4	16.1
29.1	17.5	10.0	6.6	2.8	11.5	4.8	16.8
28.0	16.8	11.0	6.7	3.3	12.0	3.9	20.7
21.4	12.8	9.2	5.5	2.7	9.1	3.0	18.8
26.0	12.7	9.3	6.3	2.9	11.5	5.4	16.5
19.8	11.5	8.8	4.7	2.5	9.6	4.1	18.7
27.7	17.2	10.5	5.3	2.2	11.3	4.5	18.5
26.6	16.9	10.3	5.2	2.3	9.8	2.6	20.5
21.6	14.0	10.0	5.2	2.6	10.3	2.5	25.8
20.8	12.3	8.7	5.1	2.5	8.2	3.1	16.3
22.3	13.8	9.8	5.9	3.3	10.2	3.0	20.4
21.9	13.3	9.6	6.2	2.8	10.3	2.8	23.3
24.1	12.4	8.5	6.8	3.4	11.6	6.5	18.7
30.3	18.3	9.8	6.9	2.8	11.7	6.2	13.6
33.1	22.6	11.4	7.7	2.7	17.0	7.8	16.6
34.7	19.1	9.5	6.7	2.5	11.0	5.3	11.8
27.1	16.4	10.0	6.9	2.8	13.7	5.2	18.3
30.2	18.0	10.2	7.4	2.8	12.3	5.0	16.0
28.9	17.3	11.4	6.2	2.6	11.6	4.8	19.1
26.7	17.3	10.5	5.5	2.7	11.1	4.4	22.3
27.2	16.7	10.6	7.6	3.4	13.7	5.3	18.1
28.3	17.0	9.0	7.0	2.7	10.6	4.9	12.8
31.4	17.4	9.6	6.5	3.6	13.2	7.6	13.7
26.4	17.0	10.5	6.4	3.1	12.6	3.5	19.6
20.6	14.0	9.9	5.0	3.2	11.1	2.9	25.0
28.4	16.4	9.7	6.8	3.6	12.2	4.9	18.4
28.8	16.5	9.7	7.1	3.4	12.7	4.9	20.7
27.4	15.9	11.2	6.4	3.5	11.3	3.3	21.3
30.3	18.8	13.0	7.1	2.8	13.0	4.3	20.1
32.4	17.6	12.0	5.3	4.9	12.0	3.1	23.0
28.8	17.9	12.9	6.8	3.5	11.6	3.5	19.4
31.4	18.7	13.2	6.4	3.6	10.6	2.8	20.3
30.6	17.9	12.4	6.8	3.6	10.6	2.3	25.3
32.5	22.0	12.9	8.0	3.6	12.0	4.4	20.2
24.1	14.4	10.8	6.0	2.9	10.7	2.7	25.4

7-2 规模以上工业企业产品或

项目	缺乏内部资金	缺乏风险投资	缺乏银行贷款	创新成本过高
总 计	**11.5**	**7.7**	**11.9**	**27.6**
#国有及国有控股	15.4	5.0	8.2	22.5
一、按规模分				
大型企业	10.1	6.4	8.5	37.3
中型企业	11.1	6.9	10.4	33.9
小型企业	11.8	8.1	12.5	28.2
微型企业	9.1	6.0	9.1	14.5
二、按登记注册类型分				
内资企业	11.6	8.1	12.6	27.5
国有企业	14.7	4.3	7.4	18.5
集体企业	11.1	5.9	7.1	15.8
股份合作企业	8.5	8.0	8.5	23.0
联营企业	15.2	4.0	11.1	17.2
#国有联营企业	13.5	5.4	5.4	18.9
有限责任公司	13.4	6.9	12.6	26.7
#国有独资公司	15.6	4.7	7.6	20.2
股份有限公司	11.9	8.5	14.8	37.8
私营企业	11.2	8.3	12.6	27.5
其他企业	17.6	5.4	12.2	20.3
港、澳、台商投资企业	9.9	5.4	6.8	29.2
合资经营企业	10.0	6.0	8.2	31.1
合作经营企业	7.8	3.9	9.2	23.7
港、澳、台商独资经营企业	9.9	5.1	6.0	28.2
港、澳、台商投资股份有限公司	10.7	6.5	10.7	38.9
其他港、澳、台投资企业	12.3	12.3	11.6	31.6
外商投资企业	10.8	4.7	5.6	27.5
中外合资经营企业	10.7	5.0	8.0	29.4
中外合作经营企业	10.6	3.5	3.8	23.1
外资企业	10.9	4.6	4.3	26.3
外商投资股份有限公司	10.4	6.3	10.4	38.8
其他外商投资企业	15.8	3.8	6.6	41.0
三、按行业分				
采矿业	**10.8**	**6.5**	**10.1**	**13.1**
#煤炭开采和洗选业	12.4	5.7	10.6	11.3
石油和天然气开采业	14.8	6.3	6.3	24.2
黑色金属矿采选业	10.3	5.4	11.9	12.2
有色金属矿采选业	12.9	7.7	10.4	17.8
非金属矿采选业	8.1	7.3	8.6	13.2

工艺创新活动阻碍因素情况

在全部企业中，下列各项是创新主要阻碍因素的企业占比(%)							
缺乏人才或人才流失	缺乏技术信　息	缺乏市场信　息	难以找到创新合作伙伴	市场已被占　领	不能确定市场需求	创新成果易被低成本模仿	没有创新的 必 要
37.7	**23.7**	**11.1**	**7.1**	**2.7**	**15.2**	**8.2**	**12.6**
38.7	23.8	11.3	5.6	3.2	11.6	5.2	15.6
54.9	29.0	12.2	7.6	4.0	17.9	13.0	4.7
47.2	27.5	11.6	7.1	2.9	16.3	10.5	8.7
38.4	24.4	11.5	7.4	2.7	15.6	8.3	12.9
19.2	13.2	7.4	4.9	1.9	9.8	3.5	15.9
37.8	23.8	11.0	7.1	2.6	14.9	7.9	12.5
32.6	19.3	8.1	4.4	3.2	9.2	3.8	18.2
25.1	18.4	8.7	6.0	1.7	10.4	2.8	20.2
35.3	26.9	11.2	8.0	2.9	16.8	7.8	15.2
31.3	25.3	7.1	4.0	2.0	15.2	5.1	18.2
29.7	21.6	8.1	5.4		18.9	8.1	21.6
38.7	23.3	11.1	6.3	2.8	13.6	6.8	13.2
36.4	21.8	10.9	5.4	3.1	11.1	4.5	17.9
53.9	28.3	12.3	8.5	3.6	15.9	12.1	5.9
37.2	23.8	11.0	7.3	2.5	15.2	8.0	12.5
32.4	21.6	8.1	5.4	1.4	8.1	2.7	6.8
38.3	23.3	11.2	7.0	3.1	17.1	9.9	12.5
42.7	24.7	11.9	7.3	3.2	16.4	10.3	10.4
32.2	17.7	8.8	4.6	3.5	14.8	6.7	18.4
36.1	22.5	10.9	6.8	3.1	17.5	9.7	13.5
53.3	31.0	13.0	8.3	3.2	14.6	14.4	3.9
34.2	23.9	7.7	6.5	4.5	18.7	9.0	12.9
35.3	22.0	11.7	6.7	3.9	17.8	10.8	13.8
40.4	24.4	12.9	7.0	4.0	17.1	10.9	11.4
33.0	19.2	9.9	9.0	4.2	14.7	6.7	15.7
32.4	20.9	11.2	6.5	3.8	18.2	10.8	15.1
50.0	24.7	11.7	8.9	3.9	18.8	9.9	7.3
37.2	23.0	10.4	8.7	2.7	12.6	7.1	11.5
22.5	**16.4**	**7.5**	**4.5**	**1.2**	**8.3**	**1.7**	**25.2**
22.5	15.9	7.0	4.6	1.0	7.3	1.3	23.5
32.0	18.8	7.0	3.1		8.6	2.3	19.5
21.2	15.9	6.6	4.3	0.7	7.1	1.4	26.1
27.4	18.7	5.8	5.2	0.7	5.8	1.5	23.1
20.0	15.6	8.8	4.1	1.8	10.7	2.3	28.5

7–2 续表 1

项　目	缺乏内部资金	缺乏风险投资	缺乏银行贷款	创新成本过高
开采专业及辅助性活动	9.1	7.6	13.5	17.1
制造业	**11.6**	**7.9**	**12.1**	**28.6**
农副食品加工业	12.2	9.0	16.0	23.1
食品制造业	11.4	7.9	12.8	27.8
酒、饮料和精制茶制造业	13.5	9.3	16.2	26.7
烟草制品业	12.4	1.9	3.8	17.1
纺织业	9.9	8.3	9.1	24.1
纺织服装、服饰业	10.4	7.7	7.9	21.0
皮革、毛皮、羽毛及其制品和制鞋业	10.0	8.0	7.6	24.1
木材加工和木、竹、藤、棕、草制品业	13.1	9.7	12.3	20.1
家具制造业	11.3	8.3	10.0	26.9
造纸和纸制品业	10.4	7.0	11.0	24.7
印刷和记录媒介复制业	10.9	7.1	9.8	26.9
文教、工美、体育和娱乐用品制造业	10.2	7.6	9.9	27.3
石油、煤炭及其他燃料加工业	11.5	7.5	14.3	22.4
化学原料和化学制品制造业	10.8	7.8	13.2	29.3
医药制造业	12.3	8.3	13.8	40.3
化学纤维制造业	10.5	8.8	10.6	28.0
橡胶和塑料制品业	10.9	7.3	10.5	28.7
非金属矿物制品业	11.6	7.7	12.4	21.1
黑色金属冶炼和压延加工业	10.7	7.6	12.8	22.8
有色金属冶炼和压延加工业	12.9	7.9	15.6	28.0
金属制品业	11.5	7.5	11.8	27.7
通用设备制造业	12.1	7.7	11.6	33.2
专用设备制造业	12.2	8.1	13.3	35.2
汽车制造业	12.4	7.1	12.1	32.4
铁路、船舶、航空航天和其他运输设备制造业	12.1	7.7	11.9	31.4
电气机械和器材制造业	12.5	8.0	12.9	35.2
计算机、通信和其他电子设备制造业	11.9	7.9	13.5	38.5
仪器仪表制造业	10.1	8.0	11.5	39.5
其他制造业	10.0	8.0	8.8	28.4
废弃资源综合利用业	11.2	8.6	14.2	19.6
金属制品、机械和设备修理业	13.1	4.4	7.4	23.3
电力、热力、燃气及水生产和供应业	**9.7**	**4.3**	**7.1**	**12.8**
电力、热力生产和供应业	10.2	4.5	7.7	13.0
燃气生产和供应业	7.4	4.0	5.0	10.1
水的生产和供应业	10.1	3.9	6.8	14.7

在全部企业中，下列各项是创新主要阻碍因素的企业占比(%)							
缺乏人才或人才流失	缺乏技术信息	缺乏市场信息	难以找到创新合作伙伴	市场已被占领	不能确定市场需求	创新成果易被低成本模仿	没有创新的必要
33.1	22.5	10.9	7.6	1.1	9.5	1.8	19.6
38.9	**24.3**	**11.4**	**7.3**	**2.8**	**15.7**	**8.6**	**11.7**
31.5	21.0	11.7	6.8	2.6	15.3	6.1	15.3
37.3	22.4	12.7	7.0	3.3	20.1	10.9	9.2
33.6	21.0	13.3	7.8	3.0	18.8	6.2	11.9
55.2	34.3	15.2	7.6	5.7	20.0	4.8	6.7
33.0	24.0	12.4	7.4	2.2	17.6	8.0	13.3
28.4	17.8	10.1	7.5	2.2	15.8	6.1	14.5
29.5	19.5	10.2	6.4	2.6	15.4	8.1	13.1
27.7	20.0	10.3	6.6	1.9	13.4	4.4	15.8
35.8	22.2	11.7	7.6	2.4	18.1	12.0	10.7
33.8	22.4	10.4	6.9	2.7	15.7	6.9	15.5
36.5	24.9	10.8	7.5	2.3	16.6	7.4	13.8
36.2	22.3	12.5	7.2	2.5	18.4	11.4	11.6
30.1	21.7	9.7	6.3	2.4	12.7	4.9	14.6
40.7	26.2	11.8	7.9	3.0	15.3	8.9	10.4
51.7	28.9	11.4	7.6	3.2	15.5	6.1	6.2
39.4	27.3	12.6	7.0	2.2	16.9	8.3	10.7
39.0	25.7	11.3	7.6	3.0	16.8	9.2	12.2
29.1	20.6	10.1	5.8	2.7	14.0	6.1	18.6
31.5	23.4	9.5	6.4	2.5	12.1	5.0	16.7
36.9	24.6	9.7	7.3	2.1	13.0	5.7	12.6
38.5	25.5	10.9	7.2	2.3	14.8	8.1	12.9
46.5	27.1	12.2	7.7	2.8	15.3	11.0	8.4
49.1	27.0	12.3	8.0	2.8	14.7	12.8	6.8
43.5	26.6	11.7	7.6	3.1	15.7	7.4	8.9
44.2	24.8	10.9	7.7	3.2	15.8	9.4	9.6
46.5	27.6	12.0	8.1	3.4	17.4	11.2	7.6
50.4	26.8	11.5	8.2	3.7	16.4	11.1	6.4
56.0	26.5	12.5	8.8	3.4	16.0	14.4	4.9
39.9	24.3	12.2	7.7	2.7	19.8	11.9	10.3
30.5	20.1	8.9	6.2	2.0	10.2	2.9	17.9
37.0	24.1	10.4	8.1	1.7	9.8	4.8	16.5
18.7	**14.9**	**6.4**	**3.5**	**1.5**	**6.6**	**1.4**	**26.5**
19.3	15.3	6.4	3.6	1.4	6.6	1.3	26.7
15.0	12.5	7.5	3.4	3.0	7.4	2.1	27.2
20.1	15.7	5.0	3.2	0.4	6.2	1.4	25.3

7-2 续表 2

项　　目	缺乏内部资　金	缺乏风险投　资	缺乏银行贷　款	创　新成本过高
四、按地区分				
东部地区	10.8	7.2	9.6	29.3
中部地区	12.5	9.5	15.1	26.1
西部地区	12.9	7.6	15.5	24.6
东北地区	10.9	6.5	14.4	20.7
北　京	10.1	5.4	9.6	35.1
天　津	9.7	5.9	11.4	26.4
河　北	10.2	6.8	13.1	21.6
山　西	11.6	6.1	13.9	18.3
内蒙古	10.8	5.1	13.3	16.3
辽　宁	10.5	6.5	13.3	22.0
吉　林	11.4	5.9	15.5	21.8
黑龙江	11.3	7.0	15.7	16.9
上　海	11.2	6.2	7.7	31.7
江　苏	11.6	8.0	9.6	29.2
浙　江	7.8	6.2	5.3	30.6
安　徽	11.6	9.0	16.9	30.1
福　建	10.7	8.1	10.1	27.1
江　西	12.2	9.8	14.8	25.9
山　东	11.4	7.7	12.4	23.2
河　南	12.6	10.3	13.1	22.3
湖　北	12.7	9.7	16.6	27.4
湖　南	13.4	9.8	14.7	27.8
广　东	12.3	7.2	11.0	33.5
广　西	12.0	7.0	14.2	23.2
海　南	12.0	3.7	12.2	23.9
重　庆	13.4	8.1	14.8	32.2
四　川	12.1	8.1	14.5	26.3
贵　州	16.9	8.2	19.3	22.4
云　南	12.8	7.2	19.5	25.8
西　藏	19.2	6.0	18.6	18.6
陕　西	13.0	8.7	15.9	24.4
甘　肃	16.8	7.2	18.3	21.4
青　海	18.7	6.2	16.6	18.0
宁　夏	13.7	6.0	19.4	25.3
新　疆	10.9	6.0	12.8	16.8

在全部企业中，下列各项是创新主要阻碍因素的企业占比(%)							
缺乏人才或人才流失	缺乏技术信息	缺乏市场信息	难以找到创新合作伙伴	市场已被占领	不能确定市场需求	创新成果易被低成本模仿	没有创新的必要
39.9	25.1	11.6	7.4	2.8	16.6	9.7	11.3
35.5	22.0	9.8	6.6	2.4	12.7	6.3	12.3
34.1	21.9	11.0	6.9	2.7	14.2	5.6	17.7
29.0	18.6	10.5	6.1	2.4	11.3	4.5	16.3
42.4	21.3	11.6	7.7	3.7	16.5	12.1	10.3
31.0	19.9	10.6	5.3	2.7	13.7	8.0	13.7
33.0	21.7	11.1	5.6	1.9	13.3	6.3	15.5
32.2	22.7	9.4	4.7	1.4	10.4	3.4	17.1
27.3	18.8	9.7	5.1	1.7	11.7	3.4	24.0
30.0	18.9	10.8	5.7	2.5	10.6	5.0	13.3
28.6	19.1	10.3	6.3	2.5	11.6	4.1	17.4
27.5	17.4	10.1	6.8	2.0	12.5	3.9	21.7
39.7	22.2	10.7	8.3	3.5	16.5	12.4	12.5
41.7	26.1	11.5	8.0	2.8	14.9	9.3	9.0
43.2	30.8	13.4	8.3	2.7	21.4	11.1	10.9
42.6	24.1	9.4	7.1	2.1	12.5	7.0	9.1
35.0	21.9	10.7	7.3	2.6	16.9	7.6	13.3
35.1	21.7	9.9	7.3	2.5	13.8	6.6	12.5
37.2	24.0	12.0	6.5	2.3	14.1	7.2	13.9
31.8	21.6	10.5	5.3	2.4	11.3	5.7	15.4
33.5	20.7	10.9	7.5	3.0	15.5	7.0	14.6
35.1	21.4	8.7	6.9	2.1	11.6	6.2	8.5
41.0	23.1	10.8	7.0	3.4	16.3	11.4	10.2
30.5	21.5	10.4	6.2	2.2	15.0	4.6	19.2
26.4	22.1	10.5	4.1	4.1	15.6	5.1	24.5
39.4	23.7	10.6	7.3	3.7	15.5	7.5	12.3
34.3	20.9	10.1	7.5	3.0	15.1	7.0	17.3
32.4	19.3	10.4	6.9	3.1	12.6	4.3	18.0
35.2	24.3	12.8	7.0	1.9	15.4	6.2	16.3
32.9	20.4	9.0	6.0	4.2	12.6	1.8	18.6
35.5	23.7	13.3	7.0	2.6	13.4	5.1	16.0
39.0	25.3	12.7	6.3	2.5	11.3	3.8	17.3
35.8	21.9	11.2	5.9	2.9	10.5	3.1	21.6
40.2	27.7	13.6	8.1	2.7	13.6	5.7	16.2
28.9	18.5	10.3	6.3	1.9	13.2	3.5	26.0

7—3 规模(限额)以上企业

项 目	采取了知识产权保护或相关措施的企业数(个)	采取了知识产权保护或相关措施的企业占全部企业的比重(%)		
			申请了发明专利	申请了实用新型或外观设计专利
总 计	**462317**	**52.8**	**7.7**	**10.5**
#国有及国有控股	32229	48.6	12.9	14.4
一、按规模分				
大型企业	16167	72.8	33.4	35.0
中型企业	77915	55.1	10.8	12.9
小型企业	321105	56.1	7.6	11.3
微型企业	47130	33.6	0.8	1.2
二、按登记注册类型分				
内资企业	425148	52.3	7.4	10.1
国有企业	4678	43.5	6.7	7.5
集体企业	1353	36.3	1.1	1.9
股份合作企业	805	47.0	3.3	6.3
联营企业	151	45.3	5.1	6.3
#国有联营企业	54	44.6	6.6	8.3
有限责任公司	76565	50.9	10.0	12.1
#国有独资公司	6778	46.3	11.5	12.7
股份有限公司	11644	70.9	29.3	29.8
私营企业	329854	52.5	6.2	9.2
其他企业	98	38.9	4.8	8.3
港、澳、台商投资企业	16909	57.8	12.0	16.3
合资经营企业	4639	65.5	18.2	23.1
合作经营企业	222	49.9	9.9	12.8
港、澳、台商独资经营企业	11301	54.7	9.1	13.3
港、澳、台商投资股份有限公司	546	75.3	37.1	35.6
其他港、澳、台投资企业	201	65.0	10.0	15.2
外商投资企业	20260	58.9	11.3	15.2
中外合资经营企业	6299	66.5	18.3	23.5
中外合作经营企业	221	51.9	8.0	10.1
外资企业	13094	55.7	8.0	11.5
外商投资股份有限公司	424	67.6	29.0	29.8
其他外商投资企业	222	56.9	10.8	12.8
三、按行业分				
采矿业	3800	35.6	3.6	4.9
制造业	255921	68.5	14.8	21.3
电力、热力、燃气及水生产和供应业	5892	38.8	4.6	6.4
建筑业	27449	46.9	3.4	4.3
批发和零售业	104824	37.7		
交通运输、仓储和邮政业	13061	32.0	0.6	0.8
信息传输、软件和信息技术服务业	18052	73.4	16.6	12.5

注：年末拥有有效发明专利数不包含资质等级二级的建筑业以及批发零售业企业数据，以下各表同。

知识产权及相关情况

在全部企业中，采取下列知识产权保护或相关措施的企业占比(%)						年末拥有有效发明专利数（件）
申请了注册商标	进行了版权登记	形成了国家或行业技术标准	对技术秘密进行内部保护	应用了难以复制的复杂技术	发挥了时间上的先发优势	
10.4	**3.1**	**5.6**	**12.3**	**2.6**	**20.7**	**1829140**
6.1	4.2	9.8	12.1	2.4	17.3	474018
15.9	11.4	18.2	24.2	5.6	19.0	819193
11.7	4.8	7.1	13.6	2.8	20.3	371321
11.3	2.9	5.5	13.2	2.7	21.1	617137
4.8	1.1	2.8	5.7	1.4	19.8	21489
10.4	3.1	5.6	11.7	2.5	21.0	1543747
4.5	3.1	8.4	9.4	2.1	19.0	32541
3.8	0.7	5.5	6.3	1.6	20.1	1019
8.0	1.5	5.8	10.7	2.0	19.6	787
6.9	4.5	5.4	7.2	2.1	21.6	259
6.6	5.8	8.3	4.1	2.5	19.8	85
8.5	4.1	7.0	12.5	2.6	19.1	585595
5.9	3.8	9.3	10.4	2.2	17.5	91963
20.4	10.5	15.9	22.9	4.8	18.2	312619
10.8	2.7	4.9	11.3	2.4	21.6	610341
7.5	2.0	4.0	7.5	2.8	13.9	586
11.6	3.9	6.4	18.4	3.5	16.8	153951
14.1	4.5	8.6	20.8	3.6	17.1	39878
11.9	3.8	6.7	11.7	2.0	13.9	746
10.2	3.4	5.2	17.4	3.5	16.7	101447
23.7	8.6	19.2	28.6	5.4	17.7	10955
15.9	8.1	8.1	16.2	3.6	19.7	925
9.6	3.1	6.3	22.1	4.5	17.0	131442
12.9	4.6	8.4	22.3	4.5	17.4	54649
8.2	1.6	7.0	16.4	4.0	16.7	622
8.0	2.3	5.2	22.1	4.5	16.9	64820
20.7	8.8	15.6	23.3	4.8	13.9	10441
9.5	4.1	5.6	19.7	3.8	17.7	910
2.2	0.6	4.9	7.8	2.2	17.4	13319
15.5	3.1	7.8	19.4	3.7	19.0	1397644
1.7	1.2	7.3	7.2	2.1	16.1	36987
4.1	1.5	6.1	7.7	2.5	23.9	42714
7.1	1.5	3.1	5.4	1.3	23.0	
3.4	1.0	3.1	4.0	1.1	21.5	3785
16.5	29.2	5.6	22.5	4.7	18.8	196331

7-3 续表

项　　目	采取了知识产权保护或相关措施的企业数（个）	采取了知识产权保护或相关措施的企业占全部企业的比重（%）		
			申请了发明专利	申请了实用新型或外观设计专利
租赁和商务服务业	15750	35.7	0.9	1.0
科学研究和技术服务业	15121	61.2	15.4	18.4
水利、环境和公共设施管理业	2447	43.0	4.6	6.3
四、按地区分				
东部地区	286326	54.0	8.6	12.1
中部地区	97837	54.8	7.7	9.9
西部地区	62915	47.2	4.9	6.1
东北地区	15239	44.3	4.5	6.4
北　京	13503	46.8	9.1	9.2
天　津	7641	43.9	5.5	8.7
河　北	11940	47.8	5.7	8.7
山　西	5353	41.2	3.8	5.1
内蒙古	2588	36.4	3.4	4.1
辽　宁	8544	44.9	5.1	7.9
吉　林	3087	44.4	3.8	4.7
黑龙江	3608	42.8	3.7	4.3
上　海	19243	49.7	6.8	8.0
江　苏	58837	58.4	11.7	15.8
浙　江	49482	56.9	9.1	14.2
安　徽	19634	59.8	14.3	15.1
福　建	21894	49.8	4.7	7.2
江　西	13743	54.6	6.2	11.6
山　东	32942	52.6	6.6	8.8
河　南	24866	59.4	4.4	7.2
湖　北	16339	52.3	7.4	9.4
湖　南	17902	52.1	8.4	9.5
广　东	69927	56.7	9.5	14.3
广　西	6038	40.2	3.5	3.7
海　南	917	39.2	2.9	2.6
重　庆	8956	52.1	6.8	9.4
四　川	16545	49.9	6.0	7.4
贵　州	5519	52.0	4.6	4.7
云　南	5400	49.9	4.2	6.2
西　藏	353	49.3	1.4	1.7
陕　西	9301	48.6	5.0	5.9
甘　肃	2628	48.8	4.4	5.2
青　海	718	46.5	4.1	5.2
宁　夏	1225	49.2	10.3	12.7
新　疆	3644	36.2	1.8	2.4

在全部企业中，采取下列知识产权保护或相关措施的企业占比(%)						年末拥有有效发明专利数(件)
申请了注册商标	进行了版权登记	形成了国家或行业技术标准	对技术秘密进行内部保护	应用了难以复制的复杂技术	发挥了时间上的先发优势	
6.7	2.5	2.6	5.6	1.2	20.5	16604
8.6	7.4	9.2	16.6	3.4	17.7	117996
7.2	1.8	4.9	6.8	1.8	18.9	3760
11.2	3.7	5.6	13.2	2.6	19.9	1360778
10.1	2.5	5.5	11.7	2.8	23.3	260453
8.9	2.3	5.8	10.4	2.2	21.0	158433
7.3	1.9	6.1	10.0	2.0	18.4	49476
10.1	8.3	4.9	12.7	2.1	13.9	188151
5.8	2.3	4.7	10.3	1.9	18.0	33018
8.4	1.5	4.2	10.7	1.7	20.8	32822
4.9	1.4	5.2	7.9	1.7	20.2	12767
4.9	1.1	5.9	6.5	1.1	16.5	6423
6.6	2.0	6.2	11.3	2.2	17.6	32979
7.7	2.1	6.2	9.0	1.9	18.5	7426
8.3	1.3	5.8	8.0	1.5	20.1	9071
10.6	4.8	5.1	13.0	3.0	18.4	98596
10.4	2.5	5.8	14.5	2.9	21.2	250238
11.2	2.2	6.1	13.2	2.3	19.3	108023
12.9	2.7	6.9	14.6	3.0	21.8	77095
11.9	3.2	4.7	10.2	2.4	21.5	48929
9.5	2.1	5.0	11.6	2.8	22.4	19684
9.1	2.2	6.1	12.5	2.4	23.7	89280
9.6	2.4	4.9	10.5	2.8	31.1	42593
10.2	2.8	5.5	11.4	2.7	20.4	62751
10.5	2.6	5.1	12.1	3.2	19.5	45563
14.4	5.7	6.1	14.7	3.2	18.8	509710
8.2	2.0	5.6	9.4	1.9	17.5	9548
7.1	2.8	5.0	8.0	1.7	18.2	2011
9.8	2.6	4.6	12.6	2.5	21.5	25203
10.2	2.8	5.3	12.4	2.5	19.8	52808
9.1	2.5	6.9	10.8	2.7	25.9	10084
11.2	2.5	7.4	10.9	2.3	22.1	11081
9.1	2.4	9.4	9.9	2.0	24.7	254
9.0	2.2	5.8	9.3	2.3	23.6	28857
7.2	1.6	6.7	7.9	1.9	25.8	4582
7.1	1.4	8.5	7.3	1.9	21.5	1223
8.3	2.7	7.6	10.8	2.0	18.3	3295
5.4	1.3	5.1	6.6	1.5	18.5	5075

7-4 规模以上工业企业

项　　目	采取了知识产权保护或相关措施的企业数(个)	采取了知识产权保护或相关措施的企业占全部企业的比重(%)		
			申请了发明专利	申请了实用新型或外观设计专利
总　计	**265613**	**66.5**	**14.2**	**20.3**
#国有及国有控股	13463	60.4	23.7	27.2
一、按规模分				
大型企业	6971	87.0	53.6	58.2
中型企业	30249	77.6	29.7	37.5
小型企业	212885	68.1	12.7	19.3
微型企业	15508	39.3	2.5	3.9
二、按登记注册类型分				
内资企业	237168	66.6	14.0	20.1
国有企业	1253	51.3	16.2	18.1
集体企业	418	41.8	3.2	6.0
股份合作企业	507	66.6	6.8	13.3
联营企业	62	62.6	5.1	10.1
#国有联营企业	24	64.9	2.7	10.8
有限责任公司	37104	64.9	18.7	24.0
#国有独资公司	2366	56.8	21.4	24.2
股份有限公司	7163	84.6	45.5	47.8
私营企业	190615	66.6	12.2	18.6
其他企业	46	62.2	13.5	24.3
港、澳、台商投资企业	13002	66.1	15.9	22.7
合资经营企业	3822	71.9	22.2	29.0
合作经营企业	170	60.1	12.7	17.0
港、澳、台商独资经营企业	8451	63.0	12.2	19.4
港、澳、台商投资股份有限公司	440	86.8	48.5	48.1
其他港、澳、台投资企业	119	76.8	16.1	26.5
外商投资企业	15443	66.5	15.2	21.4
中外合资经营企业	5156	71.5	21.6	29.0
中外合作经营企业	188	60.3	10.6	13.5
外资企业	9659	63.7	11.5	17.2
外商投资股份有限公司	313	81.5	44.8	46.9
其他外商投资企业	127	69.4	20.8	26.8
三、按行业分				
采矿业	**3800**	**35.6**	**3.6**	**4.9**
煤炭开采和洗选业	1279	29.5	2.8	4.0
石油和天然气开采业	72	56.3	28.1	30.5
黑色金属矿采选业	446	34.5	2.6	3.3
有色金属矿采选业	509	42.3	7.1	10.0
非金属矿采选业	1364	39.8	2.4	3.2

知识产权及相关情况

在全部企业中，采取下列知识产权保护或相关措施的企业占比(%)						年末拥有有效发明专利数(件)	对最主要的主营产品拥有品牌所有权的企业占全部企业的比重(%)	
申请了注册商标	进行了版权登记	形成了国家或行业技术标准	对技术秘密进行内部保护	应用了难以复制的复杂技术	发挥了时间上的先发优势			#该品牌由本企业独立开发的企业占全部企业的比重
14.6	**3.0**	**7.7**	**18.6**	**3.6**	**18.9**	**1447950**	**33.2**	**30.4**
8.2	3.8	14.5	20.0	3.6	14.6	315689	31.7	27.3
22.5	9.5	27.8	38.3	8.1	19.0	601184	57.6	52.8
17.9	4.8	13.1	25.6	4.9	17.7	278673	46.6	42.9
14.9	2.8	7.0	18.4	3.5	19.4	551937	33.2	30.4
7.4	1.3	3.8	9.3	2.0	16.0	16156	15.0	13.1
15.0	3.0	7.7	18.0	3.5	19.1	1233554	33.1	30.6
6.6	3.3	12.8	15.1	3.0	15.2	20760	24.8	21.6
7.4	0.6	6.0	10.2	2.2	15.1	744	16.8	14.6
13.4	1.8	8.7	19.2	3.4	20.1	761	31.3	27.7
13.1	2.0	6.1	12.1	1.0	21.2	100	32.3	31.3
13.5	2.7	13.5	5.4		27.0	22	32.4	32.4
12.1	3.5	10.1	20.2	3.8	16.9	423483	35.1	31.2
7.6	3.5	14.0	18.5	3.7	14.5	61827	27.5	23.9
26.3	9.3	23.3	31.3	6.1	16.9	249414	63.3	60.3
15.4	2.7	6.7	17.2	3.4	19.7	537734	32.0	29.8
14.9	2.7	6.8	17.6	4.1	9.5	558	31.1	31.1
12.6	3.0	7.9	21.9	4.0	16.6	104000	32.0	28.7
15.0	3.7	9.9	23.9	4.0	16.8	36330	38.8	35.5
13.4	3.5	9.5	14.8	3.2	13.8	580	29.7	27.2
11.0	2.5	6.4	20.8	3.9	16.5	57108	27.9	24.6
27.6	7.9	24.3	33.5	6.7	17.9	9273	63.9	61.3
14.8	7.1	9.0	22.6	3.9	20.6	709	45.2	39.4
10.3	2.5	7.4	26.2	5.1	16.7	110396	34.9	28.1
13.1	3.6	9.5	25.0	5.0	16.8	46887	39.2	33.3
10.3	1.6	8.0	18.3	3.8	18.3	560	29.8	26.0
8.5	1.9	6.1	26.8	5.2	16.7	52060	32.2	24.9
26.3	9.1	21.1	30.7	5.5	11.7	10013	63.0	58.3
12.6	4.4	9.3	27.9	3.3	14.8	876	39.9	31.7
2.2	**0.6**	**4.9**	**7.8**	**2.2**	**17.4**	**13319**	**5.8**	**5.1**
0.9	0.4	4.6	5.3	1.7	15.3	2500	3.7	3.1
3.9	9.4	19.5	24.2	6.3	14.1	4481	15.6	12.5
1.4	0.8	4.5	7.9	2.0	18.4	1920	4.0	3.5
2.3	0.5	5.3	12.0	3.6	13.6	945	6.5	6.0
3.7	0.4	4.4	8.2	1.8	21.0	819	8.2	7.4

7-4 续表 1

项　目	采取了知识产权保护或相关措施的企业数(个)	采取了知识产权保护或相关措施的企业占全部企业的比重(%)		
			申请了发明专利	申请了实用新型或外观设计专利
开采专业及辅助性活动	127	46.2	10.9	12.0
其他采矿业	3	60.0	20.0	20.0
制造业	**255921**	**68.5**	**14.8**	**21.3**
农副食品加工业	13778	63.1	6.2	7.1
食品制造业	5794	70.2	12.1	13.4
酒、饮料和精制茶制造业	3654	66.1	7.9	8.6
烟草制品业	83	79.0	51.4	57.1
纺织业	11020	59.5	6.7	10.4
纺织服装、服饰业	6239	49.1	3.2	5.5
皮革、毛皮、羽毛及其制品和制鞋业	4468	56.3	3.5	6.7
木材加工和木、竹、藤、棕、草制品业	5199	52.6	3.8	5.1
家具制造业	4383	67.1	7.3	14.4
造纸和纸制品业	3961	59.5	8.6	13.8
印刷和记录媒介复制业	3658	62.2	10.3	16.7
文教、工美、体育和娱乐用品制造业	5874	65.7	8.7	16.0
石油、煤炭及其他燃料加工业	1168	55.2	12.2	13.8
化学原料和化学制品制造业	15989	72.7	20.8	20.4
医药制造业	6737	82.5	28.9	25.0
化学纤维制造业	1305	67.3	14.5	19.1
橡胶和塑料制品业	14339	69.0	12.8	20.2
非金属矿物制品业	22721	57.3	7.8	11.1
黑色金属冶炼和压延加工业	2994	56.4	10.3	15.0
有色金属冶炼和压延加工业	5064	66.2	14.8	19.9
金属制品业	18171	67.6	11.8	19.9
通用设备制造业	20743	78.5	21.5	33.3
专用设备制造业	17274	81.9	27.4	39.5
汽车制造业	11701	73.1	18.4	29.2
铁路、船舶、航空航天和其他运输设备制造业	3739	74.2	22.1	31.4
电气机械和器材制造业	21545	80.0	22.1	36.0
计算机、通信和其他电子设备制造业	16945	81.3	28.3	40.6
仪器仪表制造业	4641	87.8	35.5	49.1
其他制造业	1258	70.2	14.0	23.4
废弃资源综合利用业	1162	53.8	10.1	12.5
金属制品、机械和设备修理业	314	58.1	12.6	20.0
电力、热力、燃气及水生产和供应业	**5892**	**38.8**	**4.6**	**6.4**
电力、热力生产和供应业	3866	39.4	5.4	7.2
燃气生产和供应业	914	34.9	1.9	3.6
水的生产和供应业	1112	40.5	4.3	6.1

在全部企业中，采取下列知识产权保护或相关措施的企业占比(%)						年末拥有有效发明专利数(件)	对最主要的主营产品拥有品牌所有权的企业占全部企业的比重(%)	
申请了注册商标	进行了版权登记	形成了国家或行业技术标准	对技术秘密进行内部保护	应用了难以复制的复杂技术	发挥了时间上的先发优势			#该品牌由本企业独立开发的企业占全部企业的比重
5.1	2.5	6.5	15.3	6.2	20.4	2642	9.5	8.0
		20.0	20.0	20.0		12	60.0	40.0
15.5	**3.1**	**7.8**	**19.4**	**3.7**	**19.0**	**1397644**	**35.0**	**32.1**
25.4	2.7	6.0	14.3	2.4	18.5	13432	49.5	44.9
28.9	4.7	7.5	20.7	3.4	17.6	15095	56.8	52.2
30.7	4.5	7.7	16.4	3.1	17.6	4497	56.5	51.6
23.8	18.1	29.5	33.3	5.7	16.2	4977	53.3	48.6
10.7	1.4	5.1	15.1	2.9	23.5	15444	19.0	17.4
11.6	1.4	3.8	10.4	2.5	21.5	4938	17.1	15.4
13.8	1.5	4.1	11.8	3.0	23.5	2948	20.7	18.5
11.6	1.0	4.5	10.1	2.8	24.1	3879	20.1	18.1
17.7	2.7	4.5	15.2	3.5	21.8	6653	33.9	31.6
11.6	2.0	6.0	14.3	3.0	19.4	7941	23.1	21.2
8.5	2.3	6.0	15.0	3.7	21.3	7731	16.1	15.1
17.6	3.9	5.6	16.0	3.4	19.7	12488	30.3	28.1
9.5	1.7	9.4	19.3	2.8	15.1	5673	26.0	23.1
17.4	2.6	10.4	25.8	4.3	16.7	75728	43.9	40.1
27.3	4.5	14.6	26.3	4.9	16.7	56784	59.0	52.7
11.2	1.5	9.5	21.7	3.9	22.5	4455	27.6	25.1
14.2	2.0	7.4	19.1	3.6	19.0	38955	29.8	27.5
9.9	1.5	7.6	15.4	3.0	19.9	41678	24.9	21.8
9.3	1.2	8.7	15.5	2.8	17.3	21280	22.8	20.4
11.9	1.6	9.3	19.3	3.7	17.2	21020	29.1	26.6
12.8	1.9	7.0	17.4	3.2	19.5	51889	27.1	25.0
16.0	3.6	9.2	24.0	4.3	17.6	115282	43.5	40.5
18.2	5.5	10.0	25.4	5.0	17.5	130208	48.3	45.5
10.7	2.1	7.3	23.6	4.1	18.4	71478	31.5	28.0
12.7	3.5	9.4	25.0	4.2	17.9	43238	37.2	33.8
18.5	4.4	9.9	22.3	4.0	17.1	167931	45.5	42.2
16.3	7.7	8.2	27.0	5.7	18.7	402244	39.3	36.6
20.2	12.7	13.0	30.5	6.2	16.6	39798	59.2	56.0
17.8	3.8	7.0	17.7	4.2	19.0	6522	33.9	31.4
6.3	1.2	6.7	14.4	3.1	18.3	1990	11.3	10.2
3.7	3.0	5.9	21.7	4.1	14.3	1468	14.4	12.6
1.7	**1.2**	**7.3**	**7.2**	**2.1**	**16.1**	**36987**	**6.9**	**5.0**
1.4	1.3	7.5	7.6	2.0	15.6	35020	5.9	4.6
2.2	0.8	5.0	5.3	1.4	18.2	589	9.3	4.9
2.6	1.2	9.0	7.5	2.8	15.9	1378	7.9	6.6

7-4 续表 2

项　　目	采取了知识产权保护或相关措施的企业数(个)	采取了知识产权保护或相关措施的企业占全部企业的比重(%)		
			申请了发明专利	申请了实用新型或外观设计专利
四、按地区分				
东部地区	166105	70.2	15.8	23.7
中部地区	59284	64.4	13.5	17.5
西部地区	31818	56.9	9.7	12.3
东北地区	8406	57.5	9.2	13.4
北　京	2186	72.2	30.1	34.8
天　津	3425	66.9	14.1	23.5
河　北	7927	55.7	8.8	13.7
山　西	2517	46.0	7.6	10.0
内蒙古	1307	43.8	7.3	8.4
辽　宁	4745	61.2	10.9	17.5
吉　林	1635	53.7	7.5	9.4
黑龙江	2026	52.8	7.2	8.3
上　海	6307	71.6	18.9	25.3
江　苏	38802	77.4	21.1	29.5
浙　江	35148	73.3	14.9	24.1
安　徽	13258	71.9	23.6	25.0
福　建	11216	59.5	9.5	15.1
江　西	9036	62.9	10.3	19.2
山　东	19312	65.2	12.2	16.4
河　南	12598	63.6	7.9	13.2
湖　北	10121	64.5	12.4	16.5
湖　南	11754	64.4	14.4	16.1
广　东	41523	71.0	16.5	26.7
广　西	3322	46.8	6.3	6.8
海　南	259	52.5	10.8	10.5
重　庆	4794	69.1	14.0	20.5
四　川	9139	59.8	10.4	13.6
贵　州	2767	61.7	9.0	9.2
云　南	2603	59.1	8.3	12.5
西　藏	98	58.7	5.4	4.2
陕　西	4117	57.3	10.6	12.8
甘　肃	1117	57.5	10.1	11.8
青　海	305	52.7	9.0	11.6
宁　夏	744	60.0	18.9	23.2
新　疆	1505	41.8	4.1	5.2

在全部企业中，采取下列知识产权保护或相关措施的企业占比(%)						年末拥有有效发明专利数(件)	对最主要的主营产品拥有品牌所有权的企业占全部企业的比重(%)	#该品牌由本企业独立开发的企业占全部企业的比重
申请了注册商标	进行了版权登记	形成了国家或行业技术标准	对技术秘密进行内部保护	应用了难以复制的复杂技术	发挥了时间上的先发优势			
15.4	3.3	8.0	20.1	3.7	19.2	1049171	33.6	31.1
13.8	2.6	6.8	16.3	3.7	20.1	224902	33.2	30.2
13.3	2.4	7.9	16.6	3.1	16.7	130133	31.2	27.9
12.8	2.3	8.7	16.8	2.9	14.8	43744	33.6	29.5
13.8	7.2	10.3	28.4	4.4	12.9	55261	49.8	46.1
10.9	3.0	8.6	21.5	3.7	15.7	24945	33.7	29.8
12.2	1.6	4.9	14.7	2.1	18.5	28135	32.2	29.3
6.9	1.4	7.2	12.1	2.4	14.3	10218	21.5	19.3
7.4	1.3	8.6	10.3	1.4	12.9	5799	21.2	17.7
11.5	2.6	9.4	19.9	3.3	14.5	28788	32.5	29.0
13.1	2.4	7.9	14.0	2.9	13.6	6696	34.2	29.9
15.2	1.7	8.0	12.7	2.0	16.2	8260	35.5	29.9
15.0	4.8	9.3	25.2	5.6	16.0	62147	42.1	37.7
14.5	2.4	8.0	22.1	4.0	21.0	224512	33.5	30.7
14.8	2.1	8.4	18.9	3.1	19.5	93159	31.6	29.7
17.2	2.8	8.9	20.2	3.8	19.5	70467	37.1	34.3
16.0	3.1	6.3	16.0	3.3	17.9	44702	29.2	27.2
12.5	2.0	5.9	15.4	3.5	19.3	18715	30.4	27.9
14.0	2.5	8.6	19.2	3.5	21.2	78926	34.4	31.5
13.3	2.6	6.1	14.0	3.6	24.6	36500	33.1	29.8
13.5	2.8	6.7	16.6	3.5	19.3	49197	34.5	31.4
14.2	3.1	6.0	16.9	4.5	18.8	39805	34.1	30.7
18.4	5.4	8.1	21.3	4.4	18.0	435509	34.6	32.4
12.0	2.0	7.1	13.3	2.3	14.5	8667	25.9	22.9
14.2	2.2	10.8	15.6	1.8	11.2	1875	35.1	29.2
13.7	2.5	6.6	21.7	3.9	18.4	20650	34.1	31.4
14.8	2.6	6.9	18.8	3.4	16.0	42114	34.9	31.3
13.8	3.0	9.0	17.2	3.7	22.2	8487	29.5	26.1
16.7	2.7	10.5	17.9	3.2	17.4	9515	35.5	32.0
15.0	1.8	12.6	17.4	1.2	15.6	185	38.3	32.3
13.9	2.4	8.7	16.0	3.4	17.6	21932	33.7	30.5
12.1	1.7	10.0	13.2	2.3	19.3	4017	30.1	26.5
11.2	2.2	12.4	11.7	3.5	14.7	1061	29.4	26.4
12.3	3.0	9.4	16.6	2.8	14.1	3126	29.7	26.4
9.2	1.6	7.2	10.1	1.9	14.0	4580	21.8	17.8

八、规模（限额）以上企业组织和营销创新情况（2020年）

8-1 规模(限额)以上企业

项 目	实现组织或营销创新企业数(个)	#实现组织创新企业	#实现营销创新企业
总 计	**282960**	**223824**	**208682**
#国有及国有控股	23270	19983	13477
一、按规模分			
大型企业	12459	10726	8618
中型企业	55259	44903	38950
小型企业	191608	150168	144303
微型企业	23634	18027	16811
二、按登记注册类型分			
内资企业	261558	207571	193312
国有企业	3020	2610	1648
集体企业	652	521	402
股份合作企业	408	319	306
联营企业	100	81	74
#国有联营企业	33	27	26
有限责任公司	52711	43534	35502
#国有独资公司	4912	4250	2656
股份有限公司	8751	7373	6665
私营企业	195855	153083	148668
其他企业	61	50	47
港、澳、台商投资企业	10065	7618	7448
合资经营企业	2944	2337	2174
合作经营企业	112	79	82
港、澳、台商独资经营企业	6477	4774	4778
港、澳、台商投资股份有限公司	406	327	316
其他港、澳、台投资企业	126	101	98
外商投资企业	11337	8635	7922
中外合资经营企业	3927	3153	2798
中外合作经营企业	130	100	87
外资企业	6829	5033	4690
外商投资股份有限公司	303	234	229
其他外商投资企业	148	115	118
三、按行业分			
采矿业	2089	1842	1087
制造业	155458	122376	122833
电力、热力、燃气及水生产和供应业	3435	3095	1378
建筑业	14595	13706	6128
批发和零售业	66607	47680	52229
交通运输、仓储和邮政业	7214	6387	3535
信息传输、软件和信息技术服务业	13038	11169	9451

组织和营销创新情况

在全部企业中占比(%)					
实现组织或营销创新企业	#实现组织创新企业	#实现营销创新企业	#同时实现组织和营销创新企业	#仅实现组织创新企业	#仅实现营销创新企业
32.3	**25.6**	**23.8**	**17.1**	**8.5**	**6.8**
35.1	30.1	20.3	15.4	14.8	5.0
56.1	48.3	38.8	31.0	17.3	7.8
39.1	31.8	27.6	20.2	11.5	7.3
33.5	26.2	25.2	18.0	8.3	7.2
16.8	12.8	12.0	8.0	4.9	4.0
32.2	25.6	23.8	17.2	8.4	6.6
28.1	24.3	15.3	11.5	12.8	3.8
17.5	14.0	10.8	7.3	6.7	3.5
23.8	18.6	17.9	12.7	6.0	5.2
30.0	24.3	22.2	16.5	7.8	5.7
27.3	22.3	21.5	16.5	5.8	5.0
35.0	28.9	23.6	17.5	11.4	6.1
33.5	29.0	18.1	13.6	15.4	4.5
53.3	44.9	40.6	32.2	12.7	8.4
31.2	24.4	23.6	16.8	7.5	6.8
24.2	19.8	18.7	14.3	5.6	4.4
34.4	26.1	25.5	17.1	8.9	8.4
41.5	33.0	30.7	22.1	10.9	8.6
25.2	17.8	18.4	11.0	6.7	7.4
31.3	23.1	23.1	14.9	8.2	8.2
56.0	45.1	43.6	32.7	12.4	10.9
40.8	32.7	31.7	23.6	9.1	8.1
33.0	25.1	23.0	15.2	9.9	7.9
41.5	33.3	29.6	21.4	11.9	8.2
30.5	23.5	20.4	13.4	10.1	7.0
29.1	21.4	20.0	12.3	9.1	7.6
48.3	37.3	36.5	25.5	11.8	11.0
37.9	29.5	30.3	21.8	7.7	8.5
19.6	17.3	10.2	7.9	9.4	2.3
41.6	32.8	32.9	24.0	8.7	8.9
22.6	20.4	9.1	6.8	13.5	2.2
24.9	23.4	10.5	9.0	14.5	1.5
23.9	17.1	18.8	12.0	5.2	6.8
17.7	15.7	8.7	6.6	9.0	2.0
53.0	45.4	38.4	30.8	14.6	7.6

8-1 续表

项　　目	实现组织或营销创新企业数(个)	#实现组织创新企业	#实现营销创新企业
租赁和商务服务业	9929	8167	6128
科学研究和技术服务业	9047	8079	5049
水利、环境和公共设施管理业	1548	1323	864
四、按地区分			
东部地区	173460	135231	127268
中部地区	59441	48178	46115
西部地区	41476	33837	29276
东北地区	8583	6578	6023
北　京	8368	6456	5420
天　津	4514	3606	2892
河　北	7492	5968	5411
山　西	3266	2705	2143
内蒙古	1688	1321	1067
辽　宁	4631	3550	3219
吉　林	1736	1354	1220
黑龙江	2216	1674	1584
上　海	10607	8101	7383
江　苏	33909	26786	24397
浙　江	29804	22885	22758
安　徽	12917	10383	10106
福　建	13694	10661	10099
江　西	8314	6737	6650
山　东	20768	17018	15390
河　南	13033	10559	10145
湖　北	10503	8555	7977
湖　南	11408	9239	9094
广　东	43640	33217	33065
广　西	3976	3167	2776
海　南	664	533	453
重　庆	5838	4837	4257
四　川	11301	9118	8047
贵　州	3493	2929	2547
云　南	3646	2990	2645
西　藏	245	196	166
陕　西	6218	5117	4421
甘　肃	1674	1385	1198
青　海	450	366	291
宁　夏	813	678	555
新　疆	2134	1733	1306

在全部企业中占比(%)					
实现组织或营销创新企业	#实现组织创新企业	#实现营销创新企业	#同时实现组织和营销创新企业	#仅实现组织创新企业	#仅实现营销创新企业
22.5	18.5	13.9	9.9	8.6	4.0
36.6	32.7	20.4	16.5	16.2	3.9
27.2	23.3	15.2	11.2	12.0	4.0
32.7	25.5	24.0	16.8	8.7	7.2
33.3	27.0	25.8	19.5	7.5	6.3
31.1	25.4	22.0	16.2	9.2	5.7
24.9	19.1	17.5	11.7	7.4	5.8
29.0	22.4	18.8	12.2	10.2	6.6
25.9	20.7	16.6	11.4	9.3	5.2
30.0	23.9	21.7	15.6	8.3	6.1
25.1	20.8	16.5	12.2	8.6	4.3
23.7	18.6	15.0	9.8	8.7	5.2
24.3	18.6	16.9	11.2	7.4	5.7
25.0	19.5	17.6	12.1	7.4	5.5
26.3	19.8	18.8	12.4	7.5	6.4
27.4	20.9	19.1	12.6	8.3	6.5
33.6	26.6	24.2	17.1	9.4	7.1
34.3	26.3	26.2	18.2	8.1	8.0
39.3	31.6	30.8	23.1	8.6	7.7
31.1	24.2	23.0	16.1	8.2	6.9
33.0	26.7	26.4	20.1	6.6	6.3
33.2	27.2	24.6	18.6	8.6	6.0
31.1	25.2	24.2	18.3	6.9	5.9
33.6	27.4	25.6	19.3	8.1	6.2
33.2	26.9	26.5	20.2	6.7	6.3
35.4	26.9	26.8	18.4	8.6	8.5
26.5	21.1	18.5	13.1	8.0	5.4
28.4	22.8	19.3	13.7	9.0	5.6
34.0	28.1	24.8	18.9	9.2	5.8
34.1	27.5	24.3	17.7	9.8	6.6
32.9	27.6	24.0	18.7	8.9	5.3
33.7	27.6	24.4	18.4	9.2	6.1
34.2	27.4	23.2	16.3	11.0	6.8
32.5	26.8	23.1	17.4	9.4	5.8
31.1	25.7	22.3	16.9	8.8	5.4
29.1	23.7	18.8	13.4	10.3	5.4
32.7	27.3	22.3	16.9	10.4	5.4
21.2	17.2	13.0	9.0	8.2	4.0

8-2 规模以上工业企业

项　目	实现组织或营销创新企业数（个）	#实现组织创新企业	#实现营销创新企业
总　计	**160982**	**127313**	**125298**
#国有及国有控股	9348	8135	5707
一、按规模分			
大型企业	5283	4617	3950
中型企业	21042	17434	15873
小型企业	127037	99409	99828
微型企业	7620	5853	5647
二、按登记注册类型分			
内资企业	145097	115153	113824
国有企业	791	701	464
集体企业	220	172	151
股份合作企业	243	190	188
联营企业	37	31	28
#国有联营企业	13	10	10
有限责任公司	24905	20746	17772
#国有独资公司	1649	1452	954
股份有限公司	5408	4616	4283
私营企业	113466	88675	90915
其他企业	27	22	23
港、澳、台商投资企业	7446	5658	5549
合资经营企业	2380	1900	1771
合作经营企业	82	55	63
港、澳、台商独资经营企业	4588	3382	3404
港、澳、台商投资股份有限公司	329	265	257
其他港、澳、台投资企业	67	56	54
外商投资企业	8439	6502	5925
中外合资经营企业	3189	2552	2305
中外合作经营企业	103	82	68
外资企业	4845	3629	3323
外商投资股份有限公司	222	174	166
其他外商投资企业	80	65	63
三、按行业分			
采矿业	**2089**	**1842**	**1087**
#煤炭开采和洗选业	792	712	389
石油和天然气开采业	47	45	15
黑色金属矿采选业	192	174	84
有色金属矿采选业	285	255	120
非金属矿采选业	687	575	446

组织和营销创新情况

在全部企业中占比(%)					
实现组织或营销创新企业	#实现组织创新企业	#实现营销创新企业	#同时实现组织和营销创新企业	#仅实现组织创新企业	#仅实现营销创新企业
40.3	**31.9**	**31.4**	**23.0**	**8.9**	**8.4**
41.9	36.5	25.6	20.2	16.3	5.4
65.9	57.6	49.3	41.0	16.6	8.3
54.0	44.7	40.7	31.5	13.3	9.3
40.6	31.8	31.9	23.1	8.7	8.8
19.3	14.8	14.3	9.8	5.0	4.5
40.7	32.3	31.9	23.5	8.8	8.4
32.4	28.7	19.0	15.3	13.4	3.7
22.0	17.2	15.1	10.3	6.9	4.8
31.9	25.0	24.7	17.7	7.2	7.0
37.4	31.3	28.3	22.2	9.1	6.1
35.1	27.0	27.0	18.9	8.1	8.1
43.6	36.3	31.1	23.8	12.5	7.3
39.6	34.9	22.9	18.2	16.7	4.7
63.9	54.5	50.6	41.2	13.3	9.4
39.6	31.0	31.8	23.1	7.9	8.7
36.5	29.7	31.1	24.3	5.4	6.8
37.8	28.7	28.2	19.1	9.6	9.1
44.8	35.7	33.3	24.3	11.5	9.0
29.0	19.4	22.3	12.7	6.7	9.5
34.2	25.2	25.4	16.4	8.8	9.0
64.9	52.3	50.7	38.1	14.2	12.6
43.2	36.1	34.8	27.7	8.4	7.1
36.3	28.0	25.5	17.2	10.8	8.3
44.2	35.4	32.0	23.1	12.3	8.8
33.0	26.3	21.8	15.1	11.2	6.7
32.0	23.9	21.9	13.9	10.0	8.0
57.8	45.3	43.2	30.7	14.6	12.5
43.7	35.5	34.4	26.2	9.3	8.2
19.6	**17.3**	**10.2**	**7.9**	**9.4**	**2.3**
18.3	16.4	9.0	7.1	9.3	1.8
36.7	35.2	11.7	10.2	25.0	1.6
14.9	13.5	6.5	5.1	8.4	1.4
23.7	21.2	10.0	7.5	13.7	2.5
20.0	16.8	13.0	9.7	7.0	3.3

8-2 续表 1

项　　目	实现组织或营销创新企业数(个)	#实现组织创新企业	#实现营销创新企业
开采专业及辅助性活动	84	79	32
制造业	**155458**	**122376**	**122833**
农副食品加工业	8679	6045	7768
食品制造业	4170	2915	3838
酒、饮料和精制茶制造业	2636	1729	2455
烟草制品业	52	41	32
纺织业	5789	4562	4571
纺织服装、服饰业	3202	2381	2515
皮革、毛皮、羽毛及其制品和制鞋业	2292	1699	1950
木材加工和木、竹、藤、棕、草制品业	2479	1878	2081
家具制造业	2652	1901	2328
造纸和纸制品业	2359	1795	1917
印刷和记录媒介复制业	2224	1734	1728
文教、工美、体育和娱乐用品制造业	3483	2425	3037
石油、煤炭及其他燃料加工业	740	616	519
化学原料和化学制品制造业	9867	7806	7706
医药制造业	4753	3700	4016
化学纤维制造业	742	592	584
橡胶和塑料制品业	8177	6380	6464
非金属矿物制品业	12348	10163	9031
黑色金属冶炼和压延加工业	1613	1334	1171
有色金属冶炼和压延加工业	2781	2359	2004
金属制品业	10314	8293	7736
通用设备制造业	12813	10309	9933
专用设备制造业	11341	9208	8995
汽车制造业	7231	6170	4968
铁路、船舶、航空航天和其他运输设备制造业	2324	1932	1644
电气机械和器材制造业	13983	10967	11345
计算机、通信和其他电子设备制造业	11654	9546	8845
仪器仪表制造业	3236	2623	2594
其他制造业	748	575	618
废弃资源综合利用业	601	541	344
金属制品、机械和设备修理业	175	157	96
电力、热力、燃气及水生产和供应业	**3435**	**3095**	**1378**
电力、热力生产和供应业	2140	1972	735
燃气生产和供应业	721	612	423
水的生产和供应业	574	511	220

在全部企业中占比(%)					
实现组织或营销创新企业	#实现组织创新企业	#实现营销创新企业	#同时实现组织和营销创新企业	#仅实现组织创新企业	#仅实现营销创新企业
30.5	28.7	11.6	9.8	18.9	1.8
41.6	**32.8**	**32.9**	**24.0**	**8.7**	**8.9**
39.7	27.7	35.6	23.5	4.2	12.1
50.5	35.3	46.5	31.3	4.0	15.2
47.7	31.3	44.4	28.0	3.3	16.4
49.5	39.0	30.5	20.0	19.0	10.5
31.3	24.6	24.7	18.1	6.6	6.6
25.2	18.7	19.8	13.3	5.4	6.5
28.9	21.4	24.6	17.1	4.3	7.5
25.1	19.0	21.0	15.0	4.0	6.1
40.6	29.1	35.6	24.1	5.0	11.5
35.4	27.0	28.8	20.3	6.6	8.5
37.8	29.5	29.4	21.1	8.4	8.3
39.0	27.1	34.0	22.1	5.0	11.8
35.0	29.1	24.5	18.7	10.4	5.9
44.8	35.5	35.0	25.7	9.8	9.4
58.2	45.3	49.2	36.3	9.0	12.9
38.3	30.5	30.1	22.4	8.2	7.7
39.3	30.7	31.1	22.5	8.2	8.6
31.1	25.6	22.8	17.3	8.4	5.5
30.4	25.1	22.1	16.8	8.3	5.3
36.4	30.8	26.2	20.7	10.2	5.5
38.4	30.9	28.8	21.3	9.6	7.5
48.5	39.0	37.6	28.1	10.9	9.5
53.8	43.7	42.6	32.5	11.1	10.1
45.2	38.5	31.0	24.4	14.1	6.6
46.1	38.3	32.6	24.9	13.5	7.8
51.9	40.7	42.1	30.9	9.8	11.2
55.9	45.8	42.4	32.3	13.5	10.1
61.2	49.6	49.1	37.5	12.1	11.6
41.7	32.1	34.5	24.8	7.3	9.7
27.8	25.0	15.9	13.1	11.9	2.8
32.4	29.1	17.8	14.4	14.6	3.3
22.6	**20.4**	**9.1**	**6.8**	**13.5**	**2.2**
21.8	20.1	7.5	5.8	14.3	1.7
27.5	23.3	16.1	12.0	11.4	4.2
20.9	18.6	8.0	5.7	12.9	2.3

8-2 续表 2

项　　目	实现组织或营销创新企业数（个）	#实现组织创新企业	#实现营销创新企业
四、按地区分			
东部地区	99018	76954	77011
中部地区	36542	29809	29509
西部地区	20585	16823	15208
东北地区	4837	3727	3570
北　京	1270	967	876
天　津	1973	1616	1380
河　北	4907	3895	3752
山　西	1589	1337	1038
内蒙古	811	666	502
辽　宁	2669	2080	1951
吉　林	932	721	681
黑龙江	1236	926	938
上　海	3468	2644	2537
江　苏	21636	17180	16215
浙　江	21146	16106	16778
安　徽	8454	6861	6880
福　建	6713	5232	5277
江　西	5728	4649	4734
山　东	12185	10062	9640
河　南	7304	5985	5961
湖　北	6186	5086	4934
湖　南	7281	5891	5962
广　东	25541	19116	20427
广　西	1887	1503	1366
海　南	179	136	129
重　庆	3166	2624	2403
四　川	6044	4876	4524
贵　州	1783	1514	1385
云　南	1769	1440	1332
西　藏	65	53	45
陕　西	2784	2284	2067
甘　肃	729	605	538
青　海	184	152	123
宁　夏	493	411	359
新　疆	870	695	564

在全部企业中占比(%)					
实现组织或营销创新企业	#实现组织创新企业	#实现营销创新企业	#同时实现组织和营销创新企业	#仅实现组织创新企业	#仅实现营销创新企业
41.8	32.5	32.5	23.2	9.3	9.3
39.7	32.4	32.1	24.8	7.6	7.3
36.8	30.1	27.2	20.5	9.6	6.7
33.1	25.5	24.4	16.8	8.7	7.6
41.9	31.9	28.9	18.9	13.0	10.0
38.6	31.6	27.0	20.0	11.6	7.0
34.5	27.4	26.4	19.3	8.1	7.1
29.0	24.4	19.0	14.4	10.1	4.6
27.2	22.3	16.8	12.0	10.3	4.9
34.4	26.8	25.2	17.6	9.3	7.6
30.6	23.7	22.4	15.5	8.3	6.9
32.2	24.1	24.4	16.4	7.8	8.1
39.4	30.0	28.8	19.5	10.6	9.4
43.1	34.3	32.3	23.5	10.8	8.9
44.1	33.6	35.0	24.5	9.1	10.5
45.8	37.2	37.3	28.7	8.5	8.6
35.6	27.8	28.0	20.1	7.6	7.9
39.9	32.4	33.0	25.4	6.9	7.5
41.1	34.0	32.5	25.4	8.6	7.2
36.9	30.2	30.1	23.4	6.8	6.7
39.4	32.4	31.4	24.4	8.0	7.0
39.9	32.3	32.7	25.1	7.2	7.6
43.7	32.7	34.9	23.9	8.7	11.0
26.6	21.2	19.3	13.8	7.3	5.4
36.3	27.6	26.2	17.4	10.1	8.7
45.7	37.8	34.7	26.8	11.0	7.8
39.6	31.9	29.6	22.0	9.9	7.6
39.8	33.8	30.9	24.9	8.9	6.0
40.2	32.7	30.3	22.8	9.9	7.5
38.9	31.7	26.9	19.8	12.0	7.2
38.7	31.8	28.7	21.8	10.0	7.0
37.5	31.1	27.7	21.3	9.8	6.4
31.8	26.3	21.2	15.7	10.5	5.5
39.7	33.1	28.9	22.3	10.8	6.6
24.1	19.3	15.6	10.8	8.5	4.9

8−3 资质等级以上建筑业

项目	实现组织或营销创新企业数（个）	#实现组织创新企业	#实现营销创新企业
总计	**14595**	**13706**	**6128**
#国有及国有控股	2021	1932	826
一、按规模分			
大型企业	1750	1671	870
中型企业	6094	5794	2380
小型企业	5407	5026	2250
微型企业	1344	1215	628
二、按登记注册类型分			
内资企业	14512	13630	6091
国有企业	330	316	107
集体企业	132	125	51
股份合作企业	26	25	14
联营企业	8	8	5
有限责任公司	3553	3383	1492
#国有独资公司	509	492	205
股份有限公司	358	326	174
私营企业	10101	9443	4248
其他企业	4	4	
港、澳、台商投资企业	49	44	24
#合资经营企业	30	27	17
合作经营企业	4	4	1
港、澳、台商独资经营企业	12	11	4
外商投资企业	34	32	13
#中外合资经营企业	15	13	6
外资企业	17	17	5
三、按行业分			
房屋建筑业	6293	5983	2493
土木工程建筑业	3513	3343	1393
建筑安装业	1712	1592	744
建筑装饰、装修和其他建筑业	3077	2788	1498

企业组织和营销创新情况

在全部企业中占比(%)					
实现组织或营销创新企业	#实现组织创新企业	#实现营销创新企业	#同时实现组织和营销创新企业	#仅实现组织创新企业	#仅实现营销创新企业
24.9	**23.4**	**10.5**	**9.0**	**14.5**	**1.5**
38.7	37.0	15.8	14.1	22.9	1.7
60.3	57.6	30.0	27.3	30.3	2.7
28.3	26.9	11.0	9.6	17.2	1.4
21.1	19.6	8.8	7.3	12.3	1.5
15.9	14.4	7.4	5.9	8.5	1.5
24.9	23.4	10.5	8.9	14.5	1.5
28.5	27.3	9.2	8.0	19.2	1.2
15.3	14.5	5.9	5.1	9.4	0.8
18.4	17.7	9.9	9.2	8.5	0.7
34.8	34.8	21.7	21.7	13.0	
30.0	28.5	12.6	11.2	17.4	1.4
40.5	39.1	16.3	15.0	24.2	1.4
38.0	34.6	18.5	15.1	19.5	3.4
23.4	21.9	9.8	8.3	13.5	1.5
33.3	33.3			33.3	
25.1	22.6	12.3	9.7	12.8	2.6
25.6	23.1	14.5	12.0	11.1	2.6
44.4	44.4	11.1	11.1	33.3	
19.0	17.5	6.3	4.8	12.7	1.6
26.2	24.6	10.0	8.5	16.2	1.5
21.7	18.8	8.7	5.8	13.0	2.9
34.0	34.0	10.0	10.0	24.0	
24.3	23.1	9.6	8.4	14.7	1.2
28.3	26.9	11.2	9.8	17.1	1.4
24.6	22.9	10.7	9.0	13.9	1.7
23.2	21.0	11.3	9.1	11.9	2.2

8-3 续表

项目	实现组织或营销创新企业数（个）	#实现组织创新企业	#实现营销创新企业
四、按地区分			
东部地区	7050	6593	3021
中部地区	3387	3190	1526
西部地区	3351	3178	1257
东北地区	807	745	324
北　京	429	394	170
天　津	292	272	105
河　北	391	365	147
山　西	332	317	136
内蒙古	115	109	35
辽　宁	405	364	180
吉　林	170	158	68
黑龙江	232	223	76
上　海	331	305	162
江　苏	1451	1351	595
浙　江	979	913	402
安　徽	608	570	254
福　建	722	695	293
江　西	373	352	158
山　东	1265	1198	601
河　南	1006	933	520
湖　北	584	559	242
湖　南	484	459	216
广　东	1160	1071	529
广　西	220	207	96
海　南	30	29	17
重　庆	299	287	103
四　川	984	925	383
贵　州	267	257	93
云　南	289	271	111
西　藏	46	44	15
陕　西	636	609	236
甘　肃	188	177	81
青　海	46	43	16
宁　夏	90	87	29
新　疆	171	162	59

在全部企业中占比(%)					
实现组织或营销创新企业	#实现组织创新企业	#实现营销创新企业	#同时实现组织和营销创新企业	#仅实现组织创新企业	#仅实现营销创新企业
26.0	24.4	11.2	9.5	14.9	1.7
26.0	24.5	11.7	10.2	14.3	1.5
24.5	23.3	9.2	7.9	15.3	1.3
17.0	15.7	6.8	5.5	10.2	1.3
21.5	19.8	8.5	6.8	13.0	1.8
26.1	24.4	9.4	7.6	16.7	1.8
24.8	23.2	9.3	7.7	15.5	1.7
23.3	22.2	9.5	8.5	13.7	1.1
20.6	19.5	6.3	5.2	14.3	1.1
17.4	15.6	7.7	6.0	9.7	1.8
18.4	17.1	7.4	6.1	11.1	1.3
15.5	14.9	5.1	4.5	10.4	0.6
21.0	19.4	10.3	8.6	10.7	1.7
26.9	25.1	11.0	9.2	15.9	1.9
23.8	22.2	9.8	8.2	14.0	1.6
28.5	26.8	11.9	10.1	16.6	1.8
26.7	25.7	10.8	9.8	15.9	1.0
25.2	23.7	10.7	9.2	14.5	1.4
27.7	26.2	13.2	11.7	14.5	1.5
25.6	23.8	13.3	11.4	12.4	1.9
23.0	22.0	9.5	8.6	13.5	1.0
31.3	29.7	14.0	12.3	17.3	1.6
29.7	27.4	13.6	11.3	16.2	2.3
27.1	25.5	11.8	10.2	15.3	1.6
25.4	24.6	14.4	13.6	11.0	0.8
20.6	19.8	7.1	6.3	13.5	0.8
25.3	23.8	9.9	8.3	15.5	1.5
28.4	27.3	9.9	8.8	18.5	1.1
22.5	21.1	8.6	7.2	13.8	1.4
25.1	24.0	8.2	7.1	16.9	1.1
26.6	25.5	9.9	8.8	16.8	1.1
24.9	23.5	10.7	9.3	14.2	1.5
20.2	18.9	7.0	5.7	13.2	1.3
23.4	22.6	7.5	6.8	15.8	0.8
21.5	20.4	7.4	6.3	14.1	1.1

8-4 规模(限额)以上服务业

项 目	实现组织或营销创新企业数(个)	#实现组织创新企业	#实现营销创新企业
总 计	**107383**	**82805**	**77256**
#国有及国有控股	11901	9916	6944
一、按规模分			
大型企业	5426	4438	3798
中型企业	28123	21675	20697
小型企业	59164	45733	42225
微型企业	14670	10959	10536
二、按登记注册类型分			
内资企业	101949	78788	73397
国有企业	1899	1593	1077
集体企业	300	224	200
股份合作企业	139	104	104
联营企业	55	42	41
#国有联营企业	18	15	15
有限责任公司	24253	19405	16238
#国有独资公司	2754	2306	1497
股份有限公司	2985	2431	2208
私营企业	72288	54965	53505
其他企业	30	24	24
港、澳、台商投资企业	2570	1916	1875
合资经营企业	534	410	386
合作经营企业	26	20	18
港、澳、台商独资经营企业	1877	1381	1370
港、澳、台商投资股份有限公司	75	60	58
其他港、澳、台投资企业	58	45	43
外商投资企业	2864	2101	1984
中外合资经营企业	723	588	487
中外合作经营企业	27	18	19
外资企业	1967	1387	1362
外商投资股份有限公司	80	59	62
其他外商投资企业	67	49	54
三、按行业分			
批发和零售业	**66607**	**47680**	**52229**
批发业	36447	27372	26132
零售业	30160	20308	26097
交通运输、仓储和邮政业	**7214**	**6387**	**3535**
铁路运输业	73	66	38
道路运输业	3930	3519	1891
水上运输业	439	383	197
航空运输业	140	115	80
管道运输业	23	21	9
多式联运和运输代理业	1250	1099	587
装卸搬运和仓储业	910	800	449
邮政业	449	384	284
信息传输、软件和信息技术服务业	**13038**	**11169**	**9451**
电信、广播电视和卫星传输服务	1203	991	928
互联网和相关服务	2118	1796	1664
软件和信息技术服务业	9717	8382	6859

企业组织和营销创新情况

在全部企业中占比(%)					
实现组织或营销创新企业	#实现组织创新企业	#实现营销创新企业	#同时实现组织和营销创新企业	#仅实现组织创新企业	#仅实现营销创新企业
25.7	**19.8**	**18.5**	**12.6**	**7.2**	**5.9**
30.7	25.6	17.9	12.8	12.8	5.1
48.0	39.3	33.6	24.9	14.4	8.7
34.8	26.8	25.6	17.6	9.2	8.0
25.3	19.6	18.1	12.3	7.2	5.7
15.9	11.9	11.4	7.4	4.5	4.0
25.6	19.8	18.4	12.6	7.2	5.8
26.5	22.3	15.1	10.8	11.5	4.3
16.1	12.0	10.7	6.6	5.4	4.1
17.2	12.9	12.9	8.5	4.3	4.3
26.1	19.9	19.4	13.3	6.6	6.2
23.1	19.2	19.2	15.4	3.8	3.8
29.8	23.8	19.9	14.0	9.8	5.9
29.8	25.0	16.2	11.4	13.6	4.9
42.6	34.7	31.5	23.6	11.1	7.9
24.2	18.4	17.9	12.1	6.3	5.8
18.1	14.5	14.5	10.8	3.6	3.6
27.4	20.5	20.0	13.0	7.4	7.0
32.3	24.8	23.4	15.9	9.0	7.5
17.0	13.1	11.8	7.8	5.2	3.9
26.1	19.2	19.0	12.2	7.0	6.9
35.2	28.2	27.2	20.2	8.0	7.0
37.9	29.4	28.1	19.6	9.8	8.5
26.0	19.0	18.0	11.1	8.0	6.9
33.0	26.8	22.2	16.1	10.8	6.2
25.0	16.7	17.6	9.3	7.4	8.3
23.7	16.7	16.4	9.4	7.3	7.0
33.3	24.6	25.8	17.1	7.5	8.8
32.7	23.9	26.3	17.6	6.3	8.8
23.9	**17.1**	**18.8**	**12.0**	**5.2**	**6.8**
21.4	16.1	15.3	10.0	6.1	5.3
28.0	18.8	24.2	15.1	3.8	9.1
17.7	**15.7**	**8.7**	**6.6**	**9.0**	**2.0**
20.8	18.8	10.8	8.8	10.0	2.0
17.0	15.3	8.2	6.4	8.8	1.8
17.7	15.5	8.0	5.7	9.8	2.3
32.3	26.6	18.5	12.7	13.9	5.8
22.1	20.2	8.7	6.7	13.5	1.9
16.5	14.5	7.7	5.8	8.7	2.0
18.4	16.2	9.1	6.9	9.3	2.2
24.5	21.0	15.5	12.0	9.0	3.6
53.0	**45.4**	**38.4**	**30.8**	**14.6**	**7.6**
41.0	33.8	31.6	24.4	9.4	7.2
49.8	42.2	39.1	31.5	10.7	7.6
55.9	48.2	39.4	31.8	16.4	7.7

8–4 续表

项　　目	实现组织或营销创新企业数(个)	#实现组织创新企业	#实现营销创新企业
租赁和商务服务业	**9929**	**8167**	**6128**
租赁业	544	471	301
商务服务业	9385	7696	5827
科学研究和技术服务业	**9047**	**8079**	**5049**
研究和试验发展	1219	1057	821
专业技术服务业	6289	5719	3170
科技推广和应用服务业	1539	1303	1058
水利、环境和公共设施管理业	**1548**	**1323**	**864**
水利管理业	32	29	13
生态保护和环境治理业	353	310	177
公共设施管理业	1063	889	640
土地管理业	100	95	34
四、按地区分			
东部地区	67392	51684	47236
中部地区	19512	15179	15080
西部地区	17540	13836	12811
东北地区	2939	2106	2129
北　京	6669	5095	4374
天　津	2249	1718	1407
河　北	2194	1708	1512
山　西	1345	1051	969
内蒙古	762	546	530
辽　宁	1557	1106	1088
吉　林	634	475	471
黑龙江	748	525	570
上　海	6808	5152	4684
江　苏	10822	8255	7587
浙　江	7679	5866	5578
安　徽	3855	2952	2972
福　建	6259	4734	4529
江　西	2213	1736	1758
山　东	7318	5758	5149
河　南	4723	3641	3664
湖　北	3733	2910	2801
湖　南	3643	2889	2916
广　东	16939	13030	12109
广　西	1869	1457	1314
海　南	455	368	307
重　庆	2373	1926	1751
四　川	4273	3317	3140
贵　州	1443	1158	1069
云　南	1588	1279	1202
西　藏	134	99	106
陕　西	2798	2224	2118
甘　肃	757	603	579
青　海	220	171	152
宁　夏	230	180	167
新　疆	1093	876	683

在全部企业中占比(%)					
实现组织或营销创新企业	#实现组织创新企业	#实现营销创新企业	#同时实现组织和营销创新企业	#仅实现组织创新企业	#仅实现营销创新企业
22.5	**18.5**	**13.9**	**9.9**	**8.6**	**4.0**
19.6	17.0	10.8	8.2	8.8	2.6
22.7	18.6	14.1	10.0	8.6	4.1
36.6	**32.7**	**20.4**	**16.5**	**16.2**	**3.9**
53.7	46.5	36.2	29.0	17.5	7.1
33.8	30.8	17.1	14.0	16.8	3.1
39.8	33.7	27.3	21.2	12.4	6.1
27.2	**23.3**	**15.2**	**11.2**	**12.0**	**4.0**
21.3	19.3	8.7	6.7	12.7	2.0
32.4	28.5	16.3	12.3	16.2	4.0
26.1	21.8	15.7	11.4	10.4	4.3
27.1	25.7	9.2	7.9	17.9	1.4
25.3	19.4	17.8	11.8	7.6	5.9
26.6	20.7	20.5	14.6	6.0	5.9
27.5	21.7	20.1	14.3	7.4	5.8
19.5	14.0	14.1	8.6	5.4	5.5
28.0	21.4	18.3	11.7	9.6	6.6
20.1	15.4	12.6	7.8	7.5	4.8
23.9	18.6	16.5	11.2	7.4	5.3
22.1	17.2	15.9	11.1	6.2	4.8
21.3	15.3	14.8	8.8	6.5	6.1
17.4	12.3	12.1	7.1	5.2	5.0
21.2	15.9	15.8	10.5	5.5	5.3
24.1	16.9	18.4	11.2	5.7	7.2
24.1	18.2	16.5	10.7	7.5	5.9
23.9	18.2	16.8	11.1	7.2	5.7
22.0	16.8	16.0	10.8	6.0	5.2
31.4	24.0	24.2	16.9	7.2	7.4
27.9	21.1	20.2	13.4	7.7	6.8
23.7	18.6	18.8	13.7	4.9	5.1
25.8	20.3	18.1	12.6	7.6	5.5
26.0	20.1	20.2	14.2	5.8	6.0
28.8	22.4	21.6	15.2	7.2	6.3
25.0	19.9	20.0	14.9	5.0	5.2
27.8	21.4	19.9	13.5	7.9	6.4
26.3	20.5	18.5	12.7	7.8	5.8
26.3	21.3	17.7	12.7	8.6	5.0
27.0	21.9	19.9	14.8	7.1	5.1
30.5	23.7	22.4	15.6	8.1	6.8
27.8	22.3	20.6	15.1	7.2	5.5
30.9	24.9	23.4	17.4	7.5	6.0
36.6	27.0	29.0	19.4	7.7	9.6
29.3	23.3	22.2	16.2	7.1	6.0
28.2	22.5	21.6	15.8	6.6	5.7
29.9	23.2	20.6	14.0	9.2	6.6
26.7	20.9	19.4	13.6	7.3	5.8
19.3	15.5	12.1	8.2	7.2	3.8

8–5 规模以上高技术产业

项 目	实现组织或营销创新企业数（个）	#实现组织创新企业	#实现营销创新企业
总 计	**23282**	**18797**	**18331**
#国有及国有控股	1243	1063	854
一、按规模分			
大型企业	1303	1150	930
中型企业	3975	3370	2953
小型企业	17234	13660	13834
微型企业	770	617	614
二、按登记注册类型分			
内资企业	20252	16435	16217
国有企业	104	93	60
集体企业	15	8	12
股份合作企业	32	29	24
联营企业	6	6	6
有限责任公司	4340	3611	3344
#国有独资公司	152	132	97
股份有限公司	1392	1189	1130
私营企业	14358	11495	11638
其他企业	5	4	3
港、澳、台商投资企业	1430	1117	1015
合资经营企业	436	348	326
合作经营企业	6	4	5
港、澳、台商独资经营企业	891	687	610
港、澳、台商投资股份有限公司	80	65	61
其他港、澳、台投资企业	17	13	13
外商投资企业	1600	1245	1099
中外合资经营企业	527	427	392
中外合作经营企业	7	4	6
外资企业	999	758	656
外商投资股份有限公司	47	37	30
其他外商投资企业	20	19	15
三、按高技术行业（制造业）分			
医药制造业	**4753**	**3700**	**4016**
#化学药品制造	1401	1128	1058
中成药生产	1013	773	895
生物药品制品制造	567	477	450

(制造业)组织和营销创新情况

在全部企业中占比(%)					
实现组织或营销创新企业	#实现组织创新企业	#实现营销创新企业	#同时实现组织和营销创新企业	#仅实现组织创新企业	#仅实现营销创新企业
58.0	**46.8**	**45.7**	**34.5**	**12.3**	**11.2**
65.7	56.2	45.1	35.6	20.5	9.5
68.2	60.2	48.7	40.7	19.5	8.0
65.3	55.3	48.5	38.5	16.8	9.9
58.2	46.1	46.7	34.6	11.5	12.1
30.3	24.3	24.2	18.2	6.1	6.0
60.7	49.3	48.6	37.2	12.1	11.4
57.8	51.7	33.3	27.2	24.4	6.1
38.5	20.5	30.8	12.8	7.7	17.9
65.3	59.2	49.0	42.9	16.3	6.1
60.0	60.0	60.0	60.0		
63.2	52.5	48.7	38.1	14.5	10.6
57.8	50.2	36.9	29.3	20.9	7.6
74.0	63.2	60.1	49.3	13.9	10.8
59.1	47.3	47.9	36.1	11.2	11.8
50.0	40.0	30.0	20.0	20.0	10.0
48.0	37.5	34.0	23.5	13.9	10.5
61.2	48.9	45.8	33.4	15.4	12.4
33.3	22.2	27.8	16.7	5.6	11.1
42.3	32.6	29.0	19.3	13.3	9.7
66.7	54.2	50.8	38.3	15.8	12.5
65.4	50.0	50.0	34.6	15.4	15.4
41.8	32.5	28.7	19.4	13.1	9.3
55.2	44.8	41.1	30.6	14.2	10.5
41.2	23.5	35.3	17.6	5.9	17.6
36.4	27.6	23.9	15.1	12.5	8.8
58.8	46.3	37.5	25.0	21.3	12.5
57.1	54.3	42.9	40.0	14.3	2.9
58.2	**45.3**	**49.2**	**36.3**	**9.0**	**12.9**
56.7	45.7	42.8	31.8	13.9	11.0
65.8	50.2	58.1	42.5	7.7	15.6
62.4	52.5	49.5	39.6	12.9	9.9

8-5 续表 1

项　　目	实现组织或营销创新企业数（个）	#实现组织创新企业	#实现营销创新企业
电子及通信设备制造业	**11980**	**9839**	**9047**
#电子工业专用设备制造	778	642	587
光纤、光缆制造及锂离子电池制造	945	786	735
锂离子电池制造	765	622	608
通信设备制造、雷达及配套设备制造	1345	1123	1001
#通信系统设备制造	640	548	471
通信终端设备制造	640	515	493
雷达及配套设备制造	65	60	37
广播电视设备制造	344	281	281
非专业视听设备制造	657	476	556
电子器件制造	2777	2309	2095
#电子真空器件制造	244	196	185
半导体分立器件制造	241	215	174
集成电路制造	508	439	361
光电子器件制造	518	426	391
电子元件及电子专用设备制造	3616	2992	2571
#电阻电容电感元件制造	557	452	411
电子专用材料制造	719	619	490
电子电路制造	802	676	541
智能消费设备制造	713	560	599
其他电子设备制造	805	670	622
计算机及办公设备制造业	**1500**	**1214**	**1202**
#计算机整机制造	188	152	157
计算机零部件制造	443	362	325
计算机外围设备制造	436	346	358
办公设备制造	154	126	127
医疗仪器设备及仪器仪表制造业	**4591**	**3627**	**3790**
#医疗仪器设备及器械制造	1543	1146	1357
#医疗诊断、监护及治疗设备制造	486	357	427
医疗、外科及兽医用器械制造	398	301	346
通用仪器仪表制造	2020	1650	1617
专用仪器仪表制造	652	529	514
信息化学品制造业	**93**	**78**	**75**

在全部企业中占比(%)					
实现组织或营销创新企业	#实现组织创新企业	#实现营销创新企业	#同时实现组织和营销创新企业	#仅实现组织创新企业	#仅实现营销创新企业
56.0	**46.0**	**42.3**	**32.3**	**13.7**	**10.0**
60.2	49.7	45.4	34.9	14.8	10.5
60.6	50.4	47.1	36.9	13.5	10.2
62.1	50.5	49.4	37.7	12.7	11.6
60.7	50.7	45.2	35.1	15.5	10.0
61.8	52.9	45.5	36.6	16.3	8.9
58.7	47.2	45.2	33.8	13.5	11.5
71.4	65.9	40.7	35.2	30.8	5.5
57.0	46.6	46.6	36.2	10.4	10.4
57.5	41.6	48.6	32.8	8.8	15.8
58.4	48.5	44.1	34.2	14.3	9.8
49.9	40.1	37.8	28.0	12.1	9.8
57.0	50.8	41.1	35.0	15.8	6.1
59.5	51.4	42.3	34.2	17.2	8.1
60.2	49.5	45.5	34.8	14.8	10.7
49.2	40.7	35.0	26.5	14.2	8.5
46.3	37.6	34.2	25.5	12.1	8.7
52.3	45.0	35.6	28.3	16.6	7.3
52.1	43.9	35.2	27.0	17.0	8.2
67.8	53.3	57.0	42.4	10.8	14.6
56.6	47.1	43.7	34.2	12.9	9.5
59.4	**48.1**	**47.6**	**36.3**	**11.8**	**11.3**
64.8	52.4	54.1	41.7	10.7	12.4
50.7	41.4	37.2	27.9	13.5	9.3
63.4	50.3	52.0	39.0	11.3	13.1
54.6	44.7	45.0	35.1	9.6	9.9
63.3	**50.0**	**52.2**	**39.0**	**11.0**	**13.3**
65.1	48.4	57.3	40.5	7.8	16.8
68.5	50.3	60.1	42.0	8.3	18.2
64.4	48.7	56.0	40.3	8.4	15.7
62.4	51.0	50.0	38.5	12.5	11.4
65.5	53.1	51.6	39.3	13.9	12.3
52.0	**43.6**	**41.9**	**33.5**	**10.1**	**8.4**

8-5 续表 2

项　　目	实现组织或营销创新企业数(个)	#实现组织创新企业	#实现营销创新企业
四、按地区分			
东部地区	15505	12304	12133
中部地区	4554	3822	3734
西部地区	2659	2228	2015
东北地区	564	443	449
北　京	462	343	334
天　津	289	243	196
河　北	405	325	329
山　西	130	100	102
内蒙古	54	45	37
辽　宁	290	235	220
吉　林	158	113	139
黑龙江	116	95	90
上　海	582	446	419
江　苏	3217	2619	2362
浙　江	2268	1829	1800
安　徽	1086	909	893
福　建	699	569	551
江　西	1026	855	845
山　东	1038	873	850
河　南	670	557	586
湖　北	802	684	619
湖　南	840	717	689
广　东	6503	5028	5257
广　西	185	153	142
海　南	42	29	35
重　庆	454	389	335
四　川	942	783	715
贵　州	230	190	180
云　南	174	145	136
西　藏	6	3	5
陕　西	459	395	338
甘　肃	70	59	60
青　海	21	16	18
宁　夏	36	28	27
新　疆	28	22	22

在全部企业中占比(%)					
实现组织或营销创新企业	#实现组织创新企业	#实现营销创新企业	#同时实现组织和营销创新企业	#仅实现组织创新企业	#仅实现营销创新企业
58.2	46.2	45.6	33.5	12.7	12.0
57.9	48.6	47.5	38.2	10.4	9.3
57.3	48.0	43.4	34.1	13.9	9.3
55.4	43.5	44.1	32.2	11.3	11.9
52.3	38.8	37.8	24.3	14.5	13.5
52.7	44.3	35.8	27.4	17.0	8.4
54.5	43.7	44.3	33.5	10.2	10.8
63.1	48.5	49.5	35.0	13.6	14.6
51.4	42.9	35.2	26.7	16.2	8.6
57.3	46.4	43.5	32.6	13.8	10.9
49.2	35.2	43.3	29.3	5.9	14.0
60.7	49.7	47.1	36.1	13.6	11.0
48.7	37.4	35.1	23.7	13.7	11.4
54.0	44.0	39.6	29.6	14.3	10.0
62.6	50.5	49.7	37.6	12.9	12.1
64.1	53.7	52.7	42.3	11.4	10.5
57.0	46.4	44.9	34.3	12.1	10.6
57.4	47.8	47.2	37.7	10.1	9.6
60.4	50.8	49.5	39.9	10.9	9.6
56.2	46.7	49.1	39.6	7.0	9.5
60.0	51.2	46.3	37.5	13.7	8.8
50.9	43.5	41.8	34.3	9.2	7.5
60.9	47.1	49.3	35.4	11.7	13.8
41.7	34.5	32.0	24.8	9.7	7.2
67.7	46.8	56.5	35.5	11.3	21.0
55.8	47.8	41.2	33.2	14.6	8.0
59.8	49.7	45.4	35.3	14.4	10.1
57.8	47.7	45.2	35.2	12.6	10.1
62.8	52.3	49.1	38.6	13.7	10.5
54.5	27.3	45.5	18.2	9.1	27.3
61.4	52.9	45.2	36.7	16.2	8.6
60.9	51.3	52.2	42.6	8.7	9.6
56.8	43.2	48.6	35.1	8.1	13.5
78.3	60.9	58.7	41.3	19.6	17.4
38.9	30.6	30.6	22.2	8.3	8.3

九、规模（限额）以上企业企业家对创新的认识及创新战略目标情况（2020年）

9−1 规模(限额)以上企业企业家对创新的总体认识

项 目	在企业家中，认为创新对企业的生存和发展(%)		
	起了重要作用的人员占比	起了一定作用的人员占比	不起作用的人员占比
总 计	**33.8**	**54.4**	**11.8**
#有创新活动的企业	49.4	47.1	3.4
#有技术创新活动的企业	55.5	42.5	2.0
#国有及国有控股	42.9	49.8	7.4
一、按规模分			
大型企业	57.2	39.4	3.3
中型企业	38.9	52.4	8.8
小型企业	33.7	54.6	11.7
微型企业	24.1	58.5	17.5
二、按登记注册类型分			
内资企业	33.2	54.7	12.1
国有企业	36.2	54.3	9.6
集体企业	21.7	60.8	17.4
股份合作企业	25.8	58.3	15.9
联营企业	30.9	53.8	15.3
#国有联营企业	45.0	44.2	10.8
有限责任公司	39.8	50.9	9.3
#国有独资公司	41.8	51.0	7.2
股份有限公司	55.7	39.2	5.2
私营企业	31.1	56.0	12.9
其他企业	33.3	55.7	11.0
港、澳、台商投资企业	40.2	51.4	8.4
合资经营企业	46.9	46.8	6.4
合作经营企业	35.4	55.0	9.6
港、澳、台商独资经营企业	37.2	53.5	9.3
港、澳、台商投资股份有限公司	58.6	36.5	4.9
其他港、澳、台投资企业	44.2	50.5	5.3
外商投资企业	42.6	49.5	7.9
中外合资经营企业	49.4	44.7	5.9
中外合作经营企业	37.1	51.6	11.3
外资企业	39.7	51.7	8.6
外商投资股份有限公司	52.0	42.3	5.7
其他外商投资企业	43.0	47.5	9.5
三、按行业分			
采矿业	27.4	54.7	17.9
制造业	41.3	50.3	8.4
电力、热力、燃气及水生产和供应业	35.1	53.9	11.0
建筑业	23.1	61.8	15.1
批发和零售业	25.4	58.9	15.7
交通运输、仓储和邮政业	24.6	58.3	17.0

9-1 续表

项　　目	在企业家中，认为创新对企业的生存和发展(%)		
	起了重要作用的人员占比	起了一定作用的人员占比	不起作用的人员占比
信息传输、软件和信息技术服务业	55.7	40.7	3.6
租赁和商务服务业	30.4	57.1	12.5
科学研究和技术服务业	41.9	50.4	7.7
水利、环境和公共设施管理业	33.8	55.7	10.5
四、按地区分			
东部地区	34.8	54.3	10.9
中部地区	32.3	55.1	12.6
西部地区	32.9	53.7	13.4
东北地区	30.6	54.6	14.9
北　京	35.9	53.2	10.9
天　津	31.0	55.4	13.6
河　北	34.1	52.6	13.3
山　西	30.7	54.0	15.3
内蒙古	29.0	54.0	17.0
辽　宁	31.5	55.3	13.2
吉　林	31.4	52.7	16.0
黑龙江	27.8	54.4	17.8
上　海	34.5	53.9	11.6
江　苏	34.2	56.1	9.7
浙　江	32.6	55.2	12.2
安　徽	38.8	53.8	7.4
福　建	30.3	56.1	13.6
江　西	31.1	53.3	15.6
山　东	38.1	51.7	10.3
河　南	29.8	57.0	13.2
湖　北	32.6	54.7	12.7
湖　南	30.2	56.3	13.5
广　东	37.1	53.5	9.4
广　西	32.0	53.5	14.5
海　南	35.6	51.7	12.7
重　庆	33.7	54.1	12.1
四　川	33.3	54.4	12.3
贵　州	34.1	51.9	14.0
云　南	38.3	50.5	11.3
西　藏	31.7	56.6	11.7
陕　西	31.7	54.7	13.6
甘　肃	33.6	52.9	13.5
青　海	32.5	51.6	15.9
宁　夏	36.4	50.9	12.7
新　疆	28.3	56.0	15.7

9–2 规模(限额)以上企业创新成功影响因素情况

项　目	在开展创新活动企业中，认为下列各项因素对创新成功影响程度为“高”的企业家占比(%)								
	有创新精神的企业家	充足的经费支持	高素质的人才	员工对企业的认同感	企业内部的激励措施	有效的技术战略或计划	畅通的信息渠道	可信赖的创新合作伙伴	优惠政策的扶持
总　计	**75.9**	**70.0**	**76.7**	**77.7**	**74.5**	**71.8**	**71.8**	**65.2**	**68.2**
#国有及国有控股	78.9	73.7	82.2	80.1	78.8	76.4	73.8	66.0	68.7
一、按规模分									
大型企业	86.7	82.5	89.3	84.4	84.4	84.2	79.8	72.1	73.8
中型企业	78.9	73.0	80.6	80.4	78.1	75.8	74.6	67.2	70.0
小型企业	75.4	69.2	75.7	77.0	73.6	70.8	71.0	64.5	67.8
微型企业	66.6	62.3	68.1	72.8	68.9	64.4	68.0	62.8	63.9
二、按登记注册类型分									
内资企业	75.8	69.7	76.3	77.6	74.5	71.6	71.8	65.2	68.3
国有企业	76.1	70.9	79.7	78.5	76.9	72.1	71.2	64.4	66.2
集体企业	66.3	60.2	68.0	73.6	68.9	61.1	63.7	56.2	61.6
股份合作企业	66.2	61.1	68.7	71.1	67.0	63.9	64.6	55.8	61.9
联营企业	68.1	69.7	69.7	70.6	69.7	63.9	62.2	61.3	63.9
#国有联营企业	70.2	68.1	78.7	72.3	70.2	72.3	66.0	68.1	72.3
有限责任公司	78.0	72.3	80.1	79.9	77.3	75.3	73.7	66.6	69.7
#国有独资公司	78.2	73.6	82.2	80.0	78.5	75.6	73.3	65.2	68.9
股份有限公司	85.7	78.5	86.4	83.7	81.5	81.4	78.1	71.1	75.1
私营企业	74.8	68.6	74.9	76.8	73.5	70.2	71.1	64.6	67.7
其他企业	72.5	71.0	72.5	78.3	73.9	73.9	72.5	71.0	69.6
港、澳、台商投资企业	77.7	73.9	79.2	78.0	75.2	74.4	72.2	64.9	67.5
合资经营企业	81.5	75.0	81.4	79.4	77.4	75.8	74.3	66.3	69.8
合作经营企业	71.5	67.9	75.2	73.3	70.3	68.5	70.3	57.0	64.2
港、澳、台商独资经营企业	75.6	73.0	78.0	77.0	73.8	73.4	71.0	63.8	66.1
港、澳、台商投资股份有限公司	85.1	82.8	86.8	84.3	82.6	81.5	77.1	74.9	76.0
其他港、澳、台投资企业	82.2	74.0	75.7	81.1	78.1	81.1	72.8	66.3	66.9
外商投资企业	77.3	73.5	80.8	78.0	74.1	75.2	72.0	64.9	65.8
中外合资经营企业	81.5	76.5	83.4	80.7	77.3	77.4	74.5	68.1	69.6
中外合作经营企业	71.5	69.9	79.3	77.7	75.1	73.1	68.9	60.1	66.3
外资企业	75.0	71.8	79.3	76.3	72.1	73.8	70.6	63.0	63.4
外商投资股份有限公司	84.8	81.5	86.8	82.3	81.5	82.3	77.8	71.3	74.0
其他外商投资企业	74.9	67.0	75.9	80.8	73.4	74.4	69.5	65.0	67.5
三、按行业分									
采矿业	69.8	67.1	71.6	73.5	72.0	67.1	67.3	58.7	62.7
制造业	79.0	73.1	78.6	78.0	75.2	73.3	72.1	65.6	69.6
电力、热力、燃气及水生产和供应业	74.0	70.6	78.1	78.6	76.3	72.4	69.9	62.0	66.0
建筑业	68.9	62.2	71.7	73.3	70.2	66.1	65.7	59.1	62.8
批发和零售业	67.0	61.5	69.0	75.3	72.1	66.1	70.4	63.7	63.7
交通运输、仓储和邮政业	67.2	61.3	67.8	74.1	69.6	65.0	68.7	62.9	63.3
信息传输、软件和信息技术服务业	84.0	77.8	87.2	84.9	80.9	82.4	79.6	72.4	75.4

9-2 续表

项 目	在开展创新活动企业中，认为下列各项因素对创新成功影响程度为“高”的企业家占比(%)								
	有创新精神的企业家	充足的经费支持	高素质的人才	员工对企业的认同感	企业内部的激励措施	有效的技术战略或计划	畅通的信息渠道	可信赖的创新合作伙伴	优惠政策的扶持
租赁和商务服务业	73.1	65.5	75.1	78.3	73.6	71.4	72.1	65.7	66.6
科学研究和技术服务业	80.5	73.7	85.5	82.2	78.8	77.5	75.2	67.2	71.1
水利、环境和公共设施管理业	71.8	66.4	75.5	77.8	72.8	71.3	70.8	64.0	70.3
四、按地区分									
东部地区	76.6	70.9	77.3	77.6	74.3	72.5	71.9	65.5	67.6
中部地区	77.0	70.7	77.6	78.4	76.0	71.7	72.9	66.3	70.7
西部地区	71.8	65.6	73.0	77.2	73.9	69.4	70.4	62.7	67.4
东北地区	72.3	65.1	74.1	75.9	71.8	69.0	68.4	60.9	65.4
北　京	77.4	70.1	81.7	79.2	72.7	75.2	72.9	64.3	64.9
天　津	74.7	67.3	76.7	77.5	73.0	71.3	70.8	63.2	64.8
河　北	74.4	66.7	76.4	76.6	73.0	68.7	69.6	61.1	65.4
山　西	73.1	64.8	72.7	77.2	73.2	69.0	69.5	60.1	66.0
内蒙古	67.3	59.7	68.7	76.3	73.0	67.3	68.4	57.3	61.8
辽　宁	74.3	67.6	76.4	76.9	73.1	71.7	70.2	63.2	66.0
吉　林	71.6	64.1	73.0	75.2	70.7	66.5	67.5	58.6	65.5
黑龙江	68.1	60.1	69.9	74.5	69.8	64.9	65.1	57.5	63.9
上　海	76.7	71.0	79.9	78.1	73.2	74.1	73.2	65.9	66.1
江　苏	77.1	71.7	77.8	76.1	73.5	71.5	71.5	66.3	65.8
浙　江	77.2	71.2	74.4	76.5	73.1	70.7	71.2	64.2	71.4
安　徽	80.6	74.4	81.2	80.7	78.0	74.7	76.0	70.9	72.5
福　建	74.2	69.5	74.0	77.3	74.6	71.0	71.6	65.0	68.0
江　西	77.6	70.7	77.0	78.4	75.8	72.4	72.9	66.5	72.0
山　东	78.4	72.4	79.2	80.7	77.7	74.1	75.3	68.0	72.1
河　南	76.2	69.4	76.5	78.0	75.7	70.0	72.3	65.5	69.8
湖　北	76.2	69.6	77.6	77.3	75.3	70.9	71.8	64.6	70.7
湖　南	75.7	70.7	76.5	77.6	75.8	71.4	72.0	65.4	70.0
广　东	76.0	71.1	77.9	78.0	75.3	74.3	71.4	66.1	65.7
广　西	72.8	69.3	74.6	77.8	74.1	72.2	71.9	65.4	70.3
海　南	71.7	66.6	73.5	79.1	74.7	72.8	71.8	64.0	67.4
重　庆	74.9	67.9	74.1	78.1	75.4	71.8	72.7	64.4	70.1
四　川	73.0	67.4	74.2	77.6	74.2	70.2	71.0	63.1	67.2
贵　州	68.3	61.8	69.6	77.2	72.2	66.4	68.1	61.8	66.3
云　南	73.6	66.3	73.4	77.6	75.3	70.8	71.1	63.4	67.2
西　藏	62.9	56.1	66.7	69.3	65.2	61.0	61.0	52.3	63.3
陕　西	70.9	64.7	73.9	76.5	73.6	67.7	69.8	62.9	67.1
甘　肃	69.2	61.6	70.1	76.7	72.4	66.4	67.6	59.4	65.9
青　海	68.4	60.9	66.9	74.2	71.1	64.2	67.8	56.6	66.1
宁　夏	72.3	63.9	71.9	75.5	73.6	70.1	68.4	59.4	69.4
新　疆	66.7	61.4	69.7	76.8	72.5	66.3	67.6	60.5	65.1

9-3 规模(限额)以上企业创新激励措施及效果情况

项 目	在开展创新活动企业中，认为下列措施对激励创新效果明显的企业家占比(%)				
	股权或期 权	增加工资或奖金	汽车住房等物质奖励	岗位调整或升职机会	培训或深造机会
总 计	**16.8**	**69.9**	**17.5**	**60.6**	**47.3**
#国有及国有控股	10.2	65.4	9.5	63.4	52.6
一、按规模分					
大型企业	23.0	76.1	16.6	76.4	64.4
中型企业	18.1	70.3	16.5	66.4	52.8
小型企业	16.0	70.1	17.7	59.0	45.5
微型企业	17.6	63.0	19.2	51.2	39.9
二、按登记注册类型分					
内资企业	17.1	70.3	17.9	60.4	47.1
国有企业	9.9	62.8	11.0	59.5	50.5
集体企业	13.6	62.3	16.5	51.5	42.4
股份合作企业	12.7	65.8	13.2	47.6	38.3
联营企业	13.2	60.3	12.4	54.5	38.8
#国有联营企业	10.6	57.4	6.4	55.3	38.3
有限责任公司	15.5	68.3	14.2	63.5	51.0
#国有独资公司	8.4	62.7	9.1	62.3	51.7
股份有限公司	25.3	74.6	17.0	71.7	57.5
私营企业	17.3	70.7	19.0	59.2	45.7
其他企业	23.2	71.0	26.1	55.1	50.7
港、澳、台商投资企业	15.2	67.0	14.9	62.7	48.0
合资经营企业	16.3	71.2	15.6	64.8	50.6
合作经营企业	9.6	65.7	14.5	57.8	43.4
港、澳、台商独资经营企业	14.0	64.7	14.2	61.4	46.3
港、澳、台商投资股份有限公司	27.4	73.2	19.7	70.1	58.0
其他港、澳、台投资企业	20.1	69.2	17.8	62.1	47.9
外商投资企业	13.2	64.8	13.1	62.1	49.1
中外合资经营企业	15.5	70.8	15.0	66.3	51.7
中外合作经营企业	11.4	64.8	11.9	61.1	51.8
外资企业	11.4	61.4	11.8	59.5	47.4
外商投资股份有限公司	28.5	71.8	18.5	71.8	56.3
其他外商投资企业	17.3	61.9	13.9	63.9	45.5
三、按行业分					
采矿业	12.7	68.5	14.1	56.2	48.5
制造业	16.6	73.0	18.3	61.9	48.2
电力、热力、燃气及水生产和供应业	12.3	66.1	13.8	64.4	56.4
建筑业	15.3	61.8	17.4	55.9	47.1
批发和零售业	17.0	63.8	17.7	55.0	42.7
交通运输、仓储和邮政业	14.5	61.0	15.7	55.8	40.7
信息传输、软件和信息技术服务业	24.9	73.6	14.7	70.1	51.1

9-3 续表

项　　目	在开展创新活动企业中，认为下列措施对激励创新效果明显的企业家占比(%)				
	股权或期　权	增加工资或奖金	汽车住房等物质奖励	岗位调整或升职机会	培训或深造机会
租赁和商务服务业	15.6	60.9	14.6	59.1	44.1
科学研究和技术服务业	17.2	71.4	13.9	66.7	54.1
水利、环境和公共设施管理业	12.1	61.2	12.8	59.0	46.3
四、按地区分					
东部地区	17.0	69.8	17.3	60.4	46.0
中部地区	19.2	73.3	21.2	63.2	51.3
西部地区	13.4	66.1	13.7	58.2	47.7
东北地区	13.4	64.6	14.4	57.5	45.0
北　京	13.0	60.5	9.1	57.3	41.3
天　津	13.2	65.0	12.0	59.4	44.6
河　北	12.5	69.1	14.2	59.9	49.0
山　西	11.3	65.5	12.4	55.6	49.1
内蒙古	10.8	63.7	10.2	54.9	46.6
辽　宁	13.5	65.3	15.2	58.0	44.7
吉　林	14.7	64.9	13.9	58.7	47.7
黑龙江	12.1	62.8	12.9	55.2	43.6
上　海	17.7	62.3	13.5	59.7	43.7
江　苏	19.0	71.2	20.9	60.2	46.1
浙　江	14.5	70.9	15.4	56.3	42.3
安　徽	18.3	75.7	20.5	64.8	51.3
福　建	19.9	70.6	20.8	61.8	48.4
江　西	21.1	73.7	24.2	65.1	52.4
山　东	18.4	76.1	20.0	66.0	54.2
河　南	21.0	73.1	24.4	63.8	52.1
湖　北	17.5	71.7	17.4	61.8	49.8
湖　南	20.6	74.5	22.4	63.1	51.6
广　东	17.4	69.0	17.1	61.6	45.2
广　西	13.7	64.6	14.3	58.9	48.0
海　南	15.1	62.1	13.9	58.0	48.2
重　庆	14.0	68.4	15.4	59.8	47.5
四　川	14.3	67.2	13.6	59.2	47.0
贵　州	15.5	65.9	16.9	58.5	51.0
云　南	12.7	67.2	12.4	58.3	48.9
西　藏	13.3	65.5	10.2	56.8	46.6
陕　西	12.7	65.3	13.3	57.3	47.5
甘　肃	10.8	64.2	12.0	57.9	49.6
青　海	12.3	61.3	11.9	54.5	47.0
宁　夏	8.0	67.9	9.8	54.5	46.0
新　疆	13.3	60.7	12.2	53.6	43.6

9—4 规模(限额)以上企业创新战略目标制定情况

项　　目	制定创新战略目标的企业数(个)	制定创新战略目标企业占全部企业的比重(%)	在制定创新战略目标企业中，制定下列目标的企业占比(%)					
			保持本领域的国际领先地位	赶超同行业国际领先企业	赶超同行业国内领先企业	增加创新投入，提升企业竞争力	保持现有的技术水平和生产经营状况	其他目标
总　计	**456793**	**53.4**	**4.2**	**5.3**	**20.9**	**50.3**	**18.9**	**0.4**
#有创新活动的企业	299888	79.1	4.7	6.4	23.0	54.1	11.6	0.2
#有技术创新活动的企业	233721	83.9	5.1	6.9	23.2	56.1	8.4	0.2
#国有及国有控股	41443	63.5	4.2	5.6	22.6	50.3	16.6	0.7
一、按规模分								
大型企业	18075	81.8	9.8	10.5	26.3	45.5	7.5	0.4
中型企业	87104	62.0	5.1	6.3	23.6	48.7	15.9	0.4
小型企业	308796	54.1	3.8	5.0	20.4	51.6	19.0	0.3
微型企业	42818	35.1	3.5	3.9	16.9	45.9	29.1	0.6
二、按登记注册类型分								
内资企业	418725	52.8	3.5	5.0	21.1	50.9	19.2	0.4
国有企业	5848	55.4	3.2	4.0	18.0	51.5	22.6	0.7
集体企业	1282	35.8	2.2	1.8	11.2	46.2	38.3	0.3
股份合作企业	690	41.2	2.8	3.2	17.7	48.6	27.4	0.4
联营企业	159	48.6	6.9	4.4	18.2	49.7	18.9	1.9
#国有联营企业	68	56.7	8.8	2.9	22.1	45.6	17.6	2.9
有限责任公司	87501	59.3	4.0	5.5	23.2	49.8	17.0	0.5
#国有独资公司	8966	62.2	3.6	4.8	21.8	51.3	17.7	0.8
股份有限公司	12456	77.0	6.1	8.8	25.7	50.2	8.9	0.3
私营企业	310687	50.7	3.2	4.7	20.4	51.2	20.1	0.3
其他企业	102	44.7	6.9	3.9	22.5	40.2	26.5	
港、澳、台商投资企业	17027	59.7	9.1	9.2	19.6	46.4	15.3	0.4
合资经营企业	4708	67.8	7.2	8.3	23.3	48.9	12.2	0.2
合作经营企业	230	53.4	9.1	7.0	16.5	45.2	20.9	1.3
港、澳、台商独资经营企业	11331	56.3	9.9	9.5	17.8	45.5	16.9	0.4
港、澳、台商投资股份有限公司	560	78.1	9.5	12.7	23.8	45.0	9.1	
其他港、澳、台投资企业	198	65.1	7.6	8.6	23.7	46.0	14.1	
外商投资企业	21041	62.3	15.6	9.9	17.8	41.4	14.9	0.5
中外合资经营企业	6487	69.6	10.5	9.7	22.0	45.3	12.1	0.4
中外合作经营企业	230	55.4	10.0	7.0	20.4	40.4	19.1	3.0
外资企业	13616	59.1	18.4	9.9	15.4	39.5	16.3	0.5
外商投资股份有限公司	460	74.6	13.9	12.4	24.1	39.8	9.8	
其他外商投资企业	248	65.3	7.3	10.1	24.6	43.5	14.5	
三、按行业分								
采矿业	4233	41.7	1.9	2.7	12.7	52.2	30.1	0.5
制造业	235315	64.4	4.8	6.5	21.6	53.0	13.9	0.2
电力、热力、燃气及水生产和供应业	7649	50.8	4.2	4.8	21.8	43.6	24.7	1.0
建筑业	28038	48.4	1.9	2.3	14.0	53.6	27.9	0.4
批发和零售业	108081	40.1	3.6	4.1	20.5	44.4	26.6	0.7
交通运输、仓储和邮政业	16092	40.3	3.2	4.3	21.0	42.8	27.8	0.9

9-4 续表

项目	制定创新战略目标的企业数(个)	制定创新战略目标企业占全部企业的比重(%)	在制定创新战略目标企业中，制定下列目标的企业占比(%)					
			保持本领域的国际领先地位	赶超同行业国际领先企业	赶超同行业国内领先企业	增加创新投入，提升企业竞争力	保持现有的技术水平和生产经营状况	其他目标
信息传输、软件和信息技术服务业	18722	77.5	5.2	5.6	23.1	56.1	9.7	0.3
租赁和商务服务业	19800	46.2	4.3	4.4	21.9	46.9	21.9	0.7
科学研究和技术服务业	16005	65.4	4.6	5.1	22.9	51.5	15.4	0.3
水利、环境和公共设施管理业	2858	51.6	2.5	3.8	19.7	53.3	20.3	0.4
四、按地区分								
东部地区	281134	54.2	4.8	5.9	21.4	49.8	17.7	0.4
中部地区	93577	54.1	3.1	4.5	20.5	51.9	19.7	0.3
西部地区	66406	51.1	3.0	4.3	19.3	51.7	21.2	0.5
东北地区	15676	46.7	5.2	5.4	20.4	43.8	24.7	0.5
北　京	15883	56.4	5.5	5.7	22.3	46.6	19.5	0.4
天　津	8346	49.0	5.4	5.2	21.8	44.8	22.2	0.5
河　北	12897	52.6	4.0	5.3	22.2	49.0	19.1	0.3
山　西	6572	51.4	2.4	3.4	17.6	49.7	26.2	0.7
内蒙古	3165	45.6	3.3	4.8	19.0	46.0	26.3	0.6
辽　宁	8672	46.8	6.1	5.8	20.5	43.5	23.7	0.4
吉　林	3315	48.8	4.5	4.6	19.6	46.2	24.7	0.3
黑龙江	3689	44.7	3.7	5.3	20.8	42.4	27.1	0.8
上　海	20087	53.1	8.8	7.8	23.2	42.0	17.8	0.4
江　苏	55515	56.0	4.9	5.9	21.5	50.0	17.5	0.3
浙　江	47019	54.7	4.0	6.0	20.8	53.0	15.9	0.3
安　徽	19770	61.6	3.0	4.5	20.7	55.5	16.1	0.3
福　建	18878	44.8	4.3	5.4	19.6	49.8	20.6	0.4
江　西	12514	51.6	3.7	5.3	22.1	51.6	16.9	0.3
山　东	34787	56.3	4.5	5.6	22.3	48.2	18.9	0.5
河　南	20333	50.4	3.3	4.3	18.7	50.1	23.3	0.3
湖　北	16954	55.5	3.1	4.6	22.2	49.7	20.0	0.3
湖　南	17434	52.8	3.1	4.3	20.4	53.2	18.8	0.3
广　东	66591	55.5	4.5	5.7	20.9	52.0	16.5	0.4
广　西	6990	47.7	2.9	3.7	18.7	52.8	21.4	0.5
海　南	1131	49.5	3.9	4.8	20.2	50.7	19.5	1.0
重　庆	8801	52.9	3.4	4.5	20.4	52.6	18.7	0.5
四　川	17234	52.8	2.8	4.5	20.0	51.8	20.4	0.5
贵　州	4966	48.5	3.2	4.6	17.1	53.9	20.7	0.6
云　南	5720	54.3	3.2	3.7	16.3	55.6	20.6	0.5
西　藏	373	52.9	2.7	5.1	20.6	45.3	24.4	1.9
陕　西	9762	52.4	2.8	4.5	20.7	50.3	21.3	0.5
甘　肃	2910	54.8	2.2	4.0	18.2	53.7	21.2	0.7
青　海	777	51.3	3.9	2.7	19.6	49.6	23.3	1.0
宁　夏	1378	56.3	2.8	3.9	20.4	55.2	16.9	0.8
新　疆	4330	44.1	2.9	3.4	19.0	45.9	28.0	0.7

9–5　规模以上工业企业创新战略目标制定情况

项　目	制定创新战略目标的企业数(个)	制定创新战略目标企业占全部企业的比重(%)	在制定创新战略目标企业中，制定下列目标的企业占比(%)					
			保持本领域的国际领先地位	赶超同行业国际领先企业	赶超同行业国内领先企业	增加创新投入，提升企业竞争力	保持现有的技术水平和生产经营状况	其他目标
总　计	**247197**	**63.3**	**4.7**	**6.4**	**21.5**	**52.7**	**14.6**	**0.2**
#有创新活动的企业	193491	81.3	5.1	7.1	22.8	55.2	9.6	0.1
#有技术创新活动的企业	173336	83.3	5.3	7.4	23.1	56.1	8.0	0.1
#国有及国有控股	15370	70.0	5.0	7.8	24.7	48.8	13.1	0.6
一、按规模分								
大型企业	7070	88.4	13.3	15.1	23.4	42.2	5.8	0.3
中型企业	29631	76.1	7.3	9.7	24.4	49.2	9.2	0.2
小型企业	196662	62.9	4.1	5.7	21.2	53.8	15.0	0.2
微型企业	13834	44.8	3.8	4.7	18.3	49.3	23.6	0.3
二、按登记注册类型分								
内资企业	220088	63.2	3.9	6.0	21.9	53.5	14.6	0.2
国有企业	1435	59.9	3.5	6.7	22.0	48.2	19.0	0.8
集体企业	387	41.6	2.3	2.3	18.3	50.1	26.9	
股份合作企业	410	55.0	3.7	3.9	21.2	50.0	21.0	0.2
联营企业	53	54.1	3.8	3.8	20.8	47.2	20.8	3.8
#国有联营企业	23	62.2		4.3	13.0	52.2	21.7	8.7
有限责任公司	38370	68.3	4.7	7.0	24.2	50.7	13.1	0.3
#国有独资公司	2761	67.4	4.6	7.2	25.3	47.9	14.2	0.8
股份有限公司	7129	85.2	6.8	11.0	25.9	49.6	6.5	0.2
私营企业	172270	61.6	3.6	5.5	21.2	54.3	15.2	0.1
其他企业	34	54.0	17.6	2.9	32.4	29.4	17.6	
港、澳、台商投资企业	12059	62.8	8.5	9.2	18.7	48.7	14.8	0.2
合资经营企业	3706	70.9	7.4	8.4	23.0	49.8	11.2	0.2
合作经营企业	163	59.3	10.4	6.7	17.8	46.0	18.4	0.6
港、澳、台商独资经营企业	7661	58.8	8.9	9.3	16.2	48.4	16.9	0.3
港、澳、台商投资股份有限公司	426	84.4	9.6	13.6	24.6	45.3	6.8	
其他港、澳、台投资企业	103	67.3	6.8	9.7	23.3	44.7	15.5	
外商投资企业	15050	65.7	14.3	10.0	17.4	44.1	14.0	0.3
中外合资经营企业	5129	72.0	10.7	10.2	21.5	46.1	11.3	0.3
中外合作经营企业	175	57.4	9.1	8.6	21.1	43.4	15.4	2.3
外资企业	9309	62.4	16.5	9.7	14.7	43.1	15.7	0.3
外商投资股份有限公司	306	81.2	12.7	14.1	22.5	43.8	6.9	
其他外商投资企业	131	73.2	9.2	12.2	25.2	41.2	12.2	
三、按行业分								
采矿业	**4233**	**41.7**	**1.9**	**2.7**	**12.7**	**52.2**	**30.1**	**0.5**
煤炭开采和洗选业	1664	40.6	1.4	1.9	10.7	52.5	32.9	0.5
石油和天然气开采业	82	64.6	4.9	19.5	18.3	41.5	12.2	3.7
黑色金属矿采选业	479	38.5	1.3	3.5	11.5	52.0	31.7	
有色金属矿采选业	567	50.2	2.8	3.7	13.6	54.9	24.3	0.7
非金属矿采选业	1300	39.7	2.2	1.6	14.2	51.4	30.4	0.3
开采辅助活动	138	50.5	2.9	5.8	18.8	51.4	20.3	0.7
其他采矿业	3	75.0			33.3	33.3	33.3	
制造业	**235315**	**64.4**	**4.8**	**6.5**	**21.6**	**53.0**	**13.9**	**0.2**
农副食品加工业	12681	59.6	3.5	4.7	22.2	51.3	18.2	0.2
食品制造业	5509	68.6	5.1	6.2	22.5	54.1	12.0	0.1
酒、饮料和精制茶制造业	3426	63.8	3.5	4.1	21.0	56.5	14.7	0.2
烟草制品业	89	85.6	2.2	5.6	31.5	51.7	5.6	3.4
纺织业	9707	53.9	4.1	5.0	18.6	54.3	17.8	0.1
纺织服装、服饰业	5525	45.8	3.0	5.4	17.2	49.7	24.5	0.2
皮革、毛皮、羽毛及其制品和制鞋业	3502	46.7	4.2	5.2	18.1	50.9	21.4	0.2
木材加工和木、竹、藤、棕、草制品业	4111	43.0	2.9	4.1	18.7	50.1	24.0	0.2
家具制造业	3802	60.2	4.3	6.4	18.6	52.9	17.5	0.2
造纸和纸制品业	3783	58.2	3.6	4.5	20.6	52.8	18.2	0.2
印刷和记录媒介复制业	3542	61.3	3.1	4.3	20.1	56.6	15.7	0.3
文教、工美、体育和娱乐用品制造业	4997	57.4	6.0	8.4	17.3	51.5	16.7	0.1
石油、煤炭及其他燃料加工业	1208	59.2	2.6	5.2	22.8	53.6	15.8	0.1
化学原料和化学制品制造业	15214	70.8	5.9	7.6	23.9	50.9	11.4	0.2
医药制造业	6504	80.6	4.6	6.4	22.3	58.0	8.6	0.2

9–5 续表

项　目	制定创新战略目标的企业数(个)	制定创新战略目标企业占全部企业的比重(%)	在制定创新战略目标企业中，制定下列目标的企业占比(%)					
			保持本领域的国际领先地位	赶超同行业国际领先企业	赶超同行业国内领先企业	增加创新投入，提升企业竞争力	保持现有的技术水平和生产经营状况	其他目标
化学纤维制造业	1156	60.6	4.7	7.4	24.7	49.4	13.8	0.1
橡胶和塑料制品业	12892	63.1	4.1	6.1	21.5	53.6	14.7	0.1
非金属矿物制品业	21063	54.0	3.7	4.4	19.8	50.9	21.0	0.2
黑色金属冶炼和压延加工业	2894	55.9	2.6	4.7	23.8	50.5	18.2	0.2
有色金属冶炼和压延加工业	4611	61.8	4.9	6.3	22.0	52.1	14.5	0.2
金属制品业	16559	62.6	4.4	5.8	21.8	52.7	15.1	0.2
通用设备制造业	19036	73.0	5.7	7.7	23.5	52.5	10.5	0.1
专用设备制造业	15996	76.8	6.5	8.3	24.7	52.1	8.3	0.1
汽车制造业	11444	72.5	5.1	6.3	21.9	55.1	11.5	0.1
铁路、船舶、航空航天和其他运输设备制造业	3540	71.8	5.8	8.3	21.4	52.3	12.0	0.2
电气机械和器材制造业	19582	73.7	5.0	7.1	21.5	56.0	10.3	0.1
计算机、通信和其他电子设备制造业	16052	78.7	6.4	9.0	21.0	54.9	8.5	0.2
仪器仪表制造业	4379	83.6	6.7	10.0	26.0	51.0	6.1	0.1
其他制造业	1079	61.6	4.0	7.6	21.3	53.5	13.6	
废弃资源综合利用业	1105	52.8	2.7	3.5	23.2	51.1	19.3	0.2
金属制品、机械和设备修理业	327	62.0	2.1	6.1	21.1	51.4	19.0	0.3
电力、热力、燃气及水生产和供应业	**7649**	**50.8**	**4.2**	**4.8**	**21.8**	**43.6**	**24.7**	**1.0**
电力、热力生产和供应业	5008	51.4	5.1	5.4	23.2	41.4	23.9	1.1
燃气生产和供应业	1315	50.5	2.8	4.0	18.6	48.8	24.9	0.9
水的生产和供应业	1326	48.8	2.3	2.9	19.6	46.9	27.5	0.8
四、按地区分								
东部地区	151338	65.0	5.4	6.9	21.5	52.5	13.5	0.2
中部地区	55595	62.4	3.6	5.4	21.7	53.8	15.5	0.2
西部地区	31997	58.8	3.3	5.2	20.8	53.6	16.8	0.3
东北地区	8267	57.6	5.9	6.8	22.9	45.0	19.2	0.2
北　京	2213	75.5	8.0	8.7	23.0	48.0	12.1	0.1
天　津	3354	66.3	7.7	7.3	21.5	46.5	16.8	0.2
河　北	8275	58.8	4.7	6.4	23.8	49.5	15.4	0.2
山　西	3143	58.1	2.5	4.0	18.5	52.5	22.1	0.4
内蒙古	1552	53.2	4.8	6.5	21.3	46.1	21.1	0.3
辽　宁	4609	60.4	7.2	7.2	23.0	44.8	17.8	0.2
吉　林	1687	56.6	4.7	6.2	22.7	47.3	19.0	0.1
黑龙江	1971	52.7	3.8	6.3	23.1	43.7	22.6	0.6
上　海	5976	69.0	9.9	9.7	23.2	44.4	12.6	0.2
江　苏	34398	69.1	5.9	7.0	22.6	51.5	12.9	0.1
浙　江	31151	65.4	4.4	6.9	20.5	56.3	11.8	0.2
安　徽	12688	69.9	3.5	5.3	21.9	57.1	12.1	0.1
福　建	9538	53.4	4.6	6.3	19.4	53.4	16.1	0.2
江　西	8187	59.3	3.8	6.2	23.0	53.1	13.7	0.1
山　东	19099	65.2	5.5	7.1	23.4	49.6	14.2	0.2
河　南	10965	58.1	3.9	5.3	21.0	50.3	19.3	0.2
湖　北	9697	62.9	3.4	5.7	22.5	52.3	16.0	0.2
湖　南	10915	62.5	3.5	5.0	21.1	55.6	14.5	0.2
广　东	37059	65.0	5.1	6.6	19.9	54.3	13.9	0.2
广　西	3438	50.0	3.2	5.1	19.1	52.7	19.5	0.3
海　南	275	57.3	3.6	5.8	21.5	52.0	16.4	0.7
重　庆	4476	66.8	3.8	5.1	21.6	56.7	12.7	0.2
四　川	9068	60.5	2.9	5.4	20.9	54.1	16.5	0.2
贵　州	2393	55.6	2.9	4.8	18.2	56.4	17.3	0.4
云　南	2634	62.3	3.4	4.4	17.8	58.3	15.9	0.3
西　藏	110	65.9	2.7	7.3	20.0	48.2	20.9	0.9
陕　西	4227	60.9	3.3	5.8	23.4	51.5	15.9	0.2
甘　肃	1203	62.8	2.2	5.4	22.0	52.9	17.0	0.5
青　海	324	56.3	3.7	3.7	23.5	47.5	20.4	1.2
宁　夏	828	67.5	3.7	5.3	22.9	55.9	11.5	0.6
新　疆	1744	49.5	3.4	4.5	20.7	46.7	24.3	0.4

十、规模（限额）以上企业创新政策效果情况（2020年）

10-1 有关政策对规模(限额)

项　　目	1.企业研发费用加计扣除税收优惠政策	2.高新技术企业所得税减免政策	3.企业研发活动专用仪器设备加速折旧政策	4.技术转让、技术开发收入免征增值税和技术转让减免所得税优惠政策
总　计	**52.6**	**45.7**	**36.1**	**28.9**
#国有及国有控股	47.9	41.1	28.6	25.9
一、按规模分				
大型企业	64.6	54.0	40.2	34.8
中型企业	52.1	45.9	33.2	27.1
小型企业	54.1	46.9	37.6	29.5
微型企业	33.1	30.0	26.6	24.9
二、按登记注册类型分				
内资企业	52.5	45.9	36.5	29.3
国有企业	41.8	36.3	27.1	25.2
集体企业	34.8	30.6	28.5	25.9
股份合作企业	46.5	38.0	32.4	23.8
联营企业	41.0	43.4	36.1	25.4
#国有联营企业	46.8	48.9	36.2	25.5
有限责任公司	51.7	44.8	32.7	27.4
#国有独资公司	43.5	37.6	27.0	25.0
股份有限公司	73.9	67.9	45.1	38.0
私营企业	51.9	45.5	37.3	29.4
其他企业	49.3	42.3	42.3	40.8
港、澳、台商投资企业	56.5	46.9	33.8	25.8
合资经营企业	63.9	54.0	39.5	29.2
合作经营企业	53.9	46.1	35.9	23.4
港、澳、台商独资经营企业	52.0	42.4	30.4	23.7
港、澳、台商投资股份有限公司	80.0	70.9	49.3	35.0
其他港、澳、台投资企业	52.7	42.6	32.5	27.8
外商投资企业	52.9	41.2	30.3	25.0
中外合资经营企业	63.7	52.3	37.7	29.8
中外合作经营企业	50.0	37.6	30.9	23.7
外资企业	46.4	34.4	26.0	21.9
外商投资股份有限公司	76.3	65.8	45.0	37.8
其他外商投资企业	48.0	36.3	22.5	23.5
三、按行业分				
采矿业	43.2	32.2	33.6	26.4
制造业	63.5	54.6	44.2	32.8
电力、热力、燃气及水生产和供应业	38.3	31.7	27.4	24.2
建筑业	37.4	34.0	27.7	25.3
批发和零售业	22.5	21.5	18.5	17.9
交通运输、仓储和邮政业	24.9	20.6	18.2	16.9
信息传输、软件和信息技术服务业	77.4	65.9	36.7	41.7

以上企业创新的影响情况

在开展创新活动企业中，认为下列政策效果明显的企业家占比(%)						
5.科技创新进口税收政策	6.鼓励企业吸引和培养人才的相关政策	7.金融支持相关政策	8.创造和保护知识产权的相关政策	9.优先发展产业的支持政策	10.促进科技成果转化相关政策	11.关于推进大众创业万众创新的各项政策
23.6	**42.5**	**41.7**	**46.0**	**41.3**	**40.8**	**37.4**
18.2	42.4	34.2	44.2	38.2	37.3	30.2
25.3	55.7	44.4	59.8	49.5	49.8	39.4
21.2	43.4	39.3	45.4	39.8	39.3	34.1
24.4	42.2	42.8	46.7	41.9	41.7	38.6
21.9	35.0	35.6	33.3	34.3	30.5	32.9
23.7	42.8	42.6	46.2	41.8	41.2	38.1
18.7	40.8	32.5	38.6	35.8	34.5	29.9
21.2	36.4	32.3	32.9	33.2	29.9	33.4
19.5	32.6	35.3	38.0	34.0	34.1	31.9
25.4	33.6	31.1	40.2	30.3	32.8	32.0
23.4	38.3	31.9	40.4	36.2	31.9	31.9
20.3	42.5	37.5	45.6	40.3	39.5	34.1
17.7	41.7	33.7	42.1	37.2	35.2	28.9
27.1	55.8	52.5	64.5	54.4	56.1	44.3
24.6	42.3	43.7	45.8	41.8	41.1	39.0
26.8	43.7	45.1	45.1	42.3	39.4	38.0
23.4	40.4	34.5	46.3	37.6	38.6	32.6
25.4	45.4	42.0	52.3	42.9	44.1	37.0
21.6	38.3	33.5	43.7	32.3	35.9	29.9
22.0	37.2	30.2	42.5	34.3	35.0	29.9
31.8	56.1	51.0	68.8	55.6	59.4	46.9
22.5	40.2	34.3	42.0	33.7	35.5	31.4
21.7	38.6	29.5	41.7	34.1	34.7	27.9
26.0	46.6	38.4	52.1	42.8	44.7	34.7
21.1	34.0	30.9	37.6	35.1	37.6	25.8
19.0	33.6	24.0	35.4	28.7	28.5	23.5
32.0	60.8	50.8	63.8	53.3	55.3	44.0
18.6	38.7	26.0	38.7	35.3	33.8	32.8
19.0	40.2	34.7	36.5	35.4	34.7	33.2
27.8	47.0	47.1	54.0	47.7	48.5	43.0
19.0	41.3	37.2	37.2	37.1	33.6	31.6
19.9	38.9	36.0	36.4	33.3	32.2	31.6
16.2	29.9	31.8	25.3	25.9	21.6	25.0
14.5	29.6	31.0	23.5	27.1	21.2	23.5
19.9	49.6	40.2	60.9	48.1	50.9	40.5

10-1 续表

项　目	1.企业研发费用加计扣除税收优惠政策	2.高新技术企业所得税减免政策	3.企业研发活动专用仪器设备加速折旧政策	4.技术转让、技术开发收入免征增值税和技术转让减免所得税优惠政策
租赁和商务服务业	27.2	23.3	16.9	16.3
科学研究和技术服务业	66.4	59.5	37.0	31.7
水利、环境和公共设施管理业	40.6	36.3	25.9	22.4
四、按地区分				
东部地区	53.8	46.4	34.6	27.4
中部地区	56.0	50.3	44.6	36.6
西部地区	42.5	35.9	30.3	24.9
东北地区	49.5	45.1	34.9	27.8
北　京	55.7	53.6	24.4	25.9
天　津	48.4	43.2	29.3	23.0
河　北	46.8	43.4	35.5	27.4
山　西	43.2	35.7	30.3	22.6
内蒙古	32.7	29.5	21.9	17.8
辽　宁	54.3	49.2	37.8	29.2
吉　林	48.6	45.1	34.5	28.5
黑龙江	39.4	35.8	28.8	24.0
上　海	53.0	45.3	26.1	23.4
江　苏	53.5	46.1	37.6	30.6
浙　江	58.4	44.8	36.0	24.5
安　徽	58.9	50.5	46.5	34.6
福　建	42.3	37.7	33.5	28.8
江　西	60.0	55.5	49.3	40.5
山　东	51.8	44.7	39.9	32.6
河　南	50.5	45.7	40.5	35.8
湖　北	54.4	50.2	42.3	34.9
湖　南	60.8	55.1	49.4	41.9
广　东	57.0	51.2	33.6	25.6
广　西	40.2	36.5	28.1	23.6
海　南	33.4	34.4	23.7	22.2
重　庆	49.0	41.7	34.7	27.0
四　川	44.1	36.3	32.5	26.4
贵　州	41.6	35.6	33.7	29.2
云　南	42.8	33.5	28.3	23.3
西　藏	34.7	33.6	26.0	27.2
陕　西	41.5	36.7	29.0	24.7
甘　肃	39.5	33.9	29.1	24.6
青　海	39.3	33.1	27.7	21.8
宁　夏	50.7	30.7	28.8	20.5
新　疆	31.4	28.5	21.2	18.5

在开展创新活动企业中，认为下列政策效果明显的企业家占比(%)						
5.科技创新进口税收政策	6.鼓励企业吸引和培养人才的相关政策	7.金融支持相关政策	8.创造和保护知识产权的相关政策	9.优先发展产业的支持政策	10.促进科技成果转化相关政策	11.关于推进大众创业万众创新的各项政策
13.2	31.0	27.0	26.3	25.6	21.3	24.3
20.1	47.3	35.8	53.2	42.3	45.2	36.7
17.5	38.4	37.1	38.1	37.4	33.4	31.9
22.6	41.0	39.4	45.8	39.0	39.6	35.4
30.2	50.2	51.5	51.9	50.8	48.6	47.1
19.0	38.4	38.6	39.3	38.1	34.9	33.0
21.5	39.7	36.5	41.8	38.0	38.1	33.7
12.3	33.0	26.2	44.0	28.9	31.8	24.4
17.2	39.7	33.4	42.2	33.6	34.6	29.7
22.6	43.5	39.6	44.0	41.4	40.0	38.0
17.2	36.6	34.5	36.8	33.4	33.3	31.8
12.5	33.4	29.2	30.4	28.2	27.5	24.0
22.9	41.2	36.2	44.0	38.2	40.1	34.0
21.2	39.1	38.2	41.0	38.9	38.3	34.8
18.6	36.9	36.0	37.2	37.0	33.6	32.3
17.5	34.6	30.5	41.5	31.6	32.8	25.5
26.9	43.5	43.4	47.9	42.4	42.5	38.6
21.2	40.3	42.5	44.6	39.2	40.4	37.2
28.4	50.0	51.5	53.1	51.7	49.4	46.3
25.3	41.5	40.5	42.4	40.3	38.4	37.0
34.6	54.6	56.3	55.5	55.2	52.9	52.0
27.7	49.6	46.1	48.6	46.1	45.0	43.3
30.7	49.4	49.1	50.0	48.7	47.2	46.4
27.9	47.3	51.9	50.1	47.9	45.6	43.6
34.2	54.6	55.1	55.6	56.4	53.0	52.8
20.7	38.0	35.8	46.8	36.4	38.3	31.9
18.6	36.5	39.3	37.0	36.6	32.9	30.7
15.6	36.9	29.1	33.6	32.5	27.7	24.2
21.2	40.0	42.6	44.0	41.2	38.6	36.4
20.2	38.5	39.7	41.3	39.1	37.1	34.7
23.1	43.3	40.6	43.2	44.2	38.6	38.8
17.7	36.2	34.7	37.6	36.4	32.6	32.0
18.1	38.9	36.2	32.8	39.6	30.6	33.2
18.2	39.3	37.9	38.6	37.5	33.0	30.8
17.4	41.0	39.4	36.0	37.2	32.6	32.2
16.6	33.3	34.3	35.5	37.4	31.4	28.3
12.7	36.2	37.5	38.5	35.4	35.7	30.0
14.4	34.2	33.8	29.9	31.4	27.1	26.0

10—2 规模(限额)以上企业有关

项　　目	1. 企业研发费用加计扣除税收优惠政策					
	不知道此政　　策	不具备享受该政策的 资 格	吸引力不足	办理手续繁　　琐	政府部门政策执行力度不够	其他原因
总　计	**6.4**	**75.2**	**5.9**	**5.0**	**0.8**	**6.5**
#国有及国有控股	5.6	73.8	5.2	4.3	1.0	10.2
一、按规模分						
大型企业	4.8	71.1	6.8	6.6	1.1	9.6
中型企业	5.3	77.5	4.7	4.4	0.9	7.3
小型企业	6.5	74.3	6.5	5.5	0.8	6.4
微型企业	8.3	78.8	4.5	2.7	0.7	5.0
二、按登记注册类型分						
内资企业	6.7	75.3	6.0	4.9	0.8	6.3
国有企业	6.6	73.7	5.4	3.5	1.0	9.8
集体企业	7.8	77.0	6.8	3.6	0.6	4.2
股份合作企业	4.4	77.5	7.9	5.4	1.0	3.8
联营企业	7.0	69.0	5.6	7.0	2.8	8.5
#国有联营企业	4.2	79.2	4.2	4.2		8.3
有限责任公司	5.7	75.4	5.0	4.4	0.9	8.6
#国有独资公司	5.8	74.2	5.5	4.1	1.1	9.3
股份有限公司	5.6	66.3	8.7	5.7	1.5	12.3
私营企业	6.9	75.5	6.2	5.1	0.8	5.5
其他企业	8.3	69.4	13.9		2.8	5.6
港、澳、台商投资企业	4.5	73.9	6.2	6.6	1.0	7.9
合资经营企业	4.5	71.6	7.3	6.9	1.1	8.5
合作经营企业	13.2	67.1	5.3	2.6		11.8
港、澳、台商独资经营企业	4.3	74.8	5.8	6.7	1.0	7.5
港、澳、台商投资股份有限公司	7.5	71.7	11.3	1.9		7.5
其他港、澳、台投资企业	3.8	80.0	2.5		1.3	12.5
外商投资企业	3.4	76.1	5.0	6.0	0.6	8.9
中外合资经营企业	3.3	74.8	5.1	6.1	0.9	9.7
中外合作经营企业	3.1	72.2	8.2	6.2	1.0	9.3
外资企业	3.4	76.7	4.8	6.0	0.5	8.6
外商投资股份有限公司	3.2	69.5	11.6	5.3		10.5
其他外商投资企业	3.8	78.1	1.9	7.6		8.6
三、按行业分						
采矿业	6.6	76.0	5.8	5.0	0.9	5.7
制造业	6.5	69.9	8.4	7.7	1.0	6.5
电力、热力、燃气及水生产和供应业	5.9	75.9	5.1	3.3	1.1	8.8
建筑业	9.7	73.1	5.3	4.7	1.3	5.9
批发和零售业	6.1	83.2	3.1	1.9	0.6	5.0
交通运输、仓储和邮政业	5.8	80.7	3.2	1.8	0.7	7.7
信息传输、软件和信息技术服务业	4.9	63.8	7.5	7.2	1.2	15.4

政策效果不明显的主要原因

在认为下列政策效果不明显或未享受下列政策的企业家中，对主要原因作出不同判断的企业家占比(%)											
2.高新技术企业所得税减免政策						3.企业研发活动专用仪器设备加速折旧政策					
不知道此政策	不具备享受该政策的资格	吸引力不足	办理手续繁琐	政府部门政策执行力度不够	其他原因	不知道此政策	不具备享受该政策的资格	吸引力不足	办理手续繁琐	政府部门政策执行力度不够	其他原因
4.6	**80.6**	**3.7**	**3.1**	**0.5**	**7.6**	**8.2**	**71.3**	**9.6**	**3.9**	**0.4**	**6.7**
4.1	80.3	2.5	2.1	0.6	10.4	9.1	71.0	7.4	2.9	0.5	9.2
3.1	79.8	2.7	2.9	0.6	10.9	9.0	63.0	12.6	4.7	0.6	10.0
3.9	82.6	2.6	2.5	0.5	7.9	7.3	71.5	9.3	3.7	0.4	7.7
4.6	79.7	4.2	3.4	0.5	7.6	8.4	70.7	10.1	4.1	0.4	6.4
6.5	82.7	3.2	1.8	0.5	5.2	8.7	79.5	4.8	1.9	0.3	4.8
4.8	80.3	3.8	3.1	0.5	7.5	8.4	71.7	9.2	3.8	0.4	6.5
4.6	80.4	2.6	2.0	0.8	9.5	9.6	72.1	6.6	2.5	0.5	8.8
4.9	83.0	4.5	2.6	0.4	4.7	8.9	78.0	6.9	1.3	0.4	4.5
3.0	81.9	6.0	3.8	0.8	4.4	5.8	76.8	8.6	4.0	1.0	3.8
2.9	79.4	5.9	1.5	2.9	7.4	9.1	66.2	10.4	3.9	5.2	5.2
	91.3				8.7	10.3	69.0	10.3	6.9		3.4
4.3	80.3	3.0	2.4	0.5	9.5	8.5	71.1	8.3	3.4	0.4	8.3
4.6	79.9	3.4	2.0	0.5	9.6	9.9	71.7	6.5	2.5	0.6	8.9
4.3	73.4	3.7	2.7	0.7	15.2	8.7	58.8	15.1	5.4	0.5	11.4
4.9	80.5	4.1	3.3	0.5	6.7	8.4	72.3	9.3	3.8	0.4	5.8
7.3	78.0	7.3	2.4		4.9	7.3	75.6	9.8	4.9		2.4
2.7	81.8	3.0	3.8	0.5	8.1	6.7	66.3	13.6	5.2	0.4	7.8
2.5	81.2	3.7	3.0	0.7	9.0	7.3	63.7	15.4	4.8	0.4	8.5
4.5	71.9	4.5	9.0	1.1	9.0	13.2	60.4	10.4	4.7		11.3
2.8	82.2	2.7	4.1	0.5	7.7	6.4	67.8	12.9	5.2	0.4	7.4
2.6	80.5	2.6	2.6	0.6	11.0	6.3	57.8	17.9	8.2	0.7	9.0
3.1	83.5	2.1	2.1	1.0	8.2	6.1	67.5	9.6	4.4		12.3
2.3	83.7	2.4	2.9	0.3	8.3	6.0	68.2	12.1	4.7	0.3	8.8
2.1	81.6	2.8	2.7	0.7	10.2	7.6	64.3	13.0	5.3	0.4	9.4
2.5	78.5	4.1	4.1	1.7	9.1	3.0	76.9	11.9	3.0	0.7	4.5
2.3	84.7	2.3	3.1	0.2	7.5	5.3	70.0	11.5	4.4	0.3	8.5
2.9	76.6	4.4	1.5		14.6	7.7	56.8	16.4	7.3		11.8
2.3	86.8	0.8			10.1	7.0	70.7	10.8	3.8	0.6	7.0
5.1	83.6	2.7	2.4	0.5	5.6	10.0	76.5	5.9	3.0	0.3	4.4
4.2	78.0	4.9	4.3	0.5	8.1	9.2	64.7	13.4	5.6	0.5	6.6
4.4	83.3	2.7	1.9	0.6	7.1	7.7	77.9	4.6	2.2	0.7	6.9
8.0	78.6	3.2	3.3	0.9	6.1	11.9	73.3	5.8	2.9	0.6	5.6
5.0	86.4	2.2	1.3	0.3	4.7	6.1	84.2	3.2	1.2	0.2	5.0
4.6	85.1	2.0	1.1	0.5	6.7	5.5	83.2	2.9	1.2	0.3	6.9
2.6	67.0	5.0	3.2	0.4	21.8	7.3	61.1	14.4	3.3	0.3	13.6

10-2 续表 1

项　目	1.企业研发费用加计扣除税收优惠政策					
	不知道此政策	不具备享受该政策的资格	吸引力不足	办理手续繁琐	政府部门政策执行力度不够	其他原因
租赁和商务服务业	5.0	81.7	2.9	2.0	0.4	8.0
科学研究和技术服务业	5.8	69.3	6.5	6.7	1.0	10.7
水利、环境和公共设施管理业	4.9	77.0	3.4	2.9	0.5	11.2
四、按地区分						
东部地区	6.1	75.5	5.9	5.3	0.7	6.6
中部地区	6.9	75.1	7.1	4.6	0.9	5.4
西部地区	7.0	75.3	4.8	4.9	1.1	6.9
东北地区	7.7	72.1	6.0	3.9	0.8	9.5
北　京	3.9	73.0	5.8	5.9	0.5	10.8
天　津	4.8	76.9	5.3	3.9	0.6	8.4
河　北	8.2	73.3	6.1	4.5	0.5	7.3
山　西	7.8	75.9	4.2	4.1	1.4	6.7
内蒙古	6.2	75.5	3.2	3.8	1.0	10.3
辽　宁	7.3	70.4	7.2	4.1	0.9	10.1
吉　林	8.8	73.5	3.8	3.9	0.7	9.2
黑龙江	7.5	74.0	5.6	3.3	0.8	8.7
上　海	5.0	78.8	4.3	4.3	0.5	7.1
江　苏	5.4	75.6	6.7	5.3	0.6	6.4
浙　江	3.4	80.2	5.6	4.3	0.7	5.8
安　徽	5.4	77.8	6.5	3.8	0.7	5.8
福　建	7.2	79.0	4.6	4.9	0.6	3.7
江　西	6.6	72.0	9.2	5.5	1.2	5.5
山　东	6.6	79.8	4.6	2.8	0.4	5.8
河　南	8.0	76.8	6.0	4.0	0.8	4.4
湖　北	5.9	75.2	7.1	4.9	0.9	6.1
湖　南	8.2	71.5	9.1	5.5	0.9	4.7
广　东	8.5	67.8	7.0	8.0	1.2	7.5
广　西	7.3	74.2	4.7	5.2	1.2	7.4
海　南	6.0	76.6	4.0	3.6	1.6	8.1
重　庆	5.6	74.5	6.0	6.8	0.9	6.2
四　川	6.0	77.5	4.8	4.8	0.8	6.1
贵　州	10.7	70.2	5.4	6.8	0.8	6.2
云　南	7.1	74.7	4.6	4.6	2.1	6.8
西　藏	8.7	74.6	2.9	2.3	0.6	11.0
陕　西	8.4	74.7	5.5	4.4	1.1	5.9
甘　肃	7.1	77.7	4.2	3.0	1.4	6.6
青　海	7.0	69.8	5.1	3.8	2.5	11.7
宁　夏	4.4	74.7	3.9	5.8	1.5	9.7
新　疆	5.7	77.2	3.1	2.3	1.2	10.5

在认为下列政策效果不明显或未享受下列政策的企业家中，对主要原因作出不同判断的企业家占比(%)											
2.高新技术企业所得税减免政策						3.企业研发活动专用仪器设备加速折旧政策					
不知道此政策	不具备享受该政策的资格	吸引力不足	办理手续繁琐	政府部门政策执行力度不够	其他原因	不知道此政策	不具备享受该政策的资格	吸引力不足	办理手续繁琐	政府部门政策执行力度不够	其他原因
3.9	84.9	1.9	1.5	0.3	7.5	5.5	82.0	3.5	1.2	0.2	7.6
3.9	72.1	4.0	3.7	0.8	15.5	8.8	63.3	11.7	4.5	0.5	11.2
3.5	81.3	2.4	1.5	0.6	10.6	6.8	75.9	5.2	2.5	0.4	9.2
4.2	81.0	3.7	3.2	0.4	7.6	7.8	70.4	10.5	4.1	0.4	6.9
5.0	80.5	4.6	3.0	0.6	6.3	8.8	72.0	9.3	3.8	0.4	5.7
5.4	79.8	2.9	2.8	0.7	8.5	9.3	74.6	5.9	3.2	0.5	6.4
6.0	76.7	4.1	2.9	0.4	10.0	9.5	70.1	8.1	2.9	0.3	9.1
2.5	78.1	3.7	3.0	0.3	12.3	5.7	67.5	11.8	3.5	0.2	11.3
3.5	80.0	3.5	2.9	0.3	9.7	6.7	71.3	9.6	3.0	0.3	9.2
6.0	76.7	4.7	3.2	0.5	8.8	10.9	70.7	8.2	3.2	0.3	6.7
5.9	81.7	2.5	1.9	0.7	7.4	11.5	73.0	5.3	2.7	0.4	7.0
5.3	79.4	2.2	2.0	0.7	10.5	9.2	76.0	3.7	2.5	0.6	8.0
5.7	75.5	4.6	3.3	0.3	10.6	9.3	66.7	10.2	3.6	0.3	10.0
6.8	77.9	2.6	2.7	0.6	9.4	11.0	72.0	5.4	2.6	0.5	8.4
5.8	78.1	4.5	2.2	0.2	9.2	8.6	75.2	6.0	2.0	0.2	8.0
3.3	82.8	2.7	2.9	0.4	7.9	5.9	71.9	10.8	3.7	0.3	7.4
3.9	80.1	4.3	3.1	0.4	8.2	6.9	70.0	11.3	4.5	0.4	6.9
2.0	86.6	2.7	2.4	0.3	6.0	4.3	74.4	10.9	3.5	0.3	6.6
3.4	83.5	3.6	2.3	0.4	6.8	6.5	74.3	9.3	3.4	0.3	6.3
5.5	84.0	2.9	3.0	0.4	4.2	8.1	77.8	6.5	3.5	0.3	3.9
5.3	77.7	5.3	4.0	0.9	6.7	8.7	68.5	11.9	4.8	0.6	5.5
4.5	83.8	2.9	2.1	0.2	6.5	7.9	77.3	6.6	2.3	0.2	5.8
6.1	81.2	4.1	2.6	0.7	5.3	9.8	74.4	7.3	3.5	0.4	4.7
3.9	80.7	4.7	3.4	0.7	6.6	7.4	72.7	9.3	4.0	0.5	6.3
5.9	77.4	6.5	3.8	0.7	5.8	10.9	68.0	11.3	4.3	0.5	5.0
5.8	75.0	4.8	4.7	0.7	9.0	11.5	62.5	12.8	5.7	0.6	7.0
5.7	78.6	3.3	3.5	0.9	8.0	9.6	73.1	6.1	4.1	0.4	6.8
4.9	80.8	2.4	3.5	0.6	7.8	6.2	76.4	4.9	2.3	1.2	9.0
4.1	76.7	3.5	4.4	0.7	10.6	8.1	72.9	7.6	4.5	0.4	6.6
4.6	81.6	3.0	2.6	0.5	7.9	8.5	75.5	6.3	3.3	0.4	5.8
9.3	77.4	3.0	2.8	0.3	7.3	13.0	71.9	5.6	3.3	0.7	5.6
5.5	80.3	2.3	2.5	1.2	8.2	10.1	74.9	5.3	2.9	0.9	5.9
6.9	77.6	2.3	1.1		12.1	11.3	72.7	2.1	2.1		11.9
6.1	80.0	2.9	2.5	0.8	7.8	10.0	74.6	6.6	2.7	0.6	5.6
5.6	82.0	2.8	1.6	0.8	7.1	9.6	77.1	3.6	2.2	0.9	6.7
6.1	77.2	3.2	2.0	1.2	10.4	8.8	72.0	5.6	3.2	0.3	10.1
3.4	83.3	2.3	2.9	0.8	7.2	8.2	76.1	6.0	2.8	0.7	6.2
4.9	80.8	2.1	1.1	0.5	10.5	7.4	77.5	3.6	1.5	0.6	9.4

10–2 续表 2

项　　目	4.技术转让、技术开发收入免征增值税和技术转让减免所得税优惠政策					
	不知道此政　　策	不具备享受该政策的资格	吸引力不足	办理手续繁　　琐	政府部门政策执行力度不够	其他原因
总　计	**6.8**	**80.9**	**3.8**	**2.0**	**0.3**	**6.3**
#国有及国有控股	6.1	79.3	3.4	1.9	0.4	8.9
一、按规模分						
大型企业	5.6	77.6	4.6	2.6	0.4	9.3
中型企业	5.7	81.8	3.3	1.8	0.3	7.1
小型企业	7.0	80.6	4.0	2.0	0.3	6.1
微型企业	7.6	83.0	3.0	1.4	0.3	4.6
二、按登记注册类型分						
内资企业	6.9	80.8	3.8	2.0	0.3	6.2
国有企业	6.8	79.1	3.5	1.4	0.5	8.7
集体企业	7.0	81.7	4.4	1.6	0.4	4.9
股份合作企业	5.8	83.9	4.0	3.1	0.4	2.7
联营企业	8.9	72.2	3.3	3.3	3.3	8.9
#国有联营企业	5.9	79.4		2.9		11.8
有限责任公司	6.4	80.3	3.3	1.8	0.4	7.9
#国有独资公司	6.7	78.6	3.8	1.7	0.5	8.7
股份有限公司	5.7	76.4	4.1	2.6	0.5	10.7
私营企业	7.1	81.1	3.9	2.0	0.3	5.5
其他企业	14.3	78.6	2.4	2.4	2.4	
港、澳、台商投资企业	5.5	80.7	4.1	2.3	0.5	7.0
合资经营企业	5.1	79.8	4.3	2.3	0.5	8.0
合作经营企业	7.1	78.0	3.2	2.4		9.4
港、澳、台商独资经营企业	5.6	81.3	3.9	2.3	0.5	6.4
港、澳、台商投资股份有限公司	5.0	78.1	6.4	1.5	0.3	8.7
其他港、澳、台投资企业	5.7	81.1	3.3	0.8		9.0
外商投资企业	4.7	82.1	3.9	1.8	0.2	7.2
中外合资经营企业	5.0	80.2	4.1	1.7	0.3	8.6
中外合作经营企业	3.4	87.8	2.7	0.7	0.7	4.7
外资企业	4.7	83.0	3.8	1.9	0.2	6.5
外商投资股份有限公司	3.2	77.5	6.0	2.0		11.2
其他外商投资企业	5.2	83.9	2.6	1.3	0.6	6.5
三、按行业分						
采矿业	7.2	81.9	3.7	2.3	0.4	4.5
制造业	7.2	79.0	4.7	2.4	0.3	6.3
电力、热力、燃气及水生产和供应业	6.3	82.4	2.7	1.5	0.4	6.8
建筑业	9.7	78.4	3.6	2.0	0.7	5.7
批发和零售业	5.6	86.4	2.1	1.0	0.2	4.8
交通运输、仓储和邮政业	4.9	85.4	1.9	0.6	0.4	6.8
信息传输、软件和信息技术服务业	5.9	75.5	3.9	3.3	0.3	11.1

在认为下列政策效果不明显或未享受下列政策的企业家中，对主要原因作出不同判断的企业家占比(%)											
5.科技创新进口税收政策						6.鼓励企业吸引和培养人才的相关政策					
不知道此政策	不具备享受该政策的资格	吸引力不足	办理手续繁琐	政府部门政策执行力度不够	其他原因	不知道此政策	不具备享受该政策的资格	吸引力不足	办理手续繁琐	政府部门政策执行力度不够	其他原因
6.9	**82.5**	**2.7**	**1.3**	**0.3**	**6.4**	**14.3**	**59.9**	**19.1**	**2.6**	**1.2**	**2.9**
5.8	81.9	2.2	0.9	0.2	8.9	13.0	57.6	21.2	1.8	1.6	4.7
6.2	80.1	3.1	1.3	0.3	9.1	13.4	49.8	27.5	3.2	2.1	4.0
6.3	83.1	2.2	1.1	0.3	7.1	14.7	57.6	20.4	2.6	1.5	3.2
7.0	82.3	2.8	1.3	0.3	6.3	14.3	60.3	18.9	2.6	1.2	2.7
7.7	83.9	2.4	1.1	0.3	4.7	13.7	66.0	14.6	2.0	0.9	2.7
6.8	82.6	2.7	1.3	0.3	6.4	14.4	59.9	19.1	2.5	1.2	2.8
5.9	81.9	2.4	0.9	0.2	8.7	13.1	57.8	21.0	1.6	1.4	5.1
6.1	83.6	3.5	1.2	0.3	5.3	13.5	62.9	17.8	1.6	0.8	3.3
4.0	86.7	2.7	1.5	0.4	4.7	8.6	70.0	16.4	2.3	1.5	1.3
4.4	81.1	3.3		2.2	8.9	13.9	57.0	21.5		3.8	3.8
	91.4				8.6	21.4	60.7	17.9			
6.4	82.3	2.1	1.0	0.2	8.0	14.8	57.5	20.2	2.3	1.5	3.7
6.2	81.5	2.4	1.0	0.3	8.6	12.8	58.0	21.3	1.7	1.7	4.5
6.1	79.0	3.0	1.1	0.3	10.6	14.1	50.0	26.7	2.8	2.3	4.1
7.0	82.8	2.8	1.3	0.3	5.8	14.3	60.9	18.5	2.6	1.1	2.5
11.5	76.9	5.8		1.9	3.8	20.0	57.5	15.0	2.5		5.0
7.8	80.4	3.4	1.7	0.4	6.3	13.8	58.3	19.7	3.6	1.6	3.0
7.4	80.3	3.4	1.7	0.4	6.8	13.0	58.4	20.5	3.7	1.6	2.8
11.6	79.8	0.8			7.8	13.9	63.4	15.8	2.0		5.0
8.0	80.8	3.2	1.8	0.3	5.9	14.0	58.7	19.1	3.5	1.5	3.1
7.5	76.9	6.1	0.8	1.1	7.5	14.2	48.7	28.4	4.7	2.2	1.7
6.1	76.3	5.3	0.8		11.5	19.8	49.5	21.8	3.0		5.9
7.8	81.5	3.2	1.2	0.3	6.1	13.6	60.3	18.6	2.5	1.3	3.6
7.9	80.5	3.3	0.9	0.2	7.3	14.8	57.5	20.4	1.9	1.7	3.7
7.2	85.6	3.3			3.9	14.1	56.3	27.3	1.6		0.8
7.8	82.1	3.1	1.4	0.3	5.4	13.1	61.9	17.5	2.8	1.1	3.7
6.6	77.6	4.8	0.7	0.4	9.9	12.7	52.2	28.7	0.6	1.9	3.8
8.5	82.4	1.2	0.6		7.3	13.7	55.6	18.5	6.5	1.6	4.0
5.8	86.1	2.2	1.2	0.1	4.6	11.1	63.1	20.5	2.3	0.8	2.2
7.5	80.9	3.3	1.6	0.3	6.4	13.7	58.4	21.2	2.9	1.3	2.5
5.8	84.9	1.9	0.6	0.3	6.4	12.6	63.4	17.2	1.4	1.0	4.4
8.8	80.7	2.5	1.3	0.4	6.3	15.9	55.8	20.7	2.9	1.6	3.2
5.9	86.6	1.8	0.8	0.2	4.7	14.3	65.7	14.3	1.9	0.9	2.9
5.0	85.9	1.7	0.5	0.3	6.5	12.2	66.1	15.3	1.4	1.0	4.0
5.6	80.5	1.7	0.7	0.2	11.3	20.4	49.7	20.6	3.6	2.0	3.8

10-2 续表 3

项　目	4.技术转让、技术开发收入免征增值税和技术转让减免所得税优惠政策					
	不知道此政　策	不具备享受该政策的资格	吸引力不足	办理手续繁　琐	政府部门政策执行力度不够	其他原因
租赁和商务服务业	4.9	85.1	1.8	0.8	0.3	7.1
科学研究和技术服务业	6.6	78.2	3.5	2.4	0.4	8.9
水利、环境和公共设施管理业	5.0	81.6	2.1	1.2	0.2	10.0
四、按地区分						
东部地区	6.6	81.0	3.8	2.0	0.3	6.3
中部地区	6.8	80.5	4.7	2.1	0.4	5.5
西部地区	7.2	81.5	2.7	1.8	0.4	6.4
东北地区	7.1	78.1	3.6	1.5	0.3	9.4
北　京	4.2	79.9	3.4	2.6	0.2	9.8
天　津	5.4	80.5	3.7	1.5	0.1	8.8
河　北	8.5	78.4	3.5	1.9	0.2	7.4
山　西	8.4	81.0	2.3	1.1	0.4	6.8
内蒙古	6.5	83.2	1.4	1.2	0.6	7.1
辽　宁	6.6	77.4	4.3	1.5	0.3	10.0
吉　林	8.5	78.4	2.2	1.3	0.3	9.3
黑龙江	7.2	79.3	3.1	1.7	0.2	8.5
上　海	5.8	81.1	3.8	2.2	0.2	6.8
江　苏	6.0	80.5	4.7	2.1	0.3	6.4
浙　江	4.1	86.5	2.9	1.0	0.2	5.2
安　徽	4.5	84.1	3.8	1.5	0.2	5.9
福　建	7.1	84.3	2.8	2.0	0.3	3.5
江　西	7.3	78.6	5.5	2.9	0.5	5.3
山　东	6.3	82.8	3.2	1.3	0.2	6.1
河　南	7.9	80.4	4.3	2.1	0.4	4.9
湖　北	5.9	80.9	4.5	2.2	0.5	6.0
湖　南	8.2	77.2	6.6	2.7	0.4	4.9
广　东	9.7	75.8	4.4	2.7	0.5	6.9
广　西	7.3	80.1	3.1	2.4	0.3	6.8
海　南	6.0	81.0	2.1	1.6	0.5	8.8
重　庆	6.7	81.9	3.0	2.1	0.2	6.0
四　川	6.5	82.6	2.7	1.8	0.3	6.0
贵　州	10.7	78.0	3.2	1.8	0.3	6.1
云　南	7.3	81.5	2.6	2.0	0.7	5.9
西　藏	10.0	77.9	0.5	1.1	0.5	10.0
陕　西	7.6	81.6	2.7	1.8	0.4	5.9
甘　肃	6.8	82.6	2.8	1.6	0.4	5.8
青　海	7.4	78.3	4.4	1.5	0.5	7.9
宁　夏	6.5	82.7	2.6	1.6	0.2	6.4
新　疆	5.9	81.3	2.0	0.9	0.4	9.6

在认为下列政策效果不明显或未享受下列政策的企业家中，对主要原因作出不同判断的企业家占比(%)											
5.科技创新进口税收政策						6.鼓励企业吸引和培养人才的相关政策					
不知道此政策	不具备享受该政策的资格	吸引力不足	办理手续繁琐	政府部门政策执行力度不够	其他原因	不知道此政策	不具备享受该政策的资格	吸引力不足	办理手续繁琐	政府部门政策执行力度不够	其他原因
4.9	85.8	1.6	0.6	0.2	7.0	14.3	63.5	14.8	2.1	1.1	4.2
6.1	80.9	2.0	1.0	0.2	9.8	17.9	51.1	22.3	3.2	1.6	3.8
4.9	82.8	2.0	0.8	0.2	9.4	14.2	59.2	17.3	2.1	2.2	5.1
7.1	82.1	2.8	1.3	0.2	6.5	14.3	60.7	18.2	2.7	1.2	2.9
6.2	83.3	3.2	1.4	0.3	5.7	13.5	58.3	22.1	2.3	1.3	2.4
6.9	83.4	1.7	1.1	0.3	6.6	15.4	58.4	19.5	2.4	1.5	2.9
7.1	79.6	2.9	1.2	0.2	9.0	14.4	59.1	19.3	1.8	1.1	4.2
5.3	81.4	2.2	0.9	0.1	10.2	18.0	56.7	17.2	2.9	1.3	3.9
6.0	81.2	2.7	0.9	0.1	9.1	13.9	59.6	19.3	2.0	0.7	4.6
8.1	79.9	2.6	1.3	0.2	7.9	16.6	57.5	20.1	2.0	0.5	3.3
8.0	83.1	1.6	0.7	0.3	6.4	16.6	55.6	21.9	1.7	1.4	2.8
7.2	82.9	1.3	0.5	0.3	7.8	17.5	57.6	18.1	1.6	1.9	3.3
6.7	78.8	3.5	1.3	0.3	9.5	14.1	57.7	20.0	2.1	1.5	4.6
8.5	80.2	1.7	1.0	0.3	8.3	17.4	59.7	17.2	1.4	0.9	3.5
6.8	80.7	2.7	1.0	0.2	8.5	12.6	61.7	19.7	1.6	0.7	3.8
7.1	82.2	2.6	1.2	0.3	6.7	17.3	57.6	16.6	3.9	1.3	3.2
6.7	81.5	3.7	1.5	0.3	6.4	11.6	64.0	18.3	2.4	0.9	2.9
4.5	87.0	2.3	0.8	0.2	5.2	8.6	69.1	17.4	1.5	1.0	2.4
4.7	85.6	2.6	0.8	0.2	6.1	10.4	62.1	21.9	1.9	0.9	2.8
7.1	85.7	2.0	1.5	0.2	3.5	12.1	67.3	14.9	2.7	1.2	1.9
6.8	81.4	3.5	1.7	0.4	6.2	14.4	56.3	22.3	2.8	1.7	2.6
6.2	83.8	2.6	0.9	0.2	6.4	11.4	65.8	17.6	1.7	0.6	2.8
7.1	82.7	3.1	1.6	0.3	5.1	14.7	60.0	20.0	2.2	1.0	2.1
5.3	84.2	3.0	1.4	0.3	6.0	13.0	57.0	23.5	2.5	1.6	2.4
6.8	81.8	4.3	1.7	0.3	5.1	14.6	55.7	23.4	2.6	1.4	2.3
10.2	77.7	3.0	1.8	0.3	6.9	20.5	50.3	20.0	4.2	1.9	3.1
7.8	81.4	2.2	1.4	0.4	6.8	18.0	55.8	19.0	2.7	1.6	2.9
5.9	81.3	1.6	1.8	0.6	8.8	8.8	52.7	27.8	4.1	2.4	4.3
6.3	83.9	1.8	1.3	0.3	6.5	14.5	60.7	17.9	3.0	1.0	2.9
6.1	84.6	1.7	1.1	0.3	6.2	13.6	62.1	17.9	2.5	1.4	2.5
9.9	79.7	2.1	1.2	0.3	6.8	18.4	54.6	20.4	2.2	1.4	2.9
7.1	83.5	1.6	1.1	0.5	6.2	15.6	59.3	18.3	2.0	2.1	2.7
8.9	79.0	0.5	1.4		10.3	15.1	47.8	24.5	4.4	1.3	6.9
7.1	83.7	1.7	1.2	0.4	5.7	16.9	54.6	21.8	2.6	1.7	2.5
5.8	84.3	1.6	1.0	0.4	6.8	13.8	55.7	23.3	2.8	1.4	3.1
8.3	79.7	2.5	1.2	0.2	8.1	14.5	51.4	28.0	1.2	1.7	3.2
4.7	85.8	2.2	0.3	0.2	6.8	13.8	55.4	26.0	1.0	1.5	2.2
5.6	82.6	1.3	0.5	0.3	9.7	13.7	57.9	19.9	1.9	1.5	5.2

10-2 续表 4

项　目	7.金融支持相关政策					
	不知道此政　策	不具备享受该政策的资格	吸引力不足	办理手续繁　琐	政府部门政策执行力度不够	其他原因
总　计	**12.9**	**59.2**	**11.5**	**9.0**	**2.1**	**5.2**
#国有及国有控股	11.9	64.8	9.1	4.5	1.6	8.2
一、按规模分						
大型企业	12.2	56.8	12.9	6.5	2.2	9.5
中型企业	12.6	59.3	11.6	7.9	2.2	6.4
小型企业	13.0	58.7	11.7	9.6	2.2	4.8
微型企业	13.4	64.2	9.0	8.3	1.4	3.7
二、按登记注册类型分						
内资企业	13.1	59.1	11.3	9.4	2.2	4.9
国有企业	11.9	65.4	9.0	4.1	1.9	7.7
集体企业	8.1	69.4	9.1	6.0	2.1	5.4
股份合作企业	7.9	69.6	10.0	6.8	2.6	3.2
联营企业	4.8	65.1	13.3	9.6	3.6	3.6
#国有联营企业	6.5	80.6	3.2	6.5		3.2
有限责任公司	13.0	60.6	10.1	7.5	2.0	6.8
#国有独资公司	12.3	65.2	8.7	4.0	1.8	8.0
股份有限公司	12.7	52.5	14.4	9.0	3.5	7.9
私营企业	13.2	58.8	11.6	10.0	2.2	4.2
其他企业	17.9	59.0	10.3	5.1	2.6	5.1
港、澳、台商投资企业	11.5	59.0	13.3	7.4	1.7	7.2
合资经营企业	11.8	59.1	13.3	7.6	1.8	6.5
合作经营企业	9.9	58.6	12.6	9.9	1.8	7.2
港、澳、台商独资经营企业	11.3	59.1	13.1	7.4	1.6	7.4
港、澳、台商投资股份有限公司	12.0	57.5	16.2	5.4	2.7	6.2
其他港、澳、台投资企业	15.3	51.4	13.5	7.2	0.9	11.7
外商投资企业	11.7	60.1	13.0	5.1	1.1	9.0
中外合资经营企业	12.5	59.2	13.1	5.6	1.7	7.9
中外合作经营企业	9.7	64.9	11.2	6.0	2.2	6.0
外资企业	11.3	60.7	13.0	4.8	0.8	9.4
外商投资股份有限公司	16.8	51.8	12.7	5.1	2.0	11.7
其他外商投资企业	12.0	56.0	12.0	6.0	3.3	10.7
三、按行业分						
采矿业	11.8	65.9	8.8	8.6	1.7	3.2
制造业	12.6	56.7	13.2	10.2	2.3	5.0
电力、热力、燃气及水生产和供应业	11.4	68.8	7.8	4.7	1.9	5.3
建筑业	15.6	57.9	9.8	9.9	2.6	4.3
批发和零售业	13.0	65.0	8.9	7.6	1.7	3.9
交通运输、仓储和邮政业	10.9	66.6	8.7	6.3	1.9	5.6
信息传输、软件和信息技术服务业	15.3	51.2	12.3	8.3	2.1	10.6

在认为下列政策效果不明显或未享受下列政策的企业家中，对主要原因作出不同判断的企业家占比(%)											
8.创造和保护知识产权的相关政策						9.优先发展产业的支持政策					
不知道此政策	不具备享受该政策的资格	吸引力不足	办理手续繁琐	政府部门政策执行力度不够	其他原因	不知道此政策	不具备享受该政策的资格	吸引力不足	办理手续繁琐	政府部门政策执行力度不够	其他原因
12.7	**72.6**	**7.6**	**3.2**	**1.0**	**3.0**	**17.8**	**70.4**	**6.5**	**1.8**	**1.1**	**2.3**
10.1	73.6	7.8	2.2	1.1	5.3	14.1	73.2	5.8	1.2	1.3	4.3
12.0	67.3	11.5	3.1	1.5	4.6	16.5	69.7	7.0	1.6	1.6	3.6
11.6	73.6	7.3	2.8	1.1	3.7	16.9	71.6	6.0	1.5	1.2	2.8
13.1	71.9	7.8	3.4	1.0	2.7	18.4	69.6	6.8	2.0	1.1	2.1
11.5	77.5	5.4	2.0	0.5	3.1	15.9	73.5	5.8	1.5	0.9	2.3
12.7	72.7	7.6	3.2	1.0	2.9	17.8	70.3	6.6	1.9	1.1	2.3
9.7	74.3	7.3	2.0	1.0	5.7	13.1	73.7	5.7	1.2	1.4	4.9
8.6	79.0	5.6	2.3	1.0	3.7	11.3	74.7	8.4	2.1	1.0	2.5
9.3	78.9	7.4	1.6	1.4	1.4	11.6	77.6	6.7	1.5	1.3	1.3
6.9	70.8	12.5		4.2	5.6	8.3	73.8	8.3	1.2	6.0	2.4
7.4	77.8	7.4			7.4	6.9	82.8	3.4	3.4	3.4	
12.2	72.7	7.3	2.7	1.0	4.1	17.5	70.6	5.9	1.4	1.3	3.3
9.8	73.9	8.1	1.9	1.1	5.2	14.0	72.7	6.7	1.1	1.4	4.1
14.2	63.8	11.8	3.8	2.2	4.2	19.1	65.0	8.8	1.7	2.1	3.3
12.9	72.9	7.5	3.3	0.9	2.5	18.0	70.3	6.7	2.0	1.0	2.0
12.8	71.8	7.7	2.6	2.6	2.6	26.8	68.3	2.4			2.4
12.5	70.0	8.9	3.6	1.4	3.5	17.9	70.0	6.6	1.8	1.1	2.6
12.4	69.9	10.1	3.7	1.4	2.5	17.3	70.1	7.2	1.5	1.6	2.4
17.0	61.7	8.5	4.3	1.1	7.4	20.5	65.2	9.8			4.5
12.5	70.6	8.2	3.7	1.3	3.7	18.0	70.4	6.2	2.0	0.9	2.5
12.1	62.4	15.8	1.2	5.5	3.0	17.4	65.5	11.1	1.3	2.6	2.1
13.3	65.3	8.2	4.1	2.0	7.1	24.1	60.7	6.3	1.8		7.1
12.0	72.7	8.0	2.5	1.0	3.7	17.6	72.0	5.6	1.2	0.9	2.7
13.7	69.4	9.3	2.5	1.5	3.5	19.0	69.6	6.5	1.2	1.2	2.5
10.7	78.5	5.8	3.3	0.8	0.8	12.7	78.6	6.3		0.8	1.6
11.4	74.1	7.4	2.5	0.7	3.8	17.2	73.2	5.1	1.2	0.6	2.8
15.3	60.4	13.9	3.5	2.8	4.2	18.7	64.7	8.0	2.7	2.7	3.2
7.3	79.8	6.5		0.8	5.6	15.3	71.0	5.3	0.8	3.1	4.6
9.7	78.4	7.1	1.7	0.7	2.4	12.2	77.2	6.0	1.7	0.9	2.0
14.1	68.4	9.9	4.2	1.2	2.2	19.2	67.6	7.9	2.3	1.2	1.7
8.9	79.2	5.1	1.8	0.6	4.4	11.8	78.0	4.4	1.2	1.2	3.5
12.7	72.4	7.2	3.2	0.9	3.7	17.0	70.0	6.6	2.1	1.4	2.9
9.7	80.8	3.9	1.6	0.5	3.5	14.1	77.0	4.2	1.1	0.8	2.8
8.2	81.5	3.9	1.1	0.5	4.8	12.2	77.1	4.8	0.8	1.1	4.0
20.0	59.1	10.7	3.9	1.6	4.5	27.7	59.5	6.6	1.4	1.5	3.4

10-2 续表 5

项目	7.金融支持相关政策					
	不知道此政策	不具备享受该政策的资格	吸引力不足	办理手续繁琐	政府部门政策执行力度不够	其他原因
租赁和商务服务业	12.2	65.7	7.9	5.8	1.6	6.8
科学研究和技术服务业	14.3	55.2	11.4	7.8	1.9	9.5
水利、环境和公共设施管理业	11.5	61.0	8.9	8.6	2.7	7.3
四、按地区分						
东部地区	13.1	59.8	11.7	8.0	1.9	5.4
中部地区	12.2	57.0	12.3	11.6	2.5	4.5
西部地区	12.9	58.9	9.7	10.8	2.7	5.0
东北地区	13.5	59.2	10.7	7.9	1.6	7.1
北京	13.1	58.7	10.1	8.2	1.6	8.3
天津	12.4	59.8	12.1	6.6	1.5	7.6
河北	14.3	58.3	10.8	9.4	1.5	5.7
山西	15.6	60.2	8.2	8.9	2.2	4.8
内蒙古	13.0	61.1	8.0	8.4	3.1	6.4
辽宁	13.7	58.1	11.3	7.2	1.6	8.1
吉林	15.1	58.5	9.9	8.6	1.6	6.4
黑龙江	11.8	62.2	10.0	8.9	1.6	5.5
上海	14.8	58.8	11.9	6.5	1.7	6.2
江苏	11.4	61.4	12.8	7.4	1.7	5.4
浙江	9.4	67.8	11.5	4.9	1.9	4.6
安徽	10.5	59.0	12.5	10.8	2.4	4.8
福建	11.8	66.2	9.0	7.8	1.9	3.3
江西	13.5	53.5	12.9	12.8	2.9	4.4
山东	11.5	65.6	9.6	7.0	1.5	4.9
河南	12.3	60.9	10.7	9.9	2.2	4.0
湖北	10.2	54.4	13.4	14.2	2.9	4.8
湖南	13.5	53.6	13.9	12.2	2.4	4.3
广东	17.4	49.6	13.3	11.6	2.6	5.5
广西	13.8	55.5	10.6	12.2	2.9	5.0
海南	12.9	59.8	10.2	8.1	3.2	5.7
重庆	11.1	59.9	11.2	10.2	2.5	5.2
四川	11.8	60.7	9.9	10.7	2.0	4.9
贵州	17.2	54.0	8.5	13.4	2.4	4.6
云南	12.8	58.2	8.9	10.6	4.3	5.2
西藏	14.9	54.8	7.1	13.7	2.4	7.1
陕西	14.4	56.6	10.0	11.8	3.1	4.2
甘肃	13.2	61.4	7.8	10.0	3.9	3.8
青海	8.8	59.8	10.0	11.1	3.5	6.7
宁夏	11.0	63.1	9.6	9.5	2.3	4.6
新疆	12.2	62.8	8.4	8.1	2.1	6.4

在认为下列政策效果不明显或未享受下列政策的企业家中，对主要原因作出不同判断的企业家占比(%)											
8.创造和保护知识产权的相关政策						9.优先发展产业的支持政策					
不知道此政　策	不具备享受该政策的资格	吸引力不足	办理手续繁　琐	政府部门政策执行力度不够	其他原因	不知道此政　策	不具备享受该政策的资格	吸引力不足	办理手续繁　琐	政府部门政策执行力度不够	其他原因
10.0	78.9	4.2	1.7	0.4	4.9	14.8	74.9	4.3	0.9	0.9	4.2
17.0	64.7	9.8	3.1	1.5	3.9	24.0	64.3	6.0	1.6	1.2	2.8
9.8	75.0	5.3	3.3	0.6	6.1	15.3	71.0	6.3	1.4	1.7	4.2
13.1	71.9	7.8	3.2	1.0	2.9	18.5	70.4	6.2	1.7	1.0	2.3
11.7	73.4	8.1	3.2	0.9	2.6	16.1	70.0	8.3	2.2	1.3	2.1
11.9	74.7	6.3	2.9	0.9	3.3	16.8	71.0	6.2	2.0	1.5	2.6
12.9	72.4	6.8	2.4	0.8	4.8	18.9	69.0	6.3	1.2	0.9	3.7
14.2	68.5	8.2	3.2	1.3	4.6	20.9	68.3	5.3	1.1	0.8	3.6
11.6	73.4	7.4	2.1	0.7	4.9	18.3	70.8	5.3	1.3	0.7	3.6
14.1	73.0	6.8	2.4	0.4	3.3	18.5	69.6	6.6	1.7	0.7	2.9
14.0	74.6	4.9	2.0	1.1	3.4	18.8	70.8	5.4	1.3	1.2	2.5
11.0	77.2	4.3	1.7	1.0	4.8	16.0	74.4	4.3	0.9	1.0	3.4
12.8	71.0	7.7	2.9	0.8	4.9	19.8	67.9	6.2	1.2	0.9	4.0
15.5	72.4	5.2	1.8	0.7	4.3	19.9	69.1	5.6	1.0	0.8	3.6
11.0	75.2	6.2	1.9	0.6	5.1	16.1	71.4	7.1	1.2	0.9	3.2
14.3	69.6	8.0	3.1	1.3	3.7	20.6	69.0	5.5	1.4	0.9	2.7
11.2	73.7	8.5	3.1	0.8	2.8	16.0	72.0	7.1	1.8	0.9	2.2
9.5	78.5	6.8	2.2	0.9	2.1	13.2	77.8	5.6	1.1	0.8	1.6
9.7	76.0	8.5	2.4	0.7	2.7	14.1	73.3	7.6	1.9	1.1	2.0
11.9	77.0	5.5	2.9	0.8	1.8	15.2	75.1	5.1	2.2	1.0	1.4
12.8	70.6	9.0	4.0	1.1	2.5	17.0	68.2	8.4	2.5	1.7	2.2
10.3	78.4	5.9	2.0	0.4	3.0	14.2	76.1	5.4	1.3	0.6	2.4
12.3	74.3	7.4	2.7	0.9	2.5	16.1	71.0	7.5	2.2	1.0	2.3
10.4	74.1	8.0	3.8	1.0	2.8	15.5	69.8	8.7	2.5	1.4	2.0
13.1	70.3	9.4	4.2	0.9	2.1	17.1	66.4	10.6	2.5	1.4	1.9
18.7	61.3	10.0	5.2	1.6	3.2	25.9	60.8	7.0	2.5	1.4	2.4
13.5	72.4	6.0	3.3	1.1	3.5	18.6	68.0	6.2	2.4	1.9	2.8
9.7	75.7	4.9	3.6	1.4	4.7	16.7	68.4	6.6	2.0	2.8	3.6
12.1	73.6	7.1	3.5	0.6	3.0	17.3	71.4	6.0	2.2	0.9	2.2
11.0	75.9	6.6	3.0	0.8	2.7	15.7	72.5	6.2	2.2	1.2	2.1
15.2	70.3	7.4	2.8	0.8	3.5	19.7	65.9	7.4	2.3	1.5	3.2
11.4	74.5	6.2	3.5	1.5	3.0	16.8	70.3	6.4	1.5	2.8	2.3
9.7	78.9	2.3	1.7		7.4	20.9	65.2	5.1	0.6	1.3	7.0
12.8	74.3	6.4	3.0	0.9	2.6	18.3	69.3	6.5	2.2	1.7	2.0
11.3	75.9	5.8	2.6	1.1	3.3	14.4	73.0	6.2	1.7	1.8	2.8
9.6	77.0	6.9	1.8	0.3	4.5	13.5	72.9	6.5	2.2	1.2	3.7
9.1	77.5	5.7	2.9	1.1	3.6	14.9	73.7	5.3	2.1	1.3	2.7
9.6	78.0	4.3	1.1	0.6	6.5	13.2	74.4	5.1	0.9	1.3	5.0

10−2 续表 6

项　　目	10.促进科技成果转化相关政策					
	不知道此政　　策	不具备享受该政策的资格	吸引力不足	办理手续繁　　琐	政府部门政策执行力度不够	其他原因
总　计	**13.9**	**74.2**	**6.2**	**2.2**	**0.6**	**2.8**
#国有及国有控股	11.0	74.9	6.4	1.8	0.7	5.1
一、按规模分						
大型企业	13.1	70.5	8.2	2.9	1.0	4.3
中型企业	12.8	75.5	5.7	2.0	0.7	3.3
小型企业	14.5	73.6	6.4	2.4	0.6	2.6
微型企业	12.5	78.1	4.6	1.4	0.4	2.9
二、按登记注册类型分						
内资企业	13.9	74.3	6.2	2.3	0.6	2.8
国有企业	10.3	75.7	6.1	1.6	0.7	5.7
集体企业	9.1	77.4	6.1	3.0	0.7	3.7
股份合作企业	10.6	78.6	7.2	1.8	0.3	1.5
联营企业	8.6	71.6	9.9	2.5	3.7	3.7
#国有联营企业	6.5	77.4	12.9			3.2
有限责任公司	13.4	74.0	6.0	2.0	0.6	4.0
#国有独资公司	10.9	75.0	6.5	1.7	0.7	5.2
股份有限公司	14.1	67.9	9.5	3.4	1.2	3.8
私营企业	14.1	74.5	6.1	2.3	0.6	2.4
其他企业	23.3	65.1	9.3			2.3
港、澳、台商投资企业	14.2	72.7	6.7	2.7	0.8	2.9
合资经营企业	13.4	72.4	8.0	2.7	1.1	2.6
合作经营企业	16.0	71.7	5.7		0.9	5.7
港、澳、台商独资经营企业	14.4	73.2	6.0	2.8	0.7	2.9
港、澳、台商投资股份有限公司	15.0	65.4	12.6	2.3	1.4	3.3
其他港、澳、台投资企业	18.3	66.1	7.3			8.3
外商投资企业	14.3	74.3	6.1	1.6	0.5	3.2
中外合资经营企业	14.8	72.5	7.5	1.5	0.8	3.0
中外合作经营企业	11.6	78.5	6.6	1.7		1.7
外资企业	14.2	75.1	5.5	1.7	0.3	3.3
外商投资股份有限公司	14.5	67.6	8.4	2.8	3.4	3.4
其他外商投资企业	11.2	76.9	5.2	1.5	0.7	4.5
三、按行业分						
采矿业	10.8	78.7	6.2	1.7	0.5	2.1
制造业	15.7	70.5	8.0	3.0	0.8	2.0
电力、热力、燃气及水生产和供应业	10.1	79.0	4.8	1.4	0.5	4.2
建筑业	14.4	73.0	6.1	2.4	0.8	3.4
批发和零售业	10.3	82.0	3.1	1.0	0.3	3.3
交通运输、仓储和邮政业	9.0	81.8	3.1	0.8	0.4	4.9
信息传输、软件和信息技术服务业	19.9	64.5	7.6	3.2	0.8	3.9

在认为下列政策效果不明显或未享受下列政策的企业家中，对主要原因作出不同判断的企业家占比(%)					
11.关于推进大众创业万众创新的各项政策					
不知道此政　策	不具备享受该政策的资格	吸引力不足	办理手续繁　琐	政府部门政策执行力度不够	其他原因
19.6	**66.3**	**8.8**	**1.9**	**0.8**	**2.6**
15.0	70.3	8.1	1.1	0.8	4.6
17.1	66.9	9.5	1.3	1.0	4.2
18.7	67.7	8.3	1.5	0.8	3.0
20.3	65.5	9.0	2.0	0.8	2.3
17.8	69.4	7.8	1.7	0.7	2.6
19.6	66.2	8.9	1.9	0.8	2.5
14.0	70.4	8.3	1.2	0.9	5.2
13.8	71.3	9.4	0.8	1.6	3.1
15.0	73.1	8.2	1.5	0.7	1.5
13.3	73.5	8.4	1.2	1.2	2.4
12.5	75.0	12.5			
18.9	67.1	8.2	1.4	0.9	3.5
14.3	70.8	8.6	1.2	0.8	4.4
19.0	63.5	10.9	1.7	1.1	3.7
20.0	66.0	9.1	2.1	0.8	2.2
22.7	52.3	22.7			2.3
19.6	66.2	8.5	1.8	1.1	2.8
18.6	66.7	9.0	1.8	1.5	2.5
21.6	65.5	8.6	0.9		3.4
19.9	66.3	8.2	1.9	0.9	2.8
19.6	63.0	12.1	1.1	0.7	3.6
23.3	62.1	7.8		0.9	6.0
19.7	68.0	7.5	1.2	0.6	3.1
21.2	65.5	8.4	1.2	0.8	2.8
11.8	74.3	10.4		2.1	1.4
19.1	69.1	6.9	1.2	0.4	3.3
19.2	64.3	10.7	1.3	2.2	2.2
19.1	69.1	6.6	1.5	0.7	2.9
14.1	71.2	9.7	1.7	1.0	2.2
20.9	64.1	9.9	2.2	0.8	2.0
12.3	76.0	6.6	1.0	0.5	3.7
18.7	65.4	9.5	2.1	1.1	3.2
16.2	72.1	6.7	1.3	0.7	2.9
15.1	72.3	6.6	1.0	0.8	4.2
27.3	57.6	9.2	1.3	1.0	3.5

10-2 续表 7

项　　目	10.促进科技成果转化相关政策					
	不知道此政　　策	不具备享受该政策的 资 格	吸引力不足	办理手续繁　　琐	政府部门政策执行力度不够	其他原因
租赁和商务服务业	10.1	80.8	2.9	0.7	0.5	5.0
科学研究和技术服务业	17.8	68.0	7.0	2.6	0.9	3.7
水利、环境和公共设施管理业	10.7	75.9	4.7	2.1	0.6	6.0
四、按地区分						
东部地区	14.6	73.7	6.1	2.3	0.6	2.7
中部地区	12.5	74.6	7.4	2.3	0.7	2.5
西部地区	12.6	76.2	5.3	2.0	0.7	3.1
东北地区	13.9	73.2	5.8	1.7	0.5	4.8
北　京	14.7	71.6	6.1	2.4	0.6	4.6
天　津	13.3	74.4	6.1	1.6	0.3	4.4
河　北	15.0	73.1	6.2	2.1	0.3	3.3
山　西	14.9	74.7	5.3	1.4	0.6	3.1
内蒙古	13.1	76.5	4.1	1.2	0.9	4.2
辽　宁	14.5	71.4	6.6	1.9	0.6	5.0
吉　林	15.5	73.9	4.2	1.6	0.5	4.4
黑龙江	11.6	76.2	5.5	1.5	0.4	4.8
上　海	13.9	73.6	5.6	2.9	0.6	3.5
江　苏	12.6	75.4	6.9	2.2	0.5	2.5
浙　江	10.6	80.4	5.3	1.3	0.4	2.0
安　徽	10.2	78.1	6.7	1.9	0.6	2.5
福　建	11.9	78.7	4.7	2.4	0.5	1.8
江　西	14.2	71.9	8.0	2.6	0.8	2.6
山　东	11.7	78.4	5.2	1.4	0.3	2.9
河　南	13.0	75.0	6.7	2.3	0.6	2.5
湖　北	11.4	75.2	7.8	2.4	0.7	2.4
湖　南	13.6	71.5	9.2	2.8	0.8	2.1
广　东	21.6	64.3	7.0	3.4	1.0	2.8
广　西	13.4	74.7	5.4	2.6	0.5	3.3
海　南	10.8	76.1	4.8	2.4	0.9	5.0
重　庆	13.0	75.5	6.1	2.3	0.4	2.7
四　川	11.5	78.0	5.2	2.1	0.6	2.7
贵　州	15.9	71.6	6.5	1.9	0.7	3.3
云　南	13.0	75.1	5.0	2.4	1.3	3.2
西　藏	12.6	73.8	4.4	1.1		8.2
陕　西	13.5	76.3	4.7	2.1	0.8	2.5
甘　肃	10.9	77.2	6.3	1.5	1.2	2.8
青　海	11.2	74.4	7.0	1.7	1.1	4.5
宁　夏	10.3	78.5	5.9	1.5	1.0	2.8
新　疆	9.9	78.9	3.9	0.7	0.6	6.0

在认为下列政策效果不明显或未享受下列政策的企业家中，对主要原因作出不同判断的企业家占比(%)					
11.关于推进大众创业万众创新的各项政策					
不知道此政　策	不具备享受该政策的资格	吸引力不足	办理手续繁　琐	政府部门政策执行力度不够	其他原因
16.7	71.0	6.3	1.1	0.6	4.2
25.1	59.9	9.0	1.7	1.0	3.4
17.0	69.0	6.8	1.5	0.6	5.0
20.5	66.0	8.4	1.8	0.7	2.5
17.6	66.0	11.0	2.2	0.9	2.3
18.1	68.3	8.1	1.8	1.0	2.7
19.5	65.8	8.5	1.4	0.6	4.1
21.8	63.5	8.5	1.3	0.6	4.1
18.6	66.4	8.8	1.4	0.4	4.4
21.2	65.0	9.0	1.5	0.5	2.9
18.9	67.0	9.1	1.2	1.1	2.7
18.2	68.9	7.0	1.0	1.2	3.8
20.9	63.2	9.2	1.5	0.7	4.6
19.6	67.8	7.0	1.8	0.4	3.5
16.4	70.1	8.3	1.2	0.3	3.7
23.0	63.3	8.3	1.5	0.7	3.2
18.1	67.5	9.3	1.9	0.7	2.4
15.4	74.2	7.1	1.1	0.5	1.8
16.1	68.3	10.6	1.8	0.7	2.5
16.4	73.1	6.4	1.9	0.6	1.6
18.8	64.4	10.9	2.5	1.2	2.2
15.8	72.2	7.7	1.3	0.5	2.5
17.2	66.8	10.5	2.2	1.0	2.2
16.7	65.8	11.8	2.4	1.0	2.4
19.3	63.1	11.9	2.7	0.9	2.1
28.1	55.9	9.5	2.6	1.2	2.7
20.3	65.5	8.5	1.7	1.2	2.8
18.3	64.7	9.2	1.8	1.8	4.3
18.2	69.1	7.5	2.3	0.6	2.3
17.4	70.0	7.8	1.8	0.8	2.3
20.1	64.3	9.7	2.0	1.1	2.8
17.7	67.5	7.9	2.2	1.9	2.8
20.5	64.8	6.3	1.7	0.6	6.3
19.5	66.6	8.3	2.1	1.2	2.4
15.8	70.3	9.0	1.2	1.2	2.4
15.6	69.4	8.6	1.9	0.5	4.0
15.0	70.6	9.7	1.9	1.0	1.9
14.5	71.0	8.0	1.1	0.5	4.9

十一、规模以下企业创新及相关情况（2020 年）

11−1 规模以下企业

项目	调查企业数（个）	#开展创新活动企业	#实现创新企业	#实现产品或工艺创新企业	#实现产品创新企业	#实现工艺创新企业	#实现组织或营销创新企业
总　计	**87613**	**13956**	**13155**	**6298**	**4055**	**3408**	**8162**
一、按行业分							
采矿业	3269	366	352	136	43	101	231
制造业	37218	6236	5934	3114	1863	1869	3437
电力、热力、燃气及水生产和供应业	4434	456	430	190	72	134	266
交通运输、仓储和邮政业	12696	1316	1230	324	239	117	986
信息传输、软件和信息技术服务业	8261	2086	1961	1065	857	403	1134
租赁和商务服务业	9012	1043	968	290	229	100	758
科学研究和技术服务业	6550	1520	1408	809	550	448	769
水利、环境和公共设施管理业	6173	933	872	370	202	236	581
二、按地区分							
东部地区	40767	6966	6524	3355	2185	1827	3845
中部地区	17868	3063	2935	1152	698	647	1989
西部地区	23870	3406	3198	1507	981	796	2060
东北地区	5108	521	498	284	191	138	268
北　京	2414	441	395	277	193	140	168
天　津	2538	409	375	246	157	127	175
河　北	3474	428	402	196	112	115	239
山　西	2422	373	342	151	93	79	213
内蒙古	2453	375	348	144	111	56	237
辽　宁	1894	157	143	99	65	51	57
吉　林	1587	162	155	76	51	32	93
黑龙江	1627	202	200	109	75	55	118
上　海	2982	378	349	226	154	119	163
江　苏	6272	1099	1036	522	324	326	620
浙　江	6859	1165	1092	574	368	291	612
安　徽	3310	510	481	262	149	162	272
福　建	3048	590	558	222	141	121	379
江　西	2198	190	182	86	46	53	112
山　东	5004	893	861	311	204	169	621
河　南	4279	1095	1068	279	171	154	832
湖　北	2513	335	318	160	110	82	199
湖　南	3146	560	544	214	129	117	361
广　东	7054	1364	1277	687	466	374	762
广　西	2154	298	276	128	86	71	179
海　南	1122	199	179	94	66	45	106
重　庆	2778	365	344	148	76	96	227
四　川	2657	503	470	236	139	133	285
贵　州	2000	304	284	111	67	63	203
云　南	2297	368	342	190	134	104	206
西　藏	2129	124	113	59	35	32	70
陕　西	1815	347	334	152	103	72	216
甘　肃	1741	220	213	112	79	48	129
青　海	1319	105	103	49	29	28	64
宁　夏	1218	224	213	110	72	61	136
新　疆	1309	173	158	68	50	32	108

创新活动基本情况

		在调查企业中占比(%)							
#实现组织创新企业	#实现营销创新企业	#开展创新活动企业	#实现创新企业	#实现产品或工艺创新企业	#实现产品创新企业	#实现工艺创新企业	#实现组织或营销创新企业	#实现组织创新企业	#实现营销创新企业
4683	**4429**	**15.9**	**15.0**	**7.2**	**4.6**	**3.9**	**9.3**	**5.3**	**5.1**
141	103	11.2	10.8	4.2	1.3	3.1	7.1	4.3	3.2
1615	2233	16.8	15.9	8.4	5.0	5.0	9.2	4.3	6.0
192	88	10.3	9.7	4.3	1.6	3.0	6.0	4.3	2.0
648	432	10.4	9.7	2.6	1.9	0.9	7.8	5.1	3.4
698	609	25.3	23.7	12.9	10.4	4.9	13.7	8.4	7.4
462	377	11.6	10.7	3.2	2.5	1.1	8.4	5.1	4.2
515	366	23.2	21.5	12.4	8.4	6.8	11.7	7.9	5.6
412	221	15.1	14.1	6.0	3.3	3.8	9.4	6.7	3.6
2175	2129	17.1	16.0	8.2	5.4	4.5	9.4	5.3	5.2
1126	1054	17.1	16.4	6.4	3.9	3.6	11.1	6.3	5.9
1224	1098	14.3	13.4	6.3	4.1	3.3	8.6	5.1	4.6
158	148	10.2	9.7	5.6	3.7	2.7	5.2	3.1	2.9
98	97	18.3	16.4	11.5	8.0	5.8	7.0	4.1	4.0
108	87	16.1	14.8	9.7	6.2	5.0	6.9	4.3	3.4
150	109	12.3	11.6	5.6	3.2	3.3	6.9	4.3	3.1
126	101	15.4	14.1	6.2	3.8	3.3	8.8	5.2	4.2
143	117	15.3	14.2	5.9	4.5	2.3	9.7	5.8	4.8
28	36	8.3	7.6	5.2	3.4	2.7	3.0	1.5	1.9
63	39	10.2	9.8	4.8	3.2	2.0	5.9	4.0	2.5
67	73	12.4	12.3	6.7	4.6	3.4	7.3	4.1	4.5
102	94	12.7	11.7	7.6	5.2	4.0	5.5	3.4	3.2
351	349	17.5	16.5	8.3	5.2	5.2	9.9	5.6	5.6
339	338	17.0	15.9	8.4	5.4	4.2	8.9	4.9	4.9
158	152	15.4	14.5	7.9	4.5	4.9	8.2	4.8	4.6
197	216	19.4	18.3	7.3	4.6	4.0	12.4	6.5	7.1
61	64	8.6	8.3	3.9	2.1	2.4	5.1	2.8	2.9
331	345	17.8	17.2	6.2	4.1	3.4	12.4	6.6	6.9
451	442	25.6	25.0	6.5	4.0	3.6	19.4	10.5	10.3
114	113	13.3	12.7	6.4	4.4	3.3	7.9	4.5	4.5
216	182	17.8	17.3	6.8	4.1	3.7	11.5	6.9	5.8
432	441	19.3	18.1	9.7	6.6	5.3	10.8	6.1	6.3
110	91	13.8	12.8	5.9	4.0	3.3	8.3	5.1	4.2
67	53	17.7	16.0	8.4	5.9	4.0	9.4	6.0	4.7
129	131	13.1	12.4	5.3	2.7	3.5	8.2	4.6	4.7
171	144	18.9	17.7	8.9	5.2	5.0	10.7	6.4	5.4
122	116	15.2	14.2	5.6	3.4	3.2	10.2	6.1	5.8
118	119	16.0	14.9	8.3	5.8	4.5	9.0	5.1	5.2
33	45	5.8	5.3	2.8	1.6	1.5	3.3	1.6	2.1
143	102	19.1	18.4	8.4	5.7	4.0	11.9	7.9	5.6
79	73	12.6	12.2	6.4	4.5	2.8	7.4	4.5	4.2
32	38	8.0	7.8	3.7	2.2	2.1	4.9	2.4	2.9
74	75	18.4	17.5	9.0	5.9	5.0	11.2	6.1	6.2
70	47	13.2	12.1	5.2	3.8	2.4	8.3	5.3	3.6

11-2 规模以下工业企业

项 目	调 查 企业数 (个)	#开展创新 活动企业	#实现创 新企业	#实现产品 或 工 艺 创新企业	#实现产品 创新企业	#实现工艺 创新企业	#实现组织 或 营 销 创新企业
总 计	**44921**	**7058**	**6716**	**3440**	**1978**	**2104**	**3934**
一、按行业分							
采矿业	**3269**	**366**	**352**	**136**	**43**	**101**	**231**
煤炭开采和洗选业	597	98	94	28	9	23	70
石油和天然气开采业	54	6	5	3	1	2	2
黑色金属矿采选业	589	53	50	28	8	22	23
有色金属矿采选业	368	23	23	13	1	12	11
非金属矿采选业	799	76	75	30	9	22	49
开采专业及辅助性活动	584	77	73	18	8	10	57
其他采矿业	278	33	32	16	7	10	19
制造业	**37218**	**6236**	**5934**	**3114**	**1863**	**1869**	**3437**
农副食品加工业	1644	232	221	100	65	56	158
食品制造业	1543	287	279	145	98	73	167
酒、饮料和精制茶制造业	1752	303	291	139	86	76	190
烟草制品业	30	3	3	1	1	1	2
纺织业	1200	210	203	74	38	44	140
纺织服装、服饰业	1352	156	149	53	32	27	107
皮革、毛皮、羽毛及其制品和制鞋业	993	144	137	40	26	19	101
木材加工和木、竹、藤、棕、草制品业	1131	114	112	42	25	27	78
家具制造业	1305	172	160	73	40	45	106
造纸和纸制品业	1169	150	139	59	39	37	92
印刷和记录媒介复制业	1299	163	160	62	32	40	112
文教、工美、体育和娱乐用品制造业	1412	221	205	111	68	57	123
石油、煤炭及其他燃料加工业	861	110	108	54	31	36	67
化学原料和化学制品制造业	1130	241	230	144	97	86	122
医药制造业	960	267	251	149	87	100	139
化学纤维制造业	566	108	102	46	24	36	63
橡胶和塑料制品业	1425	220	209	106	69	52	121
非金属矿物制品业	1448	207	195	105	54	69	112
黑色金属冶炼和压延加工业	719	77	76	39	17	25	41
有色金属冶炼和压延加工业	782	121	113	60	28	37	60
金属制品业	2295	361	350	163	83	105	221
通用设备制造业	1679	338	320	182	121	103	163
专用设备制造业	1562	367	339	224	133	140	153
汽车制造业	1053	203	194	112	57	77	107
铁路、船舶、航空航天和其他运输设备制造业	907	169	164	92	57	58	90
电气机械和器材制造业	1424	249	238	149	93	85	112
计算机、通信和其他电子设备制造业	1325	327	313	211	130	124	136
仪器仪表制造业	1121	293	276	207	134	133	99
其他制造业	1087	163	152	67	41	41	101
废弃资源综合利用业	825	129	125	61	29	37	71
金属制品、机械和设备修理业	1219	131	120	44	28	23	83

创新活动基本情况

		在调查企业中占比(%)							
#实现组织创新企业	#实现营销创新企业	#开展创新活动企业	#实现创新企业	#实现产品或工艺创新企业	#实现产品创新企业	#实现工艺创新企业	#实现组织或营销创新企业	#实现组织创新企业	#实现营销创新企业
1948	**2424**	**15.7**	**15.0**	**7.7**	**4.4**	**4.7**	**8.8**	**4.3**	**5.4**
141	**103**	**11.2**	**10.8**	**4.2**	**1.3**	**3.1**	**7.1**	**4.3**	**3.2**
39	36	16.4	15.7	4.7	1.5	3.9	11.7	6.5	6.0
2		11.1	9.3	5.6	1.9	3.7	3.7	3.7	
17	6	9.0	8.5	4.8	1.4	3.7	3.9	2.9	1.0
7	5	6.3	6.3	3.5	0.3	3.3	3.0	1.9	1.4
31	22	9.5	9.4	3.8	1.1	2.8	6.1	3.9	2.8
36	24	13.2	12.5	3.1	1.4	1.7	9.8	6.2	4.1
9	10	11.9	11.5	5.8	2.5	3.6	6.8	3.2	3.6
1615	**2233**	**16.8**	**15.9**	**8.4**	**5.0**	**5.0**	**9.2**	**4.3**	**6.0**
59	122	14.1	13.4	6.1	4.0	3.4	9.6	3.6	7.4
64	129	18.6	18.1	9.4	6.4	4.7	10.8	4.1	8.4
57	153	17.3	16.6	7.9	4.9	4.3	10.8	3.3	8.7
1	1	10.0	10.0	3.3	3.3	3.3	6.7	3.3	3.3
58	103	17.5	16.9	6.2	3.2	3.7	11.7	4.8	8.6
43	75	11.5	11.0	3.9	2.4	2.0	7.9	3.2	5.5
42	66	14.5	13.8	4.0	2.6	1.9	10.2	4.2	6.6
38	47	10.1	9.9	3.7	2.2	2.4	6.9	3.4	4.2
49	71	13.2	12.3	5.6	3.1	3.4	8.1	3.8	5.4
36	61	12.8	11.9	5.0	3.3	3.2	7.9	3.1	5.2
54	67	12.5	12.3	4.8	2.5	3.1	8.6	4.2	5.2
58	82	15.7	14.5	7.9	4.8	4.0	8.7	4.1	5.8
31	47	12.8	12.5	6.3	3.6	4.2	7.8	3.6	5.5
52	85	21.3	20.4	12.7	8.6	7.6	10.8	4.6	7.5
54	110	27.8	26.1	15.5	9.1	10.4	14.5	5.6	11.5
31	40	19.1	18.0	8.1	4.2	6.4	11.1	5.5	7.1
63	74	15.4	14.7	7.4	4.8	3.6	8.5	4.4	5.2
58	70	14.3	13.5	7.3	3.7	4.8	7.7	4.0	4.8
19	24	10.7	10.6	5.4	2.4	3.5	5.7	2.6	3.3
33	32	15.5	14.5	7.7	3.6	4.7	7.7	4.2	4.1
123	123	15.7	15.3	7.1	3.6	4.6	9.6	5.4	5.4
92	94	20.1	19.1	10.8	7.2	6.1	9.7	5.5	5.6
79	86	23.5	21.7	14.3	8.5	9.0	9.8	5.1	5.5
59	63	19.3	18.4	10.6	5.4	7.3	10.2	5.6	6.0
50	49	18.6	18.1	10.1	6.3	6.4	9.9	5.5	5.4
56	67	17.5	16.7	10.5	6.5	6.0	7.9	3.9	4.7
61	87	24.7	23.6	15.9	9.8	9.4	10.3	4.6	6.6
60	59	26.1	24.6	18.5	12.0	11.9	8.8	5.4	5.3
51	61	15.0	14.0	6.2	3.8	3.8	9.3	4.7	5.6
42	37	15.6	15.2	7.4	3.5	4.5	8.6	5.1	4.5
42	48	10.7	9.8	3.6	2.3	1.9	6.8	3.4	3.9

11-2 续表

项 目	调查企业数(个)	#开展创新活动企业	#实现创新企业	#实现产品或工艺创新企业	#实现产品创新企业	#实现工艺创新企业	#实现组织或营销创新企业
电力、热力、燃气及水生产和供应业	**4434**	**456**	**430**	**190**	**72**	**134**	**266**
电力、热力生产和供应业	2416	217	206	91	31	66	125
燃气生产和供应业	740	92	83	29	15	18	62
水的生产和供应业	1278	147	141	70	26	50	79
二、按地区分							
东部地区	22573	3841	3636	1906	1164	1125	2098
中部地区	8087	1438	1395	618	312	411	870
西部地区	12099	1572	1484	790	438	489	864
东北地区	2162	207	201	126	64	79	102
北 京	624	102	94	72	48	42	36
天 津	1066	184	162	127	76	72	56
河 北	2017	236	227	122	69	73	122
山 西	994	139	134	70	35	45	69
内蒙古	897	130	125	55	35	31	79
辽 宁	800	59	56	43	20	30	19
吉 林	681	60	57	38	23	17	27
黑龙江	681	88	88	45	21	32	56
上 海	1077	126	120	89	57	54	51
江 苏	4248	730	694	351	204	228	407
浙 江	4294	709	672	358	217	191	369
安 徽	1719	304	291	176	83	120	144
福 建	1703	331	314	113	58	72	219
江 西	1231	122	117	68	35	45	60
山 东	2587	471	460	186	118	114	319
河 南	1792	493	483	143	73	93	359
湖 北	1005	157	154	78	50	48	93
湖 南	1346	223	216	83	36	60	145
广 东	4449	863	815	442	290	254	475
广 西	957	123	117	64	42	40	66
海 南	508	89	78	46	27	25	44
重 庆	1635	182	174	92	41	66	101
四 川	1099	229	213	123	56	83	107
贵 州	1118	143	135	61	26	43	90
云 南	1026	128	118	57	35	33	77
西 藏	1739	102	92	51	30	29	55
陕 西	840	149	145	62	36	35	96
甘 肃	842	102	99	70	43	34	44
青 海	613	55	53	31	18	19	27
宁 夏	671	126	120	76	44	52	67
新 疆	662	103	93	48	32	24	55

		在调查企业中占比(%)							
#实现组织创新企业	#实现营销创新企业	#开展创新活动企业	#实现创新企业	#实现产品或工艺创新企业	#实现产品创新企业	#实现工艺创新企业	#实现组织或营销创新企业	#实现组织创新企业	#实现营销创新企业
192	**88**	**10.3**	**9.7**	**4.3**	**1.6**	**3.0**	**6.0**	**4.3**	**2.0**
108	24	9.0	8.5	3.8	1.3	2.7	5.2	4.5	1.0
26	39	12.4	11.2	3.9	2.0	2.4	8.4	3.5	5.3
58	25	11.5	11.0	5.5	2.0	3.9	6.2	4.5	2.0
1025	1300	17.0	16.1	8.4	5.2	5.0	9.3	4.5	5.8
418	541	17.8	17.3	7.6	3.9	5.1	10.8	5.2	6.7
456	513	13.0	12.3	6.5	3.6	4.0	7.1	3.8	4.2
49	70	9.6	9.3	5.8	3.0	3.7	4.7	2.3	3.2
15	23	16.3	15.1	11.5	7.7	6.7	5.8	2.4	3.7
30	32	17.3	15.2	11.9	7.1	6.8	5.3	2.8	3.0
68	70	11.7	11.3	6.0	3.4	3.6	6.0	3.4	3.5
38	36	14.0	13.5	7.0	3.5	4.5	6.9	3.8	3.6
45	40	14.5	13.9	6.1	3.9	3.5	8.8	5.0	4.5
10	12	7.4	7.0	5.4	2.5	3.8	2.4	1.3	1.5
14	16	8.8	8.4	5.6	3.4	2.5	4.0	2.1	2.3
25	42	12.9	12.9	6.6	3.1	4.7	8.2	3.7	6.2
23	37	11.7	11.1	8.3	5.3	5.0	4.7	2.1	3.4
212	237	17.2	16.3	8.3	4.8	5.4	9.6	5.0	5.6
177	226	16.5	15.7	8.3	5.1	4.4	8.6	4.1	5.3
76	89	17.7	16.9	10.2	4.8	7.0	8.4	4.4	5.2
87	147	19.4	18.4	6.6	3.4	4.2	12.9	5.1	8.6
28	41	9.9	9.5	5.5	2.8	3.7	4.9	2.3	3.3
142	209	18.2	17.8	7.2	4.6	4.4	12.3	5.5	8.1
157	225	27.5	27.0	8.0	4.1	5.2	20.0	8.8	12.6
42	62	15.6	15.3	7.8	5.0	4.8	9.3	4.2	6.2
77	88	16.6	16.0	6.2	2.7	4.5	10.8	5.7	6.5
249	292	19.4	18.3	9.9	6.5	5.7	10.7	5.6	6.6
36	39	12.9	12.2	6.7	4.4	4.2	6.9	3.8	4.1
22	27	17.5	15.4	9.1	5.3	4.9	8.7	4.3	5.3
55	58	11.1	10.6	5.6	2.5	4.0	6.2	3.4	3.5
53	68	20.8	19.4	11.2	5.1	7.6	9.7	4.8	6.2
46	59	12.8	12.1	5.5	2.3	3.8	8.1	4.1	5.3
42	46	12.5	11.5	5.6	3.4	3.2	7.5	4.1	4.5
26	35	5.9	5.3	2.9	1.7	1.7	3.2	1.5	2.0
62	46	17.7	17.3	7.4	4.3	4.2	11.4	7.4	5.5
24	29	12.1	11.8	8.3	5.1	4.0	5.2	2.9	3.4
10	18	9.0	8.6	5.1	2.9	3.1	4.4	1.6	2.9
25	48	18.8	17.9	11.3	6.6	7.8	10.0	3.7	7.2
32	27	15.6	14.0	7.3	4.8	3.6	8.3	4.8	4.1

11—3 规模以下服务业企业

项　　目	调　查企业数(个)	#开展创新活动企业	#实现创新企业	#实现产品或工艺创新企业	#实现产品创新企业	#实现工艺创新企业	#实现组织或营销创新企业
总　计	**42692**	**6898**	**6439**	**2858**	**2077**	**1304**	**4228**
一、按行业分							
交通运输、仓储和邮政业	**12696**	**1316**	**1230**	**324**	**239**	**117**	**986**
铁路运输业	123	16	15	1	1		14
道路运输业	3550	324	300	86	59	36	232
水上运输业	1370	121	115	36	31	8	85
航空运输业	538	76	68	20	15	9	55
管道运输业	57	10	9	3	1	2	6
多式联运和运输代理业	2316	211	193	46	41	9	156
装卸搬运和仓储业	2183	239	228	48	32	22	191
邮政业	2559	319	302	84	59	31	247
信息传输、软件和信息技术服务业	**8261**	**2086**	**1961**	**1065**	**857**	**403**	**1134**
电信、广播电视和卫星传输服务	1980	310	299	122	99	40	205
互联网和相关服务	2153	513	485	220	183	76	324
软件和信息技术服务业	4128	1263	1177	723	575	287	605
租赁和商务服务业	**9012**	**1043**	**968**	**290**	**229**	**100**	**758**
租赁业	2115	215	201	61	48	23	157
商务服务业	6897	828	767	229	181	77	601
科学研究和技术服务业	**6550**	**1520**	**1408**	**809**	**550**	**448**	**769**
研究和试验发展	1781	576	533	347	235	197	245
专业技术服务业	2913	465	434	192	116	106	278
科技推广和应用服务业	1856	479	441	270	199	145	246
水利、环境和公共设施管理业	**6173**	**933**	**872**	**370**	**202**	**236**	**581**
水利管理业	1108	146	132	53	30	34	89
生态保护和环境治理业	1661	360	331	203	95	150	162
公共设施管理业	2550	313	303	85	57	38	244
土地管理业	854	114	106	29	20	14	86
二、按地区分							
东部地区	18194	3125	2888	1449	1021	702	1747
中部地区	9781	1625	1540	534	386	236	1119
西部地区	11771	1834	1714	717	543	307	1196
东北地区	2946	314	297	158	127	59	166

创新活动基本情况

		在调查企业中占比(%)							
#实现组织创新企业	#实现营销创新企业	#开展创新活动企业	#实现创新企业	#实现产品或工艺创新企业	#实现产品创新企业	#实现工艺创新企业	#实现组织或营销创新企业	#实现组织创新企业	#实现营销创新企业
2735	**2005**	**16.2**	**15.1**	**6.7**	**4.9**	**3.1**	**9.9**	**6.4**	**4.7**
648	**432**	**10.4**	**9.7**	**2.6**	**1.9**	**0.9**	**7.8**	**5.1**	**3.4**
10	4	13.0	12.2	0.8	0.8		11.4	8.1	3.3
150	102	9.1	8.5	2.4	1.7	1.0	6.5	4.2	2.9
59	31	8.8	8.4	2.6	2.3	0.6	6.2	4.3	2.3
35	30	14.1	12.6	3.7	2.8	1.7	10.2	6.5	5.6
4	2	17.5	15.8	5.3	1.8	3.5	10.5	7.0	3.5
96	75	9.1	8.3	2.0	1.8	0.4	6.7	4.1	3.2
141	70	10.9	10.4	2.2	1.5	1.0	8.7	6.5	3.2
153	118	12.5	11.8	3.3	2.3	1.2	9.7	6.0	4.6
698	**609**	**25.3**	**23.7**	**12.9**	**10.4**	**4.9**	**13.7**	**8.4**	**7.4**
113	117	15.7	15.1	6.2	5.0	2.0	10.4	5.7	5.9
192	195	23.8	22.5	10.2	8.5	3.5	15.0	8.9	9.1
393	297	30.6	28.5	17.5	13.9	7.0	14.7	9.5	7.2
462	**377**	**11.6**	**10.7**	**3.2**	**2.5**	**1.1**	**8.4**	**5.1**	**4.2**
88	84	10.2	9.5	2.9	2.3	1.1	7.4	4.2	4.0
374	293	12.0	11.1	3.3	2.6	1.1	8.7	5.4	4.2
515	**366**	**23.2**	**21.5**	**12.4**	**8.4**	**6.8**	**11.7**	**7.9**	**5.6**
151	133	32.3	29.9	19.5	13.2	11.1	13.8	8.5	7.5
208	99	16.0	14.9	6.6	4.0	3.6	9.5	7.1	3.4
156	134	25.8	23.8	14.5	10.7	7.8	13.3	8.4	7.2
412	**221**	**15.1**	**14.1**	**6.0**	**3.3**	**3.8**	**9.4**	**6.7**	**3.6**
71	24	13.2	11.9	4.8	2.7	3.1	8.0	6.4	2.2
110	67	21.7	19.9	12.2	5.7	9.0	9.8	6.6	4.0
173	95	12.3	11.9	3.3	2.2	1.5	9.6	6.8	3.7
58	35	13.3	12.4	3.4	2.3	1.6	10.1	6.8	4.1
1150	829	17.2	15.9	8.0	5.6	3.9	9.6	6.3	4.6
708	513	16.6	15.7	5.5	3.9	2.4	11.4	7.2	5.2
768	585	15.6	14.6	6.1	4.6	2.6	10.2	6.5	5.0
109	78	10.7	10.1	5.4	4.3	2.0	5.6	3.7	2.6

11-3 续表

项目	调查企业数(个)	#开展创新活动企业	#实现创新企业	#实现产品或工艺创新企业	#实现产品创新企业	#实现工艺创新企业	#实现组织或营销创新企业
北京	1790	339	301	205	145	98	132
天津	1472	225	213	119	81	55	119
河北	1457	192	175	74	43	42	117
山西	1428	234	208	81	58	34	144
内蒙古	1556	245	223	89	76	25	158
辽宁	1094	98	87	56	45	21	38
吉林	906	102	98	38	28	15	66
黑龙江	946	114	112	64	54	23	62
上海	1905	252	229	137	97	65	112
江苏	2024	369	342	171	120	98	213
浙江	2565	456	420	216	151	100	243
安徽	1591	206	190	86	66	42	128
福建	1345	259	244	109	83	49	160
江西	967	68	65	18	11	8	52
山东	2417	422	401	125	86	55	302
河南	2487	602	585	136	98	61	473
湖北	1508	178	164	82	60	34	106
湖南	1800	337	328	131	93	57	216
广东	2605	501	462	245	176	120	287
广西	1197	175	159	64	44	31	113
海南	614	110	101	48	39	20	62
重庆	1143	183	170	56	35	30	126
四川	1558	274	257	113	83	50	178
贵州	882	161	149	50	41	20	113
云南	1271	240	224	133	99	71	129
西藏	390	22	21	8	5	3	15
陕西	975	198	189	90	67	37	120
甘肃	899	118	114	42	36	14	85
青海	706	50	50	18	11	9	37
宁夏	547	98	93	34	28	9	69
新疆	647	70	65	20	18	8	53

		在调查企业中占比(%)							
#实现组织创新企业	#实现营销创新企业	#开展创新活动企业	#实现创新企业	#实现产品或工艺创新企业	#实现产品创新企业	#实现工艺创新企业	#实现组织或营销创新企业	#实现组织创新企业	#实现营销创新企业
83	74	18.9	16.8	11.5	8.1	5.5	7.4	4.6	4.1
78	55	15.3	14.5	8.1	5.5	3.7	8.1	5.3	3.7
82	39	13.2	12.0	5.1	3.0	2.9	8.0	5.6	2.7
88	65	16.4	14.6	5.7	4.1	2.4	10.1	6.2	4.6
98	77	15.7	14.3	5.7	4.9	1.6	10.2	6.3	4.9
18	24	9.0	8.0	5.1	4.1	1.9	3.5	1.6	2.2
49	23	11.3	10.8	4.2	3.1	1.7	7.3	5.4	2.5
42	31	12.1	11.8	6.8	5.7	2.4	6.6	4.4	3.3
79	57	13.2	12.0	7.2	5.1	3.4	5.9	4.1	3.0
139	112	18.2	16.9	8.4	5.9	4.8	10.5	6.9	5.5
162	112	17.8	16.4	8.4	5.9	3.9	9.5	6.3	4.4
82	63	12.9	11.9	5.4	4.1	2.6	8.0	5.2	4.0
110	69	19.3	18.1	8.1	6.2	3.6	11.9	8.2	5.1
33	23	7.0	6.7	1.9	1.1	0.8	5.4	3.4	2.4
189	136	17.5	16.6	5.2	3.6	2.3	12.5	7.8	5.6
294	217	24.2	23.5	5.5	3.9	2.5	19.0	11.8	8.7
72	51	11.8	10.9	5.4	4.0	2.3	7.0	4.8	3.4
139	94	18.7	18.2	7.3	5.2	3.2	12.0	7.7	5.2
183	149	19.2	17.7	9.4	6.8	4.6	11.0	7.0	5.7
74	52	14.6	13.3	5.3	3.7	2.6	9.4	6.2	4.3
45	26	17.9	16.5	7.8	6.4	3.3	10.1	7.3	4.2
74	73	16.0	14.9	4.9	3.1	2.6	11.0	6.5	6.4
118	76	17.6	16.5	7.3	5.3	3.2	11.4	7.6	4.9
76	57	18.3	16.9	5.7	4.6	2.3	12.8	8.6	6.5
76	73	18.9	17.6	10.5	7.8	5.6	10.1	6.0	5.7
7	10	5.6	5.4	2.1	1.3	0.8	3.8	1.8	2.6
81	56	20.3	19.4	9.2	6.9	3.8	12.3	8.3	5.7
55	44	13.1	12.7	4.7	4.0	1.6	9.5	6.1	4.9
22	20	7.1	7.1	2.6	1.6	1.3	5.2	3.1	2.8
49	27	17.9	17.0	6.2	5.1	1.6	12.6	9.0	4.9
38	20	10.8	10.0	3.1	2.8	1.2	8.2	5.9	3.1

11−4 规模以下企业技术创新资金来源情况

项目	调查中实现技术创新企业数(个)	在实现技术创新企业中，从以下来源筹集创新资金的企业占比(%)							
		自有资金	众筹	风险投资	银行贷款	政府资金	民间借贷	接受委托资金	其他
总　计	**6298**	**88.7**	**2.2**	**1.4**	**22.8**	**6.1**	**6.0**	**1.2**	**1.6**
一、按行业分									
工业	3440	90.4	1.9	0.5	21.3	4.9	5.3	0.7	1.5
采矿业	136	77.9	5.1	0.7	23.5	2.2	9.6		2.2
制造业	3114	91.2	1.6	0.5	21.7	4.4	5.3	0.7	1.3
电力、热力、燃气及水生产和供应业	190	85.8	5.3		13.2	14.7	3.2	1.1	3.2
服务业	2858	86.6	2.6	2.6	24.6	7.6	6.7	1.7	1.7
交通运输、仓储和邮政业	324	75.6	5.2	1.2	28.1	4.6	7.7	1.5	3.4
信息传输、软件和信息技术服务业	1065	89.7	1.9	2.9	24.6	6.3	5.4	1.4	1.7
租赁和商务服务业	290	82.4	3.1	2.1	22.1	2.1	8.3	1.7	0.3
科学研究和技术服务业	809	89.5	2.3	3.5	23.9	11.0	7.0	2.6	1.6
水利、环境和公共设施管理业	370	84.6	2.4	1.1	25.1	10.5	7.6	1.1	1.4
二、按地区分									
东部地区	3355	89.8	1.7	2.0	21.6	5.1	5.3	0.9	1.3
中部地区	1152	87.7	3.0	1.0	24.3	5.8	5.8	1.4	2.1
西部地区	1507	86.9	2.9	0.9	25.7	8.6	7.6	1.3	1.8
东北地区	284	89.1	2.1	0.4	15.5	6.0	4.9	2.5	1.1
北　京	277	89.9	2.2	6.1	17.0	6.5	7.2	2.5	2.2
天　津	246	91.5	1.6	0.4	16.3	6.5	4.1	1.2	1.2
河　北	196	90.3	3.1	1.5	17.9	7.7	5.6		1.5
山　西	151	90.1	2.0	0.7	18.5	4.0	10.6	2.0	2.6
内蒙古	144	87.5	1.4		30.6	11.1	9.7	0.7	0.7
辽　宁	99	89.9	1.0		14.1	3.0	6.1	2.0	3.0
吉　林	76	86.8	1.3		21.1	5.3	5.3	1.3	
黑龙江	109	89.9	3.7	0.9	12.8	9.2	3.7	3.7	
上　海	226	88.5	2.2	4.4	23.9	7.1	4.0	0.4	2.2
江　苏	522	92.1	1.1	2.1	25.9	4.2	4.2	0.6	0.8
浙　江	574	90.8	1.0	1.7	24.4	4.7	2.8	0.3	0.9
安　徽	262	89.7	3.1	1.1	28.6	7.6	6.5	1.9	0.4
福　建	222	91.0	1.8	1.8	18.9	3.2	5.9	0.9	0.9
江　西	86	89.5	3.5	1.2	33.7	5.8	2.3		3.5
山　东	311	91.3	1.9	0.3	18.7	4.5	7.4	1.3	1.0
河　南	279	83.9	2.2	0.4	23.3	2.5	6.1	1.8	3.2
湖　北	160	83.8	3.1	1.3	25.6	8.1	2.5	1.9	2.5
湖　南	214	90.7	4.2	1.4	19.6	7.5	5.1		1.4
广　东	687	86.3	1.6	0.9	21.1	4.2	7.0	0.9	1.9
广　西	128	82.8	4.7	0.8	22.7	5.5	10.2	1.6	1.6
海　南	94	86.2	3.2	3.2	29.8	6.4	7.4	2.1	
重　庆	148	89.2	3.4	0.7	18.9	6.1	6.8	1.4	1.4
四　川	236	90.3	2.5	2.1	23.3	5.9	5.5	1.3	2.1
贵　州	111	90.1	6.3	1.8	25.2	7.2	5.4		0.9
云　南	190	90.0	3.2		31.1	9.5	8.4	1.1	1.1
西　藏	59	83.1	1.7		16.9	16.9	1.7		3.4
陕　西	152	84.9	2.0	1.3	21.1	7.9	6.6	2.6	3.3
甘　肃	112	83.9	2.7	0.9	35.7	8.9	8.9	3.6	1.8
青　海	49	79.6	4.1		20.4	6.1	12.2	2.0	
宁　夏	110	87.3	0.9	0.9	31.8	13.6	9.1	0.9	2.7
新　疆	68	79.4	2.9		25.0	10.3	8.8		2.9

11–5 规模以下企业技术创新技术来源情况

项目	调查中实现技术创新企业数(个)	在实现技术创新企业中，利用以下技术来源的企业占比(%)				
		独立研发	合作开发	购买技术	委托开发	其他
总计	**6298**	**67.6**	**26.9**	**13.1**	**9.7**	**3.3**
一、按行业分						
工业	3440	67.9	24.4	11.9	7.4	3.3
采矿业	136	47.1	27.2	17.6	7.4	8.1
制造业	3114	70.9	24.4	10.6	6.9	2.8
电力、热力、燃气及水生产和供应业	190	34.2	22.1	30.0	14.7	7.9
服务业	2858	67.3	29.9	14.4	12.4	3.2
交通运输、仓储和邮政业	324	37.7	26.9	26.9	7.1	9.0
信息传输、软件和信息技术服务业	1065	77.9	27.3	10.8	15.4	1.2
租赁和商务服务业	290	48.3	34.1	18.6	10.7	7.6
科学研究和技术服务业	809	73.9	33.4	10.6	13.4	2.3
水利、环境和公共设施管理业	370	63.0	28.9	18.6	7.8	2.2
二、按地区分						
东部地区	3355	73.9	24.7	10.3	9.3	2.8
中部地区	1152	61.9	27.6	16.1	8.9	2.9
西部地区	1507	58.1	31.1	16.9	10.3	5.0
东北地区	284	66.9	28.2	12.3	13.7	0.4
北京	277	84.8	23.8	4.7	13.4	2.2
天津	246	82.1	21.5	8.1	10.6	2.0
河北	196	65.3	26.5	13.3	3.1	4.1
山西	151	58.3	28.5	22.5	7.9	6.0
内蒙古	144	53.5	29.9	18.8	15.3	6.9
辽宁	99	77.8	25.3	7.1	13.1	
吉林	76	61.8	26.3	18.4	6.6	1.3
黑龙江	109	60.6	32.1	12.8	19.3	
上海	226	78.8	23.5	11.5	11.9	2.7
江苏	522	73.0	26.4	10.9	7.5	3.3
浙江	574	74.4	22.3	10.6	8.4	3.3
安徽	262	63.4	23.7	17.6	8.8	4.2
福建	222	69.4	19.8	12.2	10.8	1.4
江西	86	58.1	30.2	12.8	12.8	4.7
山东	311	66.9	27.7	13.5	9.0	3.2
河南	279	59.5	27.2	17.9	7.5	1.4
湖北	160	66.9	33.8	9.4	8.1	1.3
湖南	214	63.6	26.6	14.0	10.3	1.4
广东	687	74.7	25.6	8.6	9.3	2.3
广西	128	64.8	32.8	15.6	9.4	3.9
海南	94	58.5	34.0	16.0	13.8	5.3
重庆	148	60.1	23.6	20.3	9.5	3.4
四川	236	64.8	26.7	14.4	9.3	3.8
贵州	111	45.9	36.9	28.8	9.0	2.7
云南	190	61.6	36.3	13.7	9.5	4.7
西藏	59	47.5	33.9	13.6	1.7	8.5
陕西	152	59.2	34.2	15.8	15.8	5.9
甘肃	112	58.9	29.5	18.8	8.0	2.7
青海	49	46.9	24.5	12.2	8.2	18.4
宁夏	110	58.2	35.5	11.8	10.0	4.5
新疆	68	51.5	27.9	20.6	11.8	5.9

11—6　规模以下企业技术创新合作情况

项　目	调查中实现技术创新企业数(个)	#有技术创新合作企业数	有技术创新合作企业占比(%)	在技术创新合作企业中，与以下伙伴开展合作的企业占比(%)					
				产学研合作	高校	科研院所	客户或供应商	其他企业	其他
总　计	**6298**	**1694**	**26.9**	**41.7**	**31.8**	**21.2**	**46.0**	**38.4**	**2.5**
一、按行业分									
工业	3440	840	24.4	37.4	26.4	18.1	48.7	31.1	2.5
采矿业	136	37	27.2	10.8	2.7	8.1	45.9	45.9	5.4
制造业	3114	761	24.4	39.0	28.0	18.8	49.7	30.1	2.2
电力、热力、燃气及水生产和供应业	190	42	22.1	31.0	19.0	14.3	33.3	35.7	4.8
服务业	2858	854	29.9	45.9	37.0	24.2	43.4	45.6	2.6
交通运输、仓储和邮政业	324	87	26.9	18.4	12.6	8.0	54.0	41.4	3.4
信息传输、软件和信息技术服务业	1065	291	27.3	42.6	36.8	18.6	50.9	46.7	1.4
租赁和商务服务业	290	99	34.1	29.3	24.2	11.1	48.5	48.5	4.0
科学研究和技术服务业	809	270	33.4	62.2	48.5	40.0	33.7	47.0	2.2
水利、环境和公共设施管理业	370	107	28.9	51.4	40.2	25.2	34.6	39.3	4.7
二、按地区分									
东部地区	3355	828	24.7	40.2	30.9	21.1	50.6	36.6	1.9
中部地区	1152	318	27.6	41.2	31.8	19.8	44.0	35.2	3.5
西部地区	1507	468	31.1	43.6	32.5	22.9	41.2	42.7	3.0
东北地区	284	80	28.2	47.5	36.3	17.5	35.0	43.8	2.5
北　京	277	66	23.8	48.5	37.9	37.9	43.9	48.5	1.5
天　津	246	53	21.5	52.8	35.8	22.6	52.8	32.1	1.9
河　北	196	52	26.5	42.3	36.5	19.2	46.2	26.9	1.9
山　西	151	43	28.5	44.2	34.9	20.9	46.5	41.9	4.7
内蒙古	144	43	29.9	51.2	39.5	27.9	34.9	48.8	
辽　宁	99	25	25.3	48.0	36.0	16.0	32.0	48.0	4.0
吉　林	76	20	26.3	45.0	35.0	15.0	40.0	30.0	
黑龙江	109	35	32.1	48.6	37.1	20.0	34.3	48.6	2.9
上　海	226	53	23.5	50.9	39.6	34.0	39.6	37.7	5.7
江　苏	522	138	26.4	50.0	39.1	21.7	45.7	29.7	
浙　江	574	128	22.3	38.3	29.7	15.6	42.2	43.8	1.6
安　徽	262	62	23.7	50.0	41.9	22.6	48.4	22.6	
福　建	222	44	19.8	22.7	20.5	13.6	59.1	43.2	
江　西	86	26	30.2	42.3	26.9	19.2	34.6	38.5	
山　东	311	86	27.7	44.2	31.4	30.2	47.7	38.4	2.3
河　南	279	76	27.2	38.2	25.0	22.4	38.2	36.8	1.3
湖　北	160	54	33.8	33.3	29.6	13.0	53.7	33.3	7.4
湖　南	214	57	26.6	40.4	31.6	19.3	40.4	42.1	7.0
广　东	687	176	25.6	27.3	19.9	13.6	65.9	32.4	3.4
广　西	128	42	32.8	40.5	28.6	14.3	31.0	64.3	
海　南	94	32	34.0	31.3	28.1	12.5	53.1	43.8	
重　庆	148	35	23.6	31.4	17.1	22.9	51.4	48.6	2.9
四　川	236	63	26.7	41.3	30.2	27.0	47.6	36.5	4.8
贵　州	111	41	36.9	36.6	29.3	19.5	46.3	43.9	2.4
云　南	190	69	36.3	49.3	42.0	18.8	50.7	36.2	2.9
西　藏	59	20	33.9	35.0	20.0	20.0	25.0	40.0	5.0
陕　西	152	52	34.2	42.3	32.7	23.1	40.4	48.1	5.8
甘　肃	112	33	29.5	48.5	36.4	33.3	30.3	30.3	9.1
青　海	49	12	24.5	41.7	16.7	25.0	33.3	41.7	
宁　夏	110	39	35.5	56.4	43.6	25.6	41.0	33.3	
新　疆	68	19	27.9	36.8	26.3	15.8	36.8	42.1	

11-7 规模以下企业技术创新中的主要困难情况

项　目	在实现技术创新企业中，创新中遇到以下困难的企业占比(%)					
	资金不足	人才短缺	知识产权保护不力	适用技术短缺	市场环境不佳	其他
总　计	**53.9**	**54.7**	**6.7**	**16.8**	**36.9**	**1.9**
一、按行业分组						
工业	50.2	52.9	6.2	19.0	34.3	1.9
采矿业	53.7	41.9	1.5	14.0	28.7	
制造业	50.2	53.8	6.6	18.8	35.3	1.9
电力、热力、燃气及水生产和供应业	47.9	46.8	4.2	24.7	21.6	2.1
服务业	58.3	56.8	7.3	14.2	40.1	1.9
交通运输、仓储和邮政业	58.6	47.5	4.3	9.3	39.2	1.5
信息传输、软件和信息技术服务业	58.2	62.7	6.8	13.6	41.7	1.5
租赁和商务服务业	54.8	47.9	6.2	10.3	40.3	3.1
科学研究和技术服务业	60.7	57.2	10.5	14.6	40.8	2.3
水利、环境和公共设施管理业	55.9	54.1	5.7	22.7	34.9	1.6
二、按地区分						
东部地区	48.9	54.9	6.9	16.4	37.5	1.8
中部地区	54.2	55.6	6.3	15.0	31.5	2.2
西部地区	63.7	54.5	7.0	19.8	39.5	1.7
东北地区	59.2	49.3	4.9	12.7	39.1	2.5
北　京	59.6	52.7	6.9	16.6	38.3	2.2
天　津	54.1	46.7	6.9	11.0	43.1	3.7
河　北	54.6	51.5	3.6	14.3	28.6	2.6
山　西	58.9	54.3	6.6	11.9	30.5	1.3
内蒙古	69.4	56.3	6.3	20.1	41.0	3.5
辽　宁	59.6	48.5	6.1	10.1	36.4	1.0
吉　林	59.2	46.1	2.6	11.8	43.4	5.3
黑龙江	58.7	52.3	5.5	15.6	38.5	1.8
上　海	48.7	58.4	8.9	12.8	39.8	2.2
江　苏	41.2	56.1	8.4	19.7	34.5	2.1
浙　江	43.2	56.6	4.9	14.6	30.3	1.6
安　徽	46.9	59.9	4.2	17.6	39.3	2.7
福　建	51.4	55.9	7.2	16.2	37.4	0.5
江　西	58.1	58.1	5.8	17.4	20.9	2.3
山　东	51.1	58.2	7.1	15.8	34.4	1.3
河　南	51.3	49.5	7.9	12.2	27.2	2.9
湖　北	55.6	56.3	5.6	13.1	38.8	1.3
湖　南	60.7	57.9	7.0	18.2	27.1	1.9
广　东	49.1	55.5	7.4	19.8	46.1	1.5
广　西	62.5	53.1	7.8	24.2	43.0	1.6
海　南	57.4	46.8	8.5	13.8	40.4	2.1
重　庆	52.0	45.3	7.4	25.0	35.8	1.4
四　川	56.4	53.8	4.2	15.7	43.2	0.8
贵　州	77.5	56.8	7.2	18.0	31.5	1.8
云　南	67.9	55.8	8.4	13.7	45.8	1.6
西　藏	49.2	57.6	11.9	23.7	39.0	1.7
陕　西	64.5	57.2	7.2	15.1	30.9	2.0
甘　肃	66.1	57.1	8.0	26.8	32.1	1.8
青　海	63.3	53.1	4.1	20.4	40.8	2.0
宁　夏	72.7	55.5	8.2	23.6	40.9	0.9
新　疆	63.2	54.4	5.9	23.5	48.5	1.5

11−8 规模以下企业享受创新政策情况

项　　目	享受了创新相关政策的企业数(个)	享受了创新相关政策的企业占开展创新活动企业比重(%)	在享受创新相关政策企业中，享受了以下相关政策的企业占比(%)						
			税费减免	金融服务	人才保障	知识产权保护	政府采购	平台支撑	其他
总　计	**9470**	**67.9**	**78.9**	**11.4**	**11.2**	**13.0**	**5.6**	**11.9**	**2.3**
#实现技术创新的企业	4384	69.6	81.0	11.8	8.5	18.1	6.0	11.0	2.9
一、按行业分									
工业	4399	62.3	77.9	13.0	10.4	12.5	4.2	10.9	2.4
采矿业	213	58.2	77.5	11.7	13.1	4.7	2.3	12.2	2.8
制造业	3875	62.1	77.9	13.0	10.0	13.5	3.8	10.7	2.4
电力、热力、燃气及水生产和供应业	311	68.2	78.1	13.5	13.8	5.5	10.3	11.6	2.6
服务业	5071	73.5	79.8	10.0	11.8	13.4	6.9	12.8	2.2
交通运输、仓储和邮政业	953	72.4	77.0	11.3	14.4	4.2	3.3	16.7	2.1
信息传输、软件和信息技术服务业	1569	75.2	81.2	8.5	9.9	18.9	8.7	12.2	2.7
租赁和商务服务业	746	71.5	84.0	9.8	11.5	7.4	5.6	11.1	1.1
科学研究和技术服务业	1126	74.1	80.0	9.9	11.6	18.8	6.3	12.3	2.6
水利、环境和公共设施管理业	677	72.6	75.5	11.8	13.1	11.5	10.2	11.7	2.1
二、按地区分									
东部地区	4611	66.2	80.7	9.5	9.9	15.0	3.9	9.8	2.4
中部地区	2179	71.1	70.1	16.3	15.8	11.9	6.3	15.8	1.4
西部地区	2325	68.3	83.2	11.1	9.4	10.3	8.3	12.6	3.0
东北地区	355	68.1	82.3	7.6	10.1	12.1	5.4	11.5	2.8
北　京	311	70.5	83.3	4.8	4.8	20.6	4.2	8.0	4.5
天　津	289	70.7	78.5	8.7	8.3	20.4	2.1	6.2	2.4
河　北	286	66.8	76.9	7.0	11.5	11.5	3.8	13.3	1.7
山　西	258	69.2	84.5	8.1	7.4	8.9	5.0	11.2	1.6
内蒙古	288	76.8	84.7	11.1	8.7	8.3	8.7	14.2	3.8
辽　宁	115	73.2	88.7	8.7	11.3	11.3	1.7	12.2	3.5
吉　林	125	77.2	80.0	6.4	11.2	12.8	7.2	9.6	
黑龙江	115	56.9	78.3	7.8	7.8	12.2	7.0	13.0	5.2
上　海	233	61.6	79.0	7.3	4.7	20.2	3.9	9.4	5.2
江　苏	709	64.5	75.6	13.8	11.3	18.9	2.7	10.3	1.8
浙　江	840	72.1	82.7	11.5	10.8	12.4	6.1	8.8	2.3
安　徽	381	74.7	71.9	18.9	15.7	15.7	4.2	17.6	2.6
福　建	396	67.1	80.3	10.4	14.1	10.6	4.3	8.6	1.5
江　西	125	65.8	72.8	16.0	17.6	10.4	6.4	16.8	1.6
山　东	597	66.9	79.6	9.7	11.7	9.9	4.0	14.4	1.8
河　南	786	71.8	56.6	18.8	22.1	12.1	6.7	15.5	0.8
湖　北	247	73.7	82.2	10.9	8.1	13.0	6.9	15.4	1.2
湖　南	382	68.2	77.7	17.8	12.8	9.7	8.1	17.5	1.3
广　东	820	60.1	84.6	6.7	7.8	15.9	3.5	8.7	2.4
广　西	204	68.5	86.3	8.8	11.8	6.9	12.3	11.3	1.5
海　南	130	65.3	85.4	7.7	10.0	14.6	2.3	6.9	2.3
重　庆	242	66.3	81.0	19.4	13.6	15.3	11.6	8.7	0.8
四　川	305	60.6	83.3	11.1	9.5	11.5	5.6	15.1	2.3
贵　州	235	77.3	87.2	11.5	6.0	8.9	5.5	16.2	3.0
云　南	237	64.4	83.1	8.4	6.8	13.9	6.8	10.1	4.2
西　藏	79	63.7	68.4	12.7	5.1	8.9	11.4	19.0	7.6
陕　西	229	66.0	83.4	7.4	9.6	8.7	9.6	7.0	2.6
甘　肃	151	68.6	84.1	11.9	11.9	7.9	8.6	11.9	2.0
青　海	73	69.5	82.2	5.5	5.5	15.1	6.8	13.7	1.4
宁　夏	163	72.8	83.4	10.4	9.2	9.8	7.4	17.8	3.7
新　疆	119	68.8	79.0	11.8	12.6	7.6	7.6	10.9	5.9

11-9 影响规模以下企业创新政策落实的主要因素

项　　目	在开展创新活动企业中，对影响创新政策落实的原因作出以下判断的企业占比(%)					
	不知道有相关政策	不满足享受政策的条件	政策吸引力不足	政策办理手续繁琐	政策执行力度不够	其他
总　计	**33.1**	**48.3**	**14.8**	**14.5**	**9.6**	**5.5**
#实现技术创新的企业	38.8	45.0	15.1	18.1	10.9	5.3
一、按行业分						
工业	31.6	48.6	14.2	13.2	7.9	6.0
采矿业	32.2	44.0	11.2	13.9	7.9	10.4
制造业	32.1	48.9	14.1	13.3	7.8	5.7
电力、热力、燃气及水生产和供应业	24.1	48.2	16.9	11.4	9.6	6.8
服务业	34.7	48.0	15.4	15.9	11.3	4.9
交通运输、仓储和邮政业	32.1	46.1	14.7	10.6	9.7	5.6
信息传输、软件和信息技术服务业	38.6	48.8	16.1	19.2	12.2	4.1
租赁和商务服务业	35.1	45.8	14.4	14.3	9.7	5.5
科学研究和技术服务业	34.8	50.3	15.5	17.6	12.2	4.5
水利、环境和公共设施管理业	29.0	47.7	15.5	15.1	11.6	5.8
二、按地区分						
东部地区	34.6	48.7	14.4	14.9	9.1	5.0
中部地区	28.3	50.1	16.4	11.8	8.8	5.5
西部地区	34.4	46.5	13.9	16.5	11.2	6.4
东北地区	33.8	45.3	15.7	13.6	9.2	6.1
北　京	41.7	48.5	14.3	16.8	10.7	2.9
天　津	35.9	44.0	12.0	13.4	10.3	10.8
河　北	31.8	42.3	12.4	14.5	5.6	7.0
山　西	38.3	39.7	11.5	15.8	13.7	6.4
内蒙古	34.1	45.9	12.5	16.3	13.6	6.1
辽　宁	34.4	43.9	16.6	19.7	9.6	7.6
吉　林	30.9	48.1	12.3	8.6	8.0	6.2
黑龙江	35.6	44.1	17.8	12.9	9.9	5.0
上　海	42.1	47.9	14.8	18.3	12.2	3.7
江　苏	31.4	53.3	13.0	12.8	7.4	4.2
浙　江	32.4	49.9	16.1	11.9	8.9	4.9
安　徽	26.9	53.7	17.3	14.3	8.8	4.5
福　建	35.4	48.8	11.5	13.9	7.8	4.7
江　西	28.4	48.9	14.2	10.0	8.9	4.2
山　东	29.3	48.4	19.0	15.1	8.5	4.4
河　南	22.1	50.4	16.3	7.9	8.1	6.7
湖　北	34.6	52.2	15.2	15.8	9.3	4.2
湖　南	31.1	52.1	20.5	12.3	6.6	4.8
广　东	38.6	48.5	13.1	18.5	10.5	4.5
广　西	40.9	46.0	13.1	20.8	13.1	5.7
海　南	31.2	44.7	17.1	13.6	13.1	7.0
重　庆	29.6	60.3	15.1	12.9	7.4	2.7
四　川	32.8	47.3	12.5	18.5	9.5	5.6
贵　州	28.6	45.1	18.8	17.4	9.2	5.6
云　南	37.8	40.8	16.6	16.6	14.4	9.8
西　藏	34.7	34.7	12.1	16.9	11.3	8.9
陕　西	43.2	38.9	13.8	17.0	11.8	4.3
甘　肃	33.2	49.5	13.2	16.8	12.3	5.5
青　海	36.2	40.0	14.3	11.4	8.6	8.6
宁　夏	33.5	52.2	10.3	14.3	11.6	8.5
新　疆	24.9	48.0	12.7	13.3	11.6	12.1

11—10 规模以下企业创新发展规划情况

项 目	调查企业数(个)	有创新发展规划的企业数(个)	有创新发展规划的企业占比(%)
总 计	**87613**	**22567**	**25.8**
#实现技术创新的企业	6298	5281	83.9
一、按行业分组			
工业	44921	11464	25.5
采矿业	3269	665	20.3
制造业	37218	9946	26.7
电力、热力、燃气及水生产和供应业	4434	853	19.2
服务业	42692	11103	26.0
交通运输、仓储和邮政业	12696	2306	18.2
信息传输、软件和信息技术服务业	8261	3036	36.8
租赁和商务服务业	9012	1903	21.1
科学研究和技术服务业	6550	2277	34.8
水利、环境和公共设施管理业	6173	1581	25.6
二、按地区分			
东部地区	40767	11011	27.0
中部地区	17868	4768	26.7
西部地区	23870	5932	24.9
东北地区	5108	856	16.8
北 京	2414	771	31.9
天 津	2538	700	27.6
河 北	3474	756	21.8
山 西	2422	679	28.0
内蒙古	2453	602	24.5
辽 宁	1894	311	16.4
吉 林	1587	274	17.3
黑龙江	1627	271	16.7
上 海	2982	670	22.5
江 苏	6272	1848	29.5
浙 江	6859	1745	25.4
安 徽	3310	934	28.2
福 建	3048	810	26.6
江 西	2198	385	17.5
山 东	5004	1156	23.1
河 南	4279	1264	29.5
湖 北	2513	660	26.3
湖 南	3146	846	26.9
广 东	7054	2215	31.4
广 西	2154	546	25.3
海 南	1122	340	30.3
重 庆	2778	810	29.2
四 川	2657	723	27.2
贵 州	2000	542	27.1
云 南	2297	557	24.2
西 藏	2129	278	13.1
陕 西	1815	541	29.8
甘 肃	1741	421	24.2
青 海	1319	232	17.6
宁 夏	1218	368	30.2
新 疆	1309	312	23.8

十二、国际比较

12−1 部分国家企业创新

地 区	2014–2016年(CIS10)				
	下列各类企业在全部企业中占比(%)				
	开展创新活动企业	#开展技术创新活动企业	#实现创新企业	#实现技术创新企业	#实现产品创新企业
欧盟27国②	**50.6**	**39.5**			**25.9**
欧元区19国③	**57.0**	**44.6**			**29.4**
比利时	68.1	62.1	59.6	48.5	35.4
保加利亚	27.2	19.8	25.1	17.3	12.8
捷克	46.3	37.3	44.9	34.8	25.7
丹麦	51.5	36.6			24.9
德国	63.7	50.0	60.8	42.7	31.9
爱沙尼亚	47.7	44.4	46.1	42.5	20.5
爱尔兰	57.3	42.8	55.9		29.1
希腊	57.7	47.1	56.9	45.0	30.7
西班牙	36.9	22.7	34.9	19.3	11.3
法国	57.7	43.2	55.9	39.5	27.9
克罗地亚	48.0	33.6	47.5	32.0	20.5
意大利	53.8	44.1	52.2	41.4	31.4
塞浦路斯	36.5	29.2	36.5	29.2	19.5
拉脱维亚	30.3	21.4	29.5	19.9	13.4
立陶宛	50.5	40.8	49.8	39.3	26.4
卢森堡	63.8	44.6	62.7	41.5	31.0
匈牙利	29.0	21.2	27.6	19.0	14.3
马耳他	33.9	26.8	31.8	23.9	16.5
荷兰	59.7	52.2	57.5	49.0	35.9
奥地利	62.0	47.9	61.4	46.4	34.4
波兰	22.0	17.7	21.0	16.4	10.0
葡萄牙	66.9	58.5	65.8	56.6	40.0
罗马尼亚	10.2	5.4	9.8	4.9	3.3
斯洛文尼亚	39.8	31.3	37.4	27.8	20.4
斯洛伐克	30.7	23.3	29.3	21.2	14.0
芬兰	64.8	58.2	62.6	55.2	42.7
瑞典	54.2	42.6	52.6	39.2	29.5
冰岛	55.3	50.1	53.3	45.7	33.5
挪威	71.0	60.4	68.9	56.1	43.8
瑞士	72.6	48.4	72.3	46.4	35.2
土耳其	61.5	47.3	59.5		31.8

注：① 根据《奥斯陆手册》(2018版)，将创新类型分为产品创新(Product Innovation)和业务流程创新(Business Process Innovation)(暂定名)。业务流程创新相当于工艺创新、组织创新和营销创新的统称。CIS(欧盟创新调查)从2018年起参照该标准进行。本章以下各表同。

② 欧盟27国包括比利时、保加利亚、捷克、丹麦、德国、爱沙尼亚、爱尔兰、希腊、西班牙、法国、克罗地亚、意大利、塞浦路斯、拉脱维亚、立陶宛、卢森堡、匈牙利、马耳他、荷兰、奥地利、波兰、葡萄牙、罗马尼亚、斯洛文尼亚、斯洛伐克、芬兰、瑞典。

③ 欧元区19国包括比利时、德国、爱沙尼亚、爱尔兰、希腊、西班牙、法国、意大利、塞浦路斯、拉脱维亚、立陶宛、卢森堡、马耳他、荷兰、奥地利、葡萄牙、斯洛文尼亚、斯洛伐克、荷兰。

活动总体情况(2014–2018年)

			2016–2018年(CIS11)			
			下列各类企业在全部企业中占比(%)			
#实现工艺创新企业	#实现组织创新企业	#实现营销创新企业	开展创新活动企业	#实现创新企业	#实现产品创新企业	#实现业务流程创新企业①
24.9	**28.5**	**22.9**	**50.3**	**46.5**	**29.8**	**41.0**
27.6	**33.1**	**25.7**	**56.0**	**51.6**	**32.9**	**46.1**
36.8	37.6	27.8	67.8		30.0	58.1
11.9	12.9	12.0	30.1	26.8	18.4	20.8
27.7	17.6	26.3	46.8	44.2	26.8	40.3
23.0	30.4	29.7	57.1	54.0	32.3	46.6
27.4	35.6	31.7	67.8	63.7	40.1	55.4
34.3	16.7	13.7	73.1	68.6	49.4	53.2
30.5	40.6	34.7	45.5	44.1	28.6	38.5
39.3	32.3	38.3	60.3	58.5	42.5	55.2
14.8	23.6	15.6	31.1	28.8	14.6	23.8
30.5	39.2	28.5	51.5	49.0	33.6	40.5
27.0	27.1	28.5	52.5	52.1	38.7	46.3
31.4	29.4	25.9	63.2	56.7	36.4	53.9
26.3	21.2	19.8	68.2	68.2	48.6	65.9
15.1	17.5	13.8	32.9	30.5	17.5	26.0
33.5	23.8	25.7	50.5	48.4	31.2	44.5
24.7	46.2	30.8	50.6	48.6	30.4	40.2
10.6	12.9	12.9	28.7	26.0	20.3	19.8
19.0	20.9	17.7	46.5	45.7	31.3	40.6
31.8	24.5	19.3	49.7	46.2	27.4	40.0
36.0	41.1	35.1	62.6	60.3	34.6	55.2
13.1	8.6	8.3	23.7	21.9	13.4	18.8
46.8	32.2	37.3	37.8	36.6	28.1	32.6
3.5	5.8	5.1	14.6	14.3	9.9	8.0
18.9	20.3	21.2	48.6	44.6	36.8	37.4
14.2	14.6	15.0	30.5	26.7	15.4	22.6
41.0	38.0	32.1	61.9	55.7	36.8	47.5
23.5	22.3	29.2	63.1	61.4	42.6	48.2
34.0	30.9	27.3	58.0	54.2	28.6	43.5
39.8	37.9	41.3	67.6		45.4	51.9
27.1	42.4	43.6	49.9	47.2	35.3	27.6
34.0	34.0	42.0	36.0	29.9	20.9	29.0

12-2　部分国家制造业企业创新

地　区	2014–2016年(CIS10)				
	下列各类企业在全部企业中占比(%)				
	开展创新活动企业	#开展技术创新活动企　业	#实现创新企　业	#实现技术创新企业	#实现产品创新企业
欧盟27国②	**53.2**	**44.2**			**29.5**
欧元区19国③	**60.3**	**50.4**			**33.8**
比利时	74.5	69.0	65.9	55.6	41.0
保加利亚	31.8	25.6	28.6	21.9	16.1
捷克	51.7	43.9	50.4	41.6	31.1
丹麦	51.8	39.1			26.3
德国	70.1	58.5	65.9	51.0	39.7
爱沙尼亚	54.1	51.4	52.2	49.0	23.1
爱尔兰	64.8	53.7	63.3		39.2
希腊	59.5	48.2	58.6	45.5	33.6
西班牙	39.1	28.1	36.6	24.0	14.8
法国	60.2	48.4	58.0	44.0	30.6
克罗地亚	47.9	34.6	47.2	32.6	21.8
意大利	57.8	50.4	55.8	47.1	35.3
塞浦路斯	38.9	33.1	38.9	33.1	23.0
拉脱维亚	33.7	25.9	32.8	24.3	17.2
立陶宛	51.6	41.9	51.0	40.8	29.9
卢森堡	66.2	51.6	64.9	50.0	34.4
匈牙利	29.2	22.4	27.1	19.6	15.2
马耳他	37.1	33.0	35.2	30.7	22.0
荷兰	64.6	58.7	62.7	55.5	41.5
奥地利	64.6	54.8	64.1	53.7	39.4
波兰	24.7	20.2	23.5	18.5	12.9
葡萄牙	64.1	57.8	63.0	55.9	39.3
罗马尼亚	11.1	6.4	10.4	5.7	4.0
斯洛文尼亚	43.4	36.5	41.0		25.4
斯洛伐克	33.6	27.0	31.8	24.3	15.7
芬兰	71.2	66.1	69.0	62.8	46.7
瑞典	56.3	47.5	53.4	42.8	30.3
冰岛	49.5	46.7	47.0	42.3	31.6
挪威	69.7	62.2	67.1	57.8	44.9
瑞士	74.8	56.5	74.6	54.3	41.6
土耳其	65.3	52.8	63.2		35.5

活动总体情况(2014—2018年)

			2016—2018年(CIS11)			
			下列各类企业在全部企业中占比(%)			
#实现工艺创新企业	#实现组织创新企业	#实现营销创新企业	开展创新活动企业	#实现创新企业	#实现产品创新企业	#实现业务流程创新企业
	27.5	**22.8**	**54.0**	**49.6**	**33.5**	**43.6**
32.6	**32.2**	**25.6**	**60.4**	**55.2**	**37.0**	**49.4**
44.0	41.6	29.7	73.4		34.4	62.7
15.1	12.8	12.5	36.1	31.8	22.3	24.4
33.1	18.1	27.7	50.9	48.4	30.5	44.0
25.3	30.6	27.6	59.3	56.0	36.3	46.7
31.7	37.4	31.9	72.4	67.2	44.9	59.0
39.8	18.0	13.2	73.9	68.8	51.4	49.6
41.5	45.9	36.9	54.7	53.1	36.7	44.5
39.7	29.4	42.7	62.9	60.0	44.4	55.4
18.5	22.6	15.6	34.6	31.6	17.0	25.9
34.6	38.6	26.6	57.0	54.0	37.4	43.7
27.5	26.5	28.9	53.5	52.9	42.3	47.0
36.8	28.3	26.1	66.5	59.5	40.0	56.6
28.2	18.6	22.1	69.5	69.5	52.9	66.1
17.4	18.3	15.1	39.4	36.3	23.4	29.7
33.9	20.9	27.5	55.7	54.2	37.8	48.9
35.1	42.5	28.2	57.1	55.2	37.0	44.8
11.3	11.4	12.5	28.9	26.6	21.5	19.0
27.7	20.5	14.8	46.0	44.9	33.1	38.3
35.9	25.7	18.9	54.9	50.7	32.5	43.4
43.2	39.4	34.7	68.3	65.5	39.0	60.7
15.0	9.6	9.5	26.5	24.6	17.9	20.2
47.9	28.7	32.7	38.0	36.9	29.2	32.7
4.5	6.7	4.8	17.0	16.8	13.0	7.7
	20.9	22.5	53.9	51.4	44.0	41.2
17.0	14.3	14.7	36.6	32.2	20.4	25.7
48.3	40.9	32.7	66.5	59.3	41.3	48.6
28.4	19.3	26.0	63.1	60.4	41.9	46.0
30.8	23.1	20.9	56.4	52.1	29.2	40.5
40.0	34.9	37.3	68.8		47.3	51.3
31.5	39.8	49.5	56.4	53.7	40.7	29.7
39.6	33.8	47.1	39.7	33.6	24.9	32.5

12-3 部分国家服务业企业

地区	2014-2016年(CIS10)				
	下列各类企业在全部企业中占比(%)				
	开展创新活动企业	#开展技术创新活动企业	#实现创新企业	#实现技术创新企业	#实现产品创新企业
欧盟27国②	**48.8**	**36.0**			**23.5**
欧元区19国③	**54.7**	**40.4**			**26.6**
比利时	64.3	58.0	56.0	44.4	32.4
保加利亚	22.1	14.1	21.2	12.9	9.8
捷克	41.1	30.6	39.7	27.9	20.6
丹麦	51.5	35.1			24.4
德国	59.0	44.0	57.1	36.7	26.4
爱沙尼亚	40.7	36.8	39.3	35.3	18.8
爱尔兰	54.3	38.3	52.9		25.1
希腊	56.5	46.1	55.8	44.4	29.1
西班牙	35.5	18.6	33.9	15.8	8.7
法国	56.2	39.8	54.7	36.6	26.3
克罗地亚	48.3	32.4	48.0	31.3	19.8
意大利	48.2	35.0	47.4	33.3	26.3
塞浦路斯	35.6	27.4	35.6	27.4	18.0
拉脱维亚	28.5	18.6	27.8	17.1	11.2
立陶宛	49.9	40.0	49.0	38.1	25.1
卢森堡	63.4	42.8	62.1	39.3	30.3
匈牙利	29.1	20.3	28.3	18.6	13.8
马耳他	32.8	24.3	30.7	21.1	14.5
荷兰	57.6	49.6	55.4	46.4	33.8
奥地利	61.1	44.3	60.4	42.7	32.1
波兰	18.5	14.5	17.8	13.6	6.9
葡萄牙	71.3	59.9	70.5	58.2	41.8
罗马尼亚	10.0	4.9	9.8	4.6	2.9
斯洛文尼亚	36.9	26.8	34.3	23.4	16.6
斯洛伐克	28.4	19.5	27.3	18.1	12.3
芬兰	60.5	53.1	58.7	50.6	41.3
瑞典	53.3	40.3	52.4	37.6	29.6
冰岛	59.6	51.9	58.0	48.5	36.1
挪威	72.5	60.4	70.8	56.5	45.5
瑞士	71.6	44.2	71.2	42.3	32.1
土耳其	57.7	41.5	55.8		28.2

创新活动总体情况(2014—2018年)

			2016—2018年(CIS11)			
			下列各类企业在全部企业中占比(%)			
#实现工艺创新企业	#实现组织创新企业	#实现营销创新企业	开展创新活动企业	#实现创新企业	#实现产品创新企业	#实现业务流程创新企业
21.7	**29.7**	**23.6**	**47.6**	**44.5**	**27.3**	**39.2**
23.9	**34.0**	**26.2**	**52.6**	**49.0**	**30.0**	**43.6**
32.3	35.2	27.1	64.4		27.8	55.4
8.8	12.7	11.6	24.6	22.3	15.3	17.5
21.9	17.5	25.4	43.7	40.9	24.2	37.4
21.6	30.3	31.3	56.1	53.2	30.8	46.5
24.4	34.8	32.1	64.9	61.8	37.3	53.0
27.4	15.3	14.7	71.5	67.9	48.1	55.7
25.7	38.1	34.5	41.0	39.7	24.6	35.6
38.7	34.1	36.5	58.9	57.8	41.7	55.3
12.0	24.6	16.1	28.5	26.7	12.8	22.4
27.7	39.7	30.4	47.8	45.6	31.0	38.5
26.0	28.4	30.4	52.7	52.4	37.0	46.3
23.5	31.5	26.6	59.1	53.3	32.1	50.6
25.3	22.4	19.5	68.3	68.3	47.8	66.4
13.4	17.3	13.7	29.3	27.5	14.6	24.1
33.1	26.2	25.4	46.8	44.5	28.0	41.6
22.1	46.8	31.7	48.9	46.9	29.5	38.5
10.0	14.4	13.6	29.0	26.0	19.9	21.0
15.4	21.3	19.2	46.8	46.0	30.7	41.6
30.1	23.9	19.8	47.3	44.4	25.3	38.6
32.0	42.6	35.9	59.5	57.7	32.9	52.3
10.4	7.6	7.2	21.0	19.6	9.6	17.5
45.5	37.6	44.8	38.0	36.6	27.5	32.8
2.7	5.3	5.6	12.9	12.6	7.4	8.5
15.1	19.7	20.6	44.5	39.1	31.5	34.7
11.4	15.1	15.8	26.5	23.0	11.7	20.6
36.2	36.2	32.2	58.5	53.4	34.5	46.4
20.7	23.8	31.0	63.5	62.3	43.8	49.5
36.5	35.6	32.2	58.7	55.2	28.9	44.8
39.8	39.1	45.0	67.2		45.9	52.6
24.6	44.0	40.0	46.9	44.1	32.8	26.7
27.7	34.3	36.8	32.4	26.3	17.0	25.5

12-4　部分国家企业

地　区	开展创新合作企业数(个)	开展创新合作企业占全部企业比重(%)			
			集团内部其他企业	集团以外私营企业	市场咨询机构
比利时	4084	28.1	50.6	84.9	54.8
保加利亚	743	4.8	23.6	88.2	37.4
捷克	3210	13.2	36.2	81.6	29.8
丹麦	1412	15.2	127.2	136.1	119.3
德国	24793	16.8	32.1	77.4	31.5
爱沙尼亚	1096	28.6	32.8	79.2	30.5
爱尔兰	980	22.2	54.6	96.2	77.0
希腊	2619	21.4	11.3	96.7	71.4
西班牙	5502	7.8	27.6	79.5	38.7
法国	10433	15.0	44.6	87.6	
克罗地亚	1035	13.9	36.9	92.0	54.6
意大利	17764	15.0	24.4	95.2	72.9
塞浦路斯	896	43.8	20.8	99.2	43.4
拉脱维亚	329	6.9	37.7	82.7	38.9
立陶宛	1115	14.4	25.8	90.0	49.8
卢森堡	276	14.2	55.1	89.1	54.7
匈牙利	1821	10.9	27.3	95.1	47.0
马耳他	96	9.0	43.8	86.5	49.0
奥地利	3218	17.8			
波兰	3236	5.2	44.4	73.2	46.4
葡萄牙	1790	8.6	35.8	83.1	49.4
罗马尼亚	852	3.0	29.0	89.4	35.1
斯洛文尼亚	744	15.3	46.1	95.2	61.3
斯洛伐克	813	9.5	42.7	88.3	37.4
芬兰	2553	29.3	41.1	92.9	62.2
瑞典	3072	16.7	60.2	100.0	70.3
冰岛	210	24.7	49.5	96.2	47.1
挪威	2843	29.0	39.8		40.8
土耳其	6223	6.3	149.1	187.2	166.2

创新合作情况(2016—2018年)

在创新合作企业中，与下列伙伴开展合作的企业占比(%)						
供应商	私人领域的客户或消费者	竞争对手或同行业其他企业	高校或其他高等教育机构	政府或公共研究机构	公共领域的客户或消费者	非营利组织
60.2	28.5	13.0	38.4	22.4	7.2	5.3
66.2	46.7	16.2	28.8	15.5	9.7	5.8
55.6	32.3	4.5	38.8	14.3	5.8	1.2
126.6	125.6	117.8	121.4	115.1	117.1	115.8
37.6	27.3	28.2	62.4	29.4	13.5	24.6
55.6	12.1	6.9	39.5	8.9	11.7	6.3
80.3	65.3	39.9	51.3	46.3	34.4	24.8
87.7	55.0	16.8	34.1	19.6	14.8	13.0
39.2	20.3	9.4	28.4	19.2	5.2	7.6
58.6	40.9	11.7		19.5	23.1	9.6
76.1	52.2	18.5	34.2	18.9	13.4	6.7
63.2	38.8	12.9	33.5	17.8	14.8	12.6
96.1	34.4	7.6	8.3	5.6	4.0	2.5
61.4	43.5	20.4	32.2	11.2	15.2	7.9
55.6	45.4	19.7	28.0	18.9	14.5	12.4
66.3	38.4	17.8	27.2	23.2	11.2	9.4
70.8	51.8	19.4	28.6	9.7	9.7	9.2
69.8	47.9	16.7	26.0	14.6	11.5	10.4
48.3	36.2	15.1	48.0	30.1	12.4	7.4
60.3	41.6	11.7	47.9	19.6	10.2	12.7
77.0	52.2	28.3	33.2	21.4	20.0	18.3
79.4	61.8	17.9	52.6	37.6	23.4	7.7
75.5	58.3	25.6	33.0	10.1	15.9	9.7
58.2	47.7	15.9	50.4	29.3	13.5	11.4
96.5	99.3	19.4	50.1	29.1	24.2	17.0
55.2	54.8	13.8	21.9	22.4	14.8	5.2
45.1		12.9	19.3	20.0	8.3	3.3
163.2	150.7	132.4	119.5	117.8	114.5	110.4

附　　录

附录 1　2020 年全国企业创新调查简要技术说明

调查依据：国家统计局《企业创新活动统计报表制度》(国统字[2020]105 号)。

调查时期：调查的标准时点为 2020 年 12 月 31 日，调查的报告期为 2020 年度。

调查对象：规模（限额）以上企业包括规模以上工业企业，特、一、二级总承包、专业承包建筑业企业，限额以上批发和零售业企业，规模以上交通运输、仓储和邮政业，信息传输、软件和信息技术服务业，租赁和商务服务业，科学研究和技术服务业，水利、环境和公共设施管理业企业。

规模以下企业包括规模以下工业（包括采矿业，制造业，电力、热力、燃气及水生产和供应业）企业，规模以下交通运输、仓储和邮政业，信息传输、软件和信息技术服务业，租赁和商务服务业，科学研究和技术服务业，水利、环境和公共设施管理业企业。

调查方法：规模（限额）以上企业对上述范围内的调查对象采用全面调查方法。调查样本量共计 87.6 万家，其中规模以上工业企业 39.9 万家，特、一、二级总承包、专业承包建筑业企业 5.8 万家，限额以上批发和零售业企业 27.8 万家，规模以上重点服务业企业 14.0 万家。

规模以下企业对上述范围内的调查对象采用抽样调查方法，有效样本量约 8.8 万家。

统计标准：调查执行国家有关统计分类标准及规定。其中，规模以上工业企业包括年主营业务收入 2000 万元及以上的工业企业法人；特、一、二级建筑业企业包括资质等级为特级、一级和二级的总承包和专业承包建筑业企业法人；限额以上批发和零售业企业包括年主营业务收入 2000 万元及以上的批发业、年主营业务收入 500 万元及以上的零售业企业法人；规模以上服务业企业包括年营业收入 2000 万元及以上的交通运输、仓储和邮政业，信息传输、软件和信息技术服务业，水利、环境和公共设施管理业企业法人，以及年营业收入 1000 万元及以上的租赁和商务服务业，科学研究和技术服务业企业法人。高技术产业仅包含高技术制造业。国民经济行业分类采用 GB/T 4754-2017 标准。其他统计标准的具体内容可查询国家统计局网站：http://www.stats.gov.cn/tjsj/tjbz/。

调查表式：规模以上企业创新调查的基层表式有 6 张，包括供工业企业、建筑业企业和服务业企业分别填报的创新情况表（3 张），供工业企业、建筑业企业和服务业企业分别填报的企业家问卷（3 张）。国家统计局统计一套表中的其他调查表式，特别是企业研发活动年度统计调查的部分内容作为此调查的重要补充。规模以下企业创新调查有基层表式 1 张。

数据处理：国家统计局通过联网直报平台布置调查表，完成数据采集、审核、汇总和上报等工作。联网直报平台数据处理程序由国家统计局统一研制并提供。联网直报平台地址：http://www.lwzb.gov.cn。

调查特点：调查在第 3 版奥斯陆手册的基本框架下开展，可满足国际比较的基本要求；调查在国家统计局一套表统计调查体系下开展，部分统计结果取自其他调查内容，保持了统计调查的一致性；调查针对我国实际情况对大量内容进行了调整和改进，向调查对象代表、主要有关部门、有关专家学者、基层统计部门广泛征求了意见，在满足政策需求和降低填报负担之间、符合国际标准和体现本国特色之间取得了较好的平衡。总的来说调查基本兼顾了科学性、适用性、系统性、可比性和可操作性。

国际比较：国际比较中各国数据基本都为奥斯陆手册体系下以 CIS 为标准问卷或参考设计的调查结果。

奥斯陆手册（Oslo Manual）是目前国际上在创新调查领域使用范围最广、权威性最强、认同度最高的标准规范。CIS 即欧盟创新调查（Community Innovation Survey），是 OECD 和欧盟统计局组织开展的企业创新调查，为目前国际上影响较大、发展较成熟、开展较广泛的创新调查。

附录2　主要指标解释

创新：指本企业推出了新的或有重大改进的产品或工艺，或采用了新的组织管理方式或营销方法。此处的“新”是指它们对本企业而言必须是新的，但对于其他企业或整个市场而言不要求一定是新的。

产品创新：指企业推出了全新的或有重大改进的产品。产品创新的“新”要体现在产品的功能或特性上，包括技术规范、材料、组件、用户友好性等方面的重大改进；不包括产品仅有外观变化或其他微小改变的情况，也不包括直接转销。

这里的产品既包括货物，也包括服务。对工业企业而言，货物方面产品创新的例子有新能源汽车、新功能手机等；服务方面产品创新的例子有新的保修服务，如显著延长的新产品保修期限等。对建筑业企业而言，货物方面产品创新的例子有功能或特性有重大改进的房屋、桥梁或配套的建筑构配件、建筑制品等；服务方面产品创新的例子有新形式的装修售后服务等。对服务业企业而言，货物方面产品创新的例子有新面世的盒装或下载版软件等；服务方面产品创新的例子有新型理财产品、显著改进的咨询服务、有突破进展的设计方案等。

工艺创新：指企业采用了全新的或有重大改进的生产方法、工艺设备或辅助性活动，其中辅助性活动是指企业的采购、物流、财务、信息化等活动。工艺创新的“新”要体现在技术、设备、软件或流程上；不包括单纯的组织管理方式的变化。

对工业企业而言，生产工艺方面工艺创新的例子有采用新型自动化包装生产线替代人工包装等；对建筑业企业而言，施工工艺方面工艺创新的例子有新工法、显著改进的工具等；对服务业企业而言，推出服务或产品的方法方面工艺创新的例子有采用新型自动控制系统调配交通工具等。辅助性活动方面工艺创新的例子有首次采用条形码追踪原材料走向、开发新的软件进行财务管理等。

技术创新：产品创新和工艺创新统称为技术创新。

组织创新：指企业采取了此前从未使用过的全新的组织管理方式，主要涉及企业的经营模式、组织结构或外部关系等方面；不包括单纯的合并或收购。应是企业管理层战略决策的结果。

经营模式方面组织创新的例子有首次使用供应链管理、质量管理、信息共享制度等；组织结构方面组织创新的例子有首次使用机构设置、职责划分、权限管理、决策方式等；外部关系方面组织创新的例子有首次使用商业联盟、新式合作、外包或分包等。

营销创新：指企业采用了此前从未使用过的全新的营销概念或营销策略，主要涉及产品设计或包装、产品推广、产品销售渠道、产品定价等方面；不包括季节性、周期性变化和其他常规的营销方式变化。

产品设计或包装方面营销创新的例子有对现有产品的创意设计、为特定消费群体推出饮料新口味等；产品推广方面营销创新的例子有首次使用新型广告媒体、全新品牌形象、推出会员卡等；产品销售渠道方面营销创新的例子有首次使用电子商务、直销、特许经营、独家零售等；产品定价方面营销创新的例子有首次使用自动调价、折扣系统等。

创新活动：指为实现创新而进行的科学、技术、组织、商业等各种活动的总称。具体包括：开展了产品或工艺创新活动，或实现了组织或营销创新。

产品或工艺创新活动：是研发活动以及为实现产品创新或工艺创新而进行的各种活动的总称。主要的产品或工艺创新活动包括内部研发活动、外部研发活动、获得机器设备和软件、从外部获取相关技术，以及相关的培训、设计、市场推介、可行性研究、测试、工装准备等活动。产品或工艺创新活动不仅包括成功的，也包括正在进行的和中止的；它本身可能具有新颖性，也可能并不新颖却是实现创新所必需。

正在进行的产品或工艺创新活动：指正在进行、尚未完成预定目标任务的产品或工艺创新活动。

中止的产品或工艺创新活动：指由于各种原因中断、延期、放弃或失败的产品或工艺创新活动。

新颖度类别：指产品或工艺的新颖程度，按照从低到高依次分为无创新、本企业新、国内市场新、国际市场新。其中无创新是指未推出新的产品或工艺，或原有的产品或工艺未发生重大改进；本企业新是指产品或工艺对于本企业而言是全新的或有重大改进的，但对于其他企业或整个市场而言并不是；国内市场新是指产品或工艺对于国内市场而言是全新的或有重大改进的，但对于国际市场而言并不是；国际市场新是指产品或工艺在世界范围内是全新的或有重大改进的。

国际市场新的产品或工艺同时一定也是国内市场新和本企业新的；国内市场新的产品或工艺同时一定也是本企业新的。

建筑业和服务业的调查中将国内市场新与国际市场新合并称为市场新，指产品或工艺不仅对于本企业而言是全新的或有重大改进的，对于国际或国内市场及其他企业而言同样也是。

内部研发：研发是研究与试验发展(Research and Experimental Development，即 R&D)的简称，指在科学技术领域，为增加知识总量、以及运用这些知识去创造新的应用进行的系统的创造性的活动，包括基础研究、应用研究、试验发展三类。内部研发指本企业内部开展的研发活动。

外部研发：指企业委托其他单位或与其他单位合作开展的研发活动。

创新合作：指企业与其他企业或机构共同开展产品或工艺创新活动。创新合作要求企业必须是积极主动参与的，不包括纯外包项目，双方不一定要取得商业利益。

专利：是专利权的简称，是对发明人的发明创造经审查合格后，由专利局依据专利法授予发明人和设计人对该项发明创造享有的专有权。包括发明、实用新型和外观设计。反映拥有自主知识产权的科技和设计成果情况。

发明专利：指对产品、方法或者其改进所提出的新的技术方案。是国际通行的反映拥有自主知识产权技术的核心指标。

期末有效发明专利数：指报告期末企业作为第一专利权人拥有的、经境内外知识产权行政部门授权且在有效期内的发明专利件数。这里不包括实用新型和外观设计专利。

先发优势：指企业由于率先开发出某种产品或工艺创新，或率先进入某一个领域，从而获得领先其他企业的市场竞争优势。

东部地区：包括北京，天津，河北，上海，江苏，浙江，福建，山东，广东和海南 10 个省市。

中部地区：包括山西，安徽，江西，河南，湖北和湖南 6 个省。

西部地区：包括内蒙古，广西，重庆，四川，贵州，云南，西藏，陕西，甘肃，青海，宁夏和新疆 12 个省区市。

东北地区：包括辽宁，吉林和黑龙江 3 个省。